Sprache und Kommunikation im technischen Zeitalter

Age of Access? Grundfragen der Informationsgesellschaft

Herausgegeben von
André Schüller-Zwierlein

Band 2

Sprache und Kommunikation im technischen Zeitalter

Wieviel Internet (v)erträgt unsere Gesellschaft?

Herausgegeben von
Konstanze Marx und
Monika Schwarz-Friesel

DE GRUYTER
SAUR

ISBN 978-3-11-028216-0
e-ISBN 978-3-11-028218-4
ISSN 2195-0210

Library of Congress Cataloging-in-Publication Data
A CIP catalog record for this book has been applied for at the Library of Congress.

Bibliografische Information der Deutschen Nationalbibliothek
Die Deutsche Nationalbibliothek verzeichnet diese Publikation in der Deutschen Nationalbibliografie; detaillierte bibliografische Daten sind im Internet über http://dnb.dnb.de abrufbar.

Typesetting: Dr. Rainer Ostermann, München
Printing: Hubert & Co. GmbH & Co. KG, Göttingen
♾ Printed on acid free paper
Printed in Germany

www.degruyter.com

Age of Access? Grundfragen der Informationsgesellschaft

Vorwort zur Reihe

Zugänglichkeit: Wann immer es um das Thema Information geht, gehört dieser Begriff zu den meistverwendeten. Er ist zugleich facettenreich und unterdefiniert. Zahlreiche seiner Dimensionen werden in unterschiedlichen Fachtraditionen analysiert, jedoch oft nicht als Teile derselben Fragestellung wahrgenommen. Die Reihe *Age of Access? Grundfragen der Informationsgesellschaft* geht die Aufgabe an, die relevanten Diskurse aus Wissenschaft und Praxis zusammenzubringen, um zu einer genaueren Vorstellung der zentralen gesellschaftlichen Rolle zu kommen, die die Zugänglichkeit von Information spielt.

Die ubiquitäre Rede von „Informationsgesellschaft" und „age of access" deutet auf diese zentrale Rolle hin, suggeriert aber – je nach Tendenz – entweder, dass Information allenthalben zugänglich ist, oder, dass sie es sein sollte. Beide Aussagen, so der Ansatz der Reihe, bedürfen der Überprüfung und Begründung. Der Analyse der Aussage, dass Information zugänglich sein sollte, widmet sich – grundlegend für die folgenden – der erste Band der Reihe, *Informationsgerechtigkeit*. Weitere Bände arbeiten die physischen, wirtschaftlichen, intellektuellen, sprachlichen, politischen, demographischen und technischen Dimensionen der Zugänglichkeit bzw. Unzugänglichkeit von Information heraus und ermöglichen so die Überprüfung der Aussage, dass Information bereits allenthalben zugänglich ist.

Einen besonderen Akzent setzt die Reihe, indem sie betont, dass die Zugänglichkeit von Information neben der synchronen auch eine diachrone Dimension hat – und dass somit beispielsweise die existierende Forschung zu Fragen der kulturellen Überlieferung ebenso wie die heute bekannten Überlieferungspraktiken die Diskussion zum Thema Zugänglichkeit von Information befruchten können. Daneben analysiert sie Potenziale und Konsequenzen der täglich entstehenden neuen Techniken und Praktiken der Zugänglichmachung. Sie durchleuchtet Bereiche, in denen Zugänglichkeit nur simuliert wird oder in denen die Unzugänglichkeit von Information nicht bemerkt wird. Und schließlich widmet sie sich Gebieten, in denen sich die Grenzen der Forderung nach Zugänglichkeit zeigen. Die Themen- und Diskursvielfalt der Reihe vereint eine gemeinsame Annahme: Erst wenn die Dimensionen der Zugänglichkeit von Information erforscht worden sind, kann man mit Recht von einer Informationsgesellschaft sprechen.

Die Publikation der Bände in gedruckter und elektronischer Form in Kombination mit der Möglichkeit der zeitversetzten Open Access-Publikation der Beiträge stellt einen Versuch dar, verschiedenen Zugänglichkeitsbedürfnissen Rechnung zu tragen.

André Schüller-Zwierlein

Inhalt

Vorwort

Das Zeitalter der freien Zugänglichkeit von Informationen bietet Chancen wie Gefahren: Es ermöglicht einerseits die Verbesserung unserer Kommunikations- und Lebensformen, schafft aber andererseits auch Risiken der zunehmenden De-Sozialisierung, Kriminalisierung und emotionalen Desorientierung. Die Internet-Technologie mit ihrer mehrdimensionalen Informationsverarbeitung hat nicht nur unsere sprachliche Kommunikation maßgeblich verändert, sondern alle Formen der Aufnahme, Weitergabe und Bewältigung von Informationen. Online-Prozesse spielen beim Wissenserwerb, bei der Selbst- und Fremddarstellung im Netz, bei sozialen Kontakten, bei der Anwendung von Kenntnissen und bei Orientierungs- wie Identitätsprozessen eine immer wichtiger werdende Rolle. Dabei ist insbesondere die sprachlich vermittelte Kommunikation untrennbar verbunden mit spezifischen kognitiven sowie emotionalen Prozessen, die von den Charakteristika der Internetkommunikation gesteuert werden – Parallelität, Schnelligkeit und zu einem Großteil Anonymität. Das Internet reflektiert inzwischen vielfach öffentliche Kommunikationsprozesse und hat sich als ein massenmedialer Informationsraum etabliert, der alle realen Lebensstrukturen beeinflusst. Soziale Interaktionen werden inzwischen überwiegend medial etabliert, neue Kenntnisse elektronisch angeeignet, Meinungsbildungsprozesse in Blogs, Chats und Foren geformt.

Die neuen Kommunikationsformen haben sehr viele Vorzüge und bieten Möglichkeiten der effizienten und multimodalen Informationsvermittlung. Das Web ermöglicht weltweit die Partizipation am Online-Diskurs und erlaubt jedem, Rollen zu tauschen, d. h. vom Rezipienten zum Produzenten zu werden. Zugleich zeichnet sich ab, dass diese neuen Möglichkeiten auch sehr negative Auswirkungen auf die kommunikative Praxis und die mentalen Verarbeitungsprozesse haben können. Die mediale Vermittlung verändert die Art und Weise, wie Personen miteinander kommunizieren. Traditionelle Gesprächs- und Textformen verändern sich ebenso wie viele sozio-kognitive Prozesse.

Die Anonymität, die für viele Kommunikationshandlungen im Netz charakteristisch ist, eröffnet zudem einen nahezu unüberschaubaren Raum für diffamierende und diskriminierende Handlungen. Traditionelle Täter-Opfer-Strukturen bei verbaler Gewalt, wie sie von Rassismus, Xenophobie und Antisemitismus bekannt sind, verschieben und erweitern sich, sowohl quantitativ als auch qualitativ.

Die Frage nach den Wechselbeziehungen zwischen Technik, Kultur und Kommunikation ist daher nicht nur zentral für alle Disziplinen der Wissenschaft, sondern auch für alle wesentlichen Strukturen und Prozesse der modernen Welt.

Die Interaktion von technischer Entwicklung, kommunikativer Praxis und deren sozio-kognitiver Dynamik im Kontext des Age of Access ist das Thema des vorliegenden interdisziplinären Sammelbandes, der Beiträge von ausgewiesenen Experten aus den Bereichen Sozialpsychologie, Medien- und Kommunikationswissenschaft und Linguistik beinhaltet, die sich kritisch mit dem Phänomen der informationellen Zugänglichkeit und kommunikativen Prozesse im technischen Zeitalter auseinandersetzen und aktuelle Analysen dazu vorlegen.

Zugänglichkeit definiert sich nicht nur über technische, sondern in einem erheblichen Maße auch über inhaltliche, soziale, interaktive und kommunikative Bedingungen. Diese stehen im Mittelpunkt des vorliegenden Buches und sollen in ihrer Vielschichtigkeit untersucht werden. Dabei werden die Angebote des Internets sowohl auf ihre Zugänglichkeit als auch auf ihr (innovatives) Informations-, Kommunikations- und Emotionspotenzial geprüft.[1]

Thema des ersten Kapitels ist die Frage, inwieweit das Internet als Spiegel öffentlicher Kommunikation fungiert und welche Charakteristika diesen massenmedialen Informationsraum kennzeichnen. Torsten Siever (Hannover) gibt einen umfassenden Überblick über Zugänglichkeitsaspekte zur Kommunikationstechnologie im medialen Zeitalter. Dabei richtet er sein Augenmerk auch auf sprachliche Zugangsvoraussetzungen, die durch sprachökonomische oder fachsprachliche Aspekte determiniert werden und formuliert Spezifika einer Netzsprache. Wolfram Bublitz (Augsburg) diskutiert die im öffentlichen Diskurs verbreitete radikale These, die kommunikativen Technologien bestimmten unsere Kultur und nicht umgekehrt. Er zeigt, inwieweit sich diese Annahme aus linguistischer Sicht nicht ohne Weiteres und pauschal auf alle Formen der computer-vermittelten Kommunikation bezogen anwenden lässt. Vielmehr gehe die schrittweise Verbreitung des Internets mit einer schrittweisen „De-Sozialisierung" ihrer Nutzer einher. Jens Runkehl (Darmstadt) gibt einen explorativen Überblick über Ordnungssysteme, die die Zugänglichkeit von Informationen im Internet absichern sollen. Schließlich ist mit der grenzenlosen Möglichkeit der Informationsbeschaffung im Internet immer auch Unsicherheit über Quellen, Validität und Intention(en) für veröffentlichte Informationen verbunden. Mark Dang-Anh, Jessica Einspänner und Caja Thimm (Bonn) thematisieren das Konzept der Mediatisierung am Beispiel des Diskurssystems Twitter und zeigen, dass zwischen technikbestimmten Verhaltensmustern und verhaltensbestimmten Technologieentwicklungen ein wechselseitiges Verhältnis besteht, das die Entwicklung kreativer Kommunikationskulturen motiviert.

1 Der vorliegende Band fasst z. T. Ergebnisse eines Symposiums zum gleichnamigen Thema zusammen, das im Juni 2011 an der Technischen Universität Berlin stattfand. Wir danken allen, die zum Gelingen dieser Veranstaltung beigetragen haben.

Im zweiten Kapitel wird Zugänglichkeit als Kompetenzfaktor diskutiert. Martina Ziefle und Eva-Maria Jakobs (Aachen) zeigen anhand von verschiedenen Studien und Technikbereichen (z. B. eHealth und Mobilitätstechnik), dass die Wahrnehmung, Nutzung und Akzeptanz von Technik durch ein hochkomplexes Zusammenspiel unterschiedlicher Faktoren wie Nutzermerkmale (Alter, Geschlecht, Sozialisation, Erfahrung etc.), Kontextbedingungen oder etwa Techniktyp bestimmt werden. Der Fokus des Beitrages richtet sich auf die Variable Alter. Eva-Maria Jakobs (Aachen) diskutiert elektronische Kommunikations- und Interaktionsangebote unter dem Aspekt ihrer kommunikativen Usability. Sie zeigt, dass Sprache eine, wenn nicht die wichtigste kommunikative Modalität für die Kommunikation zwischen Mensch und Maschine und wesentlich für die Akzeptanz neuer Technologien ist. Claas Digmayer und Eva-Maria Jakobs (Aachen) präsentieren aktuelle Ergebnisse des interdisziplinären Forschungsverbundprojekts OpenIsa. Gegenstand des Projekts ist die Adaption so genannter *Open Innovation*-Plattformen für Seniorexperten. Sie adressieren ältere Menschen (Gruppe der über 65-Jährigen) und deren Expertise, die für die Entwicklung zielgruppengerechter Technologien und/oder die Identifizierung altersbezogener Bedarfe genutzt werden. Markus A. Feufel, S. Frederica Stahl und Soo-Youn Lee (Berlin) haben untersucht, inwiefern sich unterschiedlich alte, gebildete und interneterfahrene Menschen bezüglich ihrer Einstellung gegenüber Online-Informationen, ihrer technischen Fähigkeiten und ihrer kognitiven Strategien unterscheiden, wenn sie im Internet nach Gesundheitsinformationen suchen. Shirley Beul (Aachen) stellt neuartige telemedizinische Dienste vor. Dabei konzentriert sie sich auf telemedizinische Konsultationen als elektronisch vermittelte Gespräche zwischen Arzt und Patient und stellt die Stärken und Schwächen solcher Dienste sowie die Chancen und Risiken in der medizinischen Versorgung Älterer gegenüber.

Im dritten Teil werden reale und potenzielle Gefahren thematisiert, die mit einem kontrollresistenten Kommunikationsraum wie dem World Wide Web verbunden sind. Monika Schwarz-Friesel (Berlin) zeigt, dass drastische Verbal-Antisemitismen in immer größer werdendem Ausmaß über das Internet verbreitet werden, ohne dass ernsthafter Widerspruch im Netz zu verzeichnen ist und dass die Hemmschwelle, judenfeindliche Äußerungen offen und öffentlich zu artikulieren, sinkt. Zunehmend findet sich die Artikulation antisemitischen Gedankengutes nicht nur auf extremistischen oder fundamentalistischen Webseiten, sondern auch in sozialen Netzwerken und harmlos anmutenden Kommentarbereichen. Konstanze Marx (Berlin) greift das bislang nur in der (medien-)psychologischen Forschung untersuchte Phänomen des Virtuellen Rufmords (Cybermobbing) auf und formuliert sprachwissenschaftliche Forschungsfragen. Noam Eliaz und Antje Rozinger (Kfar Saba) schildern im Rahmen einer Feldstudie die Herausforderungen, denen Entwickler von Filterprogrammen zum Kinder- und

Jugendschutz im Internet gegenüberstehen. Sandra Pöschl und Nicola Döring (Ilmenau) erörtern die zentrale Vision der Mobilkommunikationsindustrie – einer örtlichen, zeitlichen und personalen Entgrenzung der Kommunikationsmöglichkeiten vor dem Hintergrund praktischer sozialer Grenzen, der Bedeutung mobiler Erreichbarkeit für die Kommunikationspartner sowie Einflussfaktoren und Auswirkungen. Michael Häfner (Utrecht), Markus Denzler (Chemnitz) und Jens Förster (Amsterdam) gehen der Frage nach, inwieweit sich die steigende Zugänglichkeit aggressiver Inhalte (z. B. zu Online-Spielen) auf Charakter und Verhalten des Konsumenten auswirken. Sie argumentieren auf der Basis allgemeinpsychologischer Erklärungsmuster, dass abhängig von dem mit aggressivem Konsum verbundenen Ziel entweder mit einer erhöhten oder aber auch verringerten Zugänglichkeit aggressiver Gedanken zu rechnen ist.

Für die Unterstützung bei der redaktionellen Arbeit an diesem Buch danken wir Matthias Becker, Gerrit Kotzur, Jonas Nölle, Stephan Peters und Marlene Weck. Christina Lembrecht und Nina Valenzuela vom Verlag de Gruyter danken wir für die sehr angenehme und konstruktive Zusammenarbeit.

Konstanze Marx und Monika Schwarz-Friesel im Mai 2012

I. Das Internet als Spiegel öffentlicher Kommunikation? Charakteristika eines massenmedialen Informationsraums

Torsten Siever

Zugänglichkeitsaspekte zur Kommunikation im technischen Zeitalter

Accessibility aspects of communication in the technological age
The focus in this article concentrates on accessibility to communication in the digital age. First, the text deals with the fundamental access to the internet, where on the one hand, the metaphorical expressions are explored; on the other hand it is about the accessibility to the web, i. e. which people and in which way they have access to the internet (the so called *digital divide*). Second, the accessibility to web applications is considered. It will be given a view of open access in addition to aspects like access code, identity, and privacy. Addressed are positive (speed, independence of time and place) as well as negative consequences (hacking, information overload) of the developments at the Web 2.0. Third, it is casted a glance at the communication forms under the point of view of accessibility. In addition to mastering the language that is used in the communication form (German, English) and, if necessary, the dialects (Low German, Swiss German) the last section focuses on selected aspects of varieties on the web which are evaluated with regard to accessibility (anglicisms as well as the specific features of micro blogs such as twitter, e. g. technical terminology, limitations of characters, and abbreviations).

1. Einleitung

Mit „Zugänglichkeit" wurde ursprünglich eine räumliche Zu-gangs-möglichkeit verbunden; die Basis der Ableitung bildet schließlich das Morphem {*geh*}. Referiert wird damit auf den ermöglichten oder möglichen Zugang zu Waren, Gebäuden oder anderen Konkreta, im übertragenen Sinn zu Dienstleistungen, Wissen, Privilegien und anderem mehr. Zugänglichkeit kann eingeschränkt werden auf Orte (durch eine Haustür ein ganzes Gebäude, hierin nur der Keller oder definierte Zimmer; z. B. Hotelzimmer), auf Personen (offen für alle, nur für definierte Personen oder Personengruppen wie Vereinsmitglieder; z. B. Büro), auf Zeit (ganztags oder nur morgens oder zu definierten Öffnungszeiten) etc.

Übertragen worden ist das Räumlichkeitskonzept beispielsweise auf Menschen, die einen Zugang zu sich selbst ermöglichen können, indem sie sich 'zugänglich' geben, sowie auch auf das Internet, zu dem man einen 'Zugang' erhalten kann, der in digitalen Umgebungen 'einzurichten' ist. Schließlich hält auch das Internet als virtueller Raum zahlreiche Zugangsmöglichkeiten und -hürden bereit, die über weitere Metaphern 'eingeräumt' werden.

Ein letzter Zugänglichkeitsaspekt, der auf dem Weg zum virtuellen Raum zu nennen ist, ist die Sprache selbst. Hierbei kann es sich um internetspezifische Varietäten ebenso handeln wie auch um die grundlegende Kompetenz der Anwendung der Handlungssprache (Einzelsprache).

Die letzten drei Aspekte, die der Zugänglichkeit zum Internet (und den darin enthaltenden Diensten), zum Code der Einzelsprache und dem der spezifischen Varietät, sind Gegenstand des Beitrags.

2. Zugang zum Internet

Bereits die Herstellung der Verbindung mit dem Internet ist durch Metaphorik geprägt, die sich – natürlich auch vor dem Hintergrund der Entlehnung aus dem Englischen – ergibt: dt. Internet*zugang*, engl. internet *access*; vgl. auch frz. *accès (à) Internet*, span. *acceso a internet*, it. *accesso a internet*, niederl. *internet-toegang*, russ. *доступ в Интернет*. Die Verbindung wird durch einen *Zugangs*- oder *Access*-Provider oder gar Internet*anbieter* hergestellt, was fälschlicherweise suggeriert, dass das Internet eine Ware mit entsprechenden Eigenschaften ist (mieten, leasen, kaufen); vermutlich basiert das nicht-implikative Lexem auf einer Übersetzung von engl. *internet (access) provider* (aber: to *provide* 'bereitstellen'), oder es ist unmittelbar reduziert aus Internet*zugangs*anbieter, Internet*service*anbieter o. Ä. Das Hilfsmittel zur drahtlosen Verbindung mit dem Internet wird ebenfalls metaphorisch mit *Zugriffs*punkt bzw. *access point* benannt.

Heutzutage hat jeder im deutschsprachigen Raum lebende Mensch Zugang zum Internet – sei es durch einen eigenen, beruflichen oder öffentlichen Zugriffspunkt. Dabei waren 2011 76 % der deutschen Haushalte mit einem Internetzugang ausgestattet (STATISTISCHES BUNDESAMT 2012: 11), bei 72 % (STATISTISCHES BUNDESAMT 2011) handelt es sich um Breitbandanschlüsse, bei 27,6 Millionen Anschlüssen (BITKOM 2012) um solche im Festnetz. Wer nicht mit einem eigenen Internetzugang aufwarten kann, hat zahlreiche Möglichkeiten, auf das Internet über öffentlich zugängliche Computer zuzugreifen. 2011 surften fast fünf Millionen Menschen mit solchen Terminals (BITKOM 2011), z. B. kostenfrei über öffentliche Einrichtungen wie Bibliotheken, kostenpflichtig über Terminals in Internet-Cafés, an Flughäfen oder in Hotellobbys. Eine solche Möglichkeit nutzen im Übrigen ältere Menschen zu gleichen Anteilen wie Jugendliche und Twens (BITKOM 2011).

Trotz der inzwischen hohen Nutzungsraten haben sich im Jahr 2011 immerhin rund 20 % der deutschen 16- bis 74-Jährigen vom Internet ferngehalten (INITIA-

TIVE D21 2011: 66 f.). Der „digitale Graben", die „digitale Kluft" oder engl. *digital divide* trennt damit immerhin rund ein Fünftel der deutschen Bevölkerung von der digitalen Informationsgesellschaft ab.[1] Deutschland nimmt in Europa Platz 7 ein (und liegt drei Prozentpunkte vor den USA, die nur 77 % erreicht). Spitzenreiter sind Island (93 %) und die skandinavischen Länder Norwegen (93 %) und Schweden (91 %), die Schlusslichter bilden Rumänien (36 %), Serbien und die Türkei (jeweils 38 %). In einer weltweiten Betrachtung verläuft der digitale Graben zwischen Industrienationen und Entwicklungsländern (schweiz.: Partnerländern). In letzteren ist eine Penetrationsrate von rund 21 % zu verzeichnen (INITIATIVE D21 2011: 66) und damit das umgekehrte Verhältnis wie beispielsweise in Deutschland. Im Mittel ist von der Weltbevölkerung gemäß der Internationalen Telecommunication Union (ITU) nicht einmal jeder Dritte vernetzt (ITU 2011: 2).

Sofern dafür infrastrukturelle Gründe verantwortlich sind, kann damit zumindest auch ein Vorteil verbunden sein: Ein zeitlich nachgelagerter Aus- oder Aufbau von Informationstechnologie kann zur Folge haben, dass dank des Einsatzes modernster Technologie ein technologischer Vorsprung entstehen kann. In der Vergangenheit hat sich dies in Deutschland im Vergleich zu den USA am Telefonkabelnetz ebenso gezeigt wie in aktuelleren Kontexten bei Entwicklungsländern, in denen direkt mobile statt kabelgebundene Kommunikationstechnologie installiert wird. Dies ändert allerdings kaum etwas an der Existenz des Grabens, der nicht nur auf nationalen bzw. kulturellen, sondern auf soziodemografischen Hintergründen basiert.

> „Sociocultural access barriers, such as income, gender, age, education, and ethnic status still prevail worldwide despite countervailing trends in the industrialized countries. New media and the Internet do not just perpetuate social inequalities, they often multiply them. The already existing knowledge gap within and between nations is exacerbated by the digital divide between the connected 'information rich' and the excluded 'information poor'. In reality, the global village is a gated community." (DEBATIN 2010: 323)

Ein Beispiel für ein industrialisiertes Land mit einer seit Jahren kontinuierlich abnehmenden „Grabentiefe" ist Deutschland: 2011 nutzten 80,7 % der männlichen deutschsprachigen Wohnbevölkerung ab 14 Jahren das Internet gegenüber 68,9 % der weiblichen (INITIATIVE D21 2011: 10), womit sich zwar immer noch eine Differenz von 11,8 Prozentpunkten ergibt, doch lag diese 2010 noch bei 14,7 Punkten. Noch entscheidender ist allerdings der Altersfaktor: Während 97,3 % der 14-

1 Von der deutschsprachigen Wohnbevölkerung ab 14 Jahren mit Festnetzanschluss (= Grundgesamtheit) sind es immerhin 3,3 %, die eine Nutzung des Internets beabsichtigen, jedoch auch 21,9 %, die dies nicht tun (INITIATIVE D21 2011: 10).

bis 29-Jährigen und 89,7 % der 30- bis 49-Jährigen online sind, sind es nur 52,5 % der Personen ab 50 Jahren. Neben dem Altersfaktor spielt auch der Bildungshintergrund eine Rolle. Während 90,2 % der Abiturienten und Akademiker das Internet nutzen, sind es nur 60,5 % der Personen, die eine formal einfache Bildung (Volks-/Hauptschule) aufweisen. Schülerinnen und Schüler sind immerhin zu 97,7 % online, was sich wahrscheinlich (auch) in der Zukunft positiv auswirken wird, wenn man davon ausgeht, dass Menschen ihr sozialisiertes Verhalten mit zunehmendem Alter nicht über Bord werfen, sondern – zumindest zu einem hohen Anteil – beibehalten.

Neben dem grundsätzlichen Zugang schließen sich Fragen zur Nutzungsmöglichkeit an. Zum einen spielen hierbei – wie auch schon beim Zugang (vgl. INITIATIVE D21 2011:17) – finanzielle Aspekte eine Rolle, zum anderen dispositionelle, die zum Teil mit sozialen konvergieren. Im Rahmen der Bemühungen um Barrierefreiheit soll, wie im Verkehr, dem Tourismus oder dem Wohnen, sichergestellt werden, dass trotz behinderungs-, krankheits- und altersbedingter Einschränkungen ein Zugang zu Kommunikation und Informationen im Internet grundsätzlich möglich ist. Dazu gehören über die basale Möglichkeit der Vergrößerung (Bildschirmlupe und -tastatur) hinaus die Verwendung skalierbarer Schriften (*em* statt *px*), die in Webseiten zu integrierenden Alternativtexte für Bilder (*alt*-Tag), die Auszeichnung von Überschriften mit (X)HTML-Strukturelementen (*h1* ... *h6*), die Anlage einer schlüssigen Reihenfolge bei Tastaturbedienung, der Einsatz aussagekräftiger Bezeichnungen für Hyperlinks sowie die Verwendung klar abgegrenzter Farben und ausreichender Kontraste (BIK 2010: 74). Darüber hinaus gehört auch die Implementierung einer Sprachausgabe zu den Mitteln der Schaffung eines barrierefreien Internets.

3. Zugang zu Diensten im Internet

Als Optimum hinsichtlich der Zugänglichkeit zu Informationen kann der freie Zugang angesehen werden. Dies bedeutet, dass jeder, unabhängig von Status, Budget oder anderen soziodemografischen Hintergründen auf jegliche Informationen zugreifen kann. Durchgesetzt hat sich dafür der Ausdruck des *Open Access*, der insbesondere im Bereich der Wissenschaft (für wissenschaftliche Publikationen) diskutiert wird. Die Initiative für freien Zugang zu Wissen ist insbesondere vor dem Hintergrund der Preispolitik der Wissenschafts- und Fachpublikationsverlage sowie der Verlagerung der traditionell beim Verlag verorteten Arbeiten hin zu den Autoren (insbesondere das Redigieren/Setzen von Publikationen; vgl. RUNKEHL/SIEVER 2001; DÜRR 2005) zu sehen. Wenn sich die Verlagsarbeit auf

Marketing und Distribution konzentriert und Verleger ihr unternehmerisches Risiko auf ihre Autoren verlagern (Druckkostenzuschüsse), liegt der Schritt nahe, dass Autoren ihre Publikationen selbst über das Internet verteilen und dadurch Kosten einsparen. Die Profiteure sind dabei nicht nur die Endkunden, die für das Lesen von Publikationen keine Mittel aufbringen müssen, sondern auch die mit immer kleineren Budgets ausgestatteten Bibliotheken.

3.1 Formen der Zugänglichkeit

Auch über diesen speziellen Fall hinaus wird dem Internet bzw. den Nutzenden oftmals eine „Kostenloskultur" vorgehalten – in erster Linie natürlich von Anbieterseite. Allerdings liegen diesem Verständnis zwei Probleme zugrunde: Zum einen lassen sich zahlreiche Konzerne ihre (oder gar nutzergenerierte[2]) Inhalte dadurch 'bezahlen', dass Internetnutzer ihre Seiten besuchen und Werbetreibende zielgruppenspezifisch und zielorientiert bezahlen (Cost per Click Through[3]). Zum anderen besteht im Internet dank Zugänglichkeitsregelungen (z. B. über Accounts, s. u.) eine Abkehr von anonymen Nutzern hin zu gläsernen Individuen, mit denen Konzerne wie Facebook durch Verkauf der so gewonnenen Daten massenhaft Geld verdienen. Das Konzept des Open Access (wenn man ihn so weit fassen mag) wird hier also ad absurdum geführt.

Natürlich herrscht auch im Internet keine uneingeschränkte Zugänglichkeit, denn personenbezogene Daten, wie E-Mails, Fotos und persönliche Dokumente, sollen nur für diejenigen zugänglich sein, die an den Prozessen beteiligt sind bzw. bei einer Freigabe definiert worden sind (bei E-Mails etwa neben dem Inhaber der Mailbox die Adressaten, bei Fotos die Freunde, Familie und/oder ausgewählte Bekannte, bei Dokumenten die Arbeitsgruppe oder andere Kollegen etc.). Zugänglichkeit wird im Computerbereich und damit auch im Internet über Accounts (oder Konten) gesteuert, für die ein *access code* existiert. Dieser *Zugang*scode be-

2 Als Paradefall dürfte YouTube dienen. Die Google-Tochter erwirtschaftet selbst mit illegal hochgeladenem Material (Musikvideos, Filme, Serien, Sketche und andere durch das Copyright geschützte Inhalte Dritter) riesige Summen durch Werbung, die vor oder während des Anschauens dieser Inhalte eingeblendet wird.

3 Bei diesem Bezahlmodell erhält der die Werbung zeigende Anbieter nur dann Geld für den Werbeplatz, wenn auf sie reagiert (geklickt) wird. Noch eingegrenzter ist das Cost-per-Action- bzw. Cost-per-Transaction-Verfahren, für das nur dann bezahlt wird, wenn Bestellungen erfolgen oder Newsletter-Abonnements abgeschlossen werden – eine sehr erfolgsorientierte Art der Abrechnung (vgl. Siever 2005).

steht in aller Regel aus einem Nutzernamen und einem *Pass*wort (von *to pass* 'passieren, vorbeigehen'). Diese virtuellen 'Schlüssel' zu geschützten Daten können im Web in Authentifizierungs-Cookies permanent gespeichert und damit der Zugang im Hintergrund sichergestellt werden, womit die Zugänglichkeit wiederum – zumindest scheinbar – geöffnet wird.

Der Vergleich mit den Schlüsseln ist kein Zufall. In der Realität wird Zugänglichkeit oftmals über Schlüssel (oder über Zugangsberechtigungskarten) geregelt, jedoch lassen sich Schlüsseldaten – anders als im Web – nicht zwischenspeichern. Doch gibt es im analogen wie im digitalen Leben Bestrebungen, dies zu vereinfachen. Fürs Digitale wurden dezentrale Identitätsmanagement-Systeme entworfen (z. B. OpenId); hiermit können sich Nutzer mit einem Zugangscode zu voneinander unabhängigen Anwendungen Zugang verschaffen, wenn diese das entsprechende Authentifizierungssystem implementiert haben.[4] Auch in der analogen Welt sind Systeme mit getrennt gespeicherten IDs etabliert worden, etwa im Rahmen einer Organisationseinheit über Transponder (Zugangskarten, Funkschlüssel etc.). Der neue deutsche Personalausweis hält für beide Seiten Authentifizierungsmethoden bereit: Der integrierte RFID-Chip sorgt für die Identifizierung in der analogen, die ePIN für die in der digitalen Welt. Auch das Mobiltelefon könnte in Zukunft als ständiger Wegbegleiter zur Authentifizierung herangezogen werden.

Ist zu einer Web-Anwendung (heute je nach Funktionalität als Cloud-Anwendung bezeichnet) der Zugang hergestellt[5], ist normalerweise klar geregelt, welche Inhalte Authentifizierte einsehen, bearbeiten, löschen oder freigeben dürfen. Freigaben spielen insbesondere in Communitys eine große Rolle, wo sich Nutzer zwar für die Anwendung authentifiziert haben mögen, deshalb aber noch nicht über alle Daten verfügen können sollen. Entsprechende Rechte werden oftmals über Rollen vergeben, die systemweit oder relativ zum Datenanbieter eingerichtet sein können. So kann man in Facebook Dateneinsichten auf 'Freunde' beschränken, und bei Google+ ließen sich diese von Beginn an in verschiedenen „Circles" weiter differenzieren (Familie, Freunde, Kollegen o. Ä.).[6]

---

4 Problematisch wird es, wenn Interessengemeinschaften Authentifizierungssysteme lancieren, da die Trennung zwischen Authentifizierung (Organisation) und Datenverarbeitung (Wirtschaftsunternehmen) aufgehoben wird. Beispielsweise ermöglicht es dem Unternehmen Facebook durch das Einloggen mit dem Facebook-Account auf unternehmensfernen Angeboten, (personenbezogene) Daten zu protokollieren, die sie ohne Authentifizierung nur sehr schwer erhalten könnten.

5 Diese Zugangsmöglichkeit kann selbst in Communitys eingeschränkt sein; so kann etwa bei schülerVZ nur ein Konto erstellen, wer dazu von einem der Nutzer eingeladen worden ist.

6 Inzwischen ist Gruppierung auch bei Facebook möglich.

Im Web 2.0 gibt es folglich Tendenzen, die Zugänglichkeit zu optimieren. Es werden Freunde eingeladen oder Nutzer in Circles aufgenommen, die dann nicht mehr gezielt informiert werden müssen, sondern die (ihnen zugänglich gemachte) Daten automatisiert erhalten, wenn sie sich anmelden oder informieren lassen (z. B. bei Twitter per SMS oder bei Facebook per E-Mail). Hier übertrifft die Zugänglichkeit in der digitalen Umgebung die der analogen Welt in dem Sinne, dass ein Foto oder eine CD gleichzeitig nur einer Person überreicht werden kann, während diese in der digitalen Welt zur selben Zeit an jedem Ort der Welt unzähligen Menschen verfügbar gemacht wird.

Wie die Formulierungsunterschiede schon andeuten, findet im Netz eine Umkehr des Zugänglichmachens statt: Während in der 'realen' Welt explizit Personen etwas zugänglich gemacht werden muss (durch Übergabe oder Versand), stellt man es in der 'virtuellen' zur Verfügung, worauf dann ein mehr oder minder definierter Personenkreis Zugriff hat. Diese Umkehr wird auch deutlich über den Terminus *Privatsphäre-Einstellungen* (Facebook).

Von diesem Unterschied abgesehen, handelt es sich vielfach um eine Übertragung der realen Welt in die virtualisierte; Fachbegriffe wie die meisten in Kursive gesetzten zeugen davon. Je mehr Umgebungen virtualisiert werden (z. B. in Die Sims, World of Warcraft, Second Life und anderen Simulationen), desto mehr nähert man sich der Realität an, oder: desto mehr verschwimmen die Grenzen zwischen virtueller und realer Welt, deren Grenzen ohnehin nicht derart trennscharf gezogen werden können (vgl. auch HÖLTERHOF 2008).

3.2 Positive Effekte

Die im letzten Abschnitt genannten Bedingungen haben bereits die positiven Aspekte von Zugänglichkeit zum Web deutlich werden lassen. Insbesondere die steuerbare weltweite Distribution von Zugriffsmöglichkeiten ist eine der neuen und positiven Effekte der Vernetzung und der Cloud-Nutzung: So ist es möglich, explizit festzulegen, ob die Daten uneingeschränkt zugänglich sind oder ob sie einer Zugangsbeschränkung unterliegen, und welche Individuen in diesem Fall uneingeschränkten oder eine spezielle Form des eingeschränkten Zugangs haben. Daneben ermöglicht die Zugänglichkeit zu Informationen, Bankkonten, Ticketsystemen, Shops, Bibliotheken (insbesondere digitalen wie degruyter.com) sowie anderen Diensten und Anwendungen, dass die Onlinegemeinschaft völlig zeit- und ortsungebunden Handlungen ausführen kann, die vorher an Wege und Öffnungszeiten gebunden waren.

3.3 Negative Effekte

Die negative[7] Seite ist vorzugsweise an Whistleblowing-Plattformen wie Wikileaks oder Openleaks abzulesen, wobei es sich bei den dort anonym enthüllten Informationen Dritter, die ursprünglich nicht für die Öffentlichkeit bestimmt waren, nicht immer um 'gehackte' Daten handelt, sondern auch um zugespielte. Die ehemalige Privatheit bzw. die auf eine oder wenige Personen eingeschränkte Zugänglichkeit wird hierbei vorsätzlich außer Kraft gesetzt. Beispiele aus der Vergangenheit sind etwa die Veröffentlichung von 24 000 E-Mails um die konservative US-Politikerin Sarah Palin oder die Charakterisierung von Politikern aus aller Welt seitens der US-Botschafter.[8] *Hacken* bezeichnet das 'unberechtigte Verschaffen eines Zugangs zu Daten', für die die handelnde Person folglich keine Zugangsberechtigung hat.

Daneben bedeutet ein Mehr an Zugänglichkeit auch ein Weniger an vorgefilterten Informationen mit der Konsequenz, dass die Nutzer eigenverantwortlich filtern müssen – etwa durch Auswahl von qualitativ anerkannten Informationsquellen (New York Times) oder durch maschinelle Filterung mittels Suchmaschine oder anderer Tools. Dennoch droht infolge der zunehmenden Digitalisierung und Verlagerung traditioneller Informationsquellen (Radio, Fernsehen, Zeitung) ins Internet (tagesschau.de; ARD online; ZDF Mediathek) sowie der quantitativ gewichtigen Inhaltserstellung durch Nutzer der schon seit Jahren prognostizierte „information overload" (geprägt durch TOFFLER 1970), auf kommunikative Handlungen übertragen: „communication overload".

Zudem ist die Informationsvervielfachung nicht zwangsläufig mit korrektem oder breiterem Wissen verbunden:

> „The digital proliferation of information does not automatically lead to more knowledge; instead, there is only an increase in the amount of information that has to be considered and evaluated in order to gain knowledge. A growing information flood requires ever more sophisticated and efficient instruments of recognizing, structuring, filtering, and evaluating relevant information. It is questionable if they can keep pace with the proliferation and multiplication of information." (DEBATIN 2010: 323)

Allerdings ist dies nicht auf die digitale Welt beschränkt. Zugänglichkeitsgewinn ist auch in Form von längeren Öffnungszeiten bei Bibliotheken oder Geschäften

---

7 Mit *negativ* wird nur der Umstand bezeichnet, dass Zugänglichkeitslücken bestehen – eine Wertung entsprechender Plattformen soll damit nicht ausgedrückt werden.

8 Z. B. http://www.sueddeutsche.de/politik/enthuellungsbuch-ueber-us-politikerin-palins-angebliche-patzer-1.1144237 sowie http://www.sueddeutsche.de/politik/us-botschafter-ueber-internationale-politiker-putin-der-alpha-ruede-1.1029663-14 (Zugriff jeweils am 02.06.2012).

Realität, und die „New York Times“ oder „Hürriyet“ sind schon seit längerer Zeit nicht mehr die einzigen fremdsprachigen Tageszeitungen an deutschen Kiosken.

4. Zugang zur Kommunikation(ssprache)

Neben den technischen Zugangsvoraussetzungen spielt als letzte (hier behandelte) Voraussetzung zur Teilhabe an Internetkommunikation die sprachliche Zugänglichkeit eine Rolle. Damit wird nicht nur die notwendige Sprachkompetenz hinsichtlich der Einzelsprache (z. B. Deutsch, Englisch, Italienisch) vorausgesetzt, sondern auch die Varietäten, die bekanntermaßen nicht nur im Umfeld der Internetkommunikation existieren. Wer an Gesprächen zwischen Jugendlichen, Migranten, Ärzten, Frauen, Politikern oder eben Internetnutzern partizipieren oder zu diesen zumindest einen *Zugang* erhalten (d. h. sie verstehen) möchte, muss sich den soziokulturellen Sprachspezifika stellen. Im Folgenden wird jedoch top-down vorgegangen, also mit der Einzelsprache begonnen.

4.1 Einzelsprache und Dialekt(-verschriftungen)

Die Einzelsprache betreffend, lässt sich feststellen, dass das Englische als „Lingua franca“ des Webs einen sicheren Platz eingenommen hat, wenngleich es seit dessen Popularisierung zu Beginn der 1990er Jahre seine überdeutliche Spitzenposition verloren hat. Während 1997 noch 82 % der Webseiten[9] in englischer Sprache und lediglich 4 % in deutscher Sprache verfasst waren, waren es im Januar 2012 rund 57 % gegenüber 7 % (vgl. Tab. 1). Die Abnahme der Relevanz der englischen Sprache steht selbstverständlich auch im Zusammenhang mit der Zunahme und dem Hinzutreten anderer Sprachen (also mit den Relationen)[10], doch haben viele Sprachen – darunter das Deutsche und Russische – dennoch einen höheren Anteil erreicht. Besonders für die asiatischen Sprachen, allen voran das Chinesische, wird eine deutliche Zunahme hinsichtlich des Anteils prognostiziert. Auch Minderheitensprachen und Dialekte erleben durch das Internet eine deutliche Re-

9 Untersucht worden sind in diesem Zeitraum textrelevante Homepages mit einem Textumfang von über 500 Zeichen.

10 Sprachen mit nicht-lateinischen Zeichensätzen ist erst mit der Einführung und dem Durchsetzen von Unicode der Weg ins Web ermöglicht worden; diese sorgen ebenfalls für eine (relative) Abnahme des überdeutlichen Spitzenreiters.

naissance, so beispielsweise Flämisch, Plattdeutsch, Jenisch, Sorbisch oder Luxemburgisch (zum Luxemburgischen etwa siehe WAGNER 2012).

Sprache	1997	2002	2011	2012
Englisch	82.3 %	72,0 %	57.6 %	56.6 %
Deutsch	4.0 %	7,0 %	7.7 %	6.5 %
Japanisch	1.6 %	6,0 %	5.0 %	4.7 %
Russisch	0.3 %	1,0 %	4.1 %	4.8 %
Spanisch, Kastilisch	1.1 %	3,0 %	3.9 %	4.6 %
Chinesisch	-	2,0 %	4.6 %	4.5 %
Französisch	1.5 %	3,0 %	3.4 %	3.9 %
Italienisch	0.8 %	2,0 %	2.1 %	2.1 %
Portugiesisch	0.7 %	1,0 %	1.6 %	2.0 %
Polnisch	-	1,0 %	1.2 %	1.4 %
Arabisch	-	-	1.6 %	1.3 %
Niederländisch, Flämisch	0.4 %	2,0 %	1.2 %	1.1 %
Türkisch	-	-	1.4 %	1.1 %
Schwedisch	0.6 %	-	1.0 %	0.7 %

Tab. 1: Verteilung der Sprachen von öffentlich zugänglichen Websites (W3TECHS 2012 für 2011/2012, O'NEILL/LAVOIE/BENNETT (2003)[11] für 2002, ISOC 1997 für 1997).

Während die Notwendigkeit der Sprachkompetenz bei Einzelsprachen auf der Hand liegt, wird die nötige Kompetenz (bzw. der Abweichungsgrad) bei den bereits genannten Dialekten bzw. Dialektverschriftungen nicht immer erwartet. Allerdings zeigt ein Blick in ein Plattdeutschforum oder schweizerdeutsche[12] Facebook-Kommunikation, dass ein problemloser Zugang hierzu im Regelfall nur mit Kenntnissen des Dialekts möglich ist:

(1) „Geev maal, blot as Bispeel, 'Huus' bi de beiden Wöörböker in. Bi Plattmakers is de eerste Dreper glieks dat söcht Woord. Bi deutsch-plattdeutsch kummt dat söchte Woord 'Huus' an de 15. Steed. Un warrt översett mit 'daheim, zuhause'."[13]

11 http://w3techs.com/technologies/history_overview/content_language/ms/y (Zugriff am 02.06.2012). Die Spalte 1997 entstammt der ISOC (http://alis.isoc.org/palmares.en.html; Zugriff am 02.06.2012). Die Daten sind sehr unterschiedlich entstanden und nicht direkt miteinander vergleichbar, können hier jedoch allgemeine Trends aufzeigen.

12 Schweizerdeutsch wird als Sammelbegriff für alle deutschschweizerischen Dialekte verwendet.

13 Teil eines Turns von einer beliebig ausgewählten Plattdeutsch-Seite im Rahmen der Suche nach „Plattdeutsch" (http://www.plattdeutsch-forum.de/thread.php?threadid=235). Hochdt.: „Gib mal, bloß als Beispiel, 'Huus' bei den beiden Wörterbüchern ein. Bei Plattmakers ist der

(2) „wua maddy häd aber sho vill fans dah =D haha..
irgendöpis laufd glaub chli falsh =D...“[14]

4.2 Varietät(en) im Netz

Über diese grundlegenden Sprachanforderungen hinaus können selbst im standardsprachlichen Bereich Verständnisprobleme auftreten, die auf lexikalische, morphosyntaktische und/oder grafische Besonderheiten zurückzuführen sind und die den Zugang zur sprachlichen Äußerungseinheit erschweren oder gar verhindern können. Anhand jeweils eines Beispiels soll dies exemplarisch erläutert werden.

Hinsichtlich der Lexik scheinen in erster Linie Fremd- und Lehnwörter wahrgenommen zu werden, die insbesondere vom Verein Deutsche Sprache (VDS) ins Zentrum des populistischen Interesses gerückt werden; danach sind diese nicht nur ein Online-, sondern auch ein Offline-Problem. In einem „Anglizismenindex“ (Junker/Grobe 2012) werden Fremd- und Lehnwörter englischsprachiger Herkunft aufgeführt und hinsichtlich ihres Status in der deutschen Sprache bewertet; so wird beispielsweise *Chip*[15] als „ergänzend“, *ubiquitous computer* als „differenzierend“ und *micro-computer* als „verdrängend“ eingeordnet. Ohne näher auf diese Bewertungen eingehen zu wollen, soll aber zumindest darauf hingewiesen werden, dass mit der Beschränkung auf Anglizismen eine sehr einseitige Sicht auf nicht-native Wörter gelegt wird, da auch aus anderen Sprachen entlehnte Wörter nicht selten zu Verständnisproblemen (etwa auch durch semantische Abweichungen zwischen den Lemmata der Geber- und Nehmersprache) führen. Im Duden (2006) aufgeführte Beispiele wären hierfür der Gräzismus *Diszession* oder die Latinismen *Rabulist*, *Quirite*, *pyrophor*, *frugal* (fälschlicherweise oft in der Bedeutung ‘üppig’ verwendet), der Italianismus *Peperoni* (Schweizer Hochdeutsch: ‘Paprika’, aber in Deutschland: ‘Chilischote’), der Gallizismus *Präkariat* oder Niederlandismus *meer*,‘See’ (dt. *Meer* heißt im Niederl. *zee*) etc. Scheinentlehnungen sind ebenfalls nicht auf das Englische als Pseudoquellsprache beschränkt,

erste Treffer gleich das gesuchte Wort. Bei deutsch-plattdeutsch kommt das gesuchte Wort ‘Huus’ an der 15. Stelle. Und wird übersetzt mit ‘daheim, zuhause’.“

14 Statement von einer beliebig ausgewählten Seite bei Facebook im Rahmen der Suche nach „öpis“ (http://facebook.com/261698272928). Hochdt.: „wua maddy hat aber schon viele fans hier =D haha.. ich glaube, irgendetwas läuft ein bisschen falsch =D...“

15 In der Bedeutung ‘Mikroschaltkreis, elektronisches Bauteil’. Schreibung aller drei Beispiele entspricht der Schreibung im Index.

sondern finden sich auch in Form von Pseudoslawismen (*Besoffski*), Pseudogallizismen (*Friseur*) etc.

Neben Lexemen aus Soziolekten, Sexlekten, Funktiolekten, Situolekten etc., auf die hier nicht eingegangen werden kann, kann sich auch aus der Vermischung von Standard- und Fachsprachen ein Problem hinsichtlich der Zugänglichkeit ergeben. Während fachsprachliche Lexik im Bereich der Medizin vergleichsweise gut akzeptiert ist, wird Technologieterminologie mitunter stark kritisiert (etwa vom VDS). Die Ursache hierfür mag in der Bedeutung der Medizin für die Menschen, dem Zeitpunkt der Entlehnung, der Anzahl der 'Konfrontationen' und dem kulturellen Status der Gebersprache (Latein und Griechisch vs. Englisch[16]) und anderen Ursachen liegen, denn *Bronchitis, Epidemie* und *Fraktur* sind allgemein akzeptiert, wohingegen *rippen, Cloud-Computing* und *Release* abgelehnt werden (siehe http://www.vds-ev.de/index/). Die genannten und die meisten der im „Anglizismenindex" aufgeführten Lemmata sind allerdings Termini, die weniger in Internetdiskursen selbst, sondern vielmehr im Diskurs über das Internet (vgl. auch Dürscheid 2004: 143) und die Computerwelt verwendet werden – also der Fachsprache. Für den Zugang zu Diskursen im Web spielen andere Faktoren eine wichtigere Rolle (s. u.). Eine Aufhebung der Vermischung von Fachsprache und Standardsprache ist in diesem wie in anderen Bereichen gar nicht möglich; Computer haben in einem sehr entscheidenden Maße die Alltagswelt verändert, sodass ein sprachbezogenes Vermeiden der Fachterminologie nicht möglich und ein Übersetzen absurd wäre. Allerdings könnte für weniger involvierte Personen die Zugänglichkeit zu entsprechenden Diskursen verbessert werden, durch verständlichkeitsfördernde Maßnahmen wie etwa der teilweise Verzicht auf oder die Paraphrasierung von Fachlexik. Im Bereich der Computer-Fachzeitschriften versucht dies etwa die Computer-Bild und im Offlinebereich wurden für Rechtstexte zahlreiche Projekte und Ausschüsse gegründet, um diese der Allgemeinheit zugänglich(er) zu machen.

Zur Lexik in den Internetdiskursen lassen sich kaum pauschale Aussagen treffen; hier spielen viele Faktoren eine Rolle, darunter die Teilnehmenden, das Thema, der Öffentlichkeitsgrad (also die unter Abschnitt 2 behandelte Zugänglichkeit) oder die durch die Applikation vorgegebenen Rahmenbedingungen (Zeichenbegrenzungen, zur Verfügung stehende Zeichenmodalitäten etc.).

16 Im 17. Jahrhundert war es übrigens die „Fruchtbringende Gesellschaft", die eine entsprechende „Spracharbeit" (heute: Sprachpflege) betrieben hat und das Deutsche „aus dem von dem fremddrukkenden Sprachenjoch befreyet" (Hille 1647: 7 in: Jones 1995: 407) sehen wollte.

Um die Zugänglichkeitshürden quantitativ wie auch qualitativ fassen zu können, werden im Folgenden Tweets des Microblog-Dienstes Twitter betrachtet sowie auf Ergebnisse einer Twitter-Studie (SIEVER 2012) zurückgegriffen. Hinsichtlich der behandelten Thematik sind von den 434 Belegen mit englischsprachigen Zeichenfolgen und Anglizismen allein 150 ausschließlich in englischer Sprache verfasst, die damit aus der Betrachtung ausgeschlossen werden (sie sind an englischsprachige Leser adressiert). Bei 178 Belegen handelt es sich um auf das Internet bezogene Lexeme (lemmatisiert: 111), darunter im Wesentlichen

> *AdSense Einnahmen, Blogeintrag, Blogs, bloggen, Channel, Communities, Corporate blog, Cross Site Scripting, downloaden, E-Book, ePetitionen, Geo-Tags, Internet, Mail, Newsletterbetreffs, online, Podcast, Surftipp, Stream, Thumbs up, Upload, Webseite, Web 2.0*

sowie Twitter-spezifische wie

> *Twitter, twittern, twitternd, Retweet, RT-Spam, Follower.*

Es handelt sich hierbei mit wenigen Ausnahmen (*AdSense, BarCamp, Cross Site Scripting*) um sehr unspezifische Termini zum Thema Computer/Internet. Dazu kommen neben einem nicht-computerfachsprachlichen Lexem (*ENC* < *European Newspapers Congress*) 26 (lemmatisiert: 25) fachsprachliche Lexeme, die unabhängig vom Internet zu sehen sind:

> *Copy & Paste, Dev Team, dwords code, firmware, Laptop, MacBookPro* (Eigenname), *Netbook, Prepaid, Remix Update* (mit Eigennamen), *Servicepack, Mario Kart DS Play Evening* (mit Eigennamen), *unmounten, Windows* (Eigenname).

Auch hier gibt es nur wenige Ausreißer, die nicht auf Eigennamen oder übliche Lexeme zurückzuführen sind. Weitere 80 (lemmatisiert: 77) Lexeme sind als standardsprachlich anzusehen:

> *50ies, Auto-Tuning, Bands, Bitch, bye bye, call me, check, chillen, chillig, cool, Country, Discofestival, down, Fake, Fundraising, Interview, iPod touch* (Eigenname), *jammen, live, mobben, Nordic-Walking-Stöcke, parallelevent, pic, Placebo-Single* (mit Eigennamen), *Queen-Zeit* (Eigenname), *revisited, Shit, smile, Sound-Gimmicks, Special, Statement, Story, T-shirt, Verlagsmanager, Weekend, Stalker.*

Einige Lemmata sind im Bereich des Sprachgebrauchs junger Menschen zu verorten (*call me X, check, chillen, cool, jammen* etc.), andere sind fachsprachlich oder in einem entsprechenden Kontext verwendet (*Fundraising, Interview, Statement, Verlagsmanager* etc.). Eine Partizipationshürde stellen die Anglizismen nur in dem Fall dar, wenn die Alltagswelt mit den genannten Welten nicht übereinstimmt, Englisch gar nicht erlernt worden ist oder die Eigennamen nicht bekannt sind (*iPod, Placebo, Queen*). Nur wenige Lemmata könnten als 'vermeidbar' kategorisiert werden (*bye bye, chillen, Weekend*); allerdings gilt hier wie in den meisten Anglizismus-Fällen, dass *chillen* etwas anderes ausdrückt als *entspannen* (wobei das deutschsprachige Stiläquivalent eher *abhängen* wäre) und Verabschiedungen oftmals variiert werden (*bye bye, moin, tschau* etc.)

Welche weiteren Aspekte spielen hinsichtlich der Zugänglichkeit eine Rolle? Grundsätzlich sind kommunikationsformspezifische zu nennen, wie insbesondere Hashtags (*#Art.5GG, #htcmagic, #next09, #pol20, #MichaelJackson*), @-Strukturen wie im Tweet

> *currywursteinnahme mit @huhu, @Huhhu, @huhhhuh und @hhuhu huuhh erfolgreich abgeschlossen*

sowie die Abkürzung *RT* (< *ReTweet*). Für Personen, die diese Spezifika nicht kennen, mag es Zugänglichkeitsprobleme geben, doch gelten solche Anforderungen für praktisch jede sprachliche („zwei normale bitte" beim Bäcker (Brötchen), „1 dezi" im Schweizer Restaurant (Wein)) wie außersprachliche Alltagssituation (Fahrstuhlbedienung, Verkehrszeichen deuten, Trinkgeldverhalten).

Vor dem Hintergrund der Begrenzung der Tweets auf 140 Zeichen lässt sich die Hypothese aufstellen, dass sich Microblogs durch starke Reduktion auszeichnen. *RT* wurde bereits als Abkürzung und damit prototypisches Reduktionsmerkmal genannt, das inoffiziell von Twitter.com empfohlen wird. Allerdings liegt die relative Anzahl der Abkürzungen weit unterhalb der von SMS-Mitteilungen[17] (4,7 % vs. 2 % bei Tweets). Zudem sind einige Abkürzungen prototypisch für andere Zusammenhänge, beispielsweise *2-Zi.-Altbau-Wohnung* für Kleinanzeigen, *GNTM* für das Fernsehen oder *HH* für Autokennzeichen. Wie schon bei den Anglizismen sind auch einige Abkürzungen alltagssprachlich einzuordnen:

> *Cel., wahrscheinl., vorauss., 2-Zi.-Altbau-Wohnung; GNTM, HH, HK; 24h-Service.*[18]

Darüber hinaus sind auch Abkürzungen belegt, die als spezifisch für die computervermittelte Kommunikation angesehen werden (erstmals von HAASE et al. 1997):

---

17 Die SMS-Vergleichswerte entstammen SIEVER (2011).

18 Für *Celsius, wahrscheinlich, voraussichtlich, 2-Zimmer-Altbau-Wohnung, Germany's Next Top Model, Hansestadt Hamburg, Hong Kong* und *24-Stunden-Service*.

BTW, WTF, AFAIK, CC; pls.[19]

Die bereits bei den Anglizismen genannte Fachsprache ist auch bei den Abkürzungen wieder zu finden. Aufgrund der Hashtag-Struktur (vgl. Siever 2012: 81 ff.) werden auch die Schlagwörter reduziert, etwa bei *#Art.5GG* (< *Artikel 5 [des] Grundgesetz[es]*) und *#St.Pauli* – inklusive Spatiumtilgung. Während diese Abkürzungstypen (s. hierzu Siever 2011) jedoch vergleichsweise leicht zu rekonstruieren sind, ist dies bei den den Kurzwörtern ähnlichen Typen nahezu ausgeschlossen; es sind Kennzeichen einer Varietät, die zu erlernen sind (wie beim Wetterbericht die Einheitenabkürzung ° oder *hPa*).

Kurzwörter (vgl. Kobler-Trill 1994) sind ebenfalls vertreten und stärker als in der SMS-Kommunikation (1,4 % gegenüber 0,9 % in SMS). Es handelt sich hierbei allerdings nur in seltenen Fällen um computerspezifische Kurzwörter:

app; LBS, NAS; E3[20]

Afri, Ökos/Müslis, Schanze; ICE, KH; AP, BDK, BM, ENC, MdB, PM.

Die meisten (2. Zeile) sind medienunspezifisch und stellen entweder standardsprachliche (*ICE, KH* < *Krankenhaus*) oder fachsprachliche Reduktionsformen dar. Zugang zu Kommunikaten, in denen *AP* (< *Associated Press*), *BM* (< *Bundesminister*), *BDK* (< *Bundesdelegiertenkonferenz*), *PM* (< *Pressemitteilung*), *MdB* (< *Mitglied des Bundestages*) sowie *ENC* < *European Newspapers Congress*, genannt werden, hat nur, wer sich im politischen Bereich bewegt oder sich dafür interessiert.

Zu den weiteren Spezifika von Varietäten im Internet zählen Emoticons. Sie sind ebenfalls häufiger in Tweets belegt als in SMS-Mitteilungen (1,4 % gegenüber 0,5 % in SMS), allerdings erheblich seltener als in Chats. Zu den belegten zählen die Standard-Smileys

:-), ;-) und ^^

sowie

:-9, -.- und (*^-^*).

---

19 Für *By The Way, What The Fuck, As Far As I Know, Carbon Copy* (hier allerdings in der Bedeutung 'in Kopie') sowie *please*.

20 Für *application, Location-based Services, Network Attached Storage* und *Electronic Entertainment Expo(sition)*.

Wiederum gilt: Wer diese Zeichenfolgen nicht interpretieren kann, findet selbstverständlich nur schwer Zugang zur Kommunikation. Allerdings ist hier – anders als bei den Kurzwörtern und Abkürzungen – der Vorteil der teilweisen Ikonizität gegeben, wodurch zumindest bei Standardsmileys eine Interpretation möglich erscheint (schwierig bei :-9 'Lippen leckend').

Etwaige individuelle Einschränkungen hinsichtlich der Zugänglichkeit stehen also nicht nur im Zusammenhang mit den Produkten der Kommunikationsform, sondern auch mit den technischen Rahmenbedingungen (Computer), der Bedienung und Spezifik der Kommunikationsform (Accounteröffnung, Bedienung, *@/#/RT*) und den kommunizierten Inhalten (Fachsprache, Idiolekt etc.).

5. Fazit

Lat. *porta* wurde nicht nur in der Bedeutung 'Tür, Tor' verwendet, sondern auch für 'Zugang'. Im technischen Zeitalter wird *Portal* in erster Linie in der zweiten Bedeutung verwendet: eine Website, die den Zugang zu einem Themenkomplex ermöglicht (vgl. auch die „Portale" bei der Wikipedia[21]). Zugang zum Web und zu den darin verorteten Anwendungen kann man über solche Einstiegsstellen erhalten. Behandelt wurden im Beitrag jedoch andere Zugänglichkeitsaspekte: im ersten Abschnitt die Anbindung an das Internet, bei der metaphorische Benennungen (Internet*zugang*) und statistische Daten im Vordergrund standen. Im zweiten Teil ist Zugänglichkeit in Bezug auf Anwendungen (*Zugang*sdaten, *Open Access*) betrachtet worden, wohingegen im dritten Abschnitt die Sprache als Zugänglichkeitsaspekt im Zentrum stand. Zugangsvoraussetzung ist neben der grundlegenden Beherrschung der Einzelsprache und ggf. eines Dialekts, in der bzw. dem die sprachliche Handlung verfasst ist, die Kenntnis der entsprechenden Varietäten, die sich in der digitalen Welt ebenso finden wie in der analogen (Telegramm, Wetterbericht, Pressemitteilung etc.). Bei der Bewertung von Anglizismen ist zu beachten, dass einerseits eine Vielzahl von Tweets in englischer Sprache verfasst sind, da zum Adressatenkreis offensichtlich Personen gehören, die zu deutschsprachigen Tweets keinen Zugang haben (hier sind es also keine Anglizismen); andererseits kommen viele Anglizismen aus dem Bereich Computer/Internet (= Fachsprache) und/oder sie sind auch in der Alltagssprache gut belegt. Insbesondere auch eine starke sprachliche Reduktion kann eine Zugangsbehinderung darstellen, doch konnte bei Tweets gezeigt werden, dass vorwiegend

21 Beispielsweise http://de.wikipedia.org/wiki/Portal:Sprache; Informationen zu Portalen: http://de.wikipedia.org/wiki/Wikipedia:Portale.

alltagssprachliche und/oder transparente Abkürzungen und Kurzwörter (*wahrscheinl., 2-Zi.-Wohnung, ICE, 24h*) verwendet werden und bei letzteren vor allem fachsprachliche Initialkurzwörter belegt sind (Politik/Presse: *BM, MdB, PM*).

Zweifelsohne stellen diese Merkmale trotz aller Alltäglichkeit Anforderungen dar, denen Menschen genügen müssen, um einen Zugang zur Kommunikation im Internet zu erlangen. Dies jedoch ist kein neues Phänomen oder gar 'Problem', sondern selbst vom Kulturgut Buch bekannt: Wenn es fachsprachlich geschrieben ist, es sich um komplexe Lyrik handelt, es in einer fremden Sprache oder zwar in deutscher Sprache, jedoch in Mittelhochdeutsch verfasst ist, ist ebenfalls nicht gewährleistet, dass jedem ein Zugang möglich ist, wie das folgende Beispiel verdeutlichen mag:

> Den morgenblic bî wahtaeres sange erkôs
> ein vrouwe, dâ si tougen
> an ir werden vriundes arm lac,
> dâ von si der vreuden vil verlôs.[22]
>
> Wolfram von Eschenbach (um 1200)

Auch aus jüngerer Zeit sind ebenso sprachliche wie nicht-sprachliche Zugänglichkeitsherausforderungen von ehemaligen 'neuen' Medien – ob Telegraf, Telefon, Radio oder Fernsehen – benannt worden, was bei einem Besuch des Deutschen Museums in München selbst aus der Retrospektive – bzw. aufgrund der zeitlichen und technischen Distanz bereits wieder – offenkundig wird.

Literatur

BIK, 2010. *Vorbereitungsprojekt für Zielvereinbarungsverhandlungen mit Internetdienstleistern.* http://www.barrierefreiheit.de/tl_files/bkb-downloads/Projekte/internetdienstleister_bkb_alle_kapitel.pdf (Zugriff am 19.05.2012).

BITKOM, 2011. *Fast 5 Millionen surfen mit öffentlichen Computern.* http://www.bitkom.org/de/markt_statistik/64042_67945.aspx (Zugriff am 26.05.2012).

BITKOM, 2012. *Markt für Breitbandzugänge im Festnetz wächst weiter.* http://www.bitkom.org/de/markt_statistik/64042_71221.aspx (Zugriff am 26.05.2012).

DEBATIN, B., 2010. New Media Ethics. In: SCHICHA, C./BROSDA, C. (Hg.), 2010. *Handbuch Medienethik.* Wiesbaden: VS, Verlag für Sozialwissenschaften, 318–327.

DUDEN, 2006. *Die deutsche Rechtschreibung.* Mannheim: Bibliogr. Inst. und Brockhaus.

22 Nhdt.: Den ersten Morgenstrahl, als der Wächter sang,
nahm eine Dame wahr, als sie heimlich
in den Armen ihres edlen Freundes lag.
Dadurch verlor sie all ihr Glück.

DÜRR, M., 2005. Onlinepublishing und die Zukunft des Buches. In: SIEVER, T./SCHLOBINSKI, P./RUNKEHL, J. (Hg.), 2005, 132–158.

DÜRSCHEID, C., 2004. Netzsprache. Ein neuer Mythos. In: *Osnabrücker Beiträge zur Sprachtheorie* 68, 141–157.

HAASE, M./HUBER, M./KRUMEICH, A./REHM, G., 1997. Internetkommunikation und Sprachwandel. In: WEINGARTEN, R. (Hg.), 1997. *Sprachwandel durch Computer.* Opladen: Westdeutscher Verlag, 51–85.

HÖLTERHOF, T., 2008. Was bedeutet „virtuelles Lernen"? Philosophische Überlegungen zum Begriff „virtuell" im Kontext „virtuellen Lernens". In: *MedienPädagogik. Zeitschrift für Theorie und Praxis der Medienbildung.* http://www.medienpaed.com/2008/hoelterhof0805.pdf (Zugriff am 19.05.2012).

INITIATIVE D21, 2011. *(N)Onliner Atlas 2011. Eine Topologie des digitalen Grabens durch Deutschland.* http://initiatived21.de/wp-content/uploads/2011/07/NOnliner2011.pdf (Zugriff am 19.05.2012).

ITU, 2011. *Measuring the Information Society 2011, Executive Summery.* http://www.itu.int/dms_pub/itu-d/opb/ind/D-IND-ICTOI-2011-SUM-PDF-E.pdf (Zugriff am 26.05.2012).

JONES, W.J., 1995. *Sprachhelden und Sprachverderber. Dokumente zur Erforschung des Fremdwortpurismus im Deutschen (1478–1750).* Berlin [u. a.]: de Gruyter (= Studia Linguistica Germanica 38).

JUNKER, G.H./GROBE, M. (Hg.), 2012. *Der Anglizismen-Index. Gewinn oder Zumutung?* Paderborn: IFB-Verlag. http://www.vds-ev.de/anglizismenindex/ (Zugriff am 19.05.2012).

KOBLER-TRILL, D., 1994. *Das Kurzwort im Deutschen. Eine Untersuchung zu Definition, Typologie und Entwicklung.* Tübingen: Niemeyer (= Reihe Germanistische Linguistik 149).

O'NEILL, E.T./LAVOIE, B.F./BENNETT, R., 2003. Trends in the Evolution of the Public Web. In: *D-Lib Magazine* 9, 4. http://www.dlib.org/dlib/april03/lavoie/04lavoie.html (Zugriff am 19.05.2012).

RUNKEHL, J./SIEVER, T., [3]2001. *Das Zitat im Internet. Ein Electronic Style Guide zum Publizieren, Bibliografieren und Zitieren.* Hannover: Revonnah.

SIEVER, T., 2005. Internetwerbung: Alter Wein in neuen Schläuchen? In: SIEVER, T./SCHLOBINSKI, P./RUNKEHL, J. (Hg.), 2005, 219–241.

SIEVER, T., 2011. *Texte i. d. Enge. Sprachökonomische Reduktion in stark raumbegrenzten Textsorten.* Frankfurt a. M. [u. a.]: Peter Lang (= Sprache – Medien – Innovationen 1).

SIEVER, T., 2012. Zwischen Blog und SMS: Das Microblog Twitter.com aus sprachlich-kommunikativer Perspektive. In: SIEVER, T./SCHLOBINSKI, P. (Hg.), 2012. *Entwicklungen im Web 2.0. Ergebnisse des III. Workshop zur linguistischen Internetforschung.* Frankfurt a. M. [u. a.]: Peter Lang (= Sprache – Medien – Innovationen 3), 73–96.

SIEVER, T./SCHLOBINSKI, P./RUNKEHL, J. (Hg.), 2005. *Websprache.net. Sprache und Kommunikation im Internet.* Berlin [u. a.]: de Gruyter.

STATISTISCHES BUNDESAMT, 2011. *Ausstattung mit Gebrauchsgütern.* https://www.destatis.de/DE/ZahlenFakten/GesellschaftStaat/EinkommenKonsumLebensbedingungen/Grank/Kommunikationstechnologie.html (Zugriff am 26.05.2012).

STATISTISCHES BUNDESAMT, 2012. *Wirtschaftsrechnungen. Ausstattung privater Haushalte mit ausgewählten Gebrauchsgütern.* https://www.destatis.de/DE/Publikationen/Thematisch/EinkommenKonsumLebensbedingungen/LfdWirtschaftsrechnungen/AusstattungprivaterHaushalte2150200117004.pdf?__blob=publicationFile (Zugriff am 29.05.2012).

TOFFLER, A., [2]1970. *Der Zukunftsschock.* Bern [u. a.]: Scherz.

WAGNER, M., 2012. Sprachideologien auf Facebook: Diskussionen auf Gruppenseiten über den Sprachgebrauch in Luxemburg. In: SIEVER, T./SCHLOBINSKI, P./RUNKEHL, J. (Hg.), 2005, 133–151.

Wolfram Bublitz

Der duale Internetnutzer: Ansätze einer dissoziativen Kommunikation

The dual internet user: Approaches towards a dissociative type of communication
It is by now a truism that the internet has changed some parameters of communication, long held to be eternally valid and rock-solid, in an unforeseeable way. This contribution explores the medially induced impact of the interactive power of computer mediated communication (CMC) on the concept of the user, on the one hand, and how the user manages to cope with the incredibly vast amount of available information, on the other. The gradual erosion of the duality principle of communication, initiated by the interactive potential of Web 2.0 applications, and the ensuing amalgamation of writer/author and reader/recipient into the fuzzy concept of the user can be regarded as a form of communicative dissociation or estrangement (between user and user as well as user and data). There is, however, an increasing awareness of such perils on the user's side, which clearly opposes the prevalent thesis of technological determinism (and supports a social constructivist view instead).

1. Einleitung

Im Internet-Zeitalter haben die Entwicklung der Computertechnik und der Ausbau der weltumspannenden elektronischen Netze die medialen, modalen und interaktiven Parameter der menschlichen Kommunikation auf eine Weise verändert, die wir in ihrer Tragweite erst allmählich zu verstehen beginnen. Aus linguistischer Sicht stellen sich zahlreiche Fragen, darunter die folgenden: Haben sich unter den Bedingungen der elektronisch vermittelten und verbreiteten Kommunikation die sprachliche Determiniertheit und Verfügbarkeit von Wissen und damit auch von informationeller Macht verändert und, wenn dies der Fall ist, auf welche Weise? Hat sich technologisch und medial bedingt die Art der Vermittlung zwischen den Kommunikationsteilnehmern gewandelt, und, wenn dies der Fall ist, hat dies zu einer Veränderung des Teilnehmerkonzepts und der Kommunikationsstruktur geführt? Welche (erwünschten und unerwünschten) Konsequenzen und neuen Abhängigkeiten ziehen diese und ähnliche Entwicklungen nach sich? Vor allem die beiden letzten Fragenkomplexe sollen in diesem Aufsatz untersucht werden, soweit sie linguistisch erfassbar sind. Die Linguistik ist freilich ein weites Feld. Für unser Thema relevant ist, dass sie auf der Grundannahme operiert, dass sämtliche Handlungen von Menschen im kulturellen, politischen, ökonomischen, sozialen, medialen und auch im privaten Bereich nur unter Bezug auf ihre sprachliche Trägerschaft zu verstehen sind. Denn jeder Diskurs, sei er offline oder online, jeder Informationszugang, jede interaktional ausgehandelte Semiose, jede ethische Reflexion und somit jede individuelle Sozialisation und gesellschaftliche Bewusstseinsbildung ist sprachlich (oder doch zumindest zeichenhaft) verfasst. Zwar sind mit der fortschreitenden Technologisierung der Kommunikation auch Umfang und Bedeutung der nicht-sprachlichen auditiven und bildlich-visuellen Zeichenträger gewachsen, doch das Primat der Sprache als Mittel der interpretativen Aneignung der Welt bleibt davon unberührt.[1] Trotz der Wirkungsmächtigkeit des Bildes hat sich der Text als primäre Kommunikationseinheit behauptet, sowohl in seiner analogen Form als linear gesprochener oder gedruckter Text wie auch in seiner digitalen Form als multilinearer Hypertext. Wenn demnach im Folgenden von kommunikativ relevanten Informationen die Rede ist, bezieht sich dies in erster Linie auf Texte und erst in zweiter Linie auf nicht-sprachlich, audio-visuell realisierte Inhalte.

Vor allem mit Blick auf den hypertextuellen Diskurs werden die gesellschaftlichen Begleiterscheinungen der fortschreitenden Technologisierung der Generierung und Verbreitung von Informationen vielfach eher negativ eingeschätzt. So konstatieren die Herausgeberinnen im Vorwort dieses Bandes, dass „die mediale Vermittlung [...] die Art und Weise, wie Personen miteinander kommunizieren", verändere, was nicht zuletzt auf eine Veränderung der Partizipationsstruktur zurückzuführen sei, die es jedem erlaube, „Rollen zu tauschen, d. h. vom Rezipienten zum Produzenten zu werden", was „sehr negative Auswirkungen auf die kommunikative Praxis" haben könne.

Diese These von der Veränderung der Teilnehmerstruktur und der daraus resultierenden negativen Veränderung der Kommunikation steht im Zentrum meiner Überlegungen. Im ersten Teil widme ich mich in mehreren Schritten der Suche nach Belegen für die technologisch bedingte Veränderung der Teilnehmerstruktur in der Internet-Kommunikation, indem ich mich mit den Konzepten der Kommunikationsvermittlung (Abschnitt 2), der Struktur der Kommunikations-

1 Die einschneidenden Paradigmenwechsel in der modernen Linguistik, die 'generative Wende' (Chomsky), die 'pragmatische Wende' (Grice), die korpusbasierte 'kontextuelle Wende' (Halliday; Sinclair), die 'ikonische Wende' (als später Reflex der Peirce'schen Semiotik; Böhm; Mitchell) und auch die beiden 'kognitiven Wenden' (Chomsky; Lakoff; Langacker) haben alle dem Text Respekt bekundet, wenn auch in durchaus unterschiedlichem Maße.

situation und der Komposition der Teilnehmerrollen Rezipient/Leser/Nutzer und Produzent/Autor/Nutzer (Abschnitt 3) befasse.[2] Im zweiten Teil erörtere ich potenzielle Gefahren der Web 2.0-Kommunikation, die zu einer Erosion des dualen Partizipationsprinzips (Abschnitt 4) und zu einer Verschiebung und Neujustierung der Teilnehmerkonzepte (Abschnitt 5) führen können. Dies wirft die grundlegende Frage auf, ob das Erstarken der elektronischen Vermittlungsinstanz eine kommunikative Dissoziation im Sinne einer mehrfachen Entfremdung der Kommunikationsteilnehmer (voneinander und von ihren Daten) nach sich ziehen kann (Abschnitt 6). Im dritten und abschließenden Teil führe ich Argumente an, die das Dissoziationsrisiko relativieren (Abschnitt 7) und eher gegen die Annahme eines den neuen Internetmedien innewohnenden 'technologischen Determinismus' sprechen (Abschnitt 8).[3]

2. Vermittelte und nicht-vermittelte Kommunikation

Zu den ewigen und unumstößlichen Wahrheiten, die unser linguistisches Weltbild geprägt haben, gehört, dass die menschliche Kommunikation eine duale Teilnehmerstruktur aufweist. Jeder kommunikative Austausch ist charakterisiert durch das duale Prinzip von Sprecher und Hörer, von Adressant und Adressat, von Produzent und Rezipient, die in ihrer komplementären Zweiheit ein Ganzes bilden. Zusammen mit der Einheit von Raum und Zeit kennzeichnet es die prototypische (Ur-)Situation des Kommunizierens. Der Informationsaustausch bedarf nicht der Vermittlung durch Artefakte, sondern erfolgt direkt, weil sich die Kommunizierenden nahe sind, wobei Nähe hier nicht nur räumliche und zeitliche Distanzlosigkeit meint, sondern im übertragenen Sinne auch soziale Nähe, die ein gewisses Maß an geteiltem Wissen garantiert. Die prototypische Kommunikation erfolgt also von Angesicht zu Angesicht; jeder ist des Anderen ansichtig.

Dies wirkt sich unmittelbar auf die Semiose, also den Prozess der Bedeutungsgenerierung aus. Denn der Andere ist ja nicht nur konstitutiver Teil der Kommunikation in dem trivialen Sinne, dass Kommunizieren eine auf einen Anderen

2 Es versteht sich von selbst, dass *Rezipient/Leser/Nutzer* und weitere Nomina dieser Art im Folgenden als generische Formen verwendet werden.

3 Jenny Arendholz, Volker Eisenlauer und Christian Hoffmann danke ich herzlich für die kritische Durchsicht dieses Beitrags.

gerichtete reziproke Handlung ist, sondern in dem Sinne, dass die kommunizierten Inhalte immer das Resultat eines gemeinsamen Prozesses des Aushandelns sind, eines Prozesses, in dem dialektisch die Konstitution des Eigenen den Anderen impliziert, das eigene Verständnis nur in der Konfrontation mit dem Verständnis des Anderen möglich ist. Wer des Anderen ansichtig ist, bedient sich nicht nur der lautlichen (tonalen wie prosodischen) Sprache, sondern greift auf weitere körpereigene Informationsträger als Verstehensgaranten zurück, namentlich auf kinesische wie Mimik, Gestik, Körperhaltung. Verständigung in dieser prototypischen Sprechsituation basiert somit auf der Wahrnehmung der korrespondierenden körpereigenen Ausdrucksmittel durch beide Kommunikationsteilnehmer; sie ist in diesem Sinne multimodal.

Mit dem Aufkommen künstlicher, d. h. körperexterner oder -fremder medialer wie modaler Verständigungsmittel ergaben sich Varianten dieser Ur-Konstellation der menschlichen Kommunikation. 'Medium' sei hier verstanden als Informationsträger (auf den jedes Zeichen angewiesen ist). Trennen kann man zwischen natürlichen und künstlichen Medien. Das natürliche Medium für die Rede von Angesicht zu Angesicht ist der lautliche (Schall) und visuelle Kanal (z. B. zur Wahrnehmung der gestischen, mimischen und anderer Körperbewegungen). Künstliche Medien sind vom Menschen hergestellte Mittel der Produktion, Übertragung, Darstellung und Archivierung sprachlicher wie nicht-sprachlicher Signale (z. B. Buch, Zeitung, Telefon, Radio, Fernseher, Computer sowie, wenn auch weniger materiell als virtuell, das Internet). *Modus*, ein überaus schillernder und vielfältig verwendeter Begriff, sei hier verkürzt verstanden als das Repräsentationsformat, die Art und Weise, in der sich die kommunikative Botschaft audiovisuell manifestiert (z. B. lautliche Rede und Körperbewegung, Schrift und Zeichnung, Bild und Film, Noten und Musik). Wir können dementsprechend die prototypische Kommunikation zwischen Anwesenden als im körpereigenen (oder natürlichen) Sinne bimedial und bimodal bezeichnen, die technologisch (mechanisch oder elektronisch-digital) vermittelte Kommunikation hingegen als im körperfremden (oder körperexternen, artifiziellen) Sinne multimedial und multimodal. Obgleich die Rede von Angesicht zu Angesicht natürlich ebenfalls der Trägermedien bedarf, spreche ich hier nicht von 'vermittelter' Kommunikation; mit *Vermittlung* meine ich im Folgenden nur die externe Vermittlung durch künstliche Medien.

Die vermittelnde Funktion der medialen Artefakte hat im Bereich der Online-Kommunikation zu einer allmählichen Erosion der dualen Teilnehmerstruktur geführt; zuallererst jedoch hat sie die Notwendigkeit der Einheit von Raum und Zeit aufgehoben, woraus eine grundlegende Differenzierung der Kommunikation resultiert. Nicht-vermittelte und medial assistierte vermittelte Kommunikationsformen analoger (Briefwechsel, Telefonate) oder digitaler (internetbasierter) Art

(Chats, E-Mails, Weblogs, Message Boards, Short Message Service, Social Networking Sites) lassen sich wie folgt unterscheiden.[4]

Nicht-(künstlich) vermittelte Kommunikation (prototypisch in der Rede von Angesicht zu Angesicht) ist direkt, nah und also 'unmittelbar' (in Sicht- und Hörweite; Zeit, Raum und Personen stimmen überein), vermittelte Kommunikation ist dagegen indirekt, fern und 'mittelbar' (mit Ausnahme von Sprach- und Bild-Telefonie bezüglich des auditiven oder auditiv-visuellen (Skype-)Kontakts). Nicht-vermittelte Kommunikation ist synchron, zweiseitig und unmittelbar reziprok. Vermittelte Kommunikation ist entweder synchron (Telefonie) oder asynchron (Brief, E-Mail, Weblog), entweder (je nach Nutzungsweise durch die Beteiligten) zweiseitig oder mehrseitig (Social Network Site (SNS), Chat, Message Board) und reziprok mit Verzögerung (Brief, E-Mail), ohne Verzögerung (Telefonie) oder, zwischen diesen beiden Polen, mit minimaler Verzögerung (Chat). Und schließlich gilt, dass nicht-vermittelte Kommunikation ausschließlich analog und vermittelte analog oder digital ist.

Um die Auswirkungen der artifiziellen Mediation auf die duale Teilnehmerstruktur zu verstehen, müssen wir unterscheiden zwischen demjenigen, der vermittelt und den Mitteln, mit denen er vermittelt. Letztere umfassen Geräte (wie Stift, Tastatur, Drucker, Telefon, Computer), Trägerartefakte (wie Papier, Bildschirm) und Modi (wie Schrift, Computersoftware). Die Funktion des Vermittelns, die von jeher einer menschlichen Person zukam, wird mit zunehmender Digitalisierung und Online-Abhängigkeit teilweise von nicht-menschlichen elektronischen Dritten übernommen (wie ich weiter unten ausführen werde). Erst dadurch verliert das duale Teilnehmerprinzip seine uneingeschränkte Gültigkeit.

3. Dualitätsprinzip und Teilnehmerrollen

Das Prinzip der Dualität der Teilnehmerstruktur gilt uneingeschränkt nur im Gespräch von Angesicht zu Angesicht.[5] In einem Artikel über den Dualis (als Numeruskategorie) bezeichnet von Humboldt die Dualität oder „Zweiheit" generell als ein universales Prinzip der Kommunikation:

---

4 Siehe Holly (2011), der diese Formen als medial vermittelte, kulturell determinierte, historisch und sozial eingebettete kommunikative Praktiken definiert, die strikt zu trennen seien von Textsorten oder Genres (wie Erzählung, Abhandlung, Bericht, Predigt), die ja ihrerseits auch in Formen der computervermittelten Kommunikation vorkommen.

5 Die folgenden Überlegungen finden sich in ähnlicher Form in Bublitz (2012).

> „Besonders entscheidend für die Sprache ist es, daß die Zweiheit in ihr eine wichtigere Stelle, als irgendwo sonst, einnimmt. Alles Sprechen ruht auf der Wechselrede, in der, auch unter Mehreren, der Redende die Angeredeten immer sich als Einheit gegenüberstellt. [...] Es liegt [...] in dem ursprünglichen Wesen der Sprache ein unabänderlicher Dualismus, und die Möglichkeit des Sprechens selbst wird durch Anrede und Erwiderung bedingt." (VON HUMBOLDT 1827/1969: 138)

„Anrede und Erwiderung" sind an die Rollen des adressierenden Sprechers und des rezipierenden und replizierenden Adressaten geknüpft, die ich im Folgenden als *ego* und *alter* bezeichnen werde. Beide Konzepte lassen sich mannigfaltig charakterisieren. Bei ALTER handelt es sich entweder um ein Individuum oder ein Kollektiv, bei EGO in der Regel nur um ein Individuum, im Sonderfall jedoch auch um ein Kollektiv (zum Beispiel beim chorischen Sprechen). Daraus ergibt sich eine vierfache Klassifizierung in Eins-zu-Eins-, Eins-zu-Viele-, Viele-zu-Eins- und Viele-zu-Viele-Kommunikation. Sie tangieren die Gültigkeit des Dualitätsprinzips jedoch nicht, da das Kollektiv auf beiden Seiten der Rede immer „als Einheit" (HUMBOLDT 1969: 138) gesehen wird. Dies gilt jedoch nur aus phänomenologischer Sicht. Konzeptuell betrachtet sind EGO und ALTER keine monolithischen, homogenen Größen. Man kann sie auf vielfältige Weise dekonstruieren, wobei man entweder jede der beiden Teilnehmerrollen separat betrachtet oder sie zur jeweils anderen in Beziehung setzt. Dekonstruktionen des ersten oder intralateralen Typs sind von GOFFMAN (1982) und LEVINSON (1988) vorgenommen worden, solche des zweiten oder interlateralen Typs lassen sich dagegen kaum belegen, sind jedoch für die hier diskutierte Thematik der Erosion des Dualitätsprinzips in der neueren Internetkommunikation essenziell.

Aus intralateraler Sicht kann man EGO und ALTER in mehrere Rollen dekonstruieren, beispielsweise EGO in Sprecher, Autor/Verfasser und Urheber einer Nachricht. Diese drei Rollen können übernommen werden

- von drei verschiedenen Individuen, wenn z. B. die Regierungssprecherin die von der Referentin formulierte Nachricht der Ministerin vorträgt,
- von zwei Individuen, wenn die Referentin die Ministerbotschaft selber vorträgt,
- von einem Individuum, wenn die Ministerin ihre eigene Botschaft vorträgt.

Entsprechend lässt sich ALTER in verschiedene Rollen aufspalten, etwa in die des Hörers und des Adressaten, die von verschiedenen Personen wahrgenommen werden können (da der Hörer nicht notwendigerweise der Adressat sein muss). Um diese konzeptuelle Vielfalt zu erfassen, dekonstruiert GOFFMAN (1982) EGO (bei ihm „production format") und ALTER („reception format") in die folgenden sozialen Teilnehmerrollen (vgl. GOFFMANN 1982 und HOFFMANN 2012: 61 ff.):

Production Format:	1. animator:	the sounding box
	2. author:	the agent who scripts lines
	3. principal:	the party whose position is expressed
Reception Format:	1. ratified:	- addressed recipient
		- unaddressed recipient
	2. unratified:	- overhearers/bystanders
		- eavesdroppers

Abb. 1: Dekomposition der Teilnehmerrollen (GOFFMAN 1982: 145 f.).

Weder dieses noch das von LEVINSON (1988) erweiterte Modell erfassen allerdings die sehr viel weiter gehende Diversifizierung der Teilnehmerrollen, die ein Merkmal der neueren Formen der computervermittelten Kommunikation (CVK) darstellt. Dies soll an drei Beispielen belegt werden.

Personal Weblogs zeichnen sich durch eine Teilnehmerstruktur aus, die vor allem auf der Produzentenseite eine Vielfalt an Rollen aufweist, die direkt aus den medial bedingten Optionen dieser Form der CVK resultieren: Der Weblog-Betreiber ist nicht nur der Ideengeber, Autor und Schreiber von Texten, sondern beispielsweise auch deren Verknüpfer durch die Aktivierung von Hyperlinks. Auch auf der Rezipientenseite lassen sich Rollen unterscheiden, die erst durch das elektronische Medium und die besondere Form der CVK ermöglicht werden. Anstelle einer genaueren Beschreibung sei das von HOFFMANN (2012: 63) erstellte Schaubild der dekonstruierten Teilnehmerstruktur in Personal Weblogs wiedergegeben:

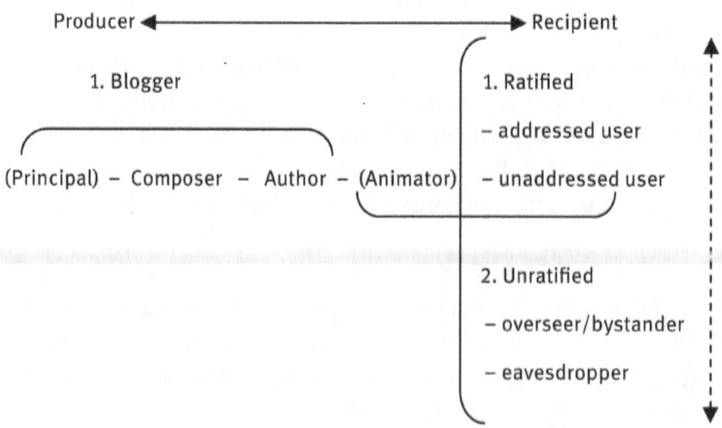

Abb. 2: Dekomposition der Teilnehmerrollen in Weblogs (HOFFMANN 2012: 63).

In Message Boards wiederum findet sich typischerweise eine hohe Zahl verborgener, nicht zu erkennender und nicht ratifizierter Rezipienten, die gemeinhin als *lurker* bezeichnet werden; diese Rolle lässt sich, nach ARENDHOLZ, weiter dekonstruieren und wie folgt charakterisieren:

> „We can find overhearing lurkers, who inadvertently or haphazardly 'stumble' across message board entries, and eavesdropping lurkers, who take interest in ongoing discussions for the sake of scientific or commercial purposes. [...] uninvolved and unaddressed lurkers can easily turn into ratified, addressed recipients by actively joining the ongoing conversation. [...] lurkers [...] earn the label *unaddressed recipients* [...]." (ARENDHOLZ 2011: 55, Hervorhebungen im Original)

Lurkers passen also durchaus in das „reception format" des für herkömmliche, nicht elektronisch vermittelte Kommunikationsformen entworfenen Modells GOFFMANS, Message Boards weisen aber spezifische Rollenmerkmale auf, die sie von den „unaddressed recipients" bei GOFFMAN unterscheiden.

In Social Network Sites wie 'Facebook' haben wir es schließlich nicht so sehr mit einer Erweiterung des Spektrums der Teilnehmerrollen zu tun, als vielmehr mit einer Veränderung des Spektrums ihrer Funktionen und Optionen. Wie EISENLAUER (2012) zeigt, unterstützt die Software mittels halbautomatisierter Texterstellungsprozesse die sozialen Handlungen der Nutzer oder übernimmt sie gleich ganz. Ein Beispiel ist der software-generierte Text 'I like this' in Facebook:

> „Here, the immediate 'agent who scripts the lines' (LEVINSON 1988: 144) as well as the one who animated them are not manifested in a human being but through algorithm-based software designed and coded by software engineers. *Animator and author of an automated speech act transform into a rather abstract entity*." (EISENLAUER 2012: 53, Hervorhebungen im Original)

Die computervermittelte Kommunikation zeichnet sich jedoch nicht nur durch diese neue Vielfalt der Teilnehmerrollen aus, sondern – und dies ist essenziell für unser Thema – auch durch die damit einhergehende mögliche Verwischung der klaren Grenzlinie zwischen EGO und ALTER.

Damit verlassen wir die intralaterale Analyse der Teilnehmerstruktur, die deren grundsätzliche Dualität nicht in Frage stellt, und nehmen einen interlateralen Standpunkt ein. In Weblogs, so HOFFMANN (2012: 63), gibt es (adressierte oder nicht-adressierte) Leser (ALTER), die in ihre Kommentare zu Blogeinträgen (Blog Posts) Hyperlinks, Texte und sogar audio-visuelles Material einfügen. Handlungstechnisch gesehen werden sie auf diese Weise zu 'Linkers', informations- oder inhaltstechnisch gesehen zu Ko-Autoren des Weblog: Dadurch wird die Trennlinie zwischen nur rezipierendem ALTER und nur produzierendem EGO klar überschritten. Wir haben es hier mit einer zumindest partiellen Amalgamierung der Teilnehmerrollen zu tun. Vormals getrennte Funktionen und Optionen der beiden Seiten der kommunikativen Partizipationstruktur vereinen sich in der Person des zum 'secondary author, active reader, reader-author' oder 'wreader' mutierten 'Lesers'.[6]

Das Phänomen der amalgamierenden Rollen ist natürlich aus traditionellen analogen Kommunikationsformen bekannt, beispielsweise aus Lexika oder Reiseführern. Dort finden wir auch in Druckfassungen eine Fülle von Einschüben und Verweisen, Bildern und Zeichnungen, Grafiken und Schaubildern, Informationskästen und Spaltenvielfalt, die auf der Rezeptionsseite die traditionelle Rolle des Lesers (bzw. hier passender: des Benutzers) unmittelbar verändern. Sie lassen dem Leser freie Hand, individuelle Rezeptionspfade und damit Informationskombinationen zu kreieren, wie dies im traditionellen Druckmedium nur dem Schreiber zusteht. An die Stelle der strikten Linearität eines gedruckten Textes, die die Richtung der Rezeptionshandlungen vorhersehbar erscheinen lässt, tritt hier die Multilinearität vielfältig arrangierter textueller und visueller Fragmente. Granulierung und multilineare Informationsdistribution sind typische Merkmale hypertextueller Kommunikationsformen, zu denen man demzufolge diese Druckerzeugnisse ebenso rechnet wie die elektronisch vermittelten Formen.[7] Auch auf der Produzentenseite begegnet uns eine stärkere Diversifizierung. Lexika, Reiseführer usw. können nicht einem identifizierbaren individuellen Schreiber/Autor zugeordnet werden, sondern lediglich einem unbestimmten Kollektiv, das die textuellen und visuellen Fragmente gemeinsam oder in unterschiedlichen Kombinationen verfasst, arrangiert und designt.

Diese gedruckten hypertextuellen Textformen weisen also bereits ansatzweise zentrale Merkmale der CVK wie Multilinearität, Multimodalität und Fragmentarisierung auf. Noch deutlicher wird dies bei gedruckten interaktiven Spielbüchern (Gamebooks, Bublitz 2012: 161 f.) und vor allem bei computervermittelter Hyperfiction: Beiden ist gemeinsam, dass die Handlungshoheit des Verfassens nicht mehr allein mit EGO, also der Schreiber- (und Urheber-) rolle, verknüpft ist. Hyperfiction zu 'lesen' erfordert auf Seiten von ALTER Handlungen (etwa solche des Auswählens und Aktivierens von Hyperlinks), mit denen er eigene individuelle Lesepfade und damit eigene Texte generieren kann (die sich regelmäßig von denen anderer 'Leser' unterscheiden).[8] Dadurch wird das Konzept des rein re-

6 S. dazu Ansel Suter (1995), Landow (2006) und speziell zum Begriff des *wreader*, der wohl ursprünglich auf Barthes zurückgeht, Landow (1994: 14).

7 So schon 1974 Nelson („hypertext simply means nonsequential writing", 1974/1987: 30) oder auch später Kuhlen (1991).

8 Diese Bedeutungserweiterung des Verbs *lesen* haben Guyer/Petry (in ihren Anweisungen für eine hyperfictional story) in dem Metaphernpaar „reading is (passively) watching"

zipierenden ALTER als Leser weiter in Richtung des rezipierenden-produzierenden und somit ansatzweise dualen Leser-Schreibers (reader-writer's) aufgeweicht. Gleichwohl bleibt das rollenüberschreitende Potenzial von ALTER natürlich ausgesprochen gering, verglichen mit dem Potenzial in Web 2.0-basierten Formen der CVK wie Social Network Sites, Message Boards oder Discussion Fora. Ihr besonderes, dem elektronischen Medium geschuldetes Charakteristikum besteht darin, dass sie den Nutzer (ALTER) in die Lage versetzen, in die vorliegenden fremdverfassten Texte (und anderen, etwa graphisch dargebotenen Informationen) einzugreifen (siehe dazu aber unten Abschnitt 7). Diese Grenzüberschreitung der Rollenverteilung wirkt sich auch subversiv auf das Dualitätsprinzip aus.

4. Die Erosion des dualen Prinzips: Der Nutzer in der Web 2.0-Kommunikation

Der Wandel, den die Konzepte von TEILNEHMER und DUALITÄT seit dem Aufkommen der Internetkommunikation durchlaufen haben, lässt sich auf zwei technologisch bedingte Ursachen zurückführen: auf das gigantische Speichervolumen des Internets, das als riesige Datenbank genutzt wird, zum einen, und auf das Entstehen neuer, elektronisch bereitgestellter und gesteuerter Handlungsmöglichkeiten, zum anderen. Beispielsweise erhalten Nutzer durch die Aktivierung der Link-Funktion einfach und unverzüglich Zugang zu einer fast unbegrenzten Zahl von Informationen (Texte, Bilder und Filme, Geräusche und Melodien), die sie mühelos manipulieren und bearbeiten (zitieren und vervielfältigen, verschieben und umordnen, kürzen und ergänzen, tilgen und ersetzen) können. Dabei gelten als Hyperlinks nicht nur die existierenden Textverweise, die der Nutzer aktivieren kann. Vielmehr bieten auch Suchmaschinen und fortgeschrittene Hypertextsysteme die nötigen Werkzeuge an, mit denen er eigene Hyperlinks generieren kann. Diese Optionen haben zur Folge, dass eine klare Trennung zwischen zwei grundsätzlichen Informationsarten, den selbst- und den fremdverfassten, den EGO und den ALTER zuzuordnenden Informationen, zwar im Prinzip, in der Praxis jedoch nur schwerlich oder gar nicht möglich ist. Einer Anregung HOFFMANNS (persönliche Mitteilung) folgend, kann man zwischen den

---

WATCHING und „reading is (actively) sailing" SAILING wunderbar zum Ausdruck gebracht: „The difference between reading hyperfiction and reading traditional printed fiction may be the difference between sailing the islands and standing on the dock watching the sea." (GUYER/PETRY 1991, ohne Paginierung), siehe BUBLITZ (2008: 266).

folgenden Arten von Informationen unterscheiden, die dem Web 2.0-Nutzer zugänglich sind:

1. eigene Informationen, die der Nutzer (EGO) selber (ohne Zugriff auf fremde Informationen) generiert (z. B. Weblog-Eintrag),
2. fremde Informationen, die der Nutzer einem anderen identifizierbaren individuellen Nutzer (ALTER) zuordnet (z. B. Kommentar von ALTER zum Weblog-Eintrag von EGO),
3. fremde Informationen, die der Nutzer nicht anderen identifizierbaren individuellen oder kollektiven (sondern lediglich anonymisierten) Nutzern zuordnen kann (z. B. komplexe Wiki-Texte, Websites),
4. eigene Informationen, die der Nutzer partiell selber generiert und partiell durch (identifizierbare oder nicht-identifizierbare) fremde Informationen ergänzt hat (z. B. Weblog-Eintrag mit eingefügtem textuellen oder visuellen Zitat),
5. amalgamierte Informationen, deren Fragmente der Nutzer weder als eigene noch als fremde spezifizieren und klar zuordnen kann (z. B. vom Nutzer mehrfach bearbeitete Websites),
6. fremde Informationen, die der Nutzer nicht einem anderen Nutzer, sondern programmierter Software der entsprechenden Form der CVK zuordnet (z. B. automatisch generierte Texte in Facebook).

Die fremdgenerierten Informationen (vom Typ 2, 3, 6 und auch 5) stellen eine enorme Ansammlung von individuellen oder kollektiven, autonymen oder identifizierbaren, autorisierten oder nicht-autorisierten, kontextuellen oder de-kontextualisierten Daten dar. Darauf zugreifend wandelt sich der Nutzer, um eine terminologische Differenzierung von BARTHES (1974: 4) zu übernehmen, vom reinen Konsumenten 'leser-bezogener' oder 'lesbarer' („lisible") Texte zum Produzenten 'schreiber-bezogener' oder 'schreibbarer' („scriptible") Texte. Aus linguistischer Perspektive (und grob vereinfachend) kann man sagen, dass lesbare Texte der alleinigen Kontrolle und Einflussnahme des Schreibers unterliegen, der sie genau so (formal und inhaltlich) konstruiert, dass sie nur eine eingeschränkte und kontrollierte Anzahl an möglichen Leserarten zulassen. Hingegen unterliegen schreibbare Texte der Kontrolle und Einflussnahme des Lesers, der aktiv in die Bedeutungsgenerierung eingreift, in diesem Sinne und metaphorisch gesprochen zum 'Schreiber' wird, oder – genauer gesagt – zum Ko-Schreiber oder Ko-Autor.

Vergleicht man vor diesem Hintergrund das Interaktionspotenzial der ersten Exemplare elektronisch vermittelter Hyperfiction mit den völlig unterschiedlichen Formen der derzeitigen Web 2.0-basierten Kommunikation, so kann man sagen, dass es sich im ersten Fall um verdeckt schreibbare (scriptible), im zweiten hingegen um eindeutig offen schreibbare Texte handelt. Letztere sind in den

Web 2.0-Plattformen weitgehend an standardisierte Textautomatisierungsprozesse gebunden, die sich der Kontrolle der Nutzer entziehen können. Dazu gehören vorgegebene Textschablonen (templates) und standardisierte Textgenerierungsprozeduren, die Form und Inhalt der Kommunikation beeinflussen, sowie automatische Verlinkungen und automatische Verteilungen (RSS-Feeds), die ohne Zutun des Nutzers in die Kommunikation eingreifen oder unbeabsichtigt ausgelöst werden. Solche Abläufe wirken sich unmittelbar auf das (ursprünglich gleichgewichtige) Verhältnis von produzierendem EGO und rezipierendem ALTER aus. Die vormals klare Trennung zwischen den Teilnehmerrollen verwischt sich, das Konzept des Teilnehmers wird unscharf. Diese Unschärfe schlägt sich auch in einer geänderten Terminologie nieder (siehe dazu ausführlich Bublitz 2012). So ist *Nutzer/user* eine Neuprägung, in der die Fusion von Produktion und Rezeption und damit die duale Teilhabe an der Informationsgenerierung deutlich zum Ausdruck kommt (siehe ausführlicher dazu unten in Abschnitt 6).

5. Der eingeschränkte Nutzer

Bei der Generierung von Informationen setzt sich der Nutzer in seiner dualen Rolle als EGO und ALTER, als Produzent und Rezipient les- und schreibbarer Texte mit der unermesslichen Informationsfülle des Internets auseinander. Dies ist nicht nur Segen, sondern kann auch Fluch sein. In seinem Bemühen um Informations- und Bedeutungsgenerierung kann er sich unerwarteten Hindernissen gegenüber sehen, die zu vielfältigen Einschränkungen führen, auf die ich kurz eingehe.

5.1 Einschränkung des Informationszugangs

Nur auf den ersten Blick sind die Möglichkeiten des Nutzers nahezu unbeschränkt, in die unendlich erscheinende Menge elektronisch vermittelter Daten einzugreifen. Es ist geradezu paradox, dass mit dem beschriebenen Sonderfall der dualen Reader-Writer-Kommunikation keine Verständigungsgarantie einhergeht. Zwar beseitigt der janusköpfige Nutzer die hermeneutische Distanz zu seinem 'Kommunikationspartner', also die zwischen seinem produzierenden und seinem rezipierenden Selbst. Doch existiert eine andere Distanz als permanente und schwer zu überbrückende Herausforderung: die zwischen dem Nutzer und der immensen Vielfalt und Fülle von Informationen, in die er zwar eingreifen kann, die sich jedoch wegen ihrer starken Zersplitterung einem sinnvollen Zugriff häufig entziehen. Ihre Zugänglichkeit ist nur im Prinzip gewährleistet, nicht jedoch in der Praxis. Es fehlt an Mitteln und Wegen, dem übermäßigen heterogenen und dekontextualisierten Datenangebot Kohärenz, Sinnkonstanz, übergreifende Verständlichkeit zuzuordnen, dem Chaos Ordnung zu geben. Der Zugriff auf und die Vernetzung von Daten jeglicher Art und Zahl kann, je nach Zweck und Geschick der Nutzer, den bedeutungsvollen Zugang zu Informationen nicht nur erleichtern, sondern eben auch erschweren. In der Konfrontation mit der Fragmentarisierung des Internets sind Nutzer permanent darum bemüht, ungeordnete Informationen zu ordnen, nicht kohäsiv verknüpften Informationen Kohärenz zuzuschreiben, nicht-linear präsentierten Informationen Linearität zu geben, implizite Informationen aus expliziten zu erschließen, unvollständige Informationen zu vervollständigen usw., und all dies auf assoziative und gelegentlich mit erheblichem kognitiven Aufwand verbundene Weise (Bublitz 2008). Die beiden wichtigsten Merkmale des Internets, Interaktivität und Fragmentarisierung, können sich demnach unter bestimmten Umständen neutralisieren.

Mangel und Unzugänglichkeit kann sich auch dadurch ergeben, dass unerwünschte Daten offeriert, erwünschte jedoch unterdrückt, ja, in manchen Web 2.0-Formen nicht zugelassen werden. Am Beispiel von Facebook lässt sich dies gut veranschaulichen. Kann man im alltäglichen Umgang mit Mitmenschen noch einen fließenden Übergang von Bekannten, Freunden und Vertrauten durch vielfältige Interaktionsformen gewährleisten, so ist man bei Facebook dazu gezwungen, entweder alle Bekannten als 'Freunde' zu klassifizieren oder einige aus dem Kreis der Vertrauten auszugrenzen. Zwischenkategorien sind nicht zugelassen. Diese Art der mathematischen Kategorisierung von Sozialkontakten, die eigentlich alle Nutzer stören sollte, lässt keine 'fuzzy boundaries' und Zwischenkonzepte zu.

5.2 Kognitive Überlastung

Die Anforderungen an den mit dem Internet kommunizierenden Nutzer, der sich bei der Produktion eigener Texte einem immensen Angebot an Hyperlinks, Lesepfaden, Schablonen, Bearbeitungsoptionen und dergleichen gegenübersieht, können zu einer kognitiven Belastung werden, die nicht jeder Nutzer meistern kann. Ursächlich für die kognitive Überlastung können die nicht mehr zu bewältigende Datenmenge sowie ein Mangel an notwendiger technischer Kompetenz sein. Für die Bearbeitung verlinkter Datenmengen und damit für den Zugang zu verdeckten Informationen müssen beispielsweise folgende Techniken beherrscht werden (vgl. Bublitz 2005; Jucker 2005; Hoffmann persönliche Mitteilung): Hyperlinks erkennen, Funktionen von Hyperlinks erfassen und interpretieren, prospektive und retrospektive Planungsstrategien entwickeln und einsetzen, Hyperlinks bearbeiten und andere. Auch Handlungsbeschränkungen, die auf fremd-(inklusive Software-)generierte Schablonen, Formulare usw. zurückgehen, können den Nutzer überfordern und die freie Generierung von Formen und Inhalten behindern.

5.3 Einschränkung der auktorialen Selbstbestimmung und der Authentizität

Sind selbstgenerierte Texte, Bilder usw. erst einmal ins Internet eingestellt, kann durchaus der Fall eintreten, dass sie später nicht mehr der Kontrolle ihres Autors unterliegen. Beispielsweise können die Moderatoren von Message Boards oder die Autoren von Weblogs die Kommentare anderer verändern (kürzen, umformulieren usw.), ohne diese davon in Kenntnis zu setzen. Der daraus resultierende amalgamierte Beitrag kann einen Grad der Polyphonie annehmen, der es unmöglich macht, die einzelnen textuellen oder audio-visuellen Fragmente bestimmten Autoren zuzuordnen. Damit verlieren diese Autoren ihre auktorialen Rechte. Zudem ergeben sich Fragen der Authentizität aus der auktorialen Polyphonie von gemeinsam erstellten WikiWebs, Weblogs, Message Boards, SNS Texts, Websites und generell Data Sharing Platforms.[9] Diese amalgamierten, polyphonen Erzeugnisse resultieren, so MEHLER, aus „cooperative/competitive sign processes in the sense of distributed cognition“ und weisen eine „super-individual structure formation“ auf, die nicht auf intentionale Akte individueller Teilnehmer zurückgehen (MEHLER 2007).[10]

Je nach Art der CVK lässt sich die Urheberschaft von Informationen mehr oder weniger aufwändig rekonstruieren. Eine Garantie dafür gibt es jedoch nicht

9 WALKER (2005: 2) spricht hier von 'ungezähmten Hypertexten'/„feral hypertexts“ und nennt als Beispiel Wikipedia, dem sie Online-Lexika gegenüberstellt: „The clearest examples of feral hypertexts are the large collaborative projects that generate patterns and meanings without any clear authors or editors controlling the linking. While the semantic web and other standards-oriented projects clearly follow the domesticated paradigm, attempting to retain control of hypertextual structures, these feral projects accept messiness, errors and ignorance, and devise ways of making sense from vast numbers of varying contributions. The online version of the Encyclopædia Britannica is an example of a domesticated and carefully controlled hypertext, while the Wikipedia is an example of a feral hypertext. An online library catalogue, with its careful categorisation, is domesticated, while Google's interpretations of links or Flickr, Del.icio.us and CiteULike's collaborative freeform tagging are feral.“

10 Ähnlich schreibt BOLTER über die „kollaborative Natur“ „elektronischer Produktionen“: „Im Bereich der elektronischen Produktionen – sei es im Internet oder auf CD-ROM – hat der Mythos des Autors sowieso kaum Anwendung gefunden. Nur wenige wüßten die 'Autoren' selbst der populärsten und einflußreichsten Videospiele zu nennen. Noch die kreativsten

(wie das Beispiel des Weblog-Autors zeigt, der im Nachhinein frühere Einträge oder fremdverfasste Kommentare manipuliert, ohne dies zu kennzeichnen).

5.4 Einschränkung der Handlungsfähigkeit

In einigen Formen der CVK ist selbstbestimmtes Handeln der Nutzer nur eingeschränkt möglich. Sehr überzeugend hat dies EISENLAUER (2012) am Beispiel von SNS wie Facebook nachgewiesen. Handlungseinschränkend wirken sich Voreinstellungen (Schablonen und Formulare) und automatisierte Abläufe ebenso aus wie die stark limitierte Zahl an festgelegten Layoutmustern, die dem Nutzer nur wenige standardisierte Optionen lassen. In diesem Sinne gibt Facebook ein finites Paradigma an mehr oder weniger festgesetzten Zeichen und standardisierten Handlungen vor, welche den Nutzer unterstützen, aber eben auch behindern und ersetzen können (und neuartige kritische Lese- und Schreibpraktiken erfordern). Ferner können einfache Mausklicks hoch komplexe Texthandlungen auslösen, etwa das Hochladen und Zugänglichmachen oder auch das Unterdrücken von Texten, Bildern, Film- und Tonsequenzen in Weblogs und WikiWebs oder das automatische Generieren und Übermitteln von Informationen in SNS. Unbeabsichtigt und ohne Zutun des Nutzers entstehen oder verschwinden Informationen und laufen Handlungen ab, die nur mit erheblichem technologischen Wissen und Aufwand von menschlichen Akteuren zu kontrollieren sind.

6. Dissoziation

Generell sind diese Einschränkungen auf die elektronische, computer- und internetgesteuerte Art der Kommunikationsvermittlung zurückzuführen. Diese Art der Vermittlung (nebst ihren unerwünschten Begleiterscheinungen) lässt sich mit der von mir konstatierten Amalgamierung der Teilnehmerrollen und Erosion des dualen Prinzips der Kommunikation in Formen der CVK korrelieren.

Wir haben es hier mit dem vorläufigen Endpunkt einer Kultur der Vermittlung zu tun, die mit der Einführung der Schrift als zusätzlichem Modus sowie der Papyrus-Rolle und des Buches als zusätzlichen Medien einsetzte und in der Entwicklung des Telefons und des Internets ihre Fortsetzung fand. Diese Medien und Modi als zusätzliche extrakorporale Substitute wurden rasch ein Teil von uns

Designer von Computersystemen oder Websites sind außerhalb der Gemeinschaft der Hacker und Enthusiasten unbekannt“ (BOLTER 1997: 49 f.).

in dem Sinne, dass sie „Prothesen“ (Eco 1984) oder künstliche „Extensionen“ (McLuhan 1964: 46) unseres Selbst darstellen, von denen wir inzwischen in einem früher kaum vorstellbaren Ausmaß abhängig sind. Das Internet ist eine solche Extension oder Prothese. Und wie jede Extension fordert sie ihren Preis.

Denn mit dem schrittweisen Aufkommen neuer Medien, Modi und Techniken ging eine schrittweise Dissoziation der Kommunikation einher. Damit meine ich nicht so sehr die Entfernung der Kommunikationsbeteiligten im wörtlichen Sinne voneinander, sondern vielmehr die Entfremdung im Sinne eines Fremd-Werdens, die sich anschickt, die duale Struktur in der interaktiven Internet-Kommunikation aufzuweichen. Ich hatte davon gesprochen, dass Nutzer-als-Autoren (EGO), die sich bemühen, eigene Texte auf der Grundlage zugänglicher Internet-Daten zu kreieren, letztere nicht immer anderen Autoren (ALTER) zuordnen und somit eindeutig als fremdverfasste erkennen können. Aus dieser sonderbaren Situation, nicht zu wissen, mit wem man kommuniziert, die in nicht-vermittelter Kommunikation gar nicht und in vermittelter allenfalls im Sonderfall vorkommt, ergeben sich für das Konzept des Teilnehmers in (Formen) der Web 2.0-Kommunikation mehrere Konsequenzen.

6.1 Dissoziation zwischen (dem Nutzer als) EGO und (dem Nutzer als) ALTER

Zum einen führt die Entwicklung der elektronisch vermittelten Kommunikation in zunehmendem Maße zu einer Dissoziation zwischen (dem Nutzer als) EGO und (dem Nutzer als) ALTER. Die Nähe zwischen den Kommunikationspartnern verschwindet, und zwar im wörtlichen wie im metaphorischen Sinne; sie 'verlieren sich aus den Augen' und werden sich fremd. Getrennt wird der unmittelbare synchrone, reziproke Kontakt zwischen menschlichen Akteuren oder, wenn Nutzer mit diffusen Daten kommunizieren, sogar jeglicher menschliche Kontakt. Moderne Web 2.0-Plattformen (wie Weblogs oder SNS) beinhalten komplexe Textautomatisierungsprozesse, die den Nutzern die Aufgabe erleichtern oder auch ganz abnehmen, Daten zu generieren und zu verteilen. Sie agieren folglich, wie Eisenlauer (2012) anmerkt, als eine Art 'dritte Instanz' oder 'dritter Autor', die oder der sich gleichsam zwischen EGO und ALTER schiebt.[11] Die medial bedingte Ein-

11 Für Facebook führt Eisenlauer (2012: 157) dazu aus: „the software service acts as a third author, as it gradually intervenes in the communicative flow between profile owners (first authors) and profile recipients (second authors). [...] As a third author, [the software service] shapes the structure and, in some cases, even the content of the respective discourse. Moreover, it controls the context in which user- and software-generated texts are presented.

schränkung oder Unterdrückung des physischen und sozialen Kontakts behindert die Bedeutungsaushandlung und, gravierender noch, erschwert erheblich die Entwicklung und Pflege sozialer Beziehungen. Als Kompensation für diesen Verlust lässt sich die Beobachtung bewerten, dass der Nutzer (EGO) sein ALTER nicht als menschlichen sondern technologischen Kommunikator sieht und demnach davon ausgeht, mit dem Internet selber als ALTER zu kommunizieren. Dies ließe sich nachvollziehen, wenn man eine uneigentliche Lesart annähme, wonach das Internet metonymisch für seine Nutzer stünde. Doch gibt es Hinweise darauf, dass Nutzer das Internet tatsächlich völlig uneigentlich als Kommunikationspartner betrachten: „Empirische Rezeptionsstudien [haben] gezeigt, dass Online-Nutzer so handeln, *als ob* das entsprechende Web-Angebot ein Partner wäre und *als ob* sie mit diesem Angebot interagieren" (BUCHER 2004: 11, Hervorhebungen im Original).[12] Diese Nutzer verhalten sich, als kommunizierten sie mit personifizierten Texten.

6.2 Dissoziation zwischen (dem Nutzer als) EGO und (dem Nutzer als) EGO

Zum anderen können Nutzer-als-Autoren, wenn sie sich Texten gegenübersehen, die kollektiv, seriell und anonymisiert verfasst sind, nicht generell ausschließen, dass sie selber Teil dieser kollektiven Autorenschaft sind. Ein Nutzer kommuniziert ja in den interaktiven Internetmedien typischerweise mit einer diffusen Menge von Daten und Interaktanten. In hybriden Formen wie dem Chat findet kein bilateraler Dialog, sondern ein vielseitiger Polylog statt. Und in der 'Wiki'-Welt kommuniziert der Nutzer mit Mitgliedern eines kollektiven Netzwerks, die als solche nicht immer zu erkennen sind; mit anderen Worten, er kommuniziert mit einem multiplen oder kollektiven Anderen. Dessen Verlautbarungen lassen sich niemandem zuordnen; sie sind, im Sinne von BARTHES (1989), keine innerhalb eines lebendigen Diskurses verfassten 'Werke', sondern lediglich ent-individualisierte, ent-autorisierte und diskurslose 'Texte'. Der Andere als kommunikativer Gegenpol, das ist hier nur noch eine Metapher. Im Grunde kommuniziert der Nutzer mit dem System selber. Ja, wenn er es im interaktiven Austausch aktiviert,

As a consequence, [users] experience a gradual loss of control over their texts (in the form of posts, comments, photos, personal data, etc.) as well as over their individual communicative aims and/or actions they intend to perform."

12 Es geht hier nicht um die unbeabsichtigte und unerkannte 'Kommunikation' mit *Chatbots* (oder *Chatterbots*), also Computerprogrammen, die als Kommunikationspartner agieren.

sich also wie ein Schachspieler verhält, der allein spielt und auch die Züge seines gedachten Partners übernimmt, setzt er sich an die Stelle des Systems. Die aufeinander folgenden und aufeinander bezogenen Züge haben denselben Urheber. Und obwohl die Nutzer-Internet-Kommunikation im Prinzip nicht reziprok ist, kann sie auf eigentümliche Weise doch reziprok werden, wenn der Nutzer die Rolle des rezipierenden Partners mit übernimmt und so zum dualen Nutzer wird. In letzter Konsequenz können wir davon sprechen, dass der Nutzer mit sich selbst oder besser, mit seinem virtuellen oder Cyberego kommuniziert. JANNEY (1997: 530) stellt das „cybernetic ego" (als „virtual extension") dem „social ego" gegenüber und führt an, dass man entsprechend zwischen unterschiedlichen Handlungen unterscheiden müsse: Während das Schreiben eines Briefs oder einer E-Mail eine auf einen menschlichen Anderen gerichtete soziale Handlung ist, ist das interaktive Kommunizieren mit dem Internet eine auf sich selbst gerichtete Handlung, bei der EGO und ALTER identisch sind. Diese Amalgamierung der getrennten Rollen zu einer diffusen dualen Teilnehmerrolle, die ich gleichfalls als *Dissoziation*, nämlich der zwischen (Nutzer als) EGO und (Nutzer als) EGO bezeichne, verändert das grundlegende Konzept der Kommunikation am nachhaltigsten.

6.3 Dissoziation zwischen (dem Nutzer als) EGO und der Realität

Neben der EGO-ALTER-Dissoziation und der EGO-EGO-Dissoziation kann man des Weiteren eine Dissoziation zwischen (Nutzer als) EGO und der Realität konstatieren. Sie entsteht immer dann, wenn der Nutzer nicht mehr zwischen virtueller und realer Welt unterscheidet oder doch zumindest die Auswirkungen der virtuellen auf die reale Welt unterschätzt. Hacker wissen, dass Eingriffe in die virtuelle Welt unerwünscht sind und riskante Folgen nach sich ziehen können. Private Nutzer sind sich dessen nicht immer bewusst. Die medial bedingte, entfremdende Dissoziation der Kommunikationsteilnehmer kann beispielsweise zu einer Unterschätzung der Wirkungsmächtigkeit öffentlich zugänglich gemachter Informationen führen oder auch zu einem Verlust der Scham gegenüber dem Fremden, der Öffentlichkeit. Die vormals klare Unterscheidung zwischen Privatem und Öffentlichem verschwimmt als Folge der Veränderung der medialen Kommunikationsbedingungen. Wir leben in einer medialen Kultur, in der wir Persönlichstes mit einem Knopfdruck in den öffentlichen Raum stellen und es dadurch mit einer unübersehbaren Menge von Fremden teilen. Wir speisen es in das kollektive Wissen und Gedächtnis einer Gesellschaft ein. Die vormalige Einheit von konzeptueller und medialer Privatheit und Öffentlichkeit löst sich auf. Während in den 'alten' mündlichen und schriftlichen Medien Privates sowohl konzeptuell wie medial privat kommuniziert wurde, etwa im persönlichen Tagebuch, ist in den neuen elektronischen Medien privates Wissen nur noch konzeptuell, nicht jedoch medial privat, etwa im Weblog (EISENLAUER 2011).

Diese Auflösung der Trennung zwischen Privatem und Öffentlichem ebenso wie die Auflösung der dualen Kommunikationsstruktur sind Ausweise einer zunehmenden Ent-Individualisierung und Standardisierung, die auch andere Bereiche unserer modernen Lebenswelt charakterisieren. Wir haben es mit medial bedingten Dissoziationen zu tun, die einen verstörenden Bruch vertrauter Grundkonstanten unseres kommunikativen Miteinanders bewirken und ein Gefühl der Entfremdung und Verunsicherung auslösen können.

7. Milderung der Dissoziationsfolgen

Fraglos verändern die dargestellten digitalen Interaktionsmöglichkeiten die Wechselbeziehungen zwischen Technik, Kultur und Kommunikation. Sie eröffnen dem einzelnen Nutzer neue kreative Chancen, beinhalten aber auch Risiken wie etwa die angesprochene Vermischung von privater und öffentlicher Sphäre. Die weitergehende Annahme, dass die schrittweise Verbreitung der internetbasierten Kommunikationsformen mit einer schrittweisen „De-Sozialisierung" (vgl. das Vorwort zu diesem Band) ihrer Nutzer einhergehe, lässt sich jedoch aus linguistischer Sicht nicht uneingeschränkt bestätigen und trifft in ihrer Pauschalität keinesfalls auf alle Formen der CVK zu. Entgegentreten möchte ich der auch im öffentlichen Diskurs verbreiteten medienpessimistischen 'These des Technologischen Determinismus' (s. u.), wonach die kommunikativen Technologien ursächlich und in zunehmendem Maße unsere Kultur bestimmten und ihren Wandel förderten. Die aus linguistischer Sicht konstatierten dissoziierenden Auswirkungen der computergesteuerten und internetbasierten elektronischen Vermittlung auf die kommunikative Partizipationsstruktur sollten aus verschiedenen Gründen nicht überbewertet werden.

Auffällig ist, dass Mitglieder der entsprechenden Kommunikationskommunen durchaus eine kritische, bisweilen misstrauische Einstellung hinsichtlich des Teilnehmerstatus ihrer jeweiligen Interaktanden zeigen. Jeder, der mit Message Boards, SNS, Weblogs usw. einigermaßen vertraut ist, weiß, dass dort und generell im Internet erstaunlich viele metakommunikative Handlungen ablaufen (siehe auch die Beiträge in BUBLITZ/HÜBLER 2007). Dies könnte man auch als Beweis dafür deuten, dass die Kommunizierenden ein Bewusstsein für die Risiken und Wagnisse der Entfremdung und Dissoziation entwickelt haben. Das folgende Fragment eines Chat ist ein Beispiel für das Misstrauen, das Chatter einander entgegenbringen können. Zu Beginn verdächtigt „monkeymorales“ den oder die neu hinzugekommene(n) „crisjay“, nicht ein Chatter aus Fleisch und Blut, sondern ein Chatbot, also ein Computerprogramm zu sein. Die Reaktion von „crisjay“ weckt zuerst in „monkeymorales“ und dann auch in „sweet_babygirl“ einen anderen Verdacht, dass „crisjay“, nämlich für die US-amerikanische Regierung („federals“, „the feds“) arbeitet.

(1) „monkeymorales_usa: POSITIVE CHATS LEAD TO AWESOME CONVERSATIONS
crisjay_brentfrittz84: i'm just reading for the messages and i find it okey...
monkeymorales_usa: MHMM.. CRISJAY R U A BOT CRISJAY R U AUTHOR
crisjay_brentfrittz84: i enter the room just to read the exchanging messages what do you mean monjeymorales/
monkeymorales_usa: CRISJAY SOUNDS LIKE AUTHORITY
crisjay_brentfrittz84: no!... im just the disturbance here...
monkeymorales_usa: SORRY BUT IS A LITTLE STRANGE U COME TO READ MESSAGES AND NOT TO CHAT
crisjay_brentfrittz84: can't sleep that's why..
monkeymorales_usa: THAT SOUNDS LIKE FEDREAL ONLINE SNITHCES WE R BRING RECORDED,RIGHT?
crisjay_brentfrittz84: it is up to youu... but i'm just here not to chat really...
sweet_babygirl_2822: don't say another word it is the feds
monkeymorales_usa: IM GOOD PEOPLE I HAVE NOTNG TO BE SCARED OR PARANOID ABOUT.
crisjay_brentfrittz84: try to look for someone who are good chatters on line...
monkeymorales_usa: NOTHING 2 BE SCARED OR PARANOID ABOUT<HOW ABOUT U?
crisjay_brentfrittz84: monkeymorales....sorry...
monkeymorales_usa: WHAT DOES THAT MEAN CISJAY LOOKINHG FOR GOOD CHATTERS? I DONT UNDERSTAND WHAT U MEAN BY THAT STATEMENT“ (*Yahoo Chat: Generation X:16*, 22. April 2006, gekürzt und neu formatiert durch Verf.)

In den folgenden Reaktionen auf eine leicht ungewöhnliche Eingangsgeschichte im Thread 11 des Online Message Boards „The Student Room“ vom 13. 8. 2009 werden sowohl der Initiator (threadstarter) als auch die von ihm zitierte Frau verdächtigt, „trolls“, also Provokateure zu sein.

(2) „User #1 Thread Starter
What does this girl mean by this?
Edited so me and her don't reveal our identities. Part way into the convo, she said:
Her: I've never liked anyone online before But ... I think I might like you
Then she started saying this further on:
Me: what else could we talk about? lol with me being a social retard lol it could be hard lol
Girl:Haahaha You're so damn cute
Me: *hugs again*

Girl: *kisses you*
Me: oooh lol *kisses back* that 'felt' good if feel is the right word over the internet lol
Girl: hahaha
I will post more of the convo in small snippets (the important bits) soon. What could she mean by it though? " (*The Student Room*, thread 11: What does this girl mean by this? 13.8.2009; gekürzt und neu formatiert durch Verf., Hervorhebung im Original)

Unter den über 100 Reaktionen finden sich die folgenden Verdächtigungen:

(3) „Methinks somebody has got the hots for you. Or is trolling. # 3
seriously though, didn't know trolls were the new things girls? # 8
I really hope you aren't a troll. # 26
No but seriously, this is trolling on a new level. # 53
Haha, funny troll #111" (*The Student Room*, thread 11: What does this girl mean by this? 13.8.2009; gekürzt und neu formatiert durch Verf.)

Die These liegt nahe, dass die in beiden Beispielen erkennbare Suche nach realen, vor allem aber vertrauenswürdigen Gesprächspartnern eine Reaktion auf die medial bedingten Risiken der Dissoziation darstellt, zu denen beispielsweise der Verlust von Glaubwürdigkeit, Verlässlichkeit, Authentizität, Legitimation und generell die Verarmung der interpersonalen Beziehungen zählen.[13]

Ein weiteres Indiz für diese These ist die Existenz von Nutzern, die sich nicht damit abfinden, nicht zu wissen, mit wem sie kommunizieren. HOFFMANN (persönliche Mitteilung) verweist auf Weblogs, deren Autoren damit befasst sind, veränderte, unterdrückte oder verloren gegangene Informationen (Textfragmente, Bilder) wiederherzustellen und anonyme (namenlose) Texte ihren wirklichen Autoren zuzuordnen. Beispielsweise gäbe es in der digitalen Welt der journalistischen Medien eine wachsende Zahl internetbegeisterter Aufpasser und Kontrolleure, die das Internet nach ungekennzeichneten Daten, unvollständigen Verweisen, fehlenden Quellenangaben und anderen Mängeln durchforsten, um sie soweit wie möglich zu beheben. Auch dies ist der Versuch, die Folgen der Dissoziation zu mildern.

All dies sind lediglich Schlaglichter, die durch empirisch breit angelegte Studien ergänzt werden müssten. Gleichwohl deutet einiges darauf hin, dass das Pendel beginnt seine Richtung zu ändern. Nutzer trachten danach, verlorene Selbstbestimmung zurückzugewinnen, indem sie versuchen, die Informationen, mit denen sie es zu tun haben, zu re-personalisieren und zu re-individualisieren. Mit dem verwirrend komplexen Kaleidoskop von Internetinformationen konfron-

13 Ob freilich das in diesem Chat-Ausschnitt zu Tage tretende Misstrauen gegenüber anderen Chatters signifikant verbreitet ist und womöglich zunimmt, vermag ich nicht zu sagen.

tiert, bemühen sie sich, ALTER wieder ein Gesicht zu geben und als reales kommunikatives Gegenüber zu (re-)installieren. Anders gesagt, der Nutzer versucht, die seiner Teilnehmerrolle inhärente Dualität (wenigstens partiell) zu überwinden, indem er anderen Nutzern Teilnehmerfunktionen zuweist. Dies belegt auch der Abstieg der einstmals recht populären, aber eben unpersönlichen Chats und der Aufstieg des sehr viel persönlicheren Netzwerks Facebook.

Auch in anderer Hinsicht finden sich Belege dafür, dass die Folgen der konstatierten Dissoziation weniger gravierend sind als befürchtet.

Zunächst lässt sich die oben aufgestellte Behauptung, manche der Web 2.0-basierten Formen der CVK ermöglichten es dem Nutzer, in fremdverfasste Texte, Grafiken usw. manipulierend einzugreifen, in dieser Pauschalität nicht aufrechterhalten. In Message Boards oder auch in Social Network Sites wie Facebook ist das Potenzial für grenzüberschreitende Eingriffe mehr oder weniger stark eingeschränkt, je nachdem, wer 'Herr' des jeweiligen Formats ist. Beispielsweise wird im Weblog dem Nutzer als ALTER zwar das Recht eingeräumt, Kommentare zu verfassen. Deren Veröffentlichung erfolgt aber erst, nachdem sie vom Blogger des Weblogs freigegeben werden, der sie nach Belieben vor der Publikation modifizieren kann. Hier konturieren sich wieder deutliche Unterschiede zwischen Autor (Nutzer als EGO) und Leser/Kommentator (Nutzer als ALTER) hinsichtlich der Kontrolle, Änderung Speicherung und Distribution von Kommunikationsdaten.

Arendholz (2011) hat sich in einer breit angelegten empirischen Studie mit dem interpersonalen Verhalten von Studierenden in dem weltweit größten Online Message Board „The Student Room" befasst.[14] Im Rahmen dieser Untersuchung hat sie auch die Wahrheit zweier Behauptungen überprüft, die sich in der Forschung wie im öffentlichen Diskurs hartnäckig halten: Internet-Kommunikation lasse einen Austausch auf der sozialen (Beziehungs-)Ebene nicht (oder nur rudimentär) zu und fördere durch die verbreitete Anonymität seiner Nutzer rücksichtsloses, unhöfliches, ja, rüdes Benehmen. Arendholz räumt auf überzeugende Weise mit beiden Behauptungen auf und entlarvt sie als Trugschlüsse und populäre Irrtümer.[15] Ihr Fazit ist, dass in der überwältigenden Mehrheit (über

---

14 Ihr Korpus besteht aus 50 Themensträngen (threads) mit etwa 3200 Einträgen (posts) und zusammen 285.000 Wörtern von ungefähr 1570 Nutzern (users).

15 Die Langlebigkeit der beiden Behauptungen erklärt sie so: „marked behavior, be it positively or negatively, shows the tendency to be carried to the extremes in message boards, which is why politeness always seems more heartfelt and abundant, impoliteness, on the other hand, extremely outspoken and drastic. Those are the ones to clearly stand out against the rest, which makes counting them so much easier. I argue that it is due to this misperception that online communication, including message board interaction, has wrongfully earned labels such as 'disinhibited', 'unfriendly' and 'rude'" (Arendholz 2011: 302 f.).

90 %) aller Threads und Posts die Nutzer Strategien und Mittel der Angemessenheit (und 'Höflichkeit') solchen der Unangemessenheit (und 'Unhöflichkeit') vorziehen.[16]

8. Wider den technologischen Determinismus

Während die im ersten Teil dieses Beitrags beschriebenen Mutationen der Partizipations- und Dualitätskonzepte natürlich nicht ohne Folgen für das Kommunikationsverhalten bleiben, sollten sie jedoch in ihrer Tragweite nicht überbewertet werden. Wie gezeigt, relativiert sich aus diskurs- und medienlinguistischer Sicht die auch im öffentlichen Diskurs verbreitete radikale These, die neuen kommunikativen Technologien bestimmten (in zunehmendem Maße) unsere Kultur (und nicht umgekehrt). Dies wird von BOLTER (1997) als „Technologischer Determinismus" bezeichnet. Seine Anhänger verfechten die These, Computer, Internet und generell neuere technologische Medien hätten einen Wandel unserer (westlichen, Gutenberg-geprägten) Kultur ursächlich bewirkt. Dem setzen die 'Sozialen Konstruktivisten' die umgekehrte These entgegen (Kultur determiniert Technologie) und nehmen an, dass „Wissenschaft und Technologie mehr oder weniger gänzlich soziale Konstrukte darstellen" und die „Technologien des elektronischen Schreibens nur aufgetaucht sind, um die ihnen inhärenten Qualitäten wie Interaktivität, Flexibilität und Instabilität auszubilden" (BOLTER 1997: 39).

BOLTER selber vertritt eine moderate und modifizierte Form des Sozialen Konstruktivismus, wonach die internetbasierten medialen Technologien kulturelle Einstellungen repräsentieren, jedoch nicht determinieren – oder nur eingeschränkt, wie etwa die Computertechnologie, die „die Kultur nicht absolut determiniert" aber „gewisse Weisen des Schreibens doch einfacher [macht] als andere" (BOLTER 1997: 39). Aus linguistischer Sicht spricht vieles für diese Einschätzung. Schon immer haben neue Medientechnologien neue Wege im Umgang mit der Semiotik der Zeichen eröffnet, die die vertrauten Bedingungen der kommunikativen

16 Diesen und verwandten Fragestellungen widmet sich auch ein aktueller Sammelband „The appropriation of media in everyday life" (AYASS/GERHARDT 2012), allerdings auf einer viel breiteren medialen Basis. SPRECKELS (2012), um ein Beispiel herauszugreifen, befasst sich intensiv mit dem identitätsstiftenden interaktiven und diskursiven Handeln heranwachsender Mädchen während des gemeinsamen Fernsehens. Sein Fazit lautet, dass auch dieses Medium die gemeinsame Identitätsgenerierung und die Etablierung des Anderen als Partner eher fördert als behindert (ähnlich bei SCHEIDT 2006). Andere Untersuchungen widersprechen ebenfalls der kulturpessimistischen These von der grundsätzlich dissoziativen Wirkung der neuen Medien und unterstreichen im Gegenteil deren konsoziative Funktion.

Praxis mehr oder weniger gravierend verändert haben. Und noch immer haben sich ihre Nutzer diese Medientechnologien 'zu Nutze' und zu Diensten gemacht, zumal dann, wenn sie, wie gegenwärtig, omnipräsent und Teil der Alltagskultur geworden sind. Mit KATZ/FOULKES (1962: 378) sollten wir nicht fragen, „What do the media do to people?", sondern „What do people do with the media?" Diejenigen, die mit den neuen elektronischen Medien vertraut sind, entwickeln eine Technologie- oder Medienkompetenz, die sie in die Lage versetzt, mit den Möglichkeiten dieser Medien umzugehen, entweder unkritisch, aber eben auch kritisch; verantwortungs- und gedankenlos, aber eben auch verantwortungsvoll und überlegt. Sie nutzen und kreieren Routinen zur interaktiven Generierung von Inhalten und Beziehungen in der elektronischen Kommunikation, die anderen, Uneingeweihten, verschlossen bleiben und sie unter Umständen sogar verängstigen. Aber sie wissen auch, um LUKE (1992) zu zitieren, „how texts code cultural ideologies, and how they position readers in subtle and often quite exploitative ways" (LUKE 1992: 10). Im Zeitalter der Web 2.0-Kommunikation sollte die Medienkompetenz der heutigen Nutzer immer eine kritisch reflektierte sein, die sich der Vorzüge wie der Risiken der standardisierten Formulare, der voreingestellten Textautomatisierungsprozesse und der Vielzahl der hypertextuellen Optionen jederzeit bewusst ist.

9. Fazit

Unsere kommunikative Vergangenheit als 'homines loquientes' ist geprägt durch die frühen Jahrtausende mündlicher und natürlich vermittelter und die späteren Jahrhunderte artifiziell vermittelter analoger Kommunikationsformen. Vor diesem Hintergrund ist die Zeitspanne verschwindend gering, in der wir uns beim Kommunizieren mit realen oder virtuellen Anderen auf die Vermittlung durch elektronisch-digitale Artefakte verlassen. Der Wandel von selbstbestimmter und durch permanentes eigenes Handeln konstituierter und garantierter zu fremdbestimmter und elektronisch gesteuerter Kommunikation, also die Auslagerung dieser Vermittlungsaktivitäten, schafft natürlich Abhängigkeiten und Konsequenzen, auch unerwünschte. Herausgegriffen habe ich Folgen, die das Verhältnis der kommunizierenden Menschen zueinander und ihren Umgang mit den kommunikationsrelevanten Informationen, die im Internet bereit gehalten und ohne Unterlass weiter produziert werden, betreffen. Die neuen elektronischen Medien und Modi mancher Formen der CVK ermöglichen den Nutzern einen vorher nicht erreichbaren Grad an Interaktivität in der gemeinsamen Kreierung von Bedeutungen und Beziehungen. Gleichzeitig jedoch stellen diese elektronisch generierten

Optionen und die elektronisch verwaltete unüberschaubare (und damit nur eingeschränkt zugängliche) Informationsmenge den einzelnen Nutzer vor neue Probleme. Eigen- und fremdverfasste, individuelle und kollektive, identifizierbare und anonyme, authentische und gefälschte, private und öffentliche Informationen können sich ebenso vermischen wie die vormals getrennten Funktionen des Produzierens und Rezipierens und dadurch ansatzweise zur Erosion der Dualität der Teilnehmerstruktur und zur Amalgamierung der Teilnehmerrollen von EGO und ALTER führen. So gravierend diese in ihrer Faktizität nicht zu leugnenden Tendenzen sind, unterstützen sie gleichwohl nicht die im öffentlichen Diskurs diskutierte kulturpessimistische und technologieskeptische Einstellung. Zum einen lassen sich, wie ich gezeigt habe, Gegenbewegungen im Umgang mit den elektronischen Kommunikationssystemen beobachten. Zum anderen entwickelt sich auch mit dieser neuen medialen Kulturtechnologie eine entsprechende Medien- oder Technologiekompetenz, die uns in die Lage versetzt, mit den Möglichkeiten dieser Medien angemessen, kritisch und auch verantwortungsbewusst umzugehen.

Literatur

ANSEL SUTER, B., 1995. *Hyperlinguistics. Hypertext-Lernumgebungen im akademischen Kontext: Eine Fallstudie*. Universität Zürich: Zentralstelle der Studentenschaft.

ARENDHOLZ, J., 2011. *Interpersonal Relations in Online Message Boards*. Dissertation. Universität Augsburg. Erscheint als *(In)Appropriate Online Behavior – A Pragmatic Analysis of Message Board Relations*. Amsterdam: Benjamins.

AYASS, R./GERHARDT, C. (eds.), 2012. *The Appropriation of Media in Everyday Life*. Amsterdam: Benjamins.

BARTHES, R., 1974. *S/Z. An Essay*. New York: Hill & Wang.

BARTHES, R., 1989. From Work to Text. In: RICE, P./WAUGH, P. (eds.), 1989. *Modern Literary Theory: a Reader*. London: Edward Arnold, 166–171.

BOLTER, J.D., 1997. Das Internet in der Geschichte der Technologien des Schreibens. In: MÜNKER/ROESLER (Hg.), 1997, 37–55.

BOLTER, J.D., 2001. *Writing Space. Computers, Hypertext, and the Remediation of Print*. New Jersey: Mahwah.

BUBLITZ, W., 2005. The user as 'cyberego'. Text, hypertext and coherence. In: MOESSNER, L./ SCHMIDT, C. M. (Hg.), 2005, 311–324.

BUBLITZ, W., 2008. 'Sailing the islands or watching from the dock': the treacherous simplicity of a metaphor. How we handle 'new (electronic) hypertext' versus 'old (printed) text'. In: GERBIG, A./MASON, O. (eds.), 2008. *Language, People, Numbers. Corpus Linguistics and Society*. Amsterdam: Rodopi, 249–273.

BUBLITZ, W., 2012. From speaker and hearer to chatter, blogger and user: The changing metacommunicative lexicon in computer-mediated communication. In: BUSSE, U./

Hübler, A. (eds.), 2012. *Investigations into the Meta-Communicative Lexicon of English. A Contribution to Historical Pragmatics*. Amsterdam: Benjamins, 151–176.

Bublitz, W./Hübler, A. (eds.), 2007. *Metapragmatics in Use*. Amsterdam: Benjamins.

Bucher, H.-J., 2004. *Das Netzwerk-Medium: Wie das Internet die Kommunikation verändert*. In: *Geographie und Schule* 147, 2–7.

Eco, U., 1984. *Semiotics and the Philosophy of Language*. London: Macmillan.

Eisenlauer, V., 2011. Multimodality and social actions in 'Personal Publishing' texts. From the German 'Poetry Album' to Web 2.0 'Social Network Sites'. In: O'Halloran, K./Smith, B.A. (eds.), 2011. *Multimodal Studies: Exploring Issues and Domain*. London: Routledge, 131–152.

Eisenlauer, V., 2012. *A Critical Hypertext Analysis of the Software Service 'Facebook'*. Dissertation. Universität Augsburg.

Goffman, E., 1982. *Interaction Ritual: Essays on Face-to-face Behavior*. New York: Pantheon Books.

Guyer, C./Petry, M., 1991. *Izme Pass*. Der Zeitschrift *Writing on the Edge* beigelegte CD. Wieder in Coover, R., 1992. The End of Books. In: *New York Times*, 21. Juni 1992, ohne Paginierung. www.tnellen.com/ted/endofbooks.html (Zugriff am 29.02.2012).

Hoffmann, C., 2012. *Cohesive Profiling. Meaning and Interaction in Personal Weblogs*. Amsterdam: Benjamins.

Holly, W., 2011. Medialität und Intermedialität in Computer-Kommunikationsformen. In: Moraldo, S. (Hg.), 2011. *Internet.kom. Neue Sprach- und Kommunikationsformen im WorldWideWeb. Bd. 2: Medialität, Hypertext, digitale Literatur*. Rom: Aracne, 27–55.

Humboldt, W. von., 1969. Ueber den Dualis. In: Flitner, A./Giel, K. (Hg.), 1969. *Wilhelm von Humboldt. Oeuvre in 5 Bänden. Bd. III: Schriften zur Sprachphilosophie*. Darmstadt: WBG, 113–143. (Zuerst gelesen in Berlin, Akademie der Wissenschaften, 26. April 1827).

Janney, R., 1997. The cold warmth of communication in computer networks. In: Nöth, W. (ed.), 1997. *Semiotics of the Media. State of the Art, Projects, and Perspectives*. Berlin [u. a.]: de Gruyter, 519–534.

Jucker, A., 2005. Hypertext research: Some basic concepts. In: Moessner, L./Schmidt, C.M. (Hg.), 2005, 285–295.

Katz, E./Foulkes, D., 1962. On the use of the mass media as 'escape': Clarification of a concept. In: *Public Opinion Quarterly* 26, 3, 377–388.

Kuhlen, R., 1991. *Hypertext: ein nicht-lineares Medium zwischen Buch und Wissensbank*. Berlin [u. a.]: Springer.

Landow, G.P. (ed.), 1994. *Hyper Text Theory*. Baltimore: Johns Hopkins University Press.

Landow, G.P., 2006. *Hypertext 3.0. Critical Theory and New Media in an Era of Globalization*. Baltimore: Johns Hopkins University Press.

Levinson, S., 1988. Putting linguistics on a proper footing: Explorations in Goffman's concept of participation. In: Drew, P./Wootton, A. (eds.), 1988. *Erving Goffman: Exploring the Interaction Order*. Boston: Northeastern University Press, 161–227.

Luke, A., 1992. Reading and Critical Literacy: Redefining the 'Great Debate'. In: *Paper of the 18th New Zealand Conference on Reading*. 10.–13.05.1992, Wellington. http://www.eric.ed.gov/PDFS/ED345211.pdf (Zugriff am 29.02.2012).

McLuhan, M., 1964. *Understanding Media*. London: Routledge.

Mehler, A., 2007. E-Cohesion in the Wiki medium. A comparative study. *Multimodality and Interactivity in CMC, 10th International Pragmatics Conference*. 08.–13.07.2007, Göteborg.

Moessner, L./Schmidt, C.M. (Hg.), 2005. *Anglistentag 2004 Aachen. Proceedings*. Trier: Wissenschaftlicher Verlag Trier.

Münker, S./Roesler, A. (Hg.), 1997. *Mythos Internet.* Frankfurt a. M.: Suhrkamp.
Nelson, T., 1974. *Computer Lib/Dream Machines.* Eigenveröffentlichung. Wieder als Nelson, T., 1981. *Literary Machines.* Sausalito, CA.: Mindful Press.
Scheidt, L. A., 2006. Adolescent diary weblogs and the unseen audience. In: Buckingham, D./Willett, R. (eds.), 2006. *Digital Generations: Children, Young People and New Media.* London: Lawrence Erlbaum, 193-210. http://loisscheidt.com/linked/2006/Adolescent_Diary_Weblogs_and_the_Unseen_Audience.pdf (Zugriff am 29.02.2012).
Spreckels, J., 2012. 'I wanna be a real rock star': Para-social interactions of German adolescent girls with television talent shows. In: Ayass/Gerhardt (eds.), 2012, 161–194.
Walker, J., 2005. Feral Hypertext: When Hypertext Literature Escapes Control. http://jilltxt.net/txt/FeralHypertext.pdf (Zugriff am 26.04.2012). Wieder als Rettberg/Walker, J., 2010. Feral Hypertext: When Hypertext Literature Escapes Control. In: Hunsinger, J./Klastrup, L./Allen, M. (eds.), 2010. *International Handbook of Internet Research.* Berlin [u. a.]: Springer, 477–492.

Jens Runkehl

Die Ordnung digitaler Unordnung

The order of digital disorder
The internet is considered a place of information and communications. Concerning information research and processing, practical manageability of the assumed 'information overload' can only be reached with ordering and classification systems. Both in the offline world (e. g. libraries) and in the first generation world wide web (e. g. web catalogues) there are ordering systems that are enriched with meta data by experts and therefore allow the users a practicable and orderly access to information. In the web 2.0 the work of classifying information has shifted from experts to laymen in the field of information and data processing. These amateurs – through their individual and subjective assessments or tags – create organizational frameworks that may pursue an entirely different logic than the frameworks thought out by experts. Nevertheless, these patterns can provide productive use of and profitable access to information. This contribution illustrates by means of the information contexts 'online editorial' and 'political participation' how these frameworks can appear and which chances may arise for the net community.

1. Einleitung

Es zählt zu den anhaltenden Irritationen des modernen Lebens, dass die Informations- und Kommunikationslandschaft des Internets einerseits eine grenzenlose Freiheit und Fülle an Informationen verspricht, die andererseits den Einzelnen gleichzeitig in eine Sippenhaft des 'Mitmachen- bzw. Dabeiseinmüssens' nimmt. Und der Stellenwert des Internets für die Gesellschaft kann dabei kaum überschätzt werden, denn in „der Geschichte der Medien hat sich keines so schnell entwickelt wie das Internet“ (EIMEREN/RIDDER 2011: 10). Dabei war die Nutzung bislang wesentlich durch die Aspekte Kommunikation und Information motiviert. Zunehmend tritt neben diese beiden Verwendungsformen auch jene der Unterhaltung. Die Bedeutung des Internets für den Einzelnen wurde dabei insbesondere durch zwei Entwicklungen katalytisch vorangetrieben:

- Die Entwicklung des Web 2.0[1], die dem Nutzer eine ungleich größere Möglichkeit zur aktiven und produktiven Partizipation ermöglicht.

1 Vgl. FISCH/GSCHEIDLE (2006); GEHRKE (2007); EBERSBACH/GLASER/HEIGL (2008); HUBER (2008); MECKEL/STANOEVSKA-SLABEVA (2008); SIMON/BERNHARDT (2008).

- Die Verlagerung internetbasierter Dienste vom PC auf mobile Kommunikationsgeräte (Smartphones).

Beide Aspekte verstärken das Bedürfnis, immer und überall beliebige Informationen abrufen und mit anderen kommunikativ teilen zu können: „Als wichtigsten Zukunftstrend erwarten die Menschen 2020 eine zeit- und ortsunabhängige Verfügbarkeit von Medien" (RIDDER/ENGEL 2010: 533). Die erwähnten Nutzungsmotivationen Information und Kommunikation finden naturgemäß ihren Niederschlag in den unterschiedlichsten Diensten des Internets. Deren Bedeutung wiederum resultiert aus dem Stellenwert, den sie bei den verschiedenen Anwendungen von Netzangeboten einnehmen. In der Altersgruppe der 14- bis 29-Jährigen nutzen 67 Prozent unterschiedliche Kommunikationsmöglichkeiten (z. B. E-Mail, Instant Messaging oder soziale Netzwerke). 60 Prozent dieser Altersgruppe nutzen Suchmaschinen (z. B. Google, Bing) und 51 Prozent 'surfen nur so rum'.[2] Diese drei Tätigkeiten dominieren damit deutlich vor allen anderen[3]. Auch wenn die Motivation des 'Herumsurfens' als vergleichsweise passives Handeln interpretiert werden muss, steht dahinter doch das (wenigstens implizite) Bedürfnis nach einer Informations'berieselung'; möglicherweise als 'Infotainment-Tapete' in Analogie zur bekannten Funktion des Radios als Klang-Tapete.

Entscheidend ist jedoch, dass die Nutzungsmotive Information und Kommunikation durch Web 2.0 und mobile Kommunikation eine neue Qualität erhalten, wie sie im Web 1.0 kaum denkbar und in der Offline-Welt überhaupt gar nicht realisierbar wären. Daher soll zunächst dargestellt werden, welche Regeln und Distributionskanäle in den Bereichen von Information und kommunikativer Partizipation in der Offline-Welt gelten. Vor dieser Folie soll dann jeweils beispielhaft darauf abgehoben werden, welche Veränderungen sich in den unterschiedlichen Segmenten von der Offline- hin zur Online-Welt des Web 2.0 vollzogen haben, und welche Folgen diese für den Einzelnen zeitigen.

2. Theoretische Vorüberlegungen

Weil die kommunikativen Entwicklungen des Web 2.0 sowohl den Bereich der Information als auch jenen der Partizipation maßgeblich tangieren, soll an dieser Stelle zunächst die theoretische Fundierung gelegt werden. Mit GERHARDS/

2 Alle im Absatz erwähnten Zahlen stammen aus RIDDER/ENGEL (2010: 531).

3 Beispielsweise Onlinespiele spielen (21 %), Texte/Bilder/Musik ins Internet stellen (7 %), etwas im Internet kaufen/verkaufen (7 %).

Klingler/Trump (2008: 129 ff.) ist zu konstatieren, dass mit den unterschiedlichen Diensten des Web 2.0 ein doppeltes Spannungsfeld erzeugt wird.

Das erste Spannungsfeld betrifft den Kommunikationsgrad. Hier erstreckt sich ein Kontinuum von rein individueller (z. B. E-Mail) hin zu vollständig öffentlicher (z. B. Blog) Kommunikation. Der Aspekt des Kommunikationsgrades ist dabei sowohl für das „Informationsmanagement" (Schmidt 2009: 95 ff., bspw. Nachrichtengewinnung), als auch für politische Akteure (Online-Wahlkampf) von beachtlicher Bedeutsamkeit.

Im Hinblick auf den angesprochenen Kommunikationsgrad verstehen Informationsdistributoren (z. B. redaktionelle Angebote wie www.spiegel.de) die von ihnen verbreiteten Meldungen an ein disperses Publikum naturgemäß als öffentliche (Massen-)Kommunikation. Insgesamt darf jedoch nicht vergessen werden, dass die klassische Trennung von Individual- und Massenkommunikation zunehmend schwieriger wird:

> „Das Internet ermöglicht dem Nutzer anders als die klassischen Medien sehr viel einfacher eine aktive Rolle bei der Produktion typisch massenmedialer Inhalte [...], zudem sind Aktivitäten, die in einer Formaldefinition als Individualkommunikation einzuordnen sind, eigentlich Massenphänomene wie beispielsweise Facebook." (Ridder/Engel 2010: 531)

Darüber hinaus kann der Einzelne gleichzeitig aus dem Schatten des dispersen Publikums heraustreten und sich durch die Einrichtung eines Accounts dem Nachrichtendienst gegenüber selbst identifizieren. Vordergründig profitieren davon beide Seiten: Der Nutzer erhält dann nur die Informationen, die ihn wirklich interessieren, und das redaktionelle Angebot kann auf eine stärkere Bindung des Nutzers als dauerhaften Kunden und einen gezielteren und verbindlicheren Absatz von Werbung hoffen.

Neben dem Kommunikationsgrad ist es aber gerade der Grad des Gestaltungspotenzials, welcher eine genuin neue Qualität in die Netzkommunikation hineingetragen hat. Dahinter verbirgt sich folgende Konzeption: Während im Web 1.0 die (aktive bzw. Inhalte produzierende) Teilhabe wesentlich an Expertenwissen geknüpft war, ist dies nunmehr nicht erforderlich. Früher waren Kenntnisse über Betrieb und Wartung eines FTP-Servers erforderlich, um Daten (Texte/Bilder/Videos) im Internet für andere Nutzer zum Download anzubieten. Heute werden derlei Systeme im Web 2.0 von Anbietern (für Bilder: Flickr; für Videos: YouTube) vorgehalten, die lediglich die Kenntnis der Bedienung von grafischen Nutzeroberflächen erwarten, wie sie jedem Computerbesitzer vertraut sind. Und wo ehemals eine Homepage den Betrieb eines Web-Servers sowie die Kenntnis von HTML, CSS u. a. m. erforderlich machte, erledigen dies nunmehr Provider mittels einfach zu bedienender Content-Management-Systeme. Durch weiterentwickelte

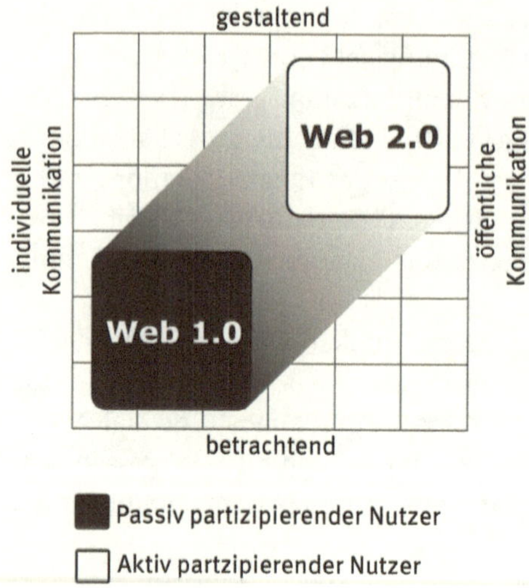

Abb. 1: Web 1.0 vs. 2.0 hinsichtlich Kommunikationsgrad und dem Grad des Gestaltungspotenzials (Adaptiert aus: GERHARDS/KLINGLER/TRUMP 2008: 130).

technische Systeme ist die Hürde zur aktiven Partizipation damit insgesamt signifikant abgesenkt worden (vgl. hierzu auch Abb. 1).

Darüber hinaus ist ferner zu akzentuieren, dass die Partizipation auch inhaltlich eine neue Qualität erreicht hat. Dies betrifft das Kontinuum 'betrachtend' vs. '(mit)gestaltend'. Durch die vergleichsweise hohe technische Hürde war das Web 1.0 in erster Linie ein Netz um Informationen abzurufen, anstatt Informationen bereitzustellen. Der Gedanke des Web 2.0 wird wesentlich von der Idee getragen, Daten bereitzustellen, um sie miteinander zu teilen. Dieses Teilen von Informationen betrifft nicht nur – wenngleich doch auch wesentlich – Informationen zur eigenen Person, sondern ganz allgemein Informationen jeglicher Provenienz, die alle Bereiche des Lebens abdecken.

3. Die Informationswelt

3.1 Offline-Informationen

Die prototypische Informationsbeschaffung in der realen Welt des vor-digitalen Zeitalters war prototypisch gepaart mit dem Modell massenmedialer Informationsdistribution. Diese wird dabei verstanden als ein Kommunikationstyp, bei dem

Aussagen öffentlich, durch technische Verbreitungsmittel, indirekt (räumliche/ zeitliche Trennung) und einseitig gemacht werden (MALETZKE 1963: 32). Als Klassiker dürfen in diesem Zusammenhang die Zeitung, das Radio oder das Fernsehen gelten. Daneben könnte es jedoch ebenso die Konsultation eines Lexikons oder Sachbuchs sein. Alle diese 'Informations-Emittenten' strahlen über ihren spezifischen Übertragungskanal Informationen aus, die von ihnen selbst (und nur von ihnen) selektiert und ggf. editiert worden sind. Dem (anonymen) Rezipienten steht keine[4] Möglichkeit zur informationstechnischen Intervention oder -manipulation zur Verfügung. Sender und Empfänger müssen zwangsläufig in ihren vorgegebenen Rollen verharren, wobei Letztere dem Ersteren in Anzahl und sozialer Stratifikation unbekannt sind.

TV- und Print-Nachrichten verbreiten die Informationen dabei notwendigerweise meistens mit einer zeitlichen Sukzession. Gesendete Mitteilungen können, müssen aber nicht zwingend den aktuellsten Stand darbieten. Dieser Nachteil wird kompensiert durch professionelle Recherche, Hintergrundinformationen oder Kommentierung der Ereignisse. Damit durfte der Zuschauer von Fernsehnachrichten bzw. Leser von Zeitungsartikeln davon ausgehen, dass er Konsument qualitativ fundierter und wahrhaftiger Informationen ist. In der Summe liegt dem Konsumenten damit ein Informationsangebot vor, das er regelhaft als eine ganzheitliche Informationsentität konsumieren kann, auch wenn den Einzelnen nur wenige spezielle Informationen interessieren. Der Sender bestimmt dabei Auswahl und Umfang der jeweiligen Nachrichten, die der Konsument wiederum selbst nicht manipulieren[5] kann.

3.2 Aus dem Netz für das Netz: Online-Redaktionen

Durch das Web 2.0 hat sich die Landschaft im Hinblick auf die Beschaffung von Informationen[6] erheblich erweitert und gleichzeitig ausdifferenziert. Einerseits sind alle relevanten Vertreter der etablierten Massenmedien im Internet präsent. Die Tagesschau kann sowohl über das Fernsehgerät, wie auch den Webbrowser rezipiert werden. Der Spiegel liegt weiterhin als Printvariante in der Auslage, während er ebenso als eBook- und Homepage-Nachricht angeboten wird. Diese vergleichsweise traditionellen Ableger des Nachrichtenmagazins werden darü-

4 Streng genommen sind diese Möglichkeiten in rudimentärer Form gegeben, wenn man beispielsweise an den Leserbrief einer Zeitung denkt. Die zeitliche Disparität deckt sich jedoch nicht mit dem Interaktionspotenzial digitaler Kommunikation.

5 z. B. durch eine eigene Kommentierung.

6 Meint in diesem Fall explizit „Nachrichten".

ber hinaus weiter ergänzt durch eine Präsenz auf der Micro-Blogging-Plattform Twitter (http://twitter.com/spiegelonline). Ebenso findet sich das redaktionelle Angebot auf dem gegenwärtig wichtigsten sozialen Netzwerk Facebook[7]. Damit vervollständigen weitere Informationsformate das bisherige klassische Grundangebot. Dreh- und Angelpunkt dieser zusätzlichen Möglichkeiten ist dabei das Mitgestaltungspotenzial durch die Web 2.0-Qualität: Die Informationen der „neuen Meinungsmacher" (ZERFASS/BOELTER 2005) stammen einerseits von den bisherigen Klassikern aus der Offline-Welt. Im Netz können Artikel jedoch andererseits additiv um Informationen von Nutzern ergänzt werden. Diese können dabei sowohl qualitativer (z. B. durch Taxonomien) als auch quantitativer (z. B. durch Beiträge/Kommentierungen) Natur sein. Gleichzeitig wird durch die Vernetzung mittels Links eine zusätzliche Diffusionsqualität erzeugt.

Ferner kann der Einzelne selbstständig zum Produzenten von Nachrichten werden, indem er z. B. in Blogs Informationen bereitstellt. Im internationalen Kontext hat diese Form der Nachrichten-Publikation erstmals im Irak-Krieg durch die 'embedded journalists' Aufmerksamkeit erregt, indem Journalisten auch an Redaktionen vorbei ungefilterte Informationen bereitstellen konnten.

Ganz grundsätzlich ist hierzu festzustellen, dass durch den kommunikativen Kanal des Blogs die tradierten „Mechanismen der partizipativen und der technischen Vermittlung" (SCHMIDT 2009: 129) von Informationen angegriffen werden und es zu einer nachhaltigen Veränderung bei der Herstellung von Informations- und Meinungsöffentlichkeiten kommt. Neben den einzelnen Blogs kommt dabei beispielsweise auch Blog-Aggregatoren wie „Rivva" (http://rivva.de) eine zentrale Bedeutung zu. Der Dienst durchsucht die gesamte deutschsprachige Blogosphäre und bewertet anhand eines Algorithmus, welche Themen/Artikel innerhalb einer definierten Zeit die häufigsten Kommentierungen bzw. Verlinkungen erhalten haben. Dadurch wird ein Ranking generiert, das die meistdiskutierten Themen dann oben auf der Homepage – und damit als relevant – präsentiert. Relevant ist damit, was die Gesamtheit der Blogger durch ihr 'Themen setzen' wie auch ihr 'Themen vernetzen' dazu macht. Im Verhältnis zu den redaktionell ausgewählten und aufbereiteten redaktionellen Inhalten muss deutlich sein, dass es nicht zwingend eine Relation zwischen der quantitativen Angabe eines Vernetzungsindexes und der inhaltlichen Qualität/Relevanz von Nachrichten gibt.

---

7 Für „Der Spiegel": http://de-de.facebook.com/DerSpiegel; für „Spiegel Online": (http://de-de.facebook.com/spiegelonline).

3.3 Aus dem Netz für das Netz: Nachrichten-Aggregatoren

Eine ebenfalls rein technische Selektion aktueller Informationen bietet Google News. Im Wesentlichen werden dort Nachrichten anderer Nachrichtenportale gebündelt und zugänglich gemacht. Google selbst beschäftigt keine eigenen Journalisten, um die eingehenden Informationen zu selektieren oder gar zu editieren. Welche Meldungen mit welcher Relevanz präsentiert werden, wird wiederum automatisch generiert mittels des PageRank-Algorithmus, der seinerseits ebenfalls z. B. die Häufigkeit der Verlinkung einer Information zu anderen Angeboten als Ausdruck von dessen Qualität bewertet. Auch hier kann kritisch argumentiert werden, dass eine automatisch generierte Relevanz von Inhalten nicht zwangsläufig auch eine inhaltliche Güte garantiert. Google[8] argumentiert dagegen, dass gerade der Verzicht auf einen menschlichen Eingriff die Objektivität der präsentierten Nachrichten unterstreiche, da niemand durch individuelle und subjektive Einflüsse verzerrend auf die Auswahl einwirken kann. Soweit zu sehen ist, bleibt jedoch die Auswahl der aggregierten Nachrichtenangebote intransparent. Sie wird wahrscheinlich von Mitarbeitern bestimmt, was letztlich Bedenken hinsichtlich einer tendenziösen Berichterstattung zumindest theoretisch nicht vollständig eliminiert.

3.4 Aus dem Netz für das Netz: Soziale Netzwerke

Ein weiterer Aspekt ist bezüglich der Informationsgenerierung für den einzelnen Nutzer zu bedenken: Die Möglichkeit zur Informationsdepravation: Es ist zunehmend zu beobachten, dass Nutzer – insbesondere wenn sie ein Konto bei Facebook haben – ihre Informationen zunehmend und z. T. schon ausschließlich über diesen kommunikativen Kanal erhalten. D. h., dass die komplette soziale Kommunikation und Information ausschließlich über diese Plattform abgewickelt wird. Tritt dieses Vorgehen auf, spricht man vom Phänomen der „umschlossenen Gärten" (walled gardens). Es dringen keine Informationen mehr von außen an das betroffene Individuum heran, was ein ganz grundsätzliches Problem nach sich zieht: Menschen vernetzen sich auf sozialen Netzwerken mit Menschen, die häufig ähnliche oder gleiche Werte teilen. Dadurch kommt es bei der Generierung und Verarbeitung von Informationen zu dem Phänomen, dass nur solche Nachrichten in Erscheinung treten, die dem Interessens- und Beurteilungshorizont der Beteiligten entsprechen, welche ihn wiederum in ähnlicher oder gleicher Weise

8 Siehe auch Reischl (2008); Jarvis (2009).

bewerten. Dadurch wird die Informations- und Meinungsopposition minimiert. Dadurch wiederum kann bei den Beteiligten eine verzerrte Wahrnehmung von Wirklichkeit erzeugt werden. In diesem Kontext wird vom „Echo der eigenen Stimme" gesprochen.

3.5 Aus dem Netz für das Netz: Informations-Patchwork

Schließlich darf nicht vergessen werden, dass unterschiedlichste Informationseinheiten in unterschiedlichsten Kontexten von unterschiedlichsten Produzenten stammen. Bei Bewertungen von Büchern bei Amazon gibt es nicht zwingend objektiv nachvollziehbare Indikatoren, die ihrerseits auf eine verlässliche Qualität dortiger Rezensionen verweisen. Ebensolches gilt etwa für Bewertungen, z. B. Restaurants auf Google Maps. Solche 'Informationsarrangements' müssen jedoch vom Benutzer als ein Informations-Patchwork erkannt werden, dessen inhaltliche Teil-Qualitäten immer wieder neu zu hinterfragen sind, um sich fundierte Urteile bilden zu können.

In der Summe lassen sich aus dem voran Dargestellten folgende Fragen ableiten, die der Einzelne bei seiner individuellen Informationsrecherche berücksichtigen sollte: Wer publiziert eine Information? Was sagt die Quelle über die Validität einer Information aus[9]? Mittels welcher Kriterien lässt sich die Qualität/Kompetenz von Publizisten bestimmen; wer ist also aus welchem Grund für eine distinkte Information bzw. ein spezifisches Thema ein Experte? Reichen bisherige Kriterien (Ausbildung, Berufserfahrung, Reputation) aus oder müssen sie um weitere Aspekte ergänzt werden (z. B. Häufigkeit von Informationsgenerierung[10])? Was sagt es andererseits über einen Sachverhalt aus, wenn dieser bei Nachrichtenaggregatoren hoch positioniert ist? Ist er tatsächlich relevanter als nachgeordnete Themen? Erinnert sei in diesem Zusammenhang an das Erdbeben in Haiti, welches 2010 eine erhebliche Aufmerksamkeit erfuhr, wohingegen die Überschwemmungskatastrophe in Pakistan im gleichen Jahr in den sozialen Netzwerken kaum eine Erwähnung fand.

9 Bzw. lässt sich die Qualität einer Quelle überhaupt ermitteln? Zu denken ist hier etwa an das Bewertungssystem mittels Sternchen bei www.amazon.de/com.

10 Bspw. eine Quantitäts-Kategorie wie „Top-100-Rezensent" bei Amazon.

4. Politische Partizipation

Im Hinblick auf Teilhabe an politischen Prozessen hat insbesondere der Präsidentschaftswahlkampf 2008 von Barack Obama einen Paradigmenwechsel im Hinblick auf die Nutzung von partizipativer Kommunikation eingeläutet. Auch wenn schon vorangehende Wahlkämpfe das Internet genutzt haben, ist die Intensität und Konsequenz von Obama in einer neuen Qualität genutzt worden.

Analog zur Informationsbeschaffung verläuft der Offline-Wahlkampf kommunikationstechnisch eindimensional. Bei Wahlkampfauftritten spricht der Kandidat, während die Wähler i. d. R.[11] keine Möglichkeit haben, mittels Fragen oder Kommentierungen zu reagieren. Ebenso ist die Wahlwerbung einzustufen: Plakate, Radio- oder Fernsehspots bieten keine Möglichkeit zur Interaktion. Die Informationen werden damit vom Sender vorgegeben und sind nicht weiter beeinfluss- oder manipulierbar. Das hat den Vorteil, dass der Sender die vollständige Kontrolle über die verteilten Informationen behält.

Durch die kommunikativen Dienste des Web 2.0 wird die kommunikative Einbahnstraße zugunsten der partizipativen Kommunikation substituiert. Im Zentrum des Vorgehens stand dabei im Falle von Obama die Gründung eines eigenen sozialen Netzwerkes (www.my.barackobama.com). Dieses wurde wesentlich dazu genutzt, (insbesondere) junge Wähler zu interessieren, sie (durch Account-Erstellung) zu identifizieren und im optimalen Falle für den Wahlkampf zu mobilisieren. Der Mehrwert besteht dabei zentral darin, dass die Wahlkampfleitung den Einzelnen durch seine Selbstauskünfte sehr genau mit seinen spezifischen Interessen kennenlernt und entsprechend ansprechen kann. Dadurch konnte die Wahlkampfkommunikation höchst spezifisch auf partikulare Interessen und Interessensgruppen, die ihrerseits wiederum effektiv gebündelt werden konnten,[12] zugeschnitten werden.

Ein weiteres wichtiges Anliegen der sozialen Plattform war es, die Nutzer als 'aktive Multiplikatoren' für die Wahlwerbebotschaft zu benutzen. Im amerikanischen Wahlsystem geht es – anders als in Deutschland – um zwei Faktoren: das Sammeln von Wählerstimmen und Spendengeldern. Je größer dabei das Heer der Freiwilligen ist, umso höher wird die Wahrscheinlichkeit, das Ziel des Wahlsieges zu erringen. Die Idee, den Wahlkampf als einen Bottom-up-Prozess zu begreifen, hat zu dem Namen *Graswurzelkampagne* (grassroot campaign) geführt.

11 Ein spezielles Format, welches interaktive Kommunikation ermöglicht, sind Frage-Antwort-Veranstaltungen bei sog. *Town-Hall-Meetings*.

12 Z. B. „Köche für Obama" oder „Liebhaber des Grand Canyon für Obama".

Dieses Vorgehen ist deswegen so bemerkenswert, weil im Prozess der politischen Wahlkommunikation potenziell viel Kontrolle aus der Hand gegeben wird. Um die Gefahr von Missbrauch zu minimieren, wird versucht, dem Einzelnen durch möglichst genaue Handlungsanleitungen Vorgaben zu machen, von denen nach Möglichkeit nicht abzuweichen ist. Als Beispiel kann hier im Obama-Wahlkampf die Zielgruppe der Kinder dienen. Sie wurde definiert als jene Gruppe der unter Zwölfjährigen, die im Netz mit folgenden Vorschlägen versorgt wurden:

> „1. Create a Kids for Obama Group on My.Barackobama.com. For example, Chicago Kids for Obama or DC Kids for Obama and throw a party!
>
> 2. Write a letter or editorial to your local newspaper, expressing 'Why Barack Obama should become the next US President'.
>
> 3. Find a Pen Pal – it could be in your school, city, state, or another state. Write and discuss different ways you can get involved.
>
> 4. Draw a picture of Senator Barack Obama or 'an expression of Democracy'. For example, the Senator sitting in the White House or working on Capitol Hill. You can send your drawing to the Obama for America.
>
> 5. Campaign Headquarters in Chicago and it will be posted for the Senator to see.
>
> 6. Implement T-Shirt Thursday. Get friends to wear an official Obama for America T-Shirt to school.
>
> 7. Take an adult (voting age) to the polls on Election Day and encourage them to vote for you, by voting for Senator Obama.
>
> 8. Post an official Obama for America Campaign sticker/logo on your school bag.
>
> 9. Wear an Obama for America Campaign button and/or clothing.
>
> 10. Host a Senator Barack Obama House Party or sleep-over.
>
> 11. Contribute to the Kids for Obama Blog." (http://my.barackobama.com/page/content/kidskit, 08/2008)

Auf einer weiteren Informationsseite wird die gleiche Klientel offen umworben:

> „Do you feel like there's something important coming up in the Presidential elections? Get involved in KIDS FOR OBAMA! Studies have shown that kids can affect their parents and their siblings' opinions and even change the opinions of older family members ... including those of voting age. Are you still with me? Great, Let's get started!" (http://my.barackobama.com/page/content/kidskit, 08/2008, Hervorhebung im Original)

Durch die Sammlung personenbezogener Informationen wird also eine sehr spezifische Ansprache möglich, die gleichzeitig verbunden wird mit einem Anreizsystem in Form einer Skala, die je nach getätigter Unterstützung eine prozentuale Auskunft gibt, wo man seine Leistung auf dem Aktivitätsindex verorten kann. Der

Einzelne wird so zu einem umso besseren Unterstützer, je mehr er sich diesem systemimmanenten Leistungsgedanken unterwirft.

Die Informationen über das Individuum werden künftig nicht nur noch spezifischer und genauer ausfallen, sie werden darüber hinaus auch zukünftige Trends sichtbar machen. Zu diesem Zweck bedient man sich des leicht irreführenden Begriffs des *microlistening*. Denn was ein aktives Hinhören suggeriert, ist nichts anderes als die Nutzung und Verbindung von Daten, die Einzelne und Bekannte von sich und anderen ins Netz eingeben. Diese Datenbestände über Personen werden permanent ergänzt und somit ständig größer (und damit detaillierter): Etwa durch die getätigte individuelle Kommunikation, durch ausgefüllte Formulare, unfreiwillig hinterlassene Ortsangaben oder Konsumnachweise.

> „Inzwischen ist es in einem Experiment gelungen, allein aufgrund der Twitter-Verbindungen von Mitgliedern des US-Kongresses deren Parteizugehörigkeit nachzuweisen. Dazu wurden die Tweets, die Twitter-Texte, nicht gelesen, und es wurden auch keine Namen offen gelegt. Es wurde einzig analysiert, welche Teilnehmer miteinander und wie oft sie miteinander kommunizierten." (http://www.sueddeutsche.de/digital/identitaet-im-netz-man-erkennt-uns-weil-wir-leben-1.74743, Zugriff am 14.05.2012)

Für den bundesdeutschen Raum stellen diese Ereignisse – noch – eine deutlich entfernte Form des Wahlkampfes dar. In einer repräsentativen Studie „zum Informationsverhalten im Bundestagswahlkampf 2009" (VON PAPE/QUANDT 2010) konnte gezeigt werden, dass die Gruppe derer, die sich politisch über das Internet informieren, noch klein ist:

> „Die intensiv diskutierten Web-2.0-Angebote spielten im bundesdeutschen Wahlkampf 2009 kaum eine Rolle. Nur wenige Prozent der Nutzer greifen auf sie zurück, und dann meistenteils nicht aktiv-partizipierend, sondern als passive Beobachter. Der Weg zu einer netzbasierten Beteiligungsdemokratie, wie sie im Zusammenhang mit dem amerikanischen Internetwahlkampf schon euphorisch beschworen wurde, ist noch extrem weit." (VON PAPE/QUANDT 2010: 397)

Zusammenfassend lässt sich sagen, dass im Online-Wahlkampf die Bereiche Informationsgenerierung und -distribution eine deutlich veränderte Qualität erlangt haben. Die Einbindung des Einzelnen zur Unterstützung politischer Inhalte wird sich zunehmend als wesentlicher Faktor auf den erfolgreichen Ausgang von Wahlen auswirken.

5. Fazit: Neue Ordnungsmöglichkeiten

Die Darstellungen zur Ordnung von Informationen im redaktionellen oder politischen Kontext sollten verdeutlichen, dass sie bislang – und vor allem in der 'Offline'-Welt – professionellen Systemen unterworfen waren, die von Experten definiert und ausgefüllt wurden (die sog. kontrollierte Erschließung von Informationen/Daten). So sind beispielsweise Bibliothekskataloge darauf ausgelegt, dass sie ihren Bestand mittels Metadaten (z. B. Schlagwortkataloge) ordnen und Kategorien für die Auffindbarkeit zur Verfügung stellen. Entscheidend ist hierbei, dass diese Kategorien von Experten (Bibliothekaren) bestimmt werden. Wenn jemand dieses System erfolgreich verwenden will, muss er sich diesen Regeln unterwerfen. Außerhalb der erstellten Regeln ist eine Verwendung nicht möglich. So ist es z. B. unmöglich, in einem solchen Katalog nach Büchern zu suchen, die einen roten Einband haben oder eine Seitenanzahl von X aufweisen. In den Typologien der Experten besitzen diese Ordnungsvarianten keine Relevanz. Hier eine größere, besser: unbegrenzte Bandbreite zu ermöglichen, versucht das Web 2.0.

Weinberger (2008) identifiziert hierfür drei Ordnungsebenen, wobei die dritte Ebene die hier relevante darstellt. Auf der Ebene der ersten Ordnung befinden sich die Objekte. Dies umfasst Objekte und Sachverhalte der realen Welt (beispielsweise Bücher oder Bilder). Auf der Ebene der zweiten Ordnung sind jene (von Experten angelegten) Metadaten angesiedelt, die etwas über die Objekte der ersten Ordnungsstufe aussagen. Die dritte Ordnungsstufe wird für Weinberger von den sog. *Bits* repräsentiert. Diese Bits sind Ordnungssysteme, die von und durch jedermann erstellt werden. Verdeutlichen kann man dies bspw. an einer digitalen Bildersammlung. Würden diese von einem Experten auf der zweiten Ordnungsebene mittels Metadaten kategorisiert, wäre es wahrscheinlich, dass sie vermutlich nach Aufnahmedatum geordnet würden. Auch eine Kategorisierung nach Motiven oder Destinationen wäre denkbar.

Auf der dritten Ebene könnte es jedoch sein, dass jemand die Bilder danach sortieren will, ob bestimmte Personen darauf zu sehen sind, oder ob ein bestimmtes Kleidungsteil abgebildet wird. Dadurch entstehen Ordnungen, die meist nur für ein ganz bestimmtes Individuum oder eine kleine Gruppe von Interesse sind, dennoch aber in diesem singulären Fall ihre Berechtigung haben. Um diesen Partikularinteressen gerecht zu werden, bietet bspw. Google den Dienst 'Search, plus Your World' an. Die Interessen eines Nutzers erkennt Google dabei aus den Konto-Informationen eines Individuums seines sozialen Netzwerks Google+ sowie allen angeschlossenen Diensten (z. B. GMail, Picasa oder die Suchmaschine selbst). Wenn dieses Individuum etwa ein Haustier mit dem Namen *Shakespeare* hat und Bilder von dem Tier online gespeichert hat, werden bei Suchmaschinenanfragen dieses Nutzers zu diesem Begriff nicht nur Daten zu dem Dichter bei der Ergebnispräsentation berücksichtigt, sondern eben auch Informationen zu dem Haustier.

Der Vorteil dieses Vorgehens liegt klar auf der Hand: Es entsteht für den Einzelnen eine Qualität von Recherche, wie sie bislang überhaupt nicht denkbar war. Andererseits ist auch deutlich, dass dies nur – und umso besser – gelingen kann, wenn der Einzelne die größtmögliche Informationsmenge von sich im Netz bereitstellt. Der Umfang der daraus resultierenden Möglichkeiten wird in entsprechenden Zukunftsszenarien durchgespielt. Wie wird sich das Internet 3.0, 4.0 usw. weiterentwickeln? Diese Szenarien gehen beispielsweise davon aus, dass eine Fortentwicklung von Verbindungen stattfinden wird (vgl. Abb. 2). Die ursprünglichen (personellen) Informationen des World Wide Web sind in sozialen Netzwerken miteinander verbunden worden. Die Folgestufe des Semantic Web wird Wissensentitäten miteinander in Beziehung setzen, woraufhin als nächste Stufe eine eigenständige Intelligenz Informations-Relationen und möglicherweise auch Prognosen herzustellen in der Lage sein wird. Bei nüchterner Betrachtung scheint dies durchaus nachvollziehbar, da eine solche Progression lediglich zwei Dinge erforderlich machen würde: Einerseits die Entwicklung intelligenter Algorithmen, die in der Lage sind die vorhandenen (und unterschiedlichen) Informationsbestände (Datenbanken) des Internets auszuwerten und zu interpre-

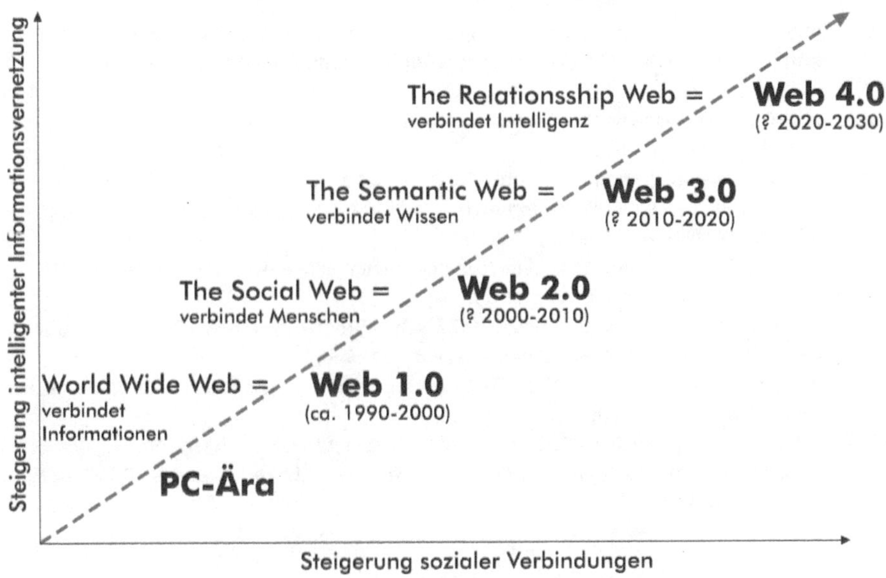

Abb. 2: Potenzielle Entwicklungsmöglichkeiten des Internets.

tieren. Andererseits müssten die Informationen selbst weiter ausgebaut werden. Dazu tragen die Nutzer des Netzes täglich selbst bei, bzw. sie werden dazu gezwungen.[13]

Wir als Teilnehmer dieser Informationsnetze tragen damit mittelbar und unmittelbar zur Verdichtung und Beschleunigung der Informationsflut bei. Dies wird dazu führen, dass wir immer leichter an ganz spezifische Informationen gelangen können. Gleichzeitig wird uns zunehmend auch die Kontrolle über die Informationen entgleiten – auch jene von und über uns selbst, weil nicht mehr nur Experten oder wir selbst, sondern das System als solches Wirklichkeit herstellt.

Literatur

ALBY, T., 2007. *Web 2.0. Konzepte, Anwendungen, Technologien.* München/Wien: Hanser.

BITTNER, J., 2007. Textdesign in digitalen Medien. Das Beispiel World Wide Web. In: ROTH, K.S./SPITZMÜLLER, J. (Hg.), 2007. *Textdesign und Textwirkung in der massenmedialen Kommunikation.* Konstanz: UVK, 225–245.

BUSEMANN, K./GSCHEIDLE, C., 2009. Web 2.0: Communitys bei jungen Nutzern beliebt. In: *Media Perspektiven* 7, 356–364.

DÜRSCHEID, C., 1999. Zwischen Mündlichkeit und Schriftlichkeit: die Kommunikation im Internet. In: *Papiere zur Linguistik* 60, 1, 17–30.

DÜRSCHEID, C., 2000. Verschriftungstendenzen jenseits der Rechtschreibreform. In: *Zeitschrift für Germanistische Linguistik* 28, 237–247.

DÜRSCHEID, C., 2003. Medienkommunikation im Kontinuum von Mündlichkeit und Schriftlichkeit. Theoretische und empirische Probleme. In: *Zeitschrift für Angewandte Linguistik* 38, 37–56.

DÜRSCHEID, C., 2004. Netzsprache – ein neuer Mythos. In: *Osnabrücker Beiträge zur Sprachtheorie* 68, 141–157.

EBERSBACH, A./GLASER, M./HEIGL, R., 2008. *Social Web.* Konstanz: UVK (= UTB 3065).

EIMEREN, B. VAN/FREES, B., 2009. Der Internetnutzer 2009 – multimedial und total vernetzt? In: *Media Perspektiven* 7, 334–348.

EIMEREN, B. VAN/RIDDER, C.-M., 2011. Trends in der Nutzung und Bewertung der Medien 1970 bis 2010. In: *Media Perspektiven* 1, 2–15.

FISCH, M./GSCHEIDLE, C., 2006. Onliner 2006: Zwischen Breitband und Web 2.0 – Ausstattung und Nutzungsmotive. In: *Media Perspektiven* 8, 431–440.

FREHNER, C., 2008. *Email – SMS – MMS. The Linguistic Creativity of Asynchronous Discourse in the New Media Age.* Bern [u. a.]: Peter Lang.

GEHRKE, G. (Hg.), 2007. Web 2.0 – Schlagwort oder Megatrend? Fakten, Analysen, Prognosen. In: *Schriftenreihe Medienkompetenz des Landes Nordrhein-Westfalen. Band 6.* Düsseldorf/München: Kopaed.

13 So etwa bei der Einführung von Facebooks 'Timeline', deren Nutzung verpflichtend für alle Teilnehmer des Sozialen Netzwerkes wird.

GERHARDS, M./KLINGLER, W./TRUMP, T., 2008. Das Social Web aus Rezipientensicht: Motivation, Nutzung und Nutzertypen. In: ZERFASS, A./WELKER, M./SCHMIDT, J. (Hg.), 2008b, 129–148.

HOFER, K.C./ZIMMERMANN, H., [2]2000. *Good webrations 2.0.* München: Agentur für interaktive Kommunikation.

HÖFLICH, J. R./HARTMANN, M., (eds.), 2006. *Mobile Communication in Everyday Life: Ethnographic Views, Observations and Reflections.* Leipzig: Frank & Timme.

HUBER, M., 2008. *Kommunikation im Web 2.0.* Konstanz: UVK.

JARVIS, J., 2009. *Was würde Google tun? Wie man von den Erfolgsstrategien des Internet-Giganten profitiert.* München: Heyne.

MALETZKE, G., 1963. *Psychologie der Massenkommunikation. Theorie und Systematik.* Hamburg: Verlag Hans Bredow-Institut.

MECKEL, M./STANOEVSKA-SLABEVA, K., 2008. *Web 2.0: Die nächste Generation Internet.* Baden Baden: Heyne.

MÖLLER, E., [2]2006. *Die heimliche Medienrevolution. Wie Weblogs, Wikis und freie Software die Welt verändern.* Hannover: Heise.

PAPE VON, T./QUANDT, T., 2010. Wen erreicht der Wahlkampf 2.0? In: *Media-Perspektiven* 9, 390–398.

RAUWALD, C., 2008. *Hypertext. Geschichte und Versuch einer Typologie.* Saarbrücken: VDM Verlag Dr. Müller.

REISCHL, G., 2008. *Die Google-Falle. Die unkontrollierte Weltmacht im Internet.* Wien: Ueberreuter.

RIDDER, C.-M./ENGEL, B., 2010. Massenkommunikation 2010: Mediennutzung im Intermediavergleich. In: *Media Perspektiven* 11, 523–536.

SCHMIDT, J., 2006. *Weblogs: Eine kommunikationssoziologische Studie.* Konstanz: UVK.

SCHMIDT, J., 2009. *Das neue Netz. Merkmale, Praktiken und Folgen des Web 2.0.* Konstanz: UVK.

SCHMIDT, J./FREES, B./FISCH, M., 2009. Themenscan im Web 2.0. In: *Media Perspektiven* 2, 50–59.

SIMON, N./BERNHARDT, N., 2008. *Twitter. Mit 140 Zeichen zum Web 2.0.* München: Open Source Press.

WEINBERGER, D., 2008. *Das Ende der Schublade: Die Macht der neuen digitalen Unordnung.* München: Hanser.

ZEGER, H.G., 2009. *Paralleluniversum Web 2.0: Wie Online-Netzwerke unsere Gesellschaft verändern.* Wien: Kremayr & Scheriau.

ZERFASS, A./BOELTER, D., 2005. *Die neuen Meinungsmacher.* Graz: Nausner & Nausner.

ZERFASS, A./WELKER, M./SCHMIDT, J. (Hg.), 2008a. *Kommunikation, Partizipation und Wirkungen im Social Web. Band 1: Grundlagen und Methoden: Von der Gesellschaft zum Individuum.* Köln: Halem.

ZERFASS, A./WELKER, M./SCHMIDT, J. (Hg.), 2008b. *Kommunikation, Partizipation und Wirkungen im Social Web. Band 2: Strategien und Anwendungen: Perspektiven für Wirtschaft, Politik und Publizistik.* Köln: Halem.

Mark Dang-Anh, Jessica Einspänner und Caja Thimm

Mediatisierung und Medialität in Social Media: Das Diskurssystem „Twitter“

Mediatization and Mediality in Social Media: the Discourse System Twitter
The article contributes to the debate about mediatization and the use of language in social media. The theoretical approach evolves from the intersection of linguistics, media and communication studies. While the concept of mediatization describes relations between medial and sociocultural change and the ubiquity of media in everyday life, the concept of mediality sheds light on the inseparability of media and language. From this interdisciplinary perspective, specific practices of media and language use within the microblogging service Twitter were analyzed. Examples from different case studies reveal certain user practices that can be described as formed by 'moulding forces' of the medium Twitter without considering technology as determining or symptomatic. Our analysis shows that the use of specific semiotic and functional operators (#, @, RT, http://) establish user practices of creating personal and semantic references and thus constitute Twitter as a multi-referential discourse system.

1. Einleitung

Die wissenschaftliche Beschäftigung mit den Domänen der Sprache, Kommunikation und Medien findet weitgehend in jeweils eigenständigen Disziplinen statt. In Zeiten, in denen Soziale Netzwerke, Microblogs, Wikis und Foren – zusammenfassend: Social Media – einen immer größeren Stellenwert in unserem Leben und Zusammenleben einnehmen, ist es jedoch erforderlich, die Abstrahierungen, Erkenntnisse und Modelle der einzelnen Wissenschaften interdisziplinär zusammenzuführen, um sprachlich-kommunikative Phänomene in Medien adäquater, genauer und umfassender beschreiben zu können. In diesem Artikel sollen daher aus den Perspektiven und mit den Modellen der Medien-, Kommunikations- und Sprachwissenschaft Prozesse in Social Media beschrieben und analysiert werden. Im ersten Teil wird dazu die Verbindung zwischen der Medien- und Kommunikationswissenschaft auf der einen Seite und der Sprachwissenschaft auf der anderen Seite gezogen. Durch die zunehmende Mediatisierung der Kommunikation (2.1) und die grundsätzlich anzunehmende Medialität der Sprache (2.2) entfalten sich, so die These, Prägkräfte (2.3), deren Auswirkungen in medienspezifischen, diversifizierten Nutzungspraktiken beobachtbar werden. Diese werden am

Beispiel des Microbloggingsystems Twitter im zweiten Teil untersucht. Hierbei wird seine Rolle als Soziales Netzwerk (3.1) und Diskurssystem (3.2) diskutiert und modellhaft skizziert. Zudem werden Fälle spezifischer Referenzierungspraktiken,[1] die durch die Verwendung des @-Zeichens (3.2.1) und des Hashtags (3.2.2) realisiert werden, einer exemplarischen Analyse unterzogen. In welchem Verhältnis Mediatisierung, Medialität und Prägkräfte in Bezug auf Twitter stehen, wird abschließend besprochen (4.).[2]

2. Sprachforschung vs. Medienforschung – Zwischen Opposition und Konvergenz

Die Durchdringung des Alltags durch Medien, sei es im privaten oder öffentlichen Raum, ist eines der herausragenden Phänomene unserer Zeit. Dabei beeinflussen insbesondere die rasante Digitalisierung und die Netzrevolution der „Social Media“-Technologien gesellschaftliche, wirtschaftliche und soziale Strukturen gleichermaßen. Auch wenn sich die Forschungslage zu diesem Phänomen zunehmend ausdifferenziert, so zeigt sich trotz der Allgegenwärtigkeit des Phänomens nach wie vor eine schon von Jäger (2000) konstatierte „Sprachvergessenheit des Mediendiskurses“ (Jäger 2000: 9). Ebenso lässt sich für die klassische Kommunikationsforschung eine Distanz zu den sprachlichen Materialien beobachten. Auch Schneider stellt fest: „Die naturgemäß enge Verbindung von Sprache und Kommunikation ist in den heutigen Geistes- und Sozialwissenschaften keine Selbstverständlichkeit. Kommunikationswissenschaftler haben eher einen publizistischen, psychologischen oder soziologischen Hintergrund als einen linguistischen oder sprachphilosophischen“ (Schneider 2011: 47). Erst in den letzten Jahren hat sich zunehmend die Erkenntnis durchgesetzt, dass Sprach- und

1 Neben der sprachlichen Bezugnahme (Referenzialisierung) ist hiermit auch die technische Bezugnahme gemeint, insbesondere die automatische Verlinkung von Hashtags und Usernamen, denen das @-Zeichen vorangestellt ist. Eine Bezugnahme zu Personen und Themen wird also hierbei nicht nur sprachlich, sondern auch per Mausklick (technisch) initiiert. Insofern bezeichnet der Terminus der *Referenzierung* über die sprachliche Referenzialisierung hinaus Bezugnahmen, die sowohl sprachlich als auch technisch – in einem Prozess – vollzogen werden.

2 Dieser Artikel entstand im Rahmen des DFG-Forschungsprojekts „Deliberation im Netz: Formen und Funktionen des digitalen Diskurses am Beispiel des Microblogginsystems Twitter“. Das Projekt ist Teil des DFG-Schwerpunktprogramms 1505 „Mediatisierte Welten: Kommunikation im medialen und gesellschaftlichen Wandel“. Wir danken der Deutschen Forschungsgemeinschaft für die Förderung unserer Arbeit. Ebenso danken wir den Projektmitarbeitern Tobias Bürger und Judith Jentgens.

Medienforschung ein ähnliches Forschungsinteresse auszeichnet. Dies hat insbesondere im relativ jungen Gebiet der Medienlinguistik zu aufschlussreichen und grenzüberschreitenden Ansätzen geführt. Neben grundlegenden Arbeiten zur Medienlinguistik (Burger 2005; Perrin 2006) und zur linguistischen Internetforschung (u. a. Siever/Schlobinski/Runkehl 2005; Androutsopoulos et al. 2006; Moraldo 2009b; Moraldo 2011), stehen zuletzt vermehrt Aspekte der Multimodalität im Blickpunkt (Diekmannshenke/Klemm/Stöckl 2011; Schneider/Stöckl 2011).

Betrachtet man den Medienwandel als einen übergreifendenden Prozess, in dessen Rahmen sich auch soziokulturelle Wandlungsphänomene vollziehen, so finden seine konkreten Ausprägungen auch in Kommunikationshandlungen auf der Mikroebene statt. Damit werden entsprechend konkrete Instantiierungen von Zeichen, sprachlich oder nicht-sprachlich, relevant. „Zeichen werden wahrnehmbar auf der Basis von Medien, die ihrerseits dem Zeichenhandeln je spezifische kommunikationsstrukturelle, materiale und perzeptive Bedingungen auferlegen", so Habscheid (2011: 10 f.). Eine derartige Sichtweise erfasst auch nicht-technische Prozesse, z. B. durch den Stimmapparat, denn „wir bewegen uns nicht erst mit technisch vermittelter Kommunikation, sondern mit jeder sprachlichen Äußerung in und zwischen Medien" (Fehrmann/Linz 2009: 138). Demzufolge verwendet die Sprachwissenschaft, zumindest in Teilen, diesbezüglich einen weiteren Medienbegriff als die Medien- und Kommunikationswissenschaft. Nimmt man die Historizität dieser Perspektive, die weit hinter das digitale Zeitalter zurückreicht, ernst, so gelangt man zu der Erkenntnis, dass die mediale Durchdringung unserer Lebenswelt die „Grundlage unserer kulturellen Entwicklung" (Raible 2006) ist.

Die zunehmende Komplexität digitaler Verständigungs- und Verstehensprozesse in einer von Medien bestimmten Alltagswelt, die diachron betrachtet auch zu weitergehenden soziokulturellen Veränderungen führt (Makroebene), erfordert eine Re-Perspektivierung und gegenseitige, interdisziplinäre Bezugnahme, da die zu beobachtende Abgrenzung von Disziplinen wie Sprachwissenschaft, Medienwissenschaft oder Kommunikationswissenschaft dem komplexen Gegenstandsbereich der digitalen Umbrüche nicht gerecht werden kann. Vielmehr erscheint insbesondere die Vielschichtigkeit der materialen Grundlagen, die die heutigen Diskurskulturen bestimmen und die im Mash-up (Sonvilla-Weiss 2010) zwischen Text, (Bewegt-)Bild und Ton/Sound komplexe neue Strukturen schaffen, mehr denn je zu kooperativen Modellen aufzufordern. Sprachwissenschaft ist insofern auch als Kommunikationswissenschaft zu verstehen (vgl. Habscheid 2011), als sie – neben der Materialität – die Prozessualität und Kontinuität und somit Einbettung einzelner sprachlich-kommunikativer Handlungen in kulturelle diskursive Prozesse berücksichtigt. Eine solche Perspektive nimmt – Habscheid folgend – „über das Sprachliche hinaus reichende Sinn-Einheiten des Handelns und der Interaktion ins Blickfeld [...]" (HABSCHEID 2011: 4) und so damit einhergehende Veränderungen gesellschaftlich-kultureller Figurationen ernst.

Die Verbindung von Kultur und Sprache offenbart sich in Zusammenhängen lebensweltlicher Spracherzeugnisse, wie sie beispielsweise in Social Media und deren Analysen evident werden: „Kultur hat zuerst immer auch etwas mit alltagsweltlicher Bedeutungsproduktion zu tun" (HEPP 2011: 10). Insofern ist Sprachwissenschaft, die sich mit Mikrophänomenen beschäftigt, immer auch Kulturwissenschaft und es ergeben sich Übereinstimmungen mit der theoretischen Ausgangsposition einer medienwissenschaftlichen Perspektive: „Worte, Begriffe und Formen, in denen wir kommunizieren, sind immer kulturell und traditional [sic] und an Kontexte und Erfahrungen der Beteiligten gebunden" (KROTZ 2012: 40). Die Schnittstelle von Sprach- und Medienwissenschaft fokussiert zudem synchron auf situativ-kontextuelle und mediale Konstitutionsbedingungen kommunikativer Handlungen. Die Medien- und Kommunikationswissenschaft kann folglich Wandelprozesse auf der Makroebene nur adäquat beschreiben und erklären, indem sie die Prozesse, Bedingungen und Implikationen sprachlicher Bedeutungskonstitutionen auf der Mikroebene analysiert und demnach Sprache nicht als lediglich sekundäres Phänomen von Kommunikation wahrnimmt.

2.1 Mediatisierung (der Kommunikation)

Bezieht man diese skizzierten Verknüpfungen zwischen den sprachlichen und kulturellen Perspektiven auf mediale Manifeste, so stellt sich die Frage nach einer Modellierung, die diese Verbindung als konstitutiv ansieht und den breiteren Horizont auf die ebenfalls im weiteren Sinne gesellschaftspolitischen Konsequenzen eröffnet. Ein derartiger Ansatz muss immer auch, gerade im Hinblick auf Social Media, die situativ-soziale und mediale Eingebundenheit sprachlicher Äußerungen berücksichtigen und stemmt sich daher gegen eine „Medialitätsvergessenheit der Sprachtheorie" (JÄGER 2000: 26 ff.). Auch – und das spricht gegen ein von konkreten Sprachvorkommnissen 'immunes' Sprachsystem – die semiotische Perspektive kann nicht unabhängig von diesen Kontexten eingenommen werden: „Was ein Zeichen ausmacht, ist weder unabhängig von der Situation gegeben, in der es vorkommt, noch von seiner materiellen Manifestation in dieser Situation" (HARRIS 2008: 18).

Als ein Modell, welches zunehmend auch in der deutschsprachigen Forschung Raum gewinnt, aber bisher wenig auf sprachlich-mediale Kontexte appliziert wurde, soll hier das Konzept der Mediatisierung zu Grunde gelegt werden.

Die grundlegende Ausgangsposition des Mediatisierungsansatzes ist die mediale Durchdringung unserer Alltagswelten in zeitlicher, räumlicher und sozialer Dimension (Krotz 2007). Medien bestimmen zunehmend unser Zusammenleben, insbesondere die Art und Weise unserer Kommunikation. Die Komplexität der mediatisierten gesellschaftlichen Entwicklung lässt sich aufgrund ihrer vielschichtigen Hintergründe und unabsehbaren Konsequenzen nicht auf einzelne Teilprozesse reduzieren. Vielmehr wird Mediatisierung beschrieben „als Metaprozess, also Prozess von Prozessen, die in verschiedenen Kulturen auf ganz unterschiedliche Weise, ungleichzeitig und durchaus gegenläufig verlaufen können" (Krotz 2012: 45). Die Teilprozesse dieses Gesamtprozesses, die sich als jeweilige „mediatisierte Welten" (Krotz/Hepp 2012) charakterisieren lassen, sind daher Untersuchungsgegenstand verschiedener Forschungsbereiche. So kann der Domestizierungsansatz beispielsweise, der sich mit Aneignungsformen von Medientechnologien im Alltag auseinandersetzt, als Basis für den Metaprozess und somit als „Voraussetzung" für Mediatisierung fungieren (Hartmann 2010: 41). Daran anknüpfend betrachtet die medienpädagogische Perspektive das Mediatisierungskonzept unter den Gesichtspunkten der Medien- und Kommunikationskompetenz insbesondere im Hinblick auf die soziale Handlungsfähigkeit (Theunert/Schorb 2010: 246). Andere Arbeiten widmen sich der Frage nach der Rolle der Mediatisierung für Prozesse politischer Kommunikation (Vowe 2006), während ein informationswissenschaftlicher Ansatz die konvergierenden Medienumgebungen und das sich dadurch wandelnde Kommunikationsverhalten des Menschen untersucht (Hasebrink/Domeyer 2010). Das Konzept der Mediatisierung eröffnet insofern einen Theorierahmen, der insbesondere die soziokulturellen Auswirkungen, die das Kommunizieren und Handeln des Menschen mit Medien mit sich bringen, in den Mittelpunkt stellt und weniger die technischen Aspekte der medialen Entwicklungen (Krotz 2007) fokussiert.

Technisch vermittelte Kommunikation, insbesondere durch digitale Medien, findet in zeitlicher, räumlicher und sozialer Hinsicht mit zunehmender Verbreitung statt (Krotz 2007: 37 ff.). „In *zeitlicher Hinsicht* wird eine zunehmende Zahl von technisch vermittelten Kommunikationsmöglichkeiten immer andauernder verfügbar" (Hepp 2011: 54, Hervorhebung im Original). So sind zum Beispiel Fernsehsendungen über Mediatheken unabhängig vom originären Sendezeitpunkt[3] online abrufbar. Auf Social Media-Plattformen, zum Beispiel Facebook, werden kontinuierlich neue Inhalte generiert. Produktions- und Rezeptionsprozesse von

3 Der Online-Zugriff auf Sendungen der öffentlich-rechtlichen Fernsehsender ist seit 2009 durch den Rundfunkstaatsvertrag (RStV) zeitlich – in der Regel auf sieben Tage nach Ausstrahlung – beschränkt.

Kommunikation verlaufen nicht zwangsläufig synchron (wie z. B. Face-to-Face-Kommunikation) oder quasi-synchron (wie z. B. Chat-Kommunikation; vgl. DÜRSCHEID 2005), sondern sind zusätzlich beschreibbar als „zerdehnte Kommunikation" (EHLICH 1983). Eine Ausweitung von Zeitlichkeit geht mit digitalen Kommunikationsmedien in zweierlei Hinsicht einher. So wird „eine enorm gesteigerte Verfügbarkeit über Beschleunigung bzw. Verzögerung dokumentierbarer Kommunikation" (HOLLY 2011b: 153) konstatiert. Eine Erweiterung von Kommunikationsoptionen ist ebenso in der zunehmenden räumlichen Entgrenzung (KROTZ 2007) begründet: Durch mobile Geräte wie Handys oder Smartphones ist technisch vermittelte Kommunikation nicht an bestimmte Orte gebunden, sondern ubiquitär (THIMM 2004; PÖSCHL/DÖRING in diesem Band). Ebenso öffnen sich neue Vergemeinschaftungsmöglichkeiten über lokale Grenzen hinweg (HEPP/BERG/ROITSCH 2012). Translokale Vernetzungsprozesse, insbesondere durch Social Media, sind Teil einer erweiterten sozialen Dimension, die durch den digitalen Mediatisierungsschub ermöglicht werden, „d. h. dass mehr und mehr soziale Beziehungen und Institutionen durch technisch vermittelte Kommunikation gekennzeichnet sind" (HEPP 2011: 54). Insbesondere die vernetzenden und distributiven Funktionen von Social Media, die kaum mehr Analogien zu tradierten Formen mündlicher oder schriftlicher Kommunikation aufweisen, erweitern dabei die kommunikativen Handlungsmöglichkeiten der Nutzer und kennzeichnen eine Ära neuartiger Sozialität.

2.2 Medialität (der Sprache)

Die linguistisch geprägte Theorie der Medialität der Sprache entfaltet sich in mindestens zwei Stoßrichtungen: Als kulturwissenschaftlich geprägte Theorie kann sie als Metatheorie verstanden werden, die, ähnlich der Mediatisierungstheorie, Erkenntnisse über Zusammenhänge zwischen sprachlichen und gesellschaftlich-kulturellen Prozessen generiert. Weiterhin kann sie phänomenologisch enger als pragmatisch orientierte linguistische Theorie verstanden werden, die auf die medialen Bedingungen sprachlicher Kommunikation fokussiert (HOLLY 2011a).

Die Verbindung zwischen der Makro- und der Mikroebene befindet sich an der Schnittstelle zwischen Diachronizität und Synchronizität. Bedeutungen kommunikativer Handlungen, die in diachroner Betrachtung Veränderungsprozesse mit sich bringen, werden jeweils medial, situativ und vorwiegend sprachlich konstituiert. Es handelt sich also zunächst um singuläre Prozesse, durch die sich qua Wiederholung und Frequenzialität gewisse Regularitäten, also Verhaltensmuster herausbilden, die wiederum diachron abbildbar werden und somit soziokulturelle Wirkung erzielen.

Für die systematische Beschreibung singulärer, kommunikativer Prozesse müssen die jeweiligen medialen Bedingungen des Sprachgebrauchs zuallererst beschrieben werden (vgl. BUCHER 1999: 214), denn „die qualitativen Aspekte von Mediatisierung werden fassbar, wenn man näher betrachtet, wie technische Medien die Art und Weise, in der wir kommunizieren, 'strukturieren' bzw. umgekehrt, wie die Art und Weise, in der wir kommunizieren, den technischen Wandel von Medien 'reflektiert'" (HEPP 2011: 55). Dies gilt insbesondere für digitale Kommunikationsformen, die qua ihrer Funktionalität neuartige Kommunikationsmöglichkeiten offerieren, aber auch durch ihre jeweilige Beschaffenheit Spielräume eröffnen, die je spezifische kommunikative Optionen bieten und Einschränkungen unterliegen. Dieser Ansicht folgend definiert HOLLY Medialität: „Mit Medialität kann man den Umstand bezeichnen, dass alle kognitiven und kommunikativen Prozesse auf eine Reihe von 'Mittlern', von vermittelnden oder verbindenden Elementen angewiesen sind, deren Eigenschaften und Strukturen ermöglichend und begrenzend wirken" (HOLLY 2011a: 29). Bezieht man die medialen Bedingungen jeweiliger Sprachperformanzen in die Analyse von Bedeutungskonstitutionen und deren soziokulturellen Auswirkungen ein, so ist Sprache grundsätzlich nicht unabhängig von ihrer jeweiligen medialen Instantiierung zu denken: „Es gibt keine Sprache jenseits des raumzeitlich situierten Vollzugs ihrer stimmlichen, schriftlichen oder gestischen Artikulation" (KRÄMER 2002: 331). Es ist immer die Konfiguration des Mediums, die der Sprache „Spielräume der Medialität" (SCHNEIDER 2008; vgl. auch SEEL 1998: 248) eröffnet und innerhalb derer sich Sprecher kommunikativ verhalten können – und müssen, denn auf die Frage: „Gibt es nicht-mediale Kommunikation?" (SCHNEIDER 2006) herrscht Konsens in der Medialitätsforschung: „Ohne Medialität keine Kommunikation" (HOLLY 2011b: 144).

2.3 Prägkräfte (der Medien)

Die Betrachtung von (technischen) Medien als Mittler ist nicht unproblematisch. Mit ihr geht oftmals eine Werkzeug-Metaphorik einher. KRÄMER (1998b) stellt ihr eine Apparatperspektive entgegen und ergründet so treffend den Unterschied zwischen technischen Medien als Mittler und Werkzeug einerseits und als Techniken zur Realisierung neuartiger Kommunikationsoptionen andererseits:

> „Die Technik als Werkzeug erspart Arbeit; die Technik als Apparat aber bringt künstliche Welten hervor, sie eröffnet Erfahrungen und ermöglicht Verfahren, die es ohne Apparaturen nicht etwa abgeschwächt, sondern überhaupt nicht gibt. Nicht Leistungssteigerung, sondern Welterzeugung ist der produktive Sinn von Medientechnologien." (KRÄMER 1998b: 85)

Für die Mikroebene der (linguistischen) Bedeutungskonstitution lässt sich demnach eine „sinnmiterzeugende" (KRÄMER 1998b: 73) Wirkung konstatieren: „Medien übertragen nicht einfach Botschaften, sondern entfalten eine Wirkkraft, welche die Modalitäten unseres Denkens, Wahrnehmens, Erfahrens, Erinnerns und Kommunizierens prägt" (KRÄMER 1998a: 14). Die verkürzte Perspektivierung von Medien als Mittler würde diese Eigenschaft übersehen: „Medien sind dem, was sie übermitteln, nicht äußerlich. Sie sind keine neutralen Kommunikationswerkzeuge, sondern sie sind an dem, was sie kommunizieren, konstruktiv beteiligt" (JÄGER 2007: 22).

Doch auch für die Makroebene (der Mediatisierung) ergeben sich „Prägkräfte der Medien" (HEPP 2011), die sich jedoch nicht auf die Konstitution von Bedeutungen durch medienvermittelte Kommunikation, sondern auf Nutzungspraktiken beziehen. Diese Prägkräfte sind nicht medienimmanent, sondern „*konkretisieren sich erst im Prozess der Medienkommunikation, und dies je nach Form ihrer Aneignung auf sehr unterschiedliche Weise*" (HEPP 2011: 55; Hervorhebung im Original). Auch hier lassen sich zwischen der linguistischen Pragmatik und der Mediatisierungstheorie Schnittstellen festmachen: Die Prägkräfte der Medien manifestieren sich im Medienhandeln der Nutzer. Dabei sind die Nutzerhandlungen, so HEPP (2011), einerseits durch die jeweiligen medialen Spezifika präformiert, andererseits ergeben sich diese Spezifika aus den Bedürfnissen der Nutzer. Insbesondere in Social Media – die überwiegend kommerzielle Produkte sind und die permanent modifiziert werden – reagieren Entwickler auf solche Befindlichkeiten und gestalten Medien dementsprechend. Durch die Digitalität der Medien werden derartige Modifikationen erheblich vereinfacht. Diese Sichtweise, die Medienentwicklungen als reziproken Prozess begreift, „versucht, sowohl einen Technikdeterminismus als auch einen Techniksymptomismus zu vermeiden" (HEPP 2011: 56).

Neben der Zuschreibung von bestimmten materialen und funktionalen Eigenschaften, die limitierend und ermöglichend wirken, muss also, wie bereits oben betont, der Vollzugscharakter von Medien in den Blick geraten, denn „[...] die Medialität des Mediums läßt sich nur fassen, wenn man dieses als in einem dinglichen Substrat operierendes Verfahren begreift, das aber selbst kein Ding ist, sondern eben Performanz" (STETTER 2005: 11). Die Medialität von Sprache in Kommunikationsmedien und somit die Konstitution von Bedeutungen sind demnach immer gemeinsam zu denken mit Prozessen, die von den jeweiligen Sprechern – in Social Media sind das die 'User' – vollzogen werden.[4]

4 Auf die Tatsache, dass Social Media-Inhalte auch zu einem erheblichen Teil automatisiert (z. B. Spam, Social Bots) generiert werden, kann hier nicht eingegangen werden. Siehe hierzu exemplarisch WAGNER et al. (2012).

Aus einer pragmatischen Perspektive lässt sich somit sagen: Medien bilden Handlungsspielräume – User nutzen diese. Insbesondere digitale Onlinemedien zeichnen sich dabei durch eine Verschränkung von technisch-funktionalen und sprachlichen Handlungsspielräumen aus, die durch virtuelle Vernetzungsmöglichkeiten erweitert werden. Hierbei muss eine Betrachtung von Online-Medien über die klassische Dichotomie von Mündlichkeit und Schriftlichkeit hinausgehen, um die Gesamtheit multimodaler, multimedialer und vernetzter Kommunikationsprozesse erfassen zu können.

Zusammenfassend lässt sich sagen, dass prägende Einflüsse (Spur, Wirkkraft) des Mediums mikroperspektivisch auf die Bedeutung des medialen Kommunikats wirken, als auch Nutzungsweisen hervorrufen (Prägkräfte), die sich in Nutzungsmustern manifestieren können. Medien prägen sowohl die Nutzung als auch die Bedeutung von Kommunikation.

An digitale Kommunikationsmedien stellen sich aus pragmatischer Perspektive demnach folgende Fragen: Welches semiotische Inventar steht zur Verfügung? Wie ist das Verhältnis sprachlicher und nicht-sprachlicher Elemente in digitaler Kommunikation? Welche Handlungen lassen sich damit vollziehen, welche Ziele mit diesen realisieren?

Da nicht von einer homogenen Sprachverwendung im Internet gesprochen werden kann (Dürscheid 2004) und sich eine immer schnellere Dynamik von Veränderungen, Modifikationen und Neuentwicklungen von Online-Medien zeigt, folgen wir Dürscheids Forderung nach einer Beschreibung und Analyse spezifischer Plattformen: „Statt weiter allgemeine Beobachtungen zur Sprache im Internet anzustellen, sollte der Schwerpunkt künftig auf die Analyse einzelner Text- und Diskursarten im Internet gelegt werden" (Dürscheid 2004: 155). Es ist der funktionale, handlungsbezogene Aspekt der situierten und kontextualisierten Mediendiskurse, der sich als gemeinsame Herausforderung im Spannungsfeld zwischen Sprach- und Medienwissenschaft herausstellen lässt.

In diesem konzeptionellen Umfeld bewegt sich auch die vorliegende Untersuchung, die eine handlungstheoretisch ausgerichtete, mikrostrukturelle Medienanalyse des Microbloggingsystems Twitter beinhaltet. Insbesondere die Verknüpfung textueller Funktionalität mit der Erschließung diskursiver Räume und der Realisierung individueller Diskursstrategien (Androutsopoulos 2011) qua Referenzierungspraktiken soll im Mittelpunkt der Analyse stehen.

3. Twitter – Ein interaktives Kommunikationsmedium

Im Folgenden soll versucht werden, die Fragen nach der spezifischen Operationalität, nach der Rolle sprachlich-textueller Elemente und nach den Handlungsoptionen für Nutzer in Twitter anhand der Kommunikationsoperatoren @ und # zu beantworten. Dabei werden einzelne Fälle jeweils anhand von tatsächlich vollzogenen Äußerungen in Microblog-Postings exemplifiziert. Die Beispiele entstammen einem Korpus von erhobenen Twitter-Postings zum umstrittenen Großbauprojekt Stuttgart 21 aus dem Winter 2011/2012 sowie weiteren Datenerhebungen im Rahmen von Landtagswahlen 2010 in Nordrhein-Westfalen und 2011 in Baden-Württemberg. Die Tweets wurden sowohl von ausgewählten Accounts (z. B. von Landtagsabgeordneten) als auch wort- bzw. hashtagbezogen (z. B. „#s21") erhoben. Zuvor wird Twitter allgemein beschrieben.

3.1 Twitter als Soziales Netzwerk

Der Microbloggingdienst Twitter ist eine digitale Form der Kommunikation, bei welcher Internetnutzer mit höchstens 140 Zeichen Postings (Tweets) mit eingebundenen multimedialen Inhalten veröffentlichen können. Die Beschränkung der Zeichenmenge führt mitunter zu einer sprachökonomischen Verwendung von Tweetinhalten (Moraldo 2009a). Tweets können sowohl stationär über den Computer als auch über Mobilgeräte (Smartphones, Handys, Tablets) verfasst werden. Neben der Twitter-Webseite bzw. der Twitter-Applikation für mobile Geräte besteht die vielfache Möglichkeit, Clients von Drittanbietern zur Nutzung von Twitter zu verwenden. Beiträge von Twitterusern können abonniert werden und sind dann in der persönlichen 'Timeline' sichtbar. Twitteruser, die Tweets eines Accounts abonnieren, heißen *Follower* dieses Accounts; die User, denen ein Account folgt, sind dessen *Followees*. Den gesamten gemeinschaftlich produzierten Kommunikationsraum nennt man *Twittersphere* oder *Twitteruniverse*. Im März 2012 gab es weltweit über 140 Millionen aktive Twitternutzer, knapp 600 000 davon sind deutschsprachig.[5] „Aktiv" bedeutet hierbei, dass von Accounts mindestens einmal wöchentlich ein Tweet versendet wird.

5 Diese Angaben können den Seiten: http://blog.twitter.com/2012/03/twitter-turns-six.html und http://webevangelisten.de/knapp-600-000-aktive-deutsche-twitteraccounts/ entnommen werden. Der letzte Zugriff erfolgte jeweils am 28.03.2012.

Twitter lässt sich, ähnlich wie andere Social Media-Plattformen, als sozialitätsstiftendes Medium charakterisieren. Die Twitter-Nutzung orientiert sich stark an sozialen Bedürfnissen. Entsprechend unterscheiden JAVA et al. (2007) „daily chatter", „conversations", „sharing information/URLs" und „reporting news". Erste Nutzer-Typologisierungen bestätigen diese sozialen Muster. Nachgewiesen wurden: „broadcaster", denen wesentlich mehr Twitter-Accounts folgen, als sie selbst verfolgen, „acquaintances", bei denen das Verhältnis der beiden Zahlen relativ gleichgewichtig ausfällt, während die dritte Nutzungsgruppe der „miscreants (e. g., spammers or stalkers) or evangelists" kaum Follower aufweist, aber massenhaft Accounts selbst verfolgt (KRISHNAMURTHY/GILL/ARLITT 2008: 20). Die Aufmerksamkeit der Twittersphere ist demnach nicht auf alle Teilnehmer gleich verteilt (ASUR et al. 2011), so dass äquivalent zur Blogosphäre das von SHIRKY (2003) postulierte „Power Law"-Prinzip auftritt, also eine eigenständige Form der Aufmerksamkeitslenkung. Einigen wenigen Usern wird demnach immer mehr Aufmerksamkeit zuteil, während die große Mehrheit in Relation dazu wenig Aufmerksamkeit erhält.

War Twitter noch zu Beginn als überflüssiges Echtzeitentertainment angesehen worden, so eröffnen erste Befunde über die Rolle von Twitter in der politischen Kommunikation eine andere Perspektive. So zeigen SHAMMA/KENNEDY/CHURCHILL (2010) Agenda-Setting-Effekte während des US-Präsidentschaftswahlkampfes 2008 sowie zum Zeitpunkt der Amtseinführung Barack Obamas, und DIAKOPOULOS/SHAMMA (2010) belegen, dass es vor allem die Kommunikation der Politiker selbst ist, die die Follower interessiert (auch VERGEER/HERMANS/SAMS 2011). TUMASJAN et al. (2010) kommen sogar zu dem Schluss, dass Twitter demoskopischen Wert besitzt. Sie behaupten, dass nicht nur die Anzahl der Tweets, sondern auch die Inhalte, die sich auf die Spitzenkandidaten der Parteien beziehen, die offiziellen Umfragewerte korrekt widerspiegeln. Für Twitter als Ort politischer Kommunikation halten TUMASJAN et al. (2010: 183) fest: „Twitter is not just used to spread political opinions, but also to discuss these opinions with other users". Die Frage nach einer eigenen Öffentlichkeit durch Twitter wird dennoch kritisch gesehen: „Nonetheless, Twitter has a long way to go before being considered a serious public sphere – there must be several loops of re-tweeting after the initial re-tweet, and a consistent level of re-tweets must be maintained" (HAN/KIM 2010: 49).

Die wenigen Zeichen, mit denen eine Nachricht via Twitter im Internet verbreitet werden kann, und die Möglichkeit des mobilen Zugangs stellen den Microbloggingservice als besonders dynamisches Kommunikationsmedium heraus (JAVA et al. 2007). Insbesondere sogenannte „Augenzeugen-Tweets", die Ereignisse mit Hilfe von Fotos oder Videoclips multimedial auf Twitter festhalten, erlauben Ad-hoc-Berichterstattung vom Ort des Geschehens aus und betonen die Direktheit und Schnelligkeit des Kommunikationsdienstes. Auf diese Weise kann abgebildet werden, was die Twitternutzerinnen und -nutzer in einem bestimmten Augenblick erleben, diskutieren und die Öffentlichkeit wissen lassen wollen. Fotos und Videos erhalten hierbei mitunter Quasi-Beweiskraft (THIMM/DANG-ANH/EINSPÄNNER 2011: 277), wenngleich ihre Authentizität nicht unmittelbar verifizierbar ist. Die Darstellung visueller Inhalte kann dabei ebenfalls zu einer verstärkten Emotionalisierung (BARTSCH/EDER/FAHLENBRACH 2007) führen.

Betrachtet man die internationale Forschung zu Twitter, so zeigen sich Schwerpunktsetzungen auf einzelne Aspekte; so z. B. auf Hashtags (CHANG 2010) oder auf Retweets (BOYD/GOLDER/LOTAN 2010), auf Nutzermotivationen beim Twittern (JAVA et al. 2007; ZHAO/ROSSON 2009) bzw. auf den Informations- und Nachrichtenfluss, der über Twitter kommuniziert wird (KWAK/LEE/MOON 2010; WU et al. 2011). Bisher liegen allerdings keine Ansätze vor, die Twitter als eigenständiges operativ-kommunikatives Diskurssystem konzipieren und so die interpersonalen sowie trans- und intermedialen Kommunikationsbezüge erfassen, die zu den wichtigsten Elementen des Microbloggings zählen.

3.2 Diskursmodell Twitter

Twitter ist eine komplexe Plattform, die vielfältige Optionen für digitale Diskurse zur Verfügung stellt. Diese Diskurse beruhen auf einer engen Zeichen-Funktions-Relation, die sich zunächst auf der Ebene der vier zentralen Operatoren (@, #, http:// und RT) verdeutlichen lässt. Dabei lassen sich drei Ebenen herausarbeiten:

- Operatorenebene: programmdeterminierte, systembestimmte Zeichenkodierung
- Textebene: propositionaler Gehalt, Aussageebene, Inhalte der Tweets
- Performativ-funktionale Ebene: Handlungsziele und Handlungszwecke

Zur Systematisierung der drei Ebenen wurde zunächst ein mikrostrukturelles, handlungstheoretisches Operatorenmodell entwickelt, das die twitterspezifischen Kommunikationsoperatoren @, #, http:// und RT („Retweet") sowie die damit zusammenhängenden Funktionen zusammenfasst (THIMM et al. 2011). Darauf aufbauend wird das Modell nun um die textuelle Manifestationsebene erweitert, welche die Einbeziehung intermedialer Verweisstrukturen erlaubt.

Die Twitter-Mitteilungen können funktional unterschiedlich gerichtet sein. So lassen sich basale Status-Updates in reiner Textform oder Weiterleitungen von Informationen und Nachrichten ganz anders interpretieren als komplexe narrative Strukturen in Tweets, die beispielsweise multimodal mit Bild- oder Videomaterial

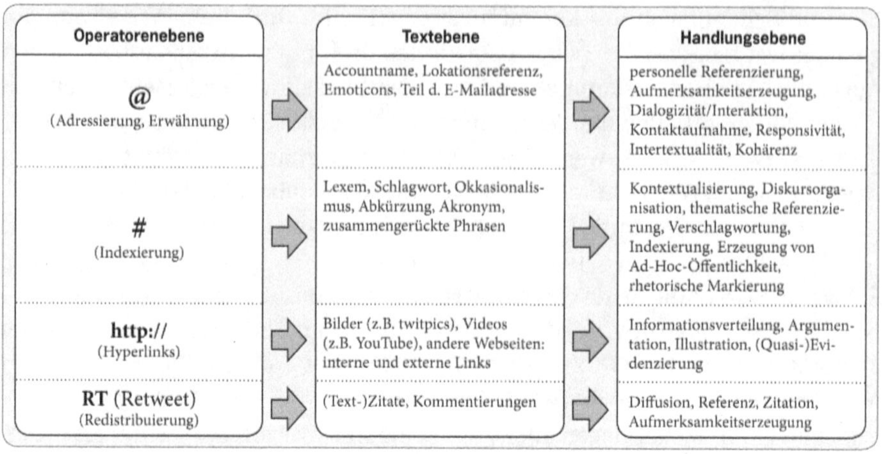

Abb. 1: Ebenen der Twitter-Kommunikation.

angereichert wurden. Dabei fungieren die Tweets nicht nur als unidirektional gesendete Information eines Users in die Twittersphere, sondern sind in vielen Fällen Bestandteil eines komplexen thematischen Diskurses, der mehrere Teilnehmer miteinander verbindet. Die einzelnen Diskursbeiträge konstituieren sich dabei einerseits durch personale und semantische Referenzen, die mittels spezifischer Kommunikationsoperatoren (@, #, RT, http://) realisiert werden, andererseits durch Sprechhandlungen. Trotz der Beschränkung auf 140 Zeichen, entwickelt sich durch diese verschiedenartigen Kommunikationshandlungen in Twitter ein hochkomplexes Referenzierungssystem zwischen Personen und den von ihnen publizierten, verlinkten Inhalten, die sich in verschiedenen Modalitäten ausdifferenzieren (Bild, Schrift, Ton). Twitter kann so als ein *Diskurssystem* bezeichnet werden (Thimm et al. 2011), das sich aus multireferenziellen Verweisstrukturen heraus entwickelt und ein spezifisch semiotisch kodiertes Kommunikationsmedium darstellt. Die vier Kommunikationsoperatoren @, #, RT, http:// ermöglichen, in Twitter gezielt an Diskursen teilzunehmen, Themen anzuregen oder mit Personen in Kontakt zu treten. Technische Verknüpfungen auf Twitter sind folglich soziale Akte (Schmidt 2011: 60) des Beziehungs- und Kommunikationsmanagements.

Kommunikative Operationalität bedeutet hierbei, dass die Referenzierungshandlungen, die mithilfe der genannten vier Zeichen durchgeführt werden können, zum Beispiel adressieren (@), kontextualisieren (#), zitieren (RT) oder argumentieren (http://), vom Medium qua technischer Aktion realisiert werden. Hierbei ist jeweils die technische von der kommunikativen Aktion zu abstrahieren. Erstgenannte führt die maschinelle und vernetzte Infrastruktur auf verschiedenen Ebenen (Computer, Internet, Twitter) aus, wohingegen die kommunikative Operation als sozialbildendes Element zwischen den beteiligten Usern vollzogen wird (Interaktion, Information etc.). Durch die Verwendung von Kommunikationsoperatoren lässt man also das technische System Operationen durchführen, die eine bestimmte kommunikative Funktion haben bzw. erfüllen. Im Folgenden soll anhand der operativen, sprachlichen und handlungstheoretischen Funktionalität der beiden Operatoren @ und # (Hashtag) exemplarisch gezeigt werden, welche Formen der Referenz durch die Medialität des Diskurssystems Twitter möglich sind. Damit wird auch eine Annäherung an die Frage nach den Prägkräften des technisch-medialen Systems auf die sprachlichen Realisierungsmodi möglich, da sich diese am deutlichsten im Kontext des sprachlichen Gebrauchs ermitteln lassen. Alle verwendeten Beispiele stammen aus tatsächlichen lebensweltlichen Kommunikationssituationen aus oben genannten Korpora.

3.2.1 @-Zeichen

Das @-Zeichen dient der direkten Adressierung oder der indirekten Erwähnung anderer Twitteraccounts und ermöglicht gezielte Meinungsäußerung im Dialog mit einzelnen oder mehreren Twitterern. Wird ein @-Zeichen verwendet, erhält der Adressat, dessen Accountname auf den @-Operator folgt, eine Benachrichtigung über bzw. einen über das Twitter-Menü abrufbaren Hinweis auf einen an ihn oder sie gerichteten Tweet. Ebenso wird der Accountname typografisch hervorgehoben und automatisch verlinkt: es öffnet sich ein Fenster mit Informationen zu dem Account und der Möglichkeit, diesem Account zu folgen, wenn man auf diesen Link klickt. Steht das @-Zeichen zu Beginn eines Tweets (Adressierung), erscheint der Tweet in den Timelines des Absenders und des Adressaten und in der Timeline von Accounts, die beiden Teilnehmern folgen. Steht das @-Zeichen nicht direkt zu Beginn eines Tweets (Erwähnung), können darüber hinaus alle Follower des Absenders den Tweet in ihrer Timeline sehen. Zudem gibt es einen „Antworten"-Button, der dem Tweet automatisch „@Username" voranstellt. In der Timeline ist bei einer Adressierung ein Hinweis darauf abgebildet, dass ein Tweet eine Antwort auf einen anderen Tweet ist. Der Tweet, auf den geantwortet wurde, lässt sich dann ebenso per Klick anzeigen.

In Bezug auf die Textebene lässt sich zeigen, dass dem @-Zeichen immer der Accountname folgen muss, um die automatische Verlinkung zu erhalten. Folgt eine Zeichenkette auf das @-Zeichen, die kein Accountname ist, wird sie nicht verlinkt. Neben der Verwendung zur Adressierung gibt es weitere konventionalisierte Formen von „@Zeichenkette". Honeycutt/Herring (2009) identifizieren hierbei unterschiedliche Verwendungsweisen, z. B. Lokationsreferenzen („I am @

school"), als Teil von E-Mails oder als Emoticons (z. B. „@_@").[6] Die funktionale Verwendung im Sinne oben eingeführter Adressierungen und Erwähnungen sind hierbei jedoch die hauptsächlichen Verwendungsweisen des @-Operators (HONEYCUTT/HERRING 2009: 5). In Verbindung mit einem vorangestellten „RT" (für „Retweet") bildet die Verwendung des @-Zeichens den Kommunikationsoperator „RT" und indiziert so die Weiterleitung eines Tweets eines anderen Twitterusers (RT + @ + Accountname) per Konvention.

In Bezug auf die Handlungsebene lassen sich diverse Praktiken der Bezugnahme durch den @-Operator realisieren. Hierbei handelt es sich hauptsächlich um zwei Formen der personalen Referenz: wenn User miteinander sprechen (Adressierung) und wenn User übereinander sprechen (Erwähnung). Adressierte Tweets gelten, sobald sie beantwortet werden, als „post facto initiations" (HONEYCUTT/HERRING 2009: 6). Der @-Operator generiert Kohärenz, indem er einzelne Tweets technisch miteinander verbindet und Interaktionssequenzen dadurch für Dritte nachvollziehbar macht. Interaktionen können dadurch beliebig viele Teilnehmer erhalten; sie sind nicht auf eine dialogische Verwendung beschränkt. Adressierungen müssen nicht zwingend eine Aufforderung zur Interaktion sein. Sie werden auch zur gezielten Informationsverteilung verwendet. Ziel ist dann, den Adressaten oder die Adressatin mit Informationen zu versorgen. Dies geschieht oftmals in Verbindung mit einem Hyperlink, der auf weitere Inhalte verweist:

(1) „Neuer O-Ton von Hermann Otto **@Solms** in der #Audio-Datenbank zum Thema #Euro-Stabilisierung: http://[...] #radio."[7]

Die Bezugnahme in Form einer *Erwähnung* kann die Funktion haben, dass der erwähnte Account namentlich in einen grammatischen Satz eingebunden ist:

(2) „Wollt ihr nicht mal für **@GrueneBW** und #3tw in die Kamera winken? #57h."

Hierbei kann er sowohl Adressat sein als auch nicht-adressiertes Subjekt. Gegebenenfalls hat die Erwähnung die Funktion einer personalen Kontextualisierung, um den Adressaten klar zu machen, über wen gesprochen wird.

(3) „@Username im Grunde heißt das, dass **@RegSprecher** BILD ließt (wie regelmäßig?) und sein 'Wissen' und 'Meinung' daraus bildet?"

---

6 Die ikonografische Darstellung großer bzw. verdrehter Augen („@_@") bedeutet 'Erstaunen' bzw. 'Verwirrtheit', vgl. zu ähnlichen Phänomenen ELIAZ/ROZINGER (in diesem Band).

7 Soweit es sich nicht um Personen des öffentlichen Lebens handelt, werden Usernamen und Personenbezüge in den Beispiel-Tweets anonymisiert; ebenso Hyperlinks („http:// [...]"). Die Phänomene, die exemplifiziert werden, sind durch Fettschreibung markiert.

Interpersonale Referenzen sind also nicht zwingend Adressierungen, wenngleich die Referenzsubjekte durch die Verlinkung immer darauf aufmerksam gemacht werden, dass über sie gesprochen wird. In Diskussionen kann dies etwa ein Indikator für eine transparente und faire Kommunikationskultur sein, in die das Diskurssubjekt einbezogen wird oder auf die es aufmerksam gemacht wird.

(4) „@Username Er hat das als Frage formuliert. Die Volksabstimmung ist versprochen, sie wird kommen. Entscheidend ist, was **@NilsSchmid** sagt."

Auf der anderen Seite ist es ebenso möglich, dass die personale Referenz zur Verstärkung von Diffamierungen, Bedrohungen und Beleidigungen eingesetzt wird:

(5a) „Da haben sich diese **Vollhonks** heute nacht doch tatsächlich an die Bäume gekettet. #s21"

(5b) „**@Username** Manche 'Vollhonks' wissen halt noch, woher sie als Menschen kommen! Viel Spaß noch beim Von-Kaputtalisten-verarschen-lassen! #S21."

Die Verwendung des @-Operators ermöglicht Kontaktaufnahme, Responsivität, Dialogizität/Interaktion, Kontextualisierung, Aufmerksamkeitserzeugung und Intertextualität.

3.2.2 Hashtags

Ein Hashtag wird gebildet, indem einem Wort bzw. einer Zeichenkette ein „#" vorangestellt wird (engl. *Hash* = Raute; *tag* = Etikett, Kennzeichnung, Marke). Dieser Vorgang lässt sich als *Tagging* oder *Indexierung* bezeichnen. Die so 'getaggte' Zeichenkette wird dann automatisch verlinkt und farblich hervorgehoben. Im Gegensatz zum Begriff der 'Verschlagwortung' (s. u.) wird mit 'Indexierung' die technische Funktionalität verdeutlicht. Klickt man auf den durch Indexierung generierten Hyperlink, erscheint eine Timeline aller Tweets, die mit dem gleichen Hashtag versehen wurden. Derart verlinkte Zeichenketten werden dadurch 'suchbar': „Hashtags [...] are a form of 'inline' metadata, that is, 'data about data' that is actually integrated into the linguistic structure of the tweets" (ZAPPAVIGNA 2011: 791).

Hashtags werden auf unterschiedliche Art erzeugt. Zum einen können Wörter als Teil sprachlicher Äußerungen durch das Raute-Zeichen getaggt werden.

(6) „Exzellente Analyse zur aktuellen Situation und Aussicht in **#Griechenland** http:// [...]."

Zum anderen werden Tags zu sprachlichen Äußerungen in Tweets hinzugefügt.

(7) „Vielen Dank für euren Einsatz im Park an alle Parkschützer ! Mein Respekt **#s21.**"

Die technische Indexierung bewirkt, dass Tweets mit bestimmten getaggten Begriffen suchbar werden. Diese Annotation mit Metadaten, die per Klick strukturierbar sind, bewirkt eine Strukturierung des Microblog-Diskurses. Über diese Bezugnahmepraktiken des 'social tagging', „collaborative tagging" (ZAPPAVIGNA 2011) oder der „Folksonomy" (PETERS/STOCK 2008) lassen sich Diskurse strukturieren und Themen finden: „A subset of participants also uses hashtags (#'s) to mark tweets topically so that others can follow conversations centering on a particular topic" (BOYD et al. 2010: 1). Möglich wird dadurch die Konstitution von Ad-Hoc-Öffentlichkeiten, die sich kurzfristig und temporär um bestimmte Hashtags bilden (BRUNS/BURGESS 2011; vgl. Beispiel 10).

Hashtags werden in Microblog-Postings als Kontextualisierungshinweise eingesetzt (vgl. AUER 1986; „contextualization cues" in COOK-GUMPERZ/GUMPERZ 1976). Durch sie werden im Rahmen von Kontextualisierungverfahren sprachliche Referenzen zu Schemata aus dem Hintergrundwissen realisiert. Generell gilt es für Interaktionsteilnehmer, „(sprachliche) Handlungen auszuführen *und* zugleich interpretierbar zu machen, indem ein Kontext konstruiert wird, in den sie sich einbetten" (AUER 1986: 23, Hervorhebung im Original). Als kontextualisierende Hashtags werden dabei entweder Lexeme verwendet

(8) „Keine weiteren Kandidaten außer dem amtierenden Bundesschatzmeister für das Amt. #BPT10 **#Piratenpartei #Wahl**"

oder Abkürzungen:

(9) „Es sind weitaus mehr als nur 2 Leute auf den Bäumen... **#s21.**"

Zur Kontextualisierung von singulären Ereignissen bzw. Veranstaltungen, wie etwa wissenschaftliche Tagungen, Parteitage oder Wahlkampfperioden werden Ad-Hoc-Wortbildungen bzw. Okkasionalismen (BARZ 1998) eingesetzt. In diesem Beispiel steht „#bpt10" für den „Bundesparteitag 2010" der Piratenpartei (vgl. Beispiel 10):

(10) „Wir machen durch bis morgen früh und singen Bummsfalaraa **#bpt10** :-)."

Im Rahmen politischer Kommunikation können Wörter und Abkürzungen als Schlagwörter verwendet werden. Ihr Gebrauch mit positiver, negativer oder neutraler Wortprägung (im Sinne von Konnotation, Anmerkung der Hg.) trägt dann allgemein zur „Konturierung, Zuspitzung und Emotionalisierung der jeweiligen Diskurse bei und setzt dabei auf individuelle, parteiliche, ideologische oder politische Unterscheidungssignale" (NIEHR 2007: 498). Programmatische Statements und identitätsstiftende Fahnenwörter sowie abgrenzende Stigmawörter (HERMANNS 1994) können derart in Schlagworten verdichtet werden.

(11) „Mir gefällt, wie die 'Alt'-Parteien gerade panisch auf die #Piraten reagieren - tut sich hoffentlich mal was in ihren Reihen **#Transparenz.**"

Bei der kommunikativen Verwendung des Raute-Zeichens tritt die Indexierungsfunktion des Hashtags in den Hintergrund. Es geht dann nicht primär darum, Worte, Lexeme oder sonstige Zeichenketten zu finden, die ebenso themenverwandten Tweets zugeordnet sein könnten und somit eine gemeinsame Verlinkung herzustellen, um sie suchbar zu machen. Vielmehr handelt es sich bei diesem Prozess der kommunikativ-funktionalen Verschlagwortung – in Abgrenzung zum Prozess der technisch-funktionalen Indexierung – um eine konventionalisierte Art der Bedeutungskonstitution: Hashtags dienen dann der kontextualisierenden, mitunter semantischen Präzisierung, nicht selten mit einer expressiven Funktion. Eine konventionalisierte Verwendung ist etwa das des Hashtags „#fail", um eine negative, missbilligende Wertung zum Ausdruck zu bringen (vgl. BRUNS/BURGESS 2011: 5; ZAPPAVIGNA 2011: 803):

(12) „Schöne neue Medienwelt - heute Morgen noch überall Titelseite, halben Tag später sind 200 Jahre alte Bäume unter 'ferner liefen' #s21 **#fail.**"

Zudem werden Hashtags verwendet, um rhetorische Figuren explizit zu markieren:

(13) „@Username1 @Username2 Son Cayenne will ja auch auf Herz und Nieren getestet werden, was ja in der City ned geht **#Ironie** #Vorurteil."

Anhand der Beispiele wurde die Vielfalt gezeigt, in der @-Operatoren und Hashtags in Twitter sowohl operational als auch kommunikativ – und zur Erinnerung: beides geschieht in einem Vollzug – Verwendung finden.

4. Fazit und Ausblick

Die Medialität Twitters ruft spezifische Nutzungspraktiken hervor, sie ist aber auch gerade durch diese Praktiken geprägt. In digitalen Netzwelten, die auf nutzergenerierten Inhalten basieren, herrscht demnach ein wechselseitiges Verhältnis zwischen technikbestimmten Verhaltensmustern und verhaltensbestimmten Technologieentwicklungen (vgl. HEPP 2011: 55 ff.), in dessen Zwischenraum sich kreative Kommunikationskulturen entfalten. Anhand des Ebenenmodells (vgl. Abb. 1) und der Beispiele @ und # konnte gezeigt werden, dass sich sprachliche und technische Handlungen in einem Prozess vollziehen. Durch diese Kommunikationsoperatoren werden Referenzierungspraktiken realisiert, die spezifisch für Twitter sind und dieses als Diskurssystem konstituieren: Nutzer beziehen sich auf andere Nutzer – Kommunikate werden in Kontexte eingebettet, was eine Bedeutungsnuancierung und -konkretisierung mit sich zieht. Die sequenzierte, dekontextualisierte Rezeption von Tweets in der Fluktuanz der sich ständig aktualisierenden Timeline in Twitter sowie sprachökonomische Gründe (MORALDO 2009a) bringen derartige Kontextualisierungsverfahren in der Produktion hervor.

Dennoch handelt es sich nicht um mediendeterminierte Kausalpraktiken der Nutzer, vielmehr folgen die Implementierung und Modifikation technischer Funktionalitäten durch die Medienanbieter und -entwickler den Nutzerbedürfnissen nach epistemischer Wirkung sowie nach sozialer und semantischer Referenz: „Technisch mediatisierte Kommunikation im Sinne einer Verständigung funktioniert schließlich nur, wenn der Mediengebrauch sozialen Regeln und Konventionen folgt" (DÖRING 2003: 41).

In der bisher kurzen Historie des Mediums Twitter, das 2006 online ging, lässt sich eine von Nutzungspraktiken beeinflusste Entwicklung des Programmcodes ablesen. So stellt JOHNSON (2009) bezüglich Twitter fest,

> „that many of its core features and applications have been developed by people who are not on the Twitter payroll. This is not just a matter of people finding a new use for a tool designed to do something else. In Twitter's case, the users have been redesigning the tool itself. The convention of grouping a topic or event by the 'hashtag' [...] was spontaneously invented by the Twitter user base (as was the convention of replying to another user with the @ symbol)." (JOHNSON 2009: 2 f.)

Aneignungs- und Entwicklungsprozesse stehen hier also in einem gegenseitigen Wechselverhältnis. In diesen Abläufen verändert sich jeweils die Medialität des Mediums und somit auch diejenige der Sprache, die in ihm gesprochen wird. Im sprachlichen Gebrauch in Medien bilden sich – wie eingangs erörtert wurde – kulturelle und soziale Verhaltensweisen und Relationen ab. Für das Diskurssystem Twitter gilt daher: „Certainly, if microblogging is to be understood in terms of (new) literacies, the focus needs to shift away from the technology per se toward an analysis of its use as a creative, cultural practice" (LEE 2011). Das beschriebene komplexe mikro- und makrostrukturelle Gefüge von Spielräumen als Handlungspotenziale und sich daraus und darin entfaltenden Prägkräften, die sich in diversen Nutzungspraktiken manifestieren, führt schließlich zu der Erkenntnis, von ihrer Medialität geprägte, sprachlich-kommunikative Prozesse in Social Media in ihrer Ganzheit nunmehr als vollzogene Kulturalität und Sozialität zu begreifen. Die in und durch Medienkommunikation gebildeten und darin sich abbildenden soziokulturellen Geflechte gestalten sich im Metaprozess der Mediatisierung dabei stets auf eine kreative und gleichzeitig den Nutzerbedürfnissen entsprechende Art und Weise um.

Welche Rolle die Sprache dabei spielt und welchen Veränderungen sie dabei ausgesetzt ist, bleibt eine der spannenden Fragen der Medienlinguistik. Hierbei fallen viele Bereiche in Betracht, die noch weiter erforscht werden müssen, insbesondere auf Grundlage empirischen Materials. Es bleibt beispielsweise im Hinblick auf das Verhältnis von Prägkräften und der Medialität von Kommunikationsmedien zu untersuchen, inwiefern sprachliche Konventionalisierungs- und Verfestigungsprozesse mit Entwicklungsveränderungen einhergehen bzw. welche Prozesse dabei welchen vorausgehen. Auch die zunehmende Einbindung multimodaler Inhalte in kommunikative Prozesse gilt es noch weiter zu erforschen, wenngleich, wie eingangs angedeutet, hier bereits aussichtsreiche Forschungsansätze vorliegen. Vor allem die Untersuchung von Social Media und insbesondere deren mobile Nutzung wird zukünftig eine der großen Aufgaben für die Medienforschung sein.

Literatur

Androutsopoulos, J., 2011. Language change and digital media: a review of conceptions and evidence. In: Coupland, N./Kristiansen,T. (eds.), 2011. *Standard Languages and Language Standards in a Changing Europe.* Oslo: Novus, 145–160.

Androutsopoulos, J./Runkehl, J./Schlobinski, P./Siever, T. (Hg.), 2006. *Neuere Entwicklungen in der linguistischen Internetforschung. Zweites Internationales Symposium zur gegenwärtigen linguistischen Forschung über computervermittelte Kommunikation, Universität Hannover, 4.–6. Oktober 2004.* Hildesheim: Olms (= Germanistische Linguistik 186/187).

Asur, S./Huberman, B.A./Szabo, G./Wang, C., 2011. *Trends in Social Media: Persistence and Decay.* http://ssrn.com/abstract=1755748 (Zugriff am 29.03.2012).

Auer, P, 1986. Kontextualisierung. In: *Studium Linguistik* 19, 22–47.

Bartsch, A./Eder, J./Fahlenbrach K., 2007. Emotionsdarstellung und Emotionsvermittlung. In: Bartsch, A./Eder, J./Fahlenbrach,K. (Hg.), 2007. *Audiovisuelle Emotionen. Emotionsdarstellung und Emotionsvermittlung durch audiovisuelle Medien.* Köln: Halem, 8–39.

Barz, I., 1998. Neologie und Wortbildung. Zum Neuheitseffekt von Wortneubildungen. In: Teubert, W. (Hg.), 1998. *Neologie und Korpus.* Tübingen: Narr (= Studien zur deutschen Sprache 11), 11–30.

BOYD, D./GOLDER, S./ LOTAN, G., 2010. Tweet, Tweet, Retweet: Conversational Aspects of Retweeting on Twitter. *Hawaiian International Conference on System Science (HICSS-43)*. 05.-08.01.2010, Kauai, HI, USA. http://www.danah.org/papers/TweetTweetRetweet.pdf (Zugriff am 28.05.2012).

BRUNS, A./BURGESS, J., 2011. The Use of Twitter Hashtags in the Formation of Ad Hoc Publics. *Vortrag European Consortium for Political Research Conference*. 25.–27.08. 2011, Reykjavik, Iceland.

BUCHER, H.-J, 1999. Sprachwissenschaftliche Methoden der Medienanalyse. In: LEONHARD, J.-F. (Hg.), 1999. *Medienwissenschaft. Ein Handbuch zur Entwicklung der Medien und Kommunikationsformen*. Berlin [u. a.]: de Gruyter (= HSK 15,1), 213–231.

BURGER, H., [3]2005. *Mediensprache. Eine Einführung in Sprache und Kommunikationsformen der Massenmedien. 3., völlig neu bearbeitete Auflage*. Berlin [u. a.]: de Gruyter.

CHANG, H.-C., 2010. A new perspective on Twitter hashtag use: Diffusion of innovation theory. In: *Proceedings of the American Society for Information Science and Technology*. Silver Spring, MD, USA, 47, 1, 1–4.

COOK-GUMPERZ, J./GUMPERZ, J.J., 1976. *Context in Children's Speech. Papers on Language and Context. Language Behavior Research Laboratoy (Working Paper 46)*. Berkeley: University of California.

DIAKOPOULOS, N.A./SHAMMA, D.A., 2010. Characterizing Debate Performance via Aggregated Twitter Sentiment. In: MYNATT, E.D./HUDSON, S.E./FITZPATRICK, G. (eds.), 2010. *CHI 2010: We are HCI. Conference proceedings*. 10.–15.04.2010, Atlanta, GA, USA. New York, NY: Association for Computing Machinery, 1195–1198.

DIEKMANNSHENKE, H./ KLEMM, M./STÖCKL, H. (Hg.), 2011. Bildlinguistik. Theorien – Methoden – Fallbeispiele. Berlin: E. Schmidt (= Philologische Studien und Quellen 228).

DÖRING, N., [2]2003. *Sozialpsychologie des Internet. Die Bedeutung des Internet für Kommunikationsprozesse, Identitäten, soziale Beziehungen und Gruppen. 2., vollständig überarbeitete und erweiterte Auflage*. Göttingen: Hogrefe (= Internet und Psychologie 2).

DÜRSCHEID, C., 2004. Netzsprache – ein neuer Mythos. In: BEISSWENGER, M./STORRER, A. (Hg.), 2004. *Internetbasierte Kommunikation. Osnabrücker Beiträge zur Sprachtheorie*. Duisburg: Universitätsverlag Rhein-Ruhr (= OBST 68), 141–157.

DÜRSCHEID, C., 2005. Medien, Kommunikation, kommunikative Gattungen. In: *Linguistik online* 22, 1. http://www.linguistik-online.de/22_05/duerscheid.pdf (Zugriff am 25.11.2011).

EHLICH, K., 1983. Text und sprachliches Handeln. Die Entstehung von Texten aus dem Bedürfnis nach Überlieferung. In: ASSMANN, A./ASSMANN,J./HARDMEIER,C. (Hg.), 1983. *Schrift und Gedächtnis*. München: Fink, 24–43.

FEHRMANN, G./LINZ, E., 2009. Eine Medientheorie ohne Medien? Zur Unterscheidung von konzeptioneller und medialer Mündlichkeit und Schriftlichkeit. In: BIRK, E./SCHNEIDER J.G. (Hg.), 2009. *Philosophie der Schrift*. Tübingen: Niemeyer, 123–143.

HABSCHEID, S. (Hg.), 2011. *Textsorten, Handlungsmuster, Oberflächen: Linguistische Typologien der Kommunikation*. Berlin [u. a.]: de Gruyter.

HABSCHEID, S., 2011. Das halbe Leben. Ordnungsprinzipien einer Linguistik der Kommunikation – Zur Einleitung in den Band. In: HABSCHEID, S. (Hg.), 2011, 3–29.

HAN, J./KIM, Y., 2010. Obama Tweeting and Twitted: Sotomayor's Nomination and Health Care Reform. In: *APSA 2009 Toronto Meeting Paper*. 03.–06.09.2009, Toronto, Canada. http://ssrn.com/abstract=1451445 (Zugriff am 29.03.2012).

HARRIS, R., 2008. Die integrationale Zeichenkonzeption. Aus dem Englischen übersetzt von Jan Georg Schneider. In: *Zeitschrift für Semiotik* 30. *Themenheft „Medialität und Sozialität sprachlicher Zeichen"* 1–2, 11–28.

HARTMANN, M., 2010. Mediatisierung als Mediation: Vom Normativen und Diskursiven. In: HARTMANN, M./HEPP, A. (Hg.), 2010, 35–47.

HARTMANN, M./HEPP, A. (Hg.), 2010. *Die Mediatisierung der Alltagswelt.* Wiesbaden: VS Verlag für Sozialwissenschaft.

HASEBRINK, U./DOMEYER, H., 2010. Sozialisation, Medienaneignung und Medienkompetenz in der mediatisierten Gesellschaft. In: HARTMANN, M./HEPP, A. (Hg.), 2010, 49–64.

HEPP, A., 2011. *Medienkultur. Die Kultur mediatisierter Welten.* Wiesbaden: VS Verlag für Sozialwissenschaften.

HEPP, A./BERG, M./ROITSCH, C., 2012. Die Mediatisierung subjektiver Vergemeinschaftungshorizonte: Zur kommunikativen Vernetzung und medienvermittelten Gemeinschaftungsbildung junger Menschen. In: KROTZ, F./HEPP. A. (Hg.), 2012, 227–256.

HERMANNS, F., 1994. Schlüssel-, Schlag- und Fahnenwörter. Zu Begrifflichkeit und Theorie der lexikalischen „politischen Semantik". In: *Arbeiten aus dem Sonderforschungsbereich 245 „Sprache und Situation" Heidelberg/Mannheim* 81, 1–59. http://www.psychologie.uni-heidelberg.de/sfb245/SFB-81.pdf (Zugriff am 11.05.2012).

HOLLY, W., 2011a. Medialität und Intermedialität in Computer-Kommunikationsformen. In: MORALDO, S. (Hg.) 2011, 27–55.

HOLLY, W., 2011b. Medien, Kommunikationsformen, Textsortenfamilien. In: HABSCHEID, S. (Hg.), 2011, 144–163.

HONEYCUTT, C./HERRING, S.C., 2009. Beyond Microblogging: Conversation and Collaboration in Twitter. In: *Proceedings of the 42nd Hawaiian International Conference on System Sciences (HICSS-42). 07.01.2009.* Big Island, HI, USA: IEEE, 1-10. http://ella.slis.indiana.edu/~herring/honeycutt.herring.2009.pdf (Zugriff am 29.01.2010).

JÄGER, L., 2000. Die Sprachvergessenheit der Medientheorie. Ein Plädoyer für das Medium der Sprache. In: KALLMEYER, W. (Hg.), 2000. *Sprache und neue Medien.* Berlin [u. a.]: de Gruyter, 9–30.

JÄGER, L., 2007. Medium Sprache. Anmerkungen zum theoretischen Status der Sprachmedialität. In: HOLLY, W./PAUL, I. (Hg.), 2007. *Mitteilungen des Deutschen Germanistenverbandes.* Bielefeld: Aisthesis-Verlag (= Medialität und Sprache 1), 8–24.

JAVA, A./SONG, X./FININ, T./TSENG, B., 2007. Why We Twitter: Understanding Micro-blogging Usage and Communities. *9th WEBKDD and 1st SNA-KDD Workshop '07.* 12.08.2007, San Jose, CA, USA. http://ebiquity.umbc.edu/_file_directory_/papers/369.pdf (Zugriff am 29.03.2012).

JOHNSON, S., 2009. How Twitter Will Change the Way We Live. In: *Time Magazine,* 05. 06.2009. http://www.time.com/time/magazine/article/0,9171,1902818,00.html (Zugriff am 02.04.2012).

KRÄMER, S., 1998a. Was haben die Medien, der Computer und die Realität miteinander zu tun? In: KRÄMER, S. (Hg.) 1998c, 9–26.

KRÄMER, S., 1998b. Das Medium als Spur und als Apparat. In: KRÄMER, S. (Hg.), 1998c, 73–94.

KRÄMER, S. (Hg.), 1998c. *Medien, Computer, Realität. Wirklichkeitsvorstellungen und Neue Medien.* Frankfurt a. M.: Suhrkamp.

KRÄMER, S., 2002. Sprache – Stimme – Schrift. Sieben Gedanken über Performativität als Medialität. In: WIRTH, U. (Hg.), 2002. *Performanz.* Frankfurt a. M.: Suhrkamp, 323–346.

Krishnamurthy, B./Gill, P./Arlitt, M., 2008. A few chirps about twitter. In: *Proceedings of the first workshop on Online social networks – WOSN'*. 08. 17.–22.08.2008, Seattle, WA, USA. New York, NY: ACM Press, 19–24.

Krotz, F., 2007. *Mediatisierung: Fallstudien zum Wandel von Kommunikation*. Wiesbaden: VS Verlag für Sozialwissenschaften.

Krotz, F., 2012. Von der Entdeckung der Zentralperspektive zur Augmented Reality: Wie Mediatisierung funktioniert. In: Krotz, F./Hepp, A. (Hg.), 2012, 27–55.

Krotz, F./ Hepp, A. (Hg.), 2012. *Mediatisierte Welten. Forschungsfelder und Beschreibungsansätze*. Wiesbaden: VS Verlag für Sozialwissenschaften.

Kwak, H./Lee, C./Moon, S., 2010. What is Twitter, a Social Network or a News Media? In: Rappa, M./ Jones, P./Freire, J./Chakrabarti, S. (eds.), 2010. *Proceedings of the 19th International Conference on World Wide Web*. 26.–30.04.2010. Raleigh, NC, USA. New York, NY: ACM Press, 591–600.

Lee, C.K.M., 2011. Micro-Blogging and Status Updates on Facebook: Texts and Practices. In: Thurlow, C./Mroczek, K. (eds.), 2011. *Digital Discourse. Language in the new media*. Oxford: Oxford University Press, 110–128.

Moraldo, S., 2009a Sprach- und Kommunikationsformen im WorldWideWeb. In: Moraldo, S. (Hg.), 2009b, 9–38.

Moraldo, S. (Hg.), 2009b. *Internet.kom. Neue Sprach- und Kommunikationsformen im WorldWideWeb. Band 1: Kommunikationsplattformen*. Rom: Aracne.

Moraldo, S. (Hg.), 2011. *Internet.kom. Neue Sprach- und Kommunikationsformen im WorldWideWeb. Band 2: Medialität, Intermedialität, Hypermedialität*. Rom: Aracne.

Niehr, T., 2007. Schlagwort. In: Ueding, G. (Hg.), 2007. *Historisches Wörterbuch der Rhetorik. Band 8*. Tübingen: Niemeyer, 496–502.

Perrin, D., 2006. *Medienlinguistik*. Konstanz: UVK (= UTB 2503).

Peters, I./Stock, W.G., 2008. Folksonomies in Wissensrepräsentation und Information Retrieval. In: *Information – Wissenschaft und Praxis* 59, 2, 77–90.

Raible, W., 2006. *Medien-Kulturgeschichte. Mediatisierung als Grundlage unserer kulturellen Entwicklung*. Heidelberg: Winter.

Schmidt, J., [2]2011. *Das neue Netz. Merkmale, Praktiken und Folgen des Web 2.0. 2. überarbeitete Auflage*. Konstanz: UVK.

Schneider, J.G., 2006. Gibt es nichtmediale Kommunikation? In: *Zeitschrift für Angewandte Linguistik* 44, 71–90.

Schneider, J.G., 2008. *Spielräume der Medialität. Linguistische Gegenstandskonstitution aus medientheoretischer und pragmatischer Perspektive*. Berlin [u. a.]: de Gruyter (= Linguistik – Impulse & Tendenzen 29).

Schneider, J.G., 2011. Zur Bedeutung der Sprachspielkonzeption für eine kommunikationsorientierte Linguistik. In: Habscheid, S. (Hg.), 2011, 47–69.

Schneider, J.G./Stöckl, H. (Hg.), 2011. *Medientheorien und Multimodalität. Ein TV-Werbespot, sieben methodische Beschreibungsansätze*. Köln: von Halem.

Seel, M., 1998. Medien der Realität und Realität der Medien. In: Krämer, S. (Hg.), 1998c, 244–268.

Shamma, D.A./Kennedy, L./Churchill, E.F., 2010. Tweetgeist: Can the Twitter Timeline Reveal the Structure of Broadcast Events? *ACM Conference on Computer Supported Cooperative Work*. 06.–10.02.2010, Savannah, GA, USA, 589–593. http://research.yahoo.com/files/horizon4s-shamma.pdf (Zugriff am 29.03.2012).

SHIRKY, C., 2003. Power Laws, Weblogs, and Inequality. In: *Clay Shirky's Writings about the Internet.* (Blogeintrag vom 8.2.2003) http://shirky.com/writings/powerlaw_weblog.html (Zugriff am 29.03.2012).

SIEVER, T./SCHLOBINSKI, P./RUNKEHL, J. (Hg.), 2005. *Websprache.net. Sprache und Kommunikation im Internet.* Berlin [u. a.]: de Gruyter (= Linguistik – Impulse & Tendenzen 10).

SONVILLA-WEISS, S., 2010. *Mash-Up Cultures.* Wien [u. a.]: Springer.

STETTER, C., 2005. *System und Performanz. Symboltheoretische Grundlagen von Medientheorie und Sprachwissenschaft.* Weilerswist: Velbrück Wissenschaft.

THEUNERT, H./SCHORB, B., 2010. Sozialisation, Medienaneignung und Medienkompetenz in der mediatisierten Gesellschaft. In: HARTMANN, M./HEPP, A. (Hg.), 2010, 243–254.

THIMM, C., 2004. Mediale Ubiquität und soziale Kommunikation. In: THIEDECKE, U. (Hg.), 2004. *Soziologie des Cyperspace. Medien, Strukturen und Semantiken.* Wiesbaden: VS Verlag für Sozialwissenschaften, 51–69.

THIMM, C./DANG-ANH, M./EINSPÄNNER, J., 2011. Diskurssystem Twitter: Semiotische und handlungstheoretische Perspektiven. In: ANASTASIADIS, M./THIMM, C. (Hg.), 2011. *Social Media – Theorie und Praxis digitaler Sozialität.* Frankfurt a. M. [u. a.]: Peter Lang, 178–223.

TUMASJAN, A./SPRENGER, T.O./SANDNER P.G./WELPE, I.M., 2010. Predicting Elections with Twitter: What 140 Characters Reveal about Political Sentiment. In: *Proceedings of the Fourth International AAAI Conference on Weblogs and Social Media.* 23.–26.05.2010, Washington DC, USA, 178–185. http://www.strategie.wi.tum.de/ fileadmin/tuwib17/www/ICWSM10_Predicting_Elections_with_Twitter.pdf (Zugriff am 30.03.2012).

VERGEER, M./HERMANS, L./SAMS, S., 2011. Is the voter only a tweet away? Micro-blogging during the 2009 European Parliament election campaign in the Netherlands. In: *First Monday* 16, 8.

VOWE, G., 2006: Mediatisierung der Politik? Ein theoretischer Ansatz auf dem Prüfstand. In: *Publizistik* 4, 51, 437–455.

WAGNER, C./MITTER, S./KÖRNER, C./STROHMAIER, M., 2012. When social bots attack: Modeling susceptibility of users in online social networks. In: ROWE, M./STANKOVIC, M./DADZIE, A.-S. (eds.), 2012. *Proceedings of the 2nd Workshop on Making Sense of Microposts (MSM 2012).* 16.04.2012, Lyon, France, 41–48. http://ceur-ws.org/Vol-838/paper_11.pdf (Zugriff am 02.04.2012).

WU, SH./HOFMAN, J.M./MASON, W.A./WATTS, D.J., 2011. Who Says What to Whom on Twitter Categories and Subject Descriptors. In: *Proceedings of the 20th international conference on World Wide Web (WWW11).* 28.03.–01.04.2011, Hyderabad, India, 705–714. http://www.www2011india.com/proceeding/proceedings/. (Zugriff am 30.03.2012).

ZAPPAVIGNA, M., 2011. Ambient affiliation: A linguistic perspective on Twitter. In: *New Media & Society* 13, 5, 788–806.

ZHAO, D./ROSSON, M., 2009. How and Why People Twitter: The Role that Micro-blogging Plays in Informal Communication at Work. In: *Proceedings of the ACM 2009 international conference on Supporting group work.* 10.–13.05.2009, Sanibel Island, FL, USA. New York: ACM, 243–252. http://dl.acm.org/citation.cfm?id=1531710 (Zugriff am 30.03.2012).

II. Zugänglichkeit als Kompetenzfaktor – Kognitive Strategien der Informationsverarbeitung

Martina Ziefle und Eva-Maria Jakobs

Techniknutzung, Technikwahrnehmung und Alter

Usage and perception of technology at older age
Our technical surroundings change in ever decreasing cycles. It will be more and more difficult to understand technology as it becomes more complex, more elaborated, or invisible as it is integrated into familiar artifacts and settings. In this context the question of accessibility and limitations of future technologies arises. What are the obstacles that innovations, in the field of information and communication technologies, for example, have to surmount to do what technology is supposed to do, namely support and aide humans in various aspects and phases of their lives? This article uses various studies and fields of technology to illustrate that perception, application, and acceptance of technology depend on highly complex interactions between different factors such as user characteristics (age, gender, socialization, experience, etc.), context, or type of technology. This interdisciplinarily oriented article focuses on the age variable. It joins basic approaches from psychology, communication sciences, and linguistics and combines cognitive, affective, ergonomic, and verbal-communicative aspects into one holistic approach.

1. Einleitung

Analysiert man die An- und Herausforderungen, die eine altersbezogene Techniknutzung und Technikwahrnehmung an moderne Gesellschaften stellt, so sind momentan zwei fundamentale Entwicklungstrends zu berücksichtigen.

Ein erster Trend betrifft den demographischen Wandel als gesellschaftliches Phänomen an sich. In nahezu allen Gesellschaften der Welt wird der Anteil der Älteren in den nächsten Jahren rapide ansteigen (PÖTZSCH/SOMMER 2003). 2050 wird jeder dritte Einwohner in Deutschland 60 Jahre sein, 48 % der Einwohner dabei sogar älter als 50 Jahre sein. Der steigende Altersanteil ist bedingt durch eine allgemein erhöhte Lebenserwartung, der durch einen in den letzten Jahren gestiegenen Lebensstandard und Gesundheitsbewusstsein einerseits und der Qualität der medizinischen und sozioökonomischen Versorgung andererseits bedingt ist. Die Überalterung stellt moderne Gesellschaften vor gravierende Engpässe in Bezug auf die medizinische Versorgung, die Verfügbarkeit (familiären) Pflegepersonals bzw. die Finanzierungsmöglichkeiten innerhalb bisheriger Krankenversorgungsmodelle.

Ein zweiter Trend richtet sich auf die sich schnell entwickelnde und sich in alle Lebensbereiche erstreckende Verbreitung von Informations- und Kommunikationstechnologien (IuK). Sie reichen von Computern, Internettechnologien, Mobil- und Smartphones bis hin zu immer stärker in den Wohnraum integrierten Kommunikationstechnologien (KASUGAI et al. 2010; ZIEFLE/HIMMEL/WILKOWSKA 2011). Die Leistungsfähigkeit moderner IuK, ihre flächendeckende Einsetzbarkeit und die Möglichkeit, viele auch altersgerechte Services und elektronische Unterstützungssysteme bereitzustellen, weisen modernen IuK eine herausragende Rolle bei der Bewältigung des demographischen Wandels zu. Gerade ältere Menschen könnten in besonderem Ausmaß von modernen Technologien profitieren, hinsichtlich Mobilität, Kontaktmöglichkeiten, Unterstützung im Alltag, bei der medizinischen Versorgung als auch der (sozialen) Netzwerkbildung (MEYER/MOLLENKOPF 2003; SELWYN et al. 2003).

Dennoch stoßen ältere Menschen oft auf erhebliche Probleme im Umgang mit bestehenden Technologien und erleben Zugangsschwierigkeiten, die ihrer alltäglichen und selbstverständlichen Nutzung entgegenstehen und die Akzeptanz erschweren. Die genannten Schwierigkeiten sind durch eine Reihe von Faktoren bedingt, die letztendlich damit zu tun haben, dass „Alter" und „Altern" in der Entwicklung der Technologien nicht angemessen umgesetzt sind. Die Auswirkungen des demographischen Wandels auf eine altersgerechte Technik wurden bislang weder im Hinblick auf die Gestaltung technischer Systeme noch auf die altersbezogene Akzeptanz hinreichend berücksichtigt.

> „... for older adults to benefit from the advances that technology brings, [...] we must ensure that systems are designed with the capabilities and limitations of the older user in mid, proper training is provided and the needs of older users are considered in the development of future technologies." (ROGERS/FISK 2003: 1)

Ziel des vorliegenden Beitrags zur Techniknutzung und -wahrnehmung im Alter ist es, Herausforderungen für eine erfolgreich genutzte und von Älteren akzeptierte Technikgestaltung zu beschreiben. Dazu gehört die Analyse des Altersbegriffs und der Alterskonzeptionen (Abschnitt 2) ebenso wie die Beschreibung der Technikakzeptanz und der Technikbewertung (Abschnitt 3). Exemplarisch für die Herausforderungen und Potenziale, die sich bei der Nutzung aktueller elektronischer Produkte für Ältere ergeben, gibt das Kapitel zur techniktyp-spezifischen Wahrnehmung Einblicke in Mobilitäts- und Alltagstechnologien (Abschnitt 4). Der Beitrag schließt mit einem kurzen Fazit (Abschnitt 5).

2. Altern und Alterskonzepte

2.1 Altern

Altern an sich ist ein höchst komplexer und individuell unterschiedlich verlaufender Prozess (PARK 1999; FOZARD 2000). Alterung ist durch eine hohe Variabilität gekennzeichnet: Alterungsprozesse setzen zu unterschiedlichen Zeitpunkten in der individuellen Biographie ein, zeigen ein unterschiedliches Ausmaß und einen unterschiedlichen Verlauf und betreffen unterschiedliche sensorische, kognitive und motorische Fähigkeiten. Diese Variabilität wird in der Literatur als differentielles Altern geführt (FILIPP/SCHMID 1998) und erfordert eine differenzierte Betrachtung: Das chronologische Alter bezieht sich auf die Anzahl der gelebten Jahre und stellt den am häufigsten verwendeten – wenngleich unscharfen – Indikator für altersbedingte Veränderungen dar.

Das funktionale oder leistungsbezogene Alter bezieht sich auf biologische und psychische Entwicklungsprozesse (STERNS/DOVERSPIKE 1989). Mit dem biologischen Alter wird der physische Gesamtzustand bezeichnet (ILMARINEN 2005). Das psychologische Alter wird über die Fähigkeit, flexibel auf veränderte Anforderungen zu reagieren, definiert (ILMARINEN 2005). Das psychosoziale Alter bezeichnet die Sozialwahrnehmung des Alters (STERNS/MIKLOS 1995) und bezieht sich auf die Selbstwahrnehmung der Älteren. Entscheidend ist, dass in allen Lebensphasen die Möglichkeit für Verhaltensänderungen vorhanden sind (Konzept der Lebensspanne, STERNS/MIKLOS 1995).

Während die Mechanismen des Alterns und seine interindividuelle Variabilität nicht vollumfänglich geklärt sind, sind die Auswirkungen auf kognitive, sensorische und motorische Leistungen gut beschrieben (CRAIK/SALTHOUSE 1992; FILIPP/SCHMID 1998). Kognitive Veränderungen zeigen sich in einer zunehmenden Verlangsamung der Informationsverarbeitungsgeschwindigkeit (PARK 1999), der Verringerung der Leistungen des Arbeitsgedächtnisses (FREUDENTHAL 2001) und der Aufmerksamkeitsfähigkeiten (FOZARD 2000). Gerade Aufmerksamkeitsfähig-keiten sind besonders alterssensitiv. Veränderungen betreffen die selektive Aufmerksamkeit, also die Fähigkeit, Wichtiges von Unwichtigem zu trennen aber auch das Aufrechterhalten von Aufmerksamkeit über einen längeren Zeitraum bis hin zur Fähigkeit der gleichzeitigen Bearbeitung mehrerer Tätigkeiten (Multitasking, CAIRD et al. 2005).

2.2 Alterskonzepte

Die Konzeptualisierung des Alters ist insgesamt eher negativ. Sie ist von Rückgang, Verfall, Siechtum und Krankheit gekennzeichnet, nicht zuletzt dadurch, dass altersbedingte Veränderungen immer im Vergleich zu einem jungen Entwicklungsstandard betrachtet werden. Sowohl in der Fremdzuschreibung (jüngere Menschen über Ältere) als auch in der Selbstzuschreibung (Ältere über Ältere) herrschen negative altersbezogene Einstellungen und Werthaltungen vor (WILKOWKSA/ZIEFLE 2009). Sie betreffen sowohl die subjektive Bewertung des vorhandenen Handlungspotenzials beim alternden Menschen als auch sein ihm selbst zugeschriebenes grundlegendes Potenzial, Neues zu lernen (ELLIS/ALLAIRE 1999; ARNING/ZIEFLE 2007a,b). Dies hat natürlich Auswirkungen auf das technische Selbstkonzept (CZAJA/SHARIT 1998). Ältere Menschen weisen eine erheblich höhere Computer- oder Technikangst auf (HARRISON/RAINER 1992; CHUA/CHEN/WONG 1999), haben ein geringeres Technikverständnis (ARNING/ZIEFLE 2007a,b, 2008) und eine geringere Computerexpertise (MARQUIE/JOURDAN-BODDART/HUET 2001; ZIEFLE 2002; ARNING/ZIEFLE 2009a,b). Bezeichnenderweise zeigen Ältere, wenn sie mit altersgerecht gestalteten Technologien umgehen, eine mit jüngeren Nutzern vergleichbare Leistung mit dem Gerät (ZIEFLE/BAY 2005, 2006, 2008; ARNING/ZIEFLE 2010).

Im Gegensatz zum eher negativen Altersstereotyp in der gerontologischen Forschung, wird „Alter" im Sinne von Weisheit zunehmend als Potenzial und Chance gesehen. Grundlegend hierfür sind die Arbeiten um Paul BALTES (BALTES/BALTES 1993; BALTES et al. 1994, 1999). BALTES und Kollegen betrachten in ihrem Modell der Selektion, Optimierung und Kompensation erfolgreiches Altern innerhalb der gesamten Lebensspanne. Erfolgreiches Altern bestimmt sich durch die Minimierung von Verlusten und die Maximierung von Gewinnen. Selektion beschreibt die Ziele und das Ergebnis von Entwicklung. Mit Optimierung ist die Aneignung oder Verbesserung der Ressourcen gemeint, die zur Zielerreichung zur Verfügung stehen. Kompensation umschreibt die Ausgleichprozesse nach dem Verlust von Ressourcen, wie beispielsweise eine Anpassung des gesetzten Ziels bei schwindenden kognitiven Ressourcen (BALTES et al. 1999). Selektion, Optimierung und Kompensation sind dabei Handlungsmöglichkeiten, die über die gesamte Lebensspanne erfolgreich eingesetzt werden, sie sind jedoch für Ältere von größerer Bedeutung, da (sensorische, motorische, soziale und kognitive) Ressourcenverluste in höherem Alter wahrscheinlich sind.

Alter wird in diesem Sinne als *Weisheit* oder *Expertensystem* (BALTES et al. 1999) bezeichnet, als fundamentale Pragmatik, die das über die Lebensspanne gesammelte Wissen und Erfahrungen verbindet und damit den Älteren in die Lage versetzt, anders als jüngere Menschen, vertiefte Einsichten, ausgewogene

Urteile sowie fundierte Ratschläge zu komplexen, unklaren und ungewissen Problemstellungen zu geben.

Alter als Chance zu begreifen, findet sich zunehmend auch in der (Forschungs)politik. Ziel des Europäischen Jahres für aktives Altern und der Solidarität zwischen den Generationen sind die Schaffung besserer Rahmenbedingungen für ein erfolgreiches, aktives und wertschätzendes Altern, auf drei Gebieten: Zum Ersten in der Beschäftigungspolitik (bessere Chancen auf dem Arbeitsmarkt für ältere Arbeitnehmer), zum Zweiten hinsichtlich der Teilhabe an der Gesellschaft (wertschätzende Rolle des alten Menschen innerhalb des Gesellschaftssystems) und drittens hinsichtlich der Eigenständigkeit der Lebensführung mit der Möglichkeit, dass ältere Menschen länger sicher und medizinisch versorgt daheim leben können. Gerade bei der medizinischen Versorgung im häuslichen Umfeld spielt eine an den Bedarfen und Bedürfnissen Älterer entwickelte Technologie eine entscheidende Rolle. Die Nutzung von Technologien im häuslichen Umfeld muss nicht nur in besonderem Maße altersbedingte Restriktionen und Potenziale berücksichtigen (Gaul/Ziefle 2009; Mynatt/Rogers 2002; Mynatt et al. 2004), sondern darüber hinaus auch die von Nutzern empfundene Sorge um die Einhaltung ihrer (familiären) Intimität, des Schutzes der Persönlichkeit und der Vertrautheit in den eigenen vier Wänden (Lahlou 2008; Ziefle/Röcker/Holzinger 2011; Wilkowska/Ziefle 2012).

2.3 Technikgenerationen

Technikwahrnehmung, -nutzung und -bewertung sind zeitspezifische Phänomene. Verschiedene Studien weisen darauf hin, dass die Wahrnehmung von Tech-nik generations- bzw. kohortenspezifisch geprägt ist (Weymann/Sackmann 1998; Rudinger/Jansen 2005). Die Annahme von Technikgenerationen basiert auf der soziologischen Generationstheorie. Ihrem Verständnis zufolge sind Generationen

> „durch den sozialen Wandel sich unterscheidende Gruppen benachbarter Geburtskohorten (‘Generationslagerung’), die bei einschneidenden gesellschaftlichen Ereignissen ein gemeinsames Bewußtsein ihrer Lage entwickeln können und damit auf den Prozeß des sozialen Wandels zurückwirken (‘Generationszusammenhang’).“ (Sackmann/Weymann 1994: 16)

Generationen verfügen über einen gemeinsamen Erfahrungsraum. Er ergibt sich aus dem kollektiven „konjunktiven“, d. h. perspektivierten Erleben bestimmter Ereignisse, Zustände, Objekte und kultureller Diskurse. Dieses Erleben führt zu kollektiven Vorstellungen über die Welt, die generationsspezifische Begriffe, Erfahrungen, Bewertungen und Erwartungen einschließen (vgl. SACKMANN/WEYMANN 1994: 16), u. a. generationsspezifische Erfahrungen im Sinne von Wirtschaftsverläufen, Konjunkturen und Kriegen, die Wertvorstellungen und Verhaltensmuster prägen (BECKER 1989). Das konjunktive Erleben bezieht sich auch auf technische Innovationen.

> „Konjunktive Erfahrungen sind auch im Bereich technischer Innovationen zu finden. Während der Lebenszeit einer bestimmten Generation kommt es zu technischen Erfindungen, verbreiten sich neue Geräte im Alltag, herrscht eine bestimmte Art des öffentlichen Diskurses über Technik vor. Innerhalb dieses konjunktiven Erfahrungsraumes werden Wahrnehmungen gemacht und Handlungen konzipiert. Je schneller der gesellschaftliche Wandel voranschreitet, desto größer sind die Unterschiede der konjunktiven Erfahrungen verschiedener zeitgenössischer Generationen." (BECKER 1989: 17)

Bezogen auf das Thema Technikwahrnehmung ergibt sich die Frage, wie historisch unterschiedlich geprägte Generationen in ihrem sozialen Zusammenleben technologische Entwicklungen und Artefakte zu einem gegebenen Zeitpunkt betrachten (SACKMANN/WEYMANN sprechen in diesem Zusammenhang von der „Gleichzeitigkeit des Ungleichzeitigen"). Sie gewinnt Bedeutung aufgrund asymmetrischer Entwicklungstendenzen: durch die Zunahme der menschlichen Lebensdauer wird eine zunehmende Anzahl von Generationen zeitgleich mit Innovationen konfrontiert, die sich in immer kürzer werdenden Zyklen ablösen. Diese Asymmetrie von Trends trägt wesentlich zur Diversität von Nutzergruppen bei. Sie hat erhebliche Konsequenzen für die Definition von Alter. So umfasst die Nutzergruppe 50+ bereits heute verschiedene Technikgenerationen; die Bezeichnung 50+ ist daher eher kontraproduktiv, da gravierende Unterschiede verschleiernd (DIGMAYER/JAKOBS in diesem Band).

Das Konzept der Technikgenerationen von SACKMANN/WEYMANN (1994) basiert auf technischen Innovationswellen, insbesondere im Bereich der Alltagstechnik (wie Haushaltstechnik, Auto, Computer) und ihr generationsspezifisches Erleben. Als Referenzpunkt wird der erfolgreiche Markteintritt einer Technologie gewählt und die damit einhergehende massenhafte Verbreitung, die zur Veränderung von Generationskulturen führt. Es wird weiter davon ausgegangen, dass diese Verbreitung von bestimmten Geburtskohorten getragen wird (SACKMANN/WEYMANN 1994: 33) und dass diese Generationen besonders stark von den Erfahrungen mit der jeweiligen Technologie geprägt werden. Sie entwickeln ein technisches Generationsbewusstsein, das durch das Erleben von Technologien wie auch das eigene Handeln mit ihr bestimmt wird und lebenslang bedeutsam ist. „Jeder Mensch weiß, welcher Ausschnitt der Technikgeschichte für ihn im Vergleich mit jüngeren oder älteren Personen besondere Bedeutung hat" (SACKMANN/WEYMANN 1994: 39).

WEYMANN/SACKMANN (1998) unterscheiden zum Zeitpunkt ihrer Publikation vier Technikgenerationen, die verschiedene benachbarte Kohorten zusammenfassen, denen unterschiedliche Technikeinstellungen und -kompetenzen zugeschrieben werden. Die Prägung dieser Generationen erfolgt vor allem durch die technischen Innovationen, die ihre Jugend bestimmt haben.

> „In der heutigen Bundesrepublik leben vier Technikgenerationen: eine vor 1939 geborene Generation, deren Jugenderfahrungen noch auf frühtechnischen Innovationen fußen (vortechnische Generation); eine zwischen 1939 und 1948 geborene Generation, deren Technikbild mit dem Beginn des Wirtschaftswunders durch die massive Erstausstattung der Haushalte mit Haushaltsgeräten geprägt wurde (Generation der Haushaltsrevolution); eine zwischen 1949 und 1964 geborene Generation, die bereits unter dem Eindruck von Massenkonsum und einer dadurch selbstverständlich gewordenen, vollständigen technischen Privatausstattung stand (Generation der zunehmenden Haushaltstechnisierung), sowie die nach 1964 geborene Computergeneration, die mit digitalisierten Geräten aufwuchs." (WEYMANN/SACKMANN 1998: 29)

Mit einiger Wahrscheinlichkeit müssen wir inzwischen eine fünfte Technikgeneration annehmen – die Gameboy-Generation (GAUL/ZIEFLE 2009).

Wie stark sich die jugendbezogene Prägung von Technikgenerationen in der Wahrnehmung und Bewertung von Technik auswirkt, zeigt sich u. a. in zwei Studien, in denen Vertreter verschiedener Technikgenerationen danach gefragt wurden, welche technischen Entwicklungen ihrer Meinung nach die wichtigsten bzw. überflüssigsten waren (JAKOBS/LEHNEN/ZIEFLE 2008). Die Erhebungen der Altersstudie fanden 2006 statt. Sie umfassten Vertreter der Gruppe 55+ (Generation der zunehmenden Haushaltstechnisierung), der Gruppe 65+ (Generation der Haushaltsrevolution) und der Gruppe 75+ (vortechnische Generation). Hier wurde nach den wichtigsten technischen Neuerungen der letzten Jahre gefragt. Die Daten der Jugendstudie wurden 2005 erhoben; sie stützen sich auf die Befragung von Gymnasiasten und Studierenden technischer Fächer (Computer- und Internetgeneration). Die Frage nach den wichtigsten Neuerungen bezog sich hier auf die letzten zwanzig Jahre.

In der Altersstudie werden folgende Geräte am häufigsten genannt: Fernseher, Waschmaschine und Trockner, Radio und Herd, gefolgt von Spülmaschine und Computer. Andere Technologien werden nur vereinzelt genannt, z. B. Technologien, die sich auf das Auto beziehen (z. B. Navigationssystem). Viele der häufig genannten Geräte (Elektroherd, Radio, Waschmaschine und Fernseher) gehörten bereits in den 1960er Jahren zur Standardausstattung der meisten Haushalte. Zwei Drittel der Befragten (die Gruppen 65+ und 75+) haben als Kind bzw. Jugendlicher die Einführung des Radios erlebt, zwei Drittel der Befragten (die Gruppen 55+ und 65+) die Verbreitung des Fernsehens. Diese Prägung wie auch der Stellenwert der Geräte für das tägliche Leben scheinen alles Nachfolgende in seiner Bedeutung zurücktreten zu lassen. Der Wahrnehmungshorizont der Jugendstudie richtet sich ausschließlich auf moderne Informations- und Kommunikationsmedien. Die Befragten nennen am häufigsten Mobiltelefon, Internet, Computer und MP3-Player. Haushaltstechnik scheint ebenso wenig eine Rolle zu spielen wie Auto und Fernseher. Ein weiterer Unterschied der beiden Studien betrifft den Umgang mit Technik. Während die Vertreter der Altersstudie Technik nicht nur nutzen, sondern auch begreifen wollen, richtet sich das Interesse der befragten Gymnasiasten ausschließlich auf die Nutzung von IuK. Wie diese funktioniert, interessiert die meisten dagegen kaum.

Die Zugehörigkeit zu einer Technikgeneration beeinflusst sowohl die Art und Weise, wie Menschen sich neue Technologien aneignen als auch das mentale Modell, wie Technik funktioniert. Die Zugehörigkeit zu Technikgenerationen repräsentiert damit einen von vielen Gründen, warum sich Gruppen in ihrem Bezug und Zugang zu Technologien unterscheiden. Eine wesentliche Herausforderung für die Technikgestaltung der Gegenwart und Zukunft besteht darin, Wege zu finden, die vermitteln zwischen dem Wissen, das die Nutzung eines technischen Artefakts bedingt und generationsspezifischen Vorerfahrungen. Die Vermittlungsleistung hebt nicht per se auf die Komponente Alter ab, sondern auf den Aspekt der Vergleichbarkeit oder Unterschiedlichkeit technischer Konzepte. Je größer die Distanz zwischen generationsprägenden und aktuell nutzbaren technischen Konzepten ist, desto höher dürften der Umlernbedarf und die damit verbundenen mentalen Kosten ausfallen. Dies gilt für alle Generationen und Altersstufen. So ist durchaus denkbar, dass die menügeprägte Computer- und Internetgeneration bei elektronischen Applikationen umdenken muss, die gänzlich andere Organisationsformen nutzt.

3. Akzeptanz und Technikbewertung

Die Frage nach der Technikakzeptanz und ihre Bedeutung für eine erfolgreiche Markteinführung technischer Innovationen wird seit gut 20 Jahren geführt (Davis 1993; Venkatesh/Davis 2000; Venkatesh et al. 2003). Mit Technikakzeptanz wird die „positive Annahme oder Übernahme einer Idee, eines Sachverhaltes oder eines Produktes umschrieben, und zwar im Sinne aktiver Bereitwilligkeit und nicht nur im Sinne reaktiver Duldung“ (Dethloff 2004).

In den letzten Jahren hat das Konzept Technikakzeptanz auch in der öffentlichen Meinung an Bedeutung gewonnen. Das hat mit mehreren Entwicklungen zu tun. Technik und elektronische Services rücken durch die zunehmende und flächendeckende Verbreitung in weite Bereiche des Alltags in den Blickpunkt öffentlichen Interesses. Ebenfalls hat sich das Profil der Nutzerschaft gewandelt. Es sind nicht mehr nur die technikbegeisterten jüngeren Menschen, die sich mit Technologien beschäftigen (müssen), sondern zunehmend ältere und physisch eingeschränkte Menschen (ARGARWAL/PRASAD 1999; CZAJA/LEE 2007). Durch den dadurch vollkommen veränderten Nutzungskontext, die fehlende Freiwilligkeit der Nutzung und die Heterogenität der Nutzergruppen hat die Akzeptanzbewertung eine zentrale Bedeutung (WILKOWSKA/GAUL/ZIEFLE 2010).

Letzteres trifft in besonderem Maß für medizintechnische Produkte zu. Hier zeigt sich eine kontroverse Befundlage (ZIMMER/CHAPELL 1999; ZAJICEK/HALL 2000). Auf der einen Seite zeigt sich eine durchaus positive allgemeine Bewertung von Medizintechnologien. Verbraucher schätzen die Bedeutung medizintechnologischer Innovationen für den gesellschaftlichen Fortschritt (ARNING/ZIEFLE 2009a,b). Auf der anderen Seite werden medizintechnische Produkte höchst kontrovers bewertet, vor allem dann, wenn nicht nach dem allgemeinen Nutzen, sondern nach individuellen Nutzungsmotiven und Akzeptanzbarrieren gefragt wird (GAUL/ZIEFLE 2009; WILKOWSKA/ZIEFLE 2011). Da medizintechnologische Entwicklungen häufig in die Privatsphäre eindringen und dabei Körpergrenzen überschreiten (z. B. bei im Körper implementierten Technologien), spielen Nutzungsmotive wie Kontrolle, Intimität, Würde, Vertrauen und Verlässlichkeit eine besondere Rolle bei der Akzeptanz medizintechnischer Produkte (MYNATT/ROGERS 2002). Hinzukommt, dass auch die Gebrauchstauglichkeit und die Bedienbarkeit eine zentrale Bedeutung haben, denn anders als bei einem mehr oder weniger gut bedienbaren 'Spaß'-Gerät ist die Usability eines medizintechnischen Gerätes eine unabdingbare Eigenschaft. Dies zeigt zweierlei:

1. Technikakzeptanz ist nicht gleich Technikakzeptanz. Gerade für technische Produkte und Services, die in persönliche Lebensbereiche eindringen, hängt die Akzeptanzbewertung in erheblichem Maße von anderen Faktoren ab, wie z. B. dem Einfluss des Alters und der Generation der Nutzer, aber auch von der damit variierenden Technikexpertise, die sich in unterschiedlichen Erfahrungskontexten im Umgang mit Technik herausgebildet hat (MELENHORST/ROGERS/BOUWHUIS 2006). Weiterhin wirken sich der Gesundheitszustand und die Wahrscheinlichkeit der Nutzung medizintechnischer Produkte (ZIEFLE/HIMMEL/WILKOWSKA 2011) sowie individuelle Vorstellungen über Altern und das eigene Leben im Alter (ZIMMER/CHAPELL 1999; WILKOWSKA/ZIEFLE 2011) auf die Akzeptanzbewertung aus.

Bisherige theoretische Konzeptionen der Technikakzeptanz sind 2. unvollständig und unterschätzen die Komplexität der in die Akzeptanzbewertung einfließenden Größen. Die bestehenden Modelle (DAVIS 1993; VENKATESH/DAVIS 2000; VENKATESH et al. 2003) sind für andere Nutzungskontexte ausgelegt (IuK) und beschränken sich im Wesentlichen auf zwei für die Akzeptanzbewertung maßgebliche Schlüsselkomponenten: die Einfachheit der Bedienung und die wahrgenommene Nützlichkeit einer Technologie. Studien haben gezeigt, dass ältere Nutzer bei der Bewertung von Technologien die Einfachheit der Bedienung einer Technologie als zentral wahrnehmen (Ziefle/Himmel/Holzinger 2012), allerdings die „wahrgenommene Nützlichkeit" technischer Produkte darüber mitentscheidet, ob ein älterer Mensch sich mit einer Technologie überhaupt auseinandersetzen will (Melenhorst et al. 2006; Wilkowska/Ziefle 2009). Jedoch reichen die beschriebenen Komponenten nicht aus, um Technikakzeptanz gerade für eine alternde Nutzerschaft zu beschreiben. Neben funktionalen Komponenten sind hedonische (Spaß, Design, Bedeutung, Selbstwert) und persönlichkeitsrelevante Faktoren (Kontrolle, Privatheit) von Bedeutung (Lahlou 2008; Ziefle/Jakobs 2010; Wilkowska/Ziefle 2012).

4. Techniktyp-spezifische Wahrnehmung

In diesem Abschnitt werden techniktyp-spezifische Wahrnehmungen thematisiert. Zunächst werden technische Systeme im Auto und Reisesysteme für den öffentlichen Nahverkehr in ihrer Nutzbarkeit und wahrgenommenen Nützlichkeit für ältere Menschen beschrieben. Danach werden Befunde hinsichtlich der von Nutzern zugeschriebenen Wichtigkeit und Kaufkriterien für verschiedene Technologien im Alltag berichtet.

4.1 Mobilität – Fahrerassistenz: Auto

Fahrerassistenzsysteme unterstützen den Fahrer bei der Bewältigung der Fahraufgaben im Straßenverkehr. Sie erleichtern die Ausführung monotoner und wiederkehrender Aufgaben und unterstützen den Fahrer bei der Konzentration auf die Fahrzeugführung (Deutschle 2005). Moderne Fahrerassistenzsysteme stellen vielfältige Komfortfunktionen zur Verfügung. Sie reichen von Funktionen im Auto (z. B. Steuerung der Heizung, Rückenlehnen- und Sitzeinstellung, Einstellung des Radiosenders, Navigation, Telefonfunktionen), bis hin zur Unterstützung im Verkehr (z. B. Kreuzungsassistent oder Einparkhilfen). Die Komfortfunktionen sind im Fahrzeugcockpit und/oder der Mittelkonsole des Fahrzeugs integriert. Über Multifunktionsbedienelemente (Drehsteller) kann ein Großteil der Funktionen bedient werden.

Mithilfe der Systeme sollen Aufmerksamkeitsschwankungen während des Fahrens kompensiert, potenzielle Fahrfehler verhindert und die Beanspruchung des Fahrers durch Über- oder Unterforderung abgebaut werden. Insbesondere für den älteren Fahrer sind solche Unterstützungssysteme im Auto von entscheidender Bedeutung, da gerade ältere Fahrer mehr Schwierigkeiten haben, fahrbegleitend visuelle, akustische und motorische Fahranforderungen miteinander zu harmonisieren (BURKHARDT 2000). Altersbedingte Einschränkungen betreffen die Abstimmung gleichzeitig auszuführender Handlungen (Multitasking), das zeitkritische und kontextsensitive Handeln in komplexen Verkehrssituationen (Kreuzungen, Überhol- u. Linksabbiegemanöver) sowie das Aufrechterhalten der Aufmerksamkeit und Konzentration über längere Zeiträume (CAIRD et al. 2005). Der Usability eines Interfaces kommt damit eine entscheidende Bedeutung zu (ZIEFLE/BAY 2005; ARNING/ZIEFLE 2007a, 2009a,b; ZIEFLE 2010a,b).

Die Entwicklung alterssensitiver Informationssysteme ist in mehrfacher Hinsicht eine Herausforderung. Altersgerechte Fahrerassistenzsysteme können nur dann erfolgreich gestaltet werden, wenn die Anforderungen, Bedürfnisse und Wünsche älterer Fahrer und Fahrerinnen verstanden und adäquat berücksichtigt werden. Damit dies gelingt, ist es erforderlich, Nutzer systematisch in den Entwicklungsprozess einzubeziehen (ZIEFLE/JAKOBS 2010), ihre Interaktion, Kommunikation und Zufriedenheit mit dem System empirisch zu untersuchen und die Ergebnisse iterativ für eine Systemoptimierung zu nutzen. Trotz der Fülle an Potenzialen, die Fahrerassistenzsysteme für die Orientierung im Straßenverkehr gerade für ältere Fahrer aufweisen, muss berücksichtigt werden, dass jede zusätzliche Information, die während der Fahrt verarbeitet werden muss, auch ein Sicherheitsrisiko darstellt (ZIEFLE et al. 2008).

In einer experimentellen Studie wurde untersucht, inwieweit Fahrerinformationssysteme die Gratwanderung zwischen Unterstützung und Zusatzbelastung erfüllen. Am Fahrexperiment nahmen jüngere (N = 26, 27-35 Jahre) und ältere Fahrer (N = 26, 50-70 Jahre) teil. Sie wurden gebeten, in einem Fahrsimulator auf einer simulierten Fahrbahn mit einer vorgegebenen Geschwindigkeit zu fahren und fahrbegleitend verschiedene Aufgaben mit dem Fahrerassistenzsystem zu bearbeiten (z. B. Verkehrsfunk einstellen). Instruiert wurde, das Fahren wie im Straßenverkehr prioritär zu behandeln und die begleitenden Aufgaben im Fahrerassistenzsystem als Nebenaufgaben auszuführen. Die Ergebnisse zeigen, dass die Probanden unterschiedlich 'störanfällig' für Multitasking-Belastungen im Straßenverkehr sind: der Genauigkeitsverlust beim Spurhalten bei gleichzeitiger Bedienung des Assistenzsystems (z. B. Eingabe einer gesuchten Adresse oder einer Umgehungsroute) variiert interindividuell zwischen 1 % und 21 %. Eine Detailanalyse der Fahrdaten ergab unterschiedliche Fahr- bw. Informationsverarbeitungstypen:

- Fahrer: Personen, die sich auf das Fahren konzentrieren und bei erlebter Überlastung die Bedienung des Fahrerassistenzsystems unterbrechen oder gar einstellen.
- Aufgabenbearbeiter: Personen, die sich auf das Fahrerassistenzsystem konzentrieren und das Fahren vernachlässigen.
- Parallele Bediener: Personen, die beide Anforderungen miteinander in Einklang bringen und ihre Aufmerksamkeit kontext- und anforderungsadaptiv verteilen können.

Nimmt man bei dieser Fahrertypisierung eine Altersanalyse vor, so zeigt sich, dass 81 % der jüngeren Fahrer beide Aufgabenanforderungen parallel verarbeiten können. Nur 19 % der jüngeren Fahrer vernachlässigen die Spurhaltung des Fahrzeugs im Verkehr. Im Vergleich dazu sind die Älteren deutlich störanfälliger. Weniger als die Hälfte der älteren Fahrer (46 %) ist in der Lage, beide Anforderungen unter einen Hut zu bringen. 27 % der Fahrer wenden sich der Aufgabenbearbeitung im Fahrerassistenzsystem zu und weitere 37 % widmen sich ausschließlich der Fahraufgabe und unterbrechen bzw. verzögern die Bearbeitung der Aufgaben mit dem Drehsteller. Ganz offensichtlich haben die älteren Fahrer – im Gegensatz zu den jüngeren Fahrern – ein erhöhtes Bewusstsein für den Straßenverkehr (Abbildung 1).

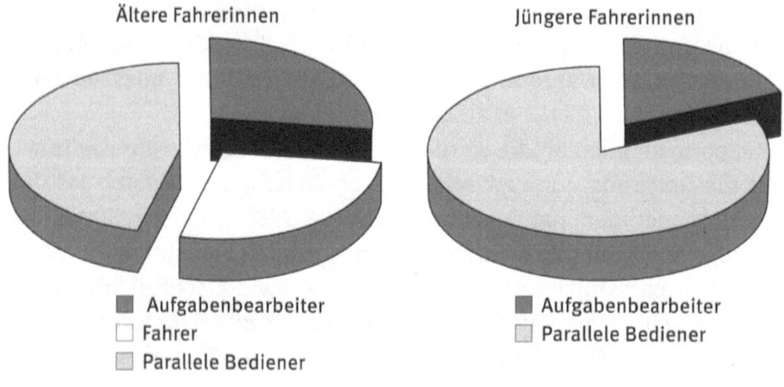

Abb. 1: Verarbeitungsstile bei jüngeren und älteren FahrerInnen (WINKLER/ZIEFLE/KRAUS 2010; JAKOBS/ZIEFLE 2011: 193).

Eine abschließende Befragung ergab altersbezogene Bewertungsunterschiede. Ältere bezweifeln die Nützlichkeit solch komplexer Systeme und bevorzugen die althergebrachte Lösung, bei der „eine Autoheizung über einen separaten Knopf zu bedienen ist". Insbesondere lehnen Ältere eine „Autotechnik für Ältere" ab, jenseits ihrer grundlegenden Begeisterung für innovative Autotechnik. Autofahren ist mit Unabhängigkeit und Selbständigkeit verbunden; eine Technik, Älteren trotz nachlassender Fähigkeiten die Teilnahme am Straßenverkehr zu ermöglichen, wurde als stigmatisierend empfunden.

4.2 Mobilität – Reiseassistenz: Cairo

Eine interessante Frage ist, woher wir Muster für die Gestaltung neuer Technologien beziehen und was eher von den Anwendern dieser Technologien akzeptiert wird: neue Muster oder das Anknüpfen an Vertrautem. Und wenn letzteres zutrifft, an welchen Mustern sich die Designer neuer Applikationen und Technologien orientieren müssen und wie sie Antworten darauf bekommen. Eine andere Frage ist, welche Ansprüche Nutzer an die Gestaltung neuer Applikationen stellen, was sie tolerieren und wo Toleranz endet und sich der Nutzer einer Technologie verweigert. Die genannten Fragen sollen im Folgenden am Beispiel moderner Informations- und Kommunikationstechnologien im Bereich der öffentlichen Mobilität, d. h. des Personentransports mit Bahn und Bus, angerissen werden. Der Fokus richtet sich auf die Sicht der Nutzer und Kunden sowie ihrer Wahrnehmung digitaler Kommunikations- und Interaktionsangebote zum Reisen mit der Bahn.

Aus der Sicht des Kunden hat das Reisen mit der Bahn einen zentralen Zweck: Der Kunde möchte mit möglichst geringem Aufwand von Standort A nach Standort B reisen. Er möchte sicher reisen, plan- und kontrollierbar und pünktlich. Der Aspekt der Plan- und Kontrollierbarkeit umfasst alle Phasen des Reisens – von der Planung einer Reise über ihre Durchführung bis zur Ankunft am Zielort. Für die Planung und die Kontrolle des Verlaufs wurden in den letzten einhundert Jahren viele verschiedene Informations-, Kommunikations- und Interaktionsmittel und -wege entwickelt, wie persönliche und telefonische Beratung und Buchung von Tickets, gedruckte Fahrpläne und Aushänge von Abfahrts- und Ankunftszeiten im Bahnhof, gedruckte Reiseinformationen als Auslage in Zügen oder Ticketbuchung und Reiseplanung im Internet. Diese Mittel sind Reisenden vertraut, die daran gebundenen Technologien werden nur noch als solche wahrgenommen, wenn sie nicht funktionieren.

Ein wesentliches Problem und Auslöser von Ärger sind Verspätungen und ihre Folgen, die die oben genannten Ziel- und Zweckkomponenten in Frage stellen. Sie sind eine der wesentlichsten Gründe für Beschwerden und unzufriedene Kunden. Für Zwecke der Schadensbegrenzung müssen Verspätungen vom Anbieter kommuniziert und möglichst auch Handlungsalternativen angeboten werden. In der Praxis erfolgt die Information bisher multimodal über verschiedene kommunikative Mittel und Orte – insbesondere über Lautsprecheransagen auf

Bahnhöfen (die meist akustisch nicht zu verstehen sind), Hinweise auf Zuganzeigetafeln im Bahnhof sowie Durchsagen im Zug. In den meisten Fällen beschränkt sich ihre Leistung auf das Mitteilen der Verspätung, eher selten kommen Informationen dazu, wie der durch die Verspätung entstehende Schaden behoben werden kann bzw. welche Handlungsalternativen der Reisende hat. Letzteres wird dadurch erschwert, dass die meisten Informations-, Kommunikations- und Interaktionsmittel mit statischen Informationen arbeiten.

Neue Generationen von Informations-, Kommunikations- und Interaktionsangeboten zum Reisen bieten eine neue Qualität durch die Nutzung dynamischer Daten für internetbasierte Dienste. Sie bieten die Möglichkeit, Angaben abhängig von Koordinaten wie dem aktuellen geographischen Standort des Nutzers und dem Augenblick einer Abfrage zu generieren. In einem interdisziplinären Forschungsprojekt mit der Deutschen Bahn AG und zahlreichen anderen Partnern mit dem Titel „CAIRO – Context Aware Intermodal Routing" (gefördert vom BMWI,

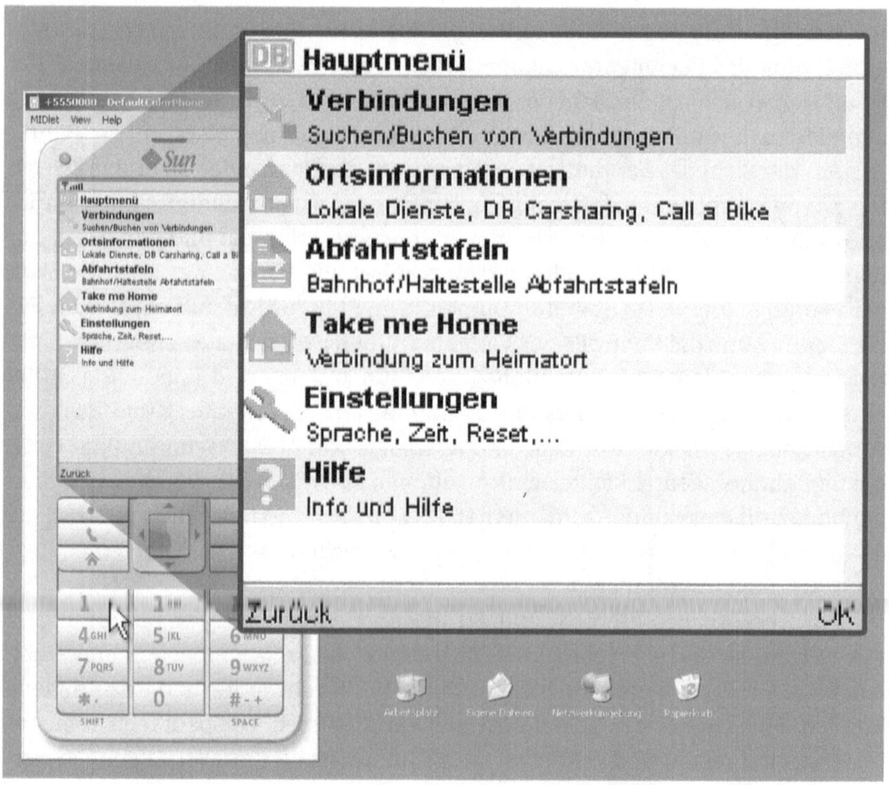

Abb. 2: Menü-Beispiel des Reise-Apps (WIRTZ/JAKOBS/BEUL 2010: 132).

2008 bis 2010) wurden derartige neue Lösungen entwickelt. Zu den Ergebnissen des Projektes gehörte eine Applikation für Smartphones, die den Anwender in allen Phasen des Reisens unterstützt und begleitet, just in time Verspätungen anzeigt und ihn dynamisch – abhängig von seinem aktuellen Standort und dem Zeitpunkt der Anfrage – über aktuell verfügbare Zuganschlüsse wie auch weitere Möglichkeiten wie Bus- oder Straßenbahnverbindungen informiert, den Gehweg beim Wechsel zu einem Bahnsteig beschreibt, ihn zum nächsten Lift führt und vieles andere mehr.

Eine wesentliche Herausforderung und Forschungsfrage bezog sich auf die Gestaltung der Benutzeroberfläche, genauer die Frage, für welche Darstellungsmuster sich wie komplexe Informationen der oben genannten Art eignen und von den Anwendern akzeptiert werden. Dazu wurden verschiedene Wege genutzt und mit sprach- und kommunikationswissenschaftlichen Mitteln und Ansätzen umgesetzt. Ein Zugang richtete sich auf die Rekonstruktion vorhandener Darstellungsmuster von Informations-, Kommunikations- und Interaktionsangeboten des Reisens mit der Bahn. Ein zweiter Zugang ergab sich mit der iterativen Testung von Darstellungsdesigns, die ein Unternehmen im Auftrag der Deutschen Bahn AG entwarf. Die Testung erfolgte mit Vertretern vorab definierter Zielgruppen anhand ausgewählter prototypischer Bedienhandlungen, für die Auswertung wurden u. a. diskursanalytische Methoden genutzt. Insbesondere war von Interesse, wie die Testpersonen Darstellungsvarianten für Auswahlmenüs, Abfahrts- und Ankunftszeiten oder etwa Verspätungen bewerteten und ob sich in ihren Kommentaren Hinweise auf Bezugsgrößen zeigten, mit denen Musterrealisierungen verglichen wurden (Wirtz/Jakobs/Beul 2010).

Die Rekonstruktion vorhandener Informations-, Kommunikations- und Interaktionsangebote ergab ein reiches Netzwerk vielfältig vernetzter Kommunikatsorten, das sich – metaphorisch gesprochen – um den komplexen Handlungsablauf des Reisens legt. Die Angebote variieren in ihrem Bezug zu Stadien des Reisens, in ihrer (Multi-)Modalität und Materialität, in Inhalt, Umfang und Funktion. Ungeachtet dessen bilden sie Puzzlesteine eines komplexen Ganzen mit zahlreichen intertextuellen Bezügen und Mustervariationen. In den Tests zeigte sich, dass die Entwürfe der App-Designer von den Probanden sehr kritisch betrachtet wurden. Insbesondere neue, unbekannte Darstellungsmuster wurden abgelehnt.

Die Probanden hatten relativ klare, von der Erfahrung mit anderen Mustern geprägte Vorstellungen, was für sie akzeptabel bzw. nicht akzeptabel ist. Die Darstellungen von Inhalten wie Verbindungsübersicht, Abfahrtort und -zeit oder etwa, ob ein Zug (un-)pünktlich ist, wurde an dem Grad der Übereinstimmung mit Darstellungsmustern der DB-Website gemessen (Zitate der Probanden: „anscheinend kann ich hier ähm hier direkt nicht so wie auf dem internetangebot der bahn eine ankunftszeit angeben; was ich relativ gut fand war das man wirklich

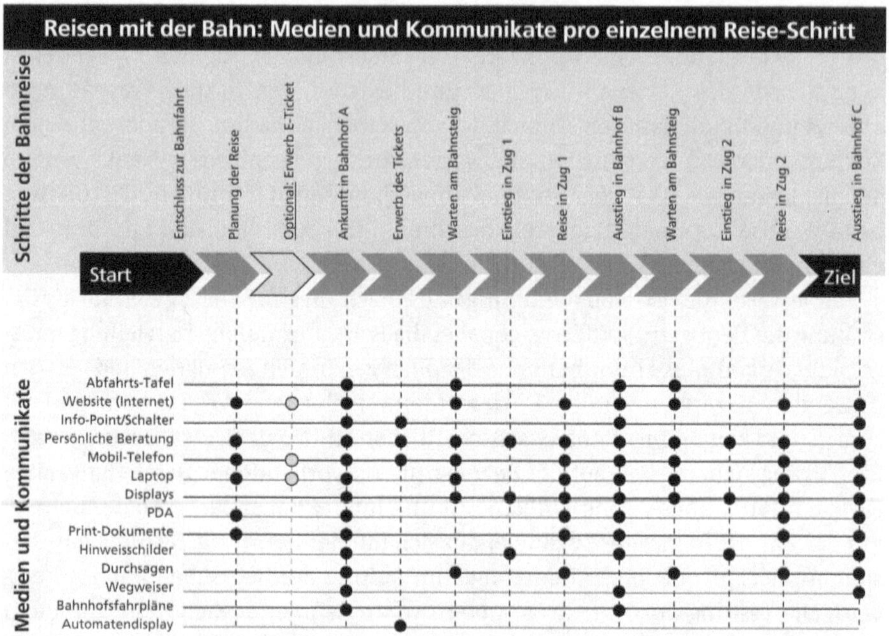

Abb. 3: Informations-, Kommunikations- und Interaktionsangebote zur Handlungskette Reisen mit der Bahn (Wirtz/Jakobs/Beul 2010: 133).

ne relativ genaue aufschlüsselung hat wie auch auf der normalen deutsche bahn seite"). Ähnliches galt für die Bewertung von Funktionen. Bezogen auf das Kommunikatsortennetz „Reisen mit der Bahn" zeigt sich, dass die DB-Website Funktionen als Leitmuster spendende Instanz übernimmt, an der sich die Bewertung elektronischer Angebote orientiert wie auch Akzeptanz- und Usability-Urteile (Ziefle/Jakobs 2010). Eine interessante Forschungsfrage ist, wann und warum mediale Angebote den Status von Leitmedien erhalten und wann und wodurch sie diesen Status verlieren.

Akzeptanzbarrieren ergeben sich auf sprachlicher Ebene insbesondere durch die Verwendung englischer (Fach-)Ausdrücke (wie *back, done; Fahrtfilter)* oder Abkürzungen (*POI, point of interest*), Ausdrucksvariationen (z. B. *Echtzeitinfo – aktuelle Fahrtinfo*), inkonsistenter Musterverwendung, unverständlichen Systemrückmeldungen und Ikons, Strukturierung aus der Sicht der Entwickler und einer hohen Menükomplexität.

Zukünftige Herausforderungen ergeben sich mit der Kombination und Zusammenführung mobiler multimedialer Informations-, Kommunikations- und Interaktionsangebote verschiedener Anbieter in einem Nutzernetz und der Aufgabe der Harmonisierung einerseits ähnlicher, andererseits differierender Interfaces für integrierte Mobilitätssysteme (Bahn, Bus, Mietwagen, Taxi, Fahrrad, Flugzeug). Neue Anforderungen sind aber auch erwartbar im Zuge der breiten Einführung von Cyber-System-Technologien, die derartige Angebote in Artefakte (z. B. Fahrzeuge) und intelligente Umgebungen einbindet.

4.3 Alltagstechnik

Befragt man Ältere nach ihrem Interesse für verschiedene Technologien im Alltag, so zeigt sich, dass Ältere – entgegen dem Negativstereotyp – ein durchaus hohes Interesse an Alltagstechnik haben, das sich jedoch deutlich nach dem Nutzungskontext und Technologietyp unterscheidet (Abbildung 4).

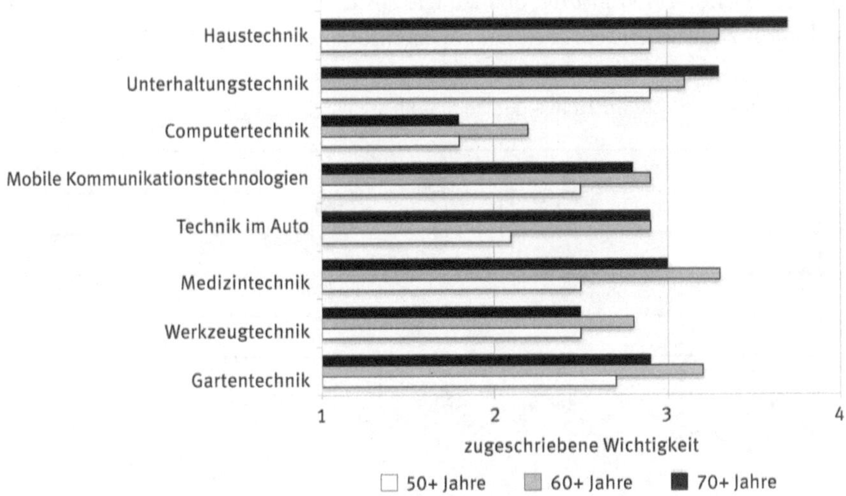

Abb. 4: Zugeschriebene Wichtigkeit bei Technologien aus unterschiedlichen Nutzungskontexten und Altersgruppen (Wirtz/Ziefle/Jakobs 2009).

In einer Studie (Wirtz/Ziefle/Jakobs 2009) mit 37 Personen zwischen 55 und 80 Jahren (20 Männer, 17 Frauen) erhielten Alltagstechnologien im Haus und die Unterhaltungstechnologie die höchste Bewertung im Hinblick auf Interesse und zugeschriebene Wichtigkeit.

Betrachtet man die Ergebnisse im Hinblick auf die verschiedenen Altersgruppen, so zeigt sich, dass in einigen der untersuchten Bereiche die 60- und 70-Jährigen ein signifikant größeres Interesse aufweisen als die Gruppe der 50-Jährigen, beispielsweise in der Technik im Haus, im Garten, im Auto, aber auch bei mobilen Kommunikationstechnologien oder gar der Medizintechnik.

In einer aktuellen Studie (ZIEFLE/HIMMEL/HOLZINGER 2012) wurde darüber hinaus nach individuellen Kaufkriterien für Technologien aus verschiedenen Nutzungskontexten (hier: Fahrerassistenzsysteme und mobile Kommunikationstechnologien) gefragt. Die Probanden (N = 92, zwischen 21 und 80 Jahren) wurden gebeten, verschiedene, zuvor empirisch ermittelte Kaufkriterien nach ihrer zugeschriebenen Wichtigkeit (6 = höchste Wichtigkeit) zu bewerten.

Bei der Bewertung mobiler Informations- und Kommunikationstechnologien ergibt sich, dass Kaufkriterien wie der Preis, die Bedienbarkeit, aber auch Zuverlässigkeit und Sicherheit für alle drei betrachteten Altersgruppen von hoher Wichtigkeit sind. Für das Design und die Marke ergeben sich jedoch altersbezogene Unterschiede: Besonders für die 65- bis 75-Jährigen sind Design und Marke von untergeordneter Bedeutung, ebenso wie der neuste technische Stand des Gerätes, der mit zunehmendem Alter an zugeschriebener Wichtigkeit verliert.

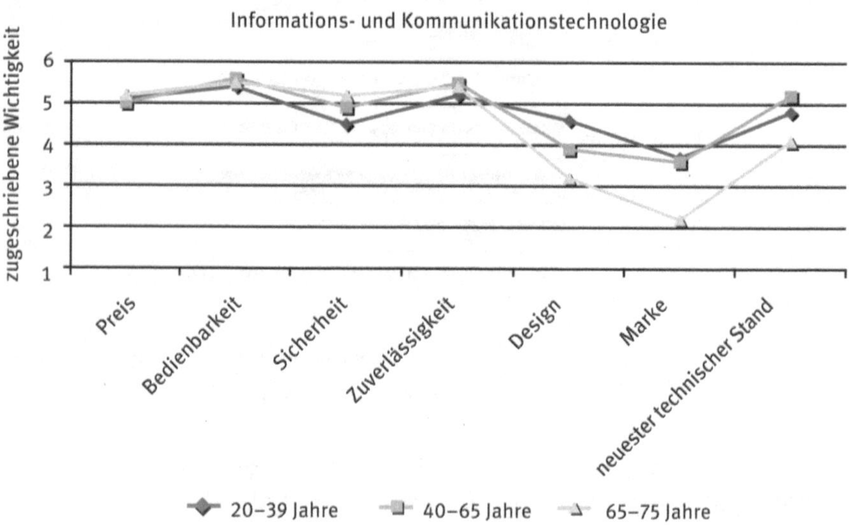

Abb. 5: Wichtigkeit verschiedener Kaufkriterien für mobile Informations- und Kommunikationstechnologien (nach ZIEFLE/HIMMEL/HOLZINGER 2012).

Betrachtet man nun die Bewertung von Technik im Auto (Fahrerassistenzsysteme, Abbildung 6), so fällt zunächst auf, dass keine altersbezogenen Unterschiede in der Bewertung der Kaufkriterien vorhanden sind. Unabhängig vom Alter werden die hier analysierten Kriterien als gleich wichtig oder unwichtig betrachtet. Zu den eher wichtigeren Kriterien gehören der Preis, die Bedienbarkeit, ebenso wie die Zuverlässigkeit und Sicherheit des Fahrerassistenzsystems. Das jeweilige Design, die Marke der Hersteller oder der neuste technische Stand des Geräts sind weniger entscheidende Kaufkriterien für die untersuchten Probanden.

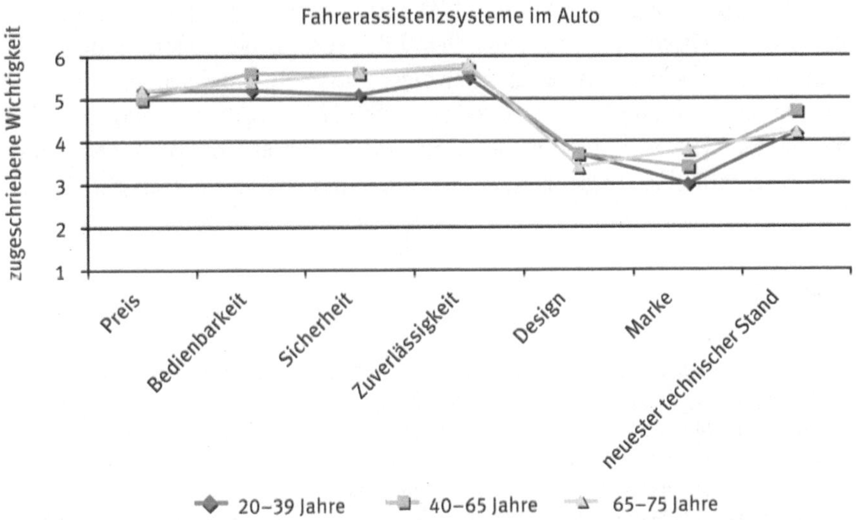

Abb. 6: Beurteilte Wichtigkeit verschiedener Kaufkriterien für Technologie im Auto bei verschiedenen Altersgruppen (nach ZIEFLE/HIMMEL/HOLZINGER 2012).

5. Fazit

Insgesamt lässt sich schlussfolgern, dass Technologien für Ältere ein enormes Potenzial haben. Ältere Menschen sind grundsätzlich gegenüber Technologien in unterschiedlichen Nutzungskontexten positiv eingestellt und äußern eine hohe Nutzungsbereitschaft. Allerdings ist diese Benutzergruppe äußerst bedacht auf Technologien, die sie selbst als nützlich und hilfreich einschätzen. Ältere sind sehr empfindlich gegenüber Stigmatisierung. So lehnen Ältere Technologien ab, denen sie unterstellen, dass sie sie als alt, hilfsbedürftig und abhängig kennzeichnen. Hier weicht offensichtlich das Altersbild im Selbst- und Fremdurteil voneinander ab.

Daraus ergibt sich, dass Technologien für Ältere zwingend mit der Zielgruppe abgestimmt werden und diejenigen, für die die Technik entwickelt werden soll, nicht nur in ihren Bedürfnissen und Wünschen an eine nutzbare Technik berücksichtigt, sondern auch in die Phasen der Entwicklung technischer Produkte eingebunden sind. Nur wenn Technikkonzeptionen und Interfacedesigns mit den Fähigkeiten, Bedürfnissen und Bedarfen der Nutzer abgeglichen werden, sind die für nachhaltige Akzeptanz und selbstverständliche Nutzung der Technologie notwendigen Bedingungen erfüllt. Damit wird die Zielgruppe der Älteren zu einem wertvollen Instrument für die Gewinnung zielgruppenspezifischer Information und Marktfähigkeit von Technologien. Was Ältere im Umgang mit Technik bewegt, was sie sich von Technik wünschen oder von ihr benötigen, hängt nicht nur vom physiologisch bedingten Alterungsprozess ab, sondern von einem in starkem Ausmaß durch Kultur, soziale Strukturen und dem dort vorherrschenden Technikbild geprägten Technikverständnis, das es in Kombination mit individuellen Nutzerprofilen zu entdecken, zu verstehen und wertzuschätzen gilt.

Literatur

Argarwal, R./Prasad, J., 1999. Are differences Germane to the acceptance of new Information technologies? In: *Decision Sciences* 30, 361–391.

Arning, K./Ziefle, M., 2007a. Understanding age differences in PDA acceptance and performance. In: *Computers in Human Behavior* 23, 2904–2927.

Arning, K./Ziefle, M., 2007b. Barriers of information access in small screen device applications. In: Stephanidis, C./Pieper, M. (eds.), 2007. *User Interfaces For All: Universal Access in Ambient Intelligence Environments. LNCS 4397.* Berlin [u. a.]: Springer, 117–136.

Arning, K./Ziefle, M., 2008. Development and validation of a computer expertise questionnaire for older adults. In: *Behaviour and Information Technology* 27, 89–93.

Arning, K./Ziefle, M., 2009a. Effects of cognitive and personal factors on PDA menu navigation performance. In: *Behavior and Information Technology* 28, 3, 251–269.

Arning, K./Ziefle, M., 2009b. Different Perspectives on Technology Acceptance: The Role of Technology Type and Age. In: Holzinger, A./Miesenberger, K. (eds.), 2009, 20–41.

Arning, K./Ziefle, M., 2010. Ask and you will receive: Training older adults to use a PDA in an active learning environment. In: *International Journal of Mobile Human-Computer Interaction* 2, 21–47.

Baltes, P.B./Baltes, M.M. 1993. *Successful aging: Perspectives from the behavioral sciences.* New York: Cambridge University Press.

Baltes, P.B./Lindenberger, U./Staudinger, U., 1999. Life-span theory in developmental psychology. In: Damon, W./Lerner, R.M. (eds.), 1999. *Handbook of child psychology: Vol 1. Theoretical models of human development.* Hoboken, NJ: Wiley, 1029–1143.

Baltes, P.B./Mittelstrass, J./Staudinger, U., 1994. *Alter und Altern: ein interdisziplinärer Studientext zur Gerontologie.* Berlin [u. a.]: de Gruyter.

Becker, H.A., 1989. Theoretisch kader voor analyses van levenslopen en generaties. In: Becker, H.A./Hermkens, P.L.J. (eds.), 1998. *Oude naast nieuwe generaties.*

Utrecht: Vakgroep Planning, Organisatie en Beleid, Faculteit Sociale Wetenschappen, Rijksuniversiteit Utrecht, 63–98.

BURKARDT, J., 2000. Limitations of Mass Transportation and Individual Vehicle Systems for Older Persons. In: SCHAIE, K. W./PIETRUCHA, M. (eds.), 2000, 97–124.

CAIRD, J./EDWARDS, C./CREASER, J./HORREY, W., 2005. Older driver failures of attention at intersections: using change blindness methods to assess turn decision accuracy. In: *Human Factors* 47, 2, 2005, 235–249.

CHUA, S.L./DER-THANQ, C./WONG, A., 1999. Computer anxiety and its correlations: a Meta Analysis. In: *Computers in Human Behavior* 15, 609–623.

CRAIK, F./SALTHOUSE, T.A., 1992. *Handbook of Aging and Cognition*. Hillsdale, NJ: Lawrence Erlbaum.

CZAJA, S.J./LEE, C.C., 2007. Information technology and older adults. In: JACKO, J.A./ SEARS, A. (eds.), 2007. *The Human Computer-Interaction Handbook*. New York: Lawrence Erlbaum, 777–792.

CZAJA, S.J./SHARIT, J., 1998. Age Differences in Attitudes Toward Computers. In: *Journal of Gerontology* 5, 329–340.

DAVIS, F., 1993. User acceptance of information technology: system characteristics, user perceptions and behavioural impacts. In: *International Journal of Man-Machine Studies* 38, 475–487.

DETHLOFF, C., 2004. *Akzeptanz und Nicht-Akzeptanz von technischen Produktinnovationen*. Lengerich: Pabst.

DEUTSCHLE, S. 2005. Wer fährt? – Der Fahrer oder das System? In: *Nomos Blätter, Straßenverkehrsrecht (SVR)*.

ELLIS, D.R./ALLAIRE, J.C., 1999. Modeling computer interest in older adults: The role of age, education, computer knowledge and computer anxiety. In: *Human Factors* 41, 345–364.

FILIPP, S./SCHMID, K., 1998. Mittleres und höheres Erwachsenenalter. In: OERTER, R./ MONTADA, L. (Hg.), 1998. *Entwicklungspsychologie*. Weinheim: Beltz, 439–486.

FOZARD, J., 2000. Sensory and Cognitive Changes with Age. In: SCHAIE, K.W./PIETRUCHA, M. (eds.), 2000, 31–45.

FREUDENTHAL, D., 2001. Age differences in the performance of information retrieval tasks. In: *Behaviour and Information Technology* 20, 9–22.

GAUL, S./ZIEFLE, M., 2009. Smart home technologies: insights into generation-specific acceptance motives. In: HOLZINGER, A./MIESENBERGER, K. (eds.), 2009, 312–332.

HARRISON, A.W./RAINER, K.R., 1992. The influence of individual differences on skill in end-user computing. In: *Journal of Management Information Systems* 9, 93–111.

HOLZINGER, A./MIESENBERGER, K. (eds.), 2009. *Human – Computer Interaction for eInclusion, LNCS 5889*. Berlin [u. a.]: Springer.

JAKOBS, E.M./LEHNEN, K./ZIEFLE, M., 2008. *Alter und Technik. Eine Studie zur altersbezogenen Wahrnehmung und Gestaltung von Technik*. Aachen: Apprimus.

JAKOBS, E.-M./ZIEFLE, M., 2011. Mobilität für Ältere: Fahrerassistenzsysteme für ältere Fahrer. In: RUDINGER, G./KOCHERSCHEID, K. (Hg.), 2011. *Ältere Verkehrsteilnehmer – Gefährdet oder gefährlich? Defizite, Kompensationsmechanismen und Präventionsmöglichkeiten*. Göttingen: V & R unipress, 181–215.

ILMARINEN, J., 2005. *Towards a longer worklife: Ageing and the quality of worklife in the European Union*. Helsinki: Finnish Institute of Occupational Health.

KASUGAI, K./ZIEFLE, M./RÖCKER, C./RUSSELL, P., 2010. Creating Spatio-Temporal Contiguities Between Real and Virtual Rooms in an Assistive Living Environment. In: BONNER, J./ SMYTH, M./O'NEILL, S./MIVAL, O. (eds.), 2010. *Proceedings of Create 10 innovative interactions*. 30.06.–02.07.2010. Edinburgh: Elms Court, 62–67.

LAHLOU, S., 2008. Identity, social status, privacy and face-keeping in digital society. In: *Social Science Information* 47, 3, 299–330.

MARQUIE, J.C./JOURDAN-BODDAERT, L./HUET, N., 2001. Do older adults underestimate their actual computer knowledge? In: *Behaviour and Information Technology* 21, 4, 273–280.

MELENHORST, A.-S./ROGERS, W.A./BOUWHUIS, D.G., 2006. Older adults' motivated choice for technological innovation: Evidence for benefit-driven selectivity. In: *Psychology and Aging* 21, 1, 190–195.

MEYER, S./MOLLENKOPF, H. 2003. Home technology, smart homes, and the Aging user. *In:* SCHAIE, K.W./WAHL, H.-W./MOLLENKOPF, H./OSWALD, F. (eds.), 2003. *Aging Independently: Living Arrangements and Mobility*. Berlin [u. a.]: Springer, 148–161.

MYNATT, E.D./MELENHORST, A.-S./FISK, A.D./ROGERS, W.A., 2004. Aware technologies for aging in place: understanding user needs and attitudes. In: *Pervasive Computing IEEE* 20, 3, 36–41.

MYNATT, E.D./ROGERS, W.A., 2002. Developing technology to support the functional independence of older adults. In: *Ageing International* 27, 1, 24–41.

PARK, D.C., 1999. *Cognitive Aging*. Mahwah, NJ: Lawrence Erlbaum.

PÖTZSCH, O./SOMMER, B., 2003. *Bevölkerung Deutschlands bis 2050 – Ergebnisse der 10. Koordinierten Bevölkerungsvorausberechnung*. Wiesbaden: Pressestelle des Statistischen Bundesamts.

ROGERS, W./FISK, A., 2003. Technology Design, Usability and Aging. Human factors techniques and Considerations. In: CHARNES, N./SCHAIE, K.W. (eds.), 2003. *Impact of Technology on Successful Aging*. New York [u. a.]: Springer, 1–14.

RUDINGER, G./JANSEN, E., 2005. Technik, Neue Medien und Verkehr. In: FILIPP, S.-H./ STAUDINGER, U. (Hg.), 2005. *Entwicklungspsychologie des mittleren und höheren Erwachsenenalters*. Göttingen: Hogrefe (= Enzyklopädie der Psychologie, Themenbereich C Theorie und Forschung; Serie V, 6), 559–593.

SACKMANN, R./WEYMANN, A., 1994. *Die Technisierung des Alltags. Generationen und technische Innovationen*. Frankfurt a. M.: Campus.

SCHAIE, K. W./PIETRUCHA, M. (eds.), 2000. *Mobility and Transportation in the Elderly*. New York [u. a.]: Springer.

SELWYN, N./GORAD, S./FURLONG, J./MADDEN, L., 2003. Older adults' use of information and communications technology in everyday life. In: *Ageing and Society* 23, 5, 561–582.

STERNS, H.L./DOVERSPIKE, D., 1989. Aging and the training and learning process. In: GOLDSTEIN, I.L. (ed.), 1989. *Training and development in organizations*. San Francisco, CA: Jossey-Bass, 299–332.

STERNS, H.L./MIKLOS, S.M., 1995. The aging worker in a changing environment: Organizational and individual issues. In: *Journal of Vocational Behavior* 47, 248–268.

VENKATESH, V./DAVIS, F.D., 2000. A Theoretical Extension of the Technology Acceptance Model: Four Longitudinal Field Studies. In: *Management Science* 46, 186–204.

VENKATESH, V./MORRIS, M.G./DAVIS, G.B./DAVIS, F.D., 2003. User acceptance of information technology: Toward a unified view. In: *MIS Quarterly* 27, 3, 426–478.

WEYMANN, A./SACKMANN, R., 1998. Technikgenerationen. In: FAULSTICH-WIELAND, H./ NUISSL, E./SIEBERT, H./WEINBERG, J. (Hg.), 1998. *Literatur- und Forschungsbericht*

Weiterbildung, Nr. 42. Frankfurt a. M.: Deutsches Institut für Erwachsenenbildung, 23–35.

WILKOWSKA, W./GAUL, S./ZIEFLE, M., 2010. A Small but Significant Difference – the Role of Gender on the Acceptance of Medical Assistive Technologies. In: LEITNER, G./HITZ, M./ HOLZINGER, A. (eds.), 2010. *HCI in Work & Learning, Life & Leisure, LNCS 6389*. Berlin [u. a.]: Springer, 82–100.

WILKOWSKA, W./ZIEFLE, M., 2009. Which factors form older adults' acceptance of mobile information and communication technologies? In: HOLZINGER, A./ MIESENBERGER, K. (eds.), 2009, 81–101.

WILKOWSKA, W./ZIEFLE, M., 2011. User diversity as a challenge for the integration of medical technology into future home environments. In: ZIEFLE, M./RÖCKER, C. (eds.), 2011. *Human-Centred Design of eHealth Technologies. Concepts, Methods and Applications*. Hershey, P.A., USA: IGI Global, 95–126.

WILKOWSKA, W./ZIEFLE, M., 2012. Privacy and Data Security in E-health: Requirements from Users' Perspective. In: *Health Informatics Journal* 18, 3, 191–201.

WINKLER, R./ZIEFLE, M./KRAUS, T., 2010. Altersbedingte Unterschiede bei der Handhabung komplexer Fahrinformationssysteme. In: *Tagungsband der 50. Jahrestagung der Deutschen Gesellschaft für Arbeits- und Umweltmedizin*. Juni 2010, Dortmund.

WIRTZ, S./JAKOBS, E.-M./BEUL, S., 2010. Passenger Information Systems in Media Networks – Patterns, Preferences, Prototypes. In: *Proceedings of the IPCC 2010*. July 2010, University of Twente (NL), IEEE international, 131–137.

WIRTZ, S./JAKOBS, E.-M./ZIEFLE, M. 2009. Age-specific issues of software interfaces. In: *9th International Conference on Work With Computer Systems, WWCS 2009*. Beijing, China.

WIRTZ, S./ZIEFLE, M./JAKOBS, E.-M. 2009. Autopilot versus hearing aid – domain- and technology type-specific parameters of older people's technology acceptance. In: *9th International Conference on Work With Computer Systems, WWCS 2009*. Beijing, China, 9 Seiten (keine Nummerierung).

ZAJICEK, M./HALL, S., 2000. Solutions for elderly visually impaired people using the Internet. People and Computers XIV – Usability or Else? In: *Proceedings of HCI 2000*. July 2000. New York, USA, 299–307.

ZIEFLE, M., 2002. The influence of user expertise and phone complexity on performance, ease of use and learnability of different mobile phones. In: *Behaviour and Information Technology* 21, 5, 303–311.

ZIEFLE, M., 2010a: Modelling mobile devices for the elderly. In: KHALID, H./HEDGE, A./AHRAM, T.Z. (eds.), 2010. *Advances in Ergonomics Modeling and Usability Evaluation*. Boca Raton: CRC Press, 280–290.

ZIEFLE, M., 2010b. Information presentation in small screen devices: The trade-off between visual density and menu foresight. In: *Applied Ergonomics* 41, 6, 719–730.

ZIEFLE, M./BAY, S., 2005. How older adults meet cognitive complexity: Aging effects on the usability of different cellular phones. In: *Behaviour and Information Technology* 24, 5, 375–389.

ZIEFLE, M./BAY, S., 2006. How to overcome disorientation in mobile phone menus: A comparison of two different types of navigation aids. In: *Human Computer Interaction* 21, 4, 393–432.

ZIEFLE, M./BAY, S., 2008. Transgenerational Designs in Mobile Technology. In: LUMSDEN, J. (ed.), 2008. *Handbook of Research on User Interface Design and Evaluation for Mobile Technology*. Hershey, PA, USA: IGI Global, 122–140.

ZIEFLE, M./HIMMEL, S./HOLZINGER, A., 2012. How usage context shapes evaluation and adoption in different technologies. 2nd International Conference on Human Factors and Ergonomics in Healthcare. In: REBELO, F./SOARES, F. (eds.), 2012. *Advances in Usability Evaluation Part II*. Boca Raton: CRC Press, 2812–2821.

ZIEFLE, M./HIMMEL, S./WILKOWSKA, W., 2011. When your living space knows what you do: Acceptance of medical home monitoring by different technologies. In: HOLZINGER, A./SIMONIC, K.-M., (eds.), 2011. *Human-Computer Interaction: Information Quality in eHealth. LNCS 7058*. Berlin [u. a.]: Springer, 607–624.

ZIEFLE, M./JAKOBS, E.-M., 2010. New Challenges in Human Computer Interaction: Strategic Directions and Interdisciplinary Trends. In: *Proceedings of the 4th International Conference on Competitive Manufacturing Technologies*. January 2010, University of Stellenbosch, South Africa, 389–398.

ZIEFLE, M./PAPPACHAN, P./JAKOBS, E.-M./WALLENTOWITZ, H., 2008. Visual and auditory interfaces of in-vehicle-technologies for older adults. In: MIESENBERGER, K./KLAUS, J./ZAGLER, W./KARSHMER, A. (eds.), 2008. *10th International Conference on Computers Helping People with Special Needs. LNCS 5105*. Berlin [u. a.]: Springer, 62–69.

ZIEFLE, M./RÖCKER, C./HOLZINGER, A., 2011. Medical Technology in Smart Homes: Exploring the User's Perspective on Privacy, Intimacy and Trust. In: *35th Annual IEEE Computer Software and Applications Conference*. 18.–22.07.2011, München, 410–415. http://www.humtec.rwth-aachen.de/files/ziefle_et_al_06032273.pdf (Zugriff am 15.05.2012)

ZIMMER, Z./CHAPPELL, N., 1999. Receptivity to new technology among older adults. In: *Disability and Rehabilitation* 21, 5, 6, 222–230.

Eva-Maria Jakobs

Kommunikative Usability

Communicative usability

This paper deals with new information and communication media and the question, how they can be evaluated. The main focus lies on a closer examination of the communicative parts of electronic artefacts and the way they support users to achieve super- and subordinate aims. Superordinate aims motivate the users to use the artefact. Subordinate aims are seen as a prerequisite for accomplishing superordinate aims. Based on the discussion of concepts like text comprehensibility, document design and cognitive oriented usability, the paper introduces the concept of communicative usability. Communicative usability represents a linguistic dimension of usability. The concept encompasses three components of electronic artefacts (e. g. websites, apps, tools): the communicative quality of the human computer interface, the quality of user support tools (e. g. training, manual, tutorials), the quality of the representation of content, and their interplay. In fact, written and spoken language can be seen as the most important communication modalities that enable users to interact with computer-based artefacts.

1. Einleitung

Eines der wesentlichsten Merkmale von Kommunikation im 20. und 21. Jahrhundert ist ihre permanente, sich immer schneller vollziehende „Elektronisierung". Sie eröffnet im Zuge technischer Innovationen neue bzw. veränderte Wege der Kommunikation. Die Aneignung von Computer und Internet verändern Muster und Praktiken des sprachlichen Umgangs wie auch des Interagierens mit der Umwelt; neben den elektronisch gestützten Austausch zwischen Menschen tritt zunehmend der Austausch zwischen Mensch und Maschine. Der kommunikative Haushalt verändert sich zugleich hoch dynamisch. Was gestern noch neu und innovativ schien (Chat, E-Mail, webbasierte Portale, Second Life, Tweet), ist heute mehr oder weniger 'alltäglich'. Daneben treten in fast monatlichem Wechsel neue Technologien und damit verbundene Möglichkeiten der Kommunikation und Interaktion mit anderen und der Umwelt (man denke etwa an das so genannte *Internet der Dinge* als weltweites Netz digital verbundener Objekte, Prozesse und Umgebungen sowie ihrer Schnittstellen zu Menschen).

Mit der 'Veralltäglichung' und Allgegenwärtigkeit elektronischer Kommunikations- und Interaktionsformen wird die Zugänglichkeit derartiger Angebote zu einem entscheidenden, differenzierenden Moment. Im „age of access" entscheidet der Zugang zu den sich eröffnenden Möglichkeiten in hohem Maße über die Partizipation an einer sich verändernden Welt (Stichwort: digitaler Graben). Ein zweiter Effekt der Veralltäglichung elektronischer Kommunikations- und Interaktionsformen betrifft die Forderung nach Qualität. Der Nutzer möchte nicht mehr Zugang zu allen möglichen Daten, sondern nur zu den Informationen, die er gerade benötigt (gefilterte und zu Informationen 'veredelte' Daten); er will sorgfältig gestaltete Websites mit vertrauenswürdigen Inhalten und präferiert Technikdialoge, die ohne viel Nachdenken verständlich sind, weil sie klar und verständlich formuliert Brücken zwischen der Welt des Nutzers und der des technischen Entwicklers bauen. Der Nutzer will sich nicht quälen, sondern seinen Interessen und Aufgaben nachkommen und dabei Spaß haben. Pragmatik allein reicht nicht aus, die Angebote sollen ästhetisch, anregend und lustvoll nutzbar sein.

Der vorliegende Beitrag greift den qualitätsbezogenen Aspekt auf, indem er Sichten textlinguistischer Ansätze mit denen anderer Disziplinen verbindet, hier der Verständlichkeit-, der Document Design- und der klassischen Usability-Forschung. Bezogen auf alltägliche wie auch auf neuere elektronische Kommunikations- und Interaktionsangebote (Abschnitt 2) wird diskutiert, wie sie dem Anspruch gerecht werden, dem Nutzer zu 'dienen', d. h. ihn bei der Erreichung dessen, was ihn zur Nutzung motiviert, zu unterstützen (Abschnitt 3) und ob es dazu ausreicht, sich im Falle elektronischer Kommunikations- und Interaktionsangebote auf den textuellen Anteil im Sinne von „ContentGestaltung" zu beschränken.

Der im Beitrag vorgestellte Ansatz „kommunikativer Usability" (Abschnitt 4) fokussiert Sprache als ein, wenn nicht das wichtigste Mittel zur Darstellung von Inhalten wie auch der Kommunikation und Interaktion zwischen Mensch und Computer. Er wird hier genutzt für die Bewertung elektronischer Kommunikate, Programme und Produkte (Maschinen, Services). Kommunikative Usability wird definiert als Qualität der sprachlich-kommunikativen Gestaltung von Inhalten (etwa einer Website oder eines App) wie auch der so genannten Benutzerschnittstelle und ergänzender Teile (Hilfen, eTutorials etc.). Content, Interface und Hilfen werden für sich wie auch in ihrem Zusammenspiel gesehen und bewertet. Der Beitrag geht davon aus, dass Phänomene wie Nutzungsziele, Bewertungen und Anforderungen an elektronische Artefakte von übergeordneten Handlungszusammenhängen und -interessen beeinflusst werden, die der Nutzung zugrunde liegen.

2. Mediennutzung zwischen Alltag und Innovation

Betrachtet man quantitative Angaben zur Internetnutzung, etwa zu Nutzungshandlungen (produzierte E-Mails, Websites, Blogkommentare, Internetzugriffe gemessen in Millionen pro Tag), zu Nutzern (ihr statistischer Anteil an der Gesamtbevölkerung, an Geschlechts-, Alters- und Bildungsgruppen) oder zum Verkauf internetfähiger Geräte (PC, Small Screen-Devices etc.), so drängt sich die Einsicht auf, dass Formen der Kommunikation und Interaktion im Internet (weltweit zunehmend) einen 'natürlichen' Bestandteil der kommunikativen Haushalte von Gesellschaften repräsentieren. Sie gehören offenbar zum Alltag – privat, beruflich und im öffentlichen Leben.

Die These der 'Veralltäglichung' internetgestützter Kommunikations- und Interaktionsangebote impliziert, dass die meisten Bürger sie häufig und aktiv (rezeptiv und produktiv) nutzen. Der Aspekt der Häufigkeit relativiert sich bezogen auf statistische Erhebungen wie die des (N)ONLINER-Atlas (PETERHANS/SAGL 2011), der Personen bereits bei einmaliger Internet-Nutzung (pro Jahr) als Onliner einstuft. Ähnliches gilt für den Aspekt aktiver Nutzung und damit der Partizipation an den Möglichkeiten des Internets. MEHLER und SUTTER (2008) untersuchen am Beispiel von Wikis verschiedener Kommunikationsbereiche (Freizeit-, Regional-/Stadt-, Wissens-, Wissenschafts-, Technikkommunikation), in welchem Maße Nutzer Interaktivität als medienspezifisches Potenzial ausschöpfen. Ihre Ergebnisse deuten auf deutliche Asymmetrien des Nutzerverhaltens. So scheinen

> „Kollaborationsbeziehungen [...] in Wikis einem Zipf'schen Verteilungsgesetz zu folgen [...]. In der Tendenz schreiben [...] sehr wenige Agenten dieser Wiki-Gemeinschaften an sehr vielen Dokumenten und interagieren dabei mit vielen anderen Agenten, die ihrerseits jedoch tendenziell eher isoliert agieren und nur an einer geringen Zahl von Dokumenten arbeiten." (MEHLER/SUTTER 2008: 291)

Es zeigt sich weiter, dass die 'Veralltäglichung' internetbasierter Kommunikation und Interaktion nur für einen Teil der Nutzungsangebote gilt, etwa für die oben genannten Kommunikationsformen oder Social Networking-Plattformen wie Facebook. Die 'Elektronisierung' moderner Gesellschaften geht jedoch weit darüber hinaus, wobei der Grad ihrer Reflexion deutlich geringer ausfällt als das Ausmaß ihrer Veränderung. Neue Technologien integrieren Kommunikations- und Interaktionsmittel in ungewohnte Artefakte wie Gebäude, Möbel oder Kleidung; Arbeit verändert sich durch Augmented Reality-Anwendungen, Ubiquius Computing und Cyber-Physical Systems. Cyber-Physical Systems sind in Umgebungen

(Geräte, Verkehrswege, Produktionsprozesse) eingebettete Systeme, die mit Sensoren und Aktuatoren physikalische Daten erfassen, digital weltweit verfügbare Daten und Dienste nutzen und über multimodale Mensch-Maschine-Schnittstellen verfügen.

In der Tendenz werden Kommunikations- und Interaktionstechnologien nicht nur zunehmend abstrakter und unsichtbarer, sie werden auch komplexer und autonomer. Zu ihrem Nutzungsgrad liegen eher wenige Angaben vor (etwa bezogen auf die Gesamtbevölkerung eines Landes oder einzelne Gruppen). Ihre Verbreitung und Akzeptanz hängt wie bei anderen Technologien nicht zuletzt von der Qualität ihrer Gestaltung ab (Ziefle/Jakobs 2010).

3. Schönheit, Brauchbarkeit und andere Kriterien

3.1 Qualität als Bewertungszuschreibung

Wenn man sich mit Fragen der Qualitätsbewertung elektronischer Kommunikations- und Interaktionsangebote befasst, stellt sich zwangsläufig die Frage, aus welcher Perspektive bewertet wird. (Sprachbezogene) Bewertungstheorien wie etwa die von Ripfel (1987) und Sandig (z. B. 2003) konzeptualisieren Bewerten als HANDLUNG, bei der eine Person (Bewertungssubjekt; BS) einen bestimmten Gegenstand (Bewertungsgegenstand; BG) zu einem bestimmten Zweck (Bewertungszweck; BZ) und Zeitpunkt (t) bewertet,

> „indem BS BG im Hinblick auf bestimmte durch eine Vergleichsbasis (V) vorgegebene Bewertungsaspekte (BA) anhand zugeordneter Einordnungsskalen (ES) einordnet und die Einordnungsergebnisse (EE) relativ zu in V vorgegebenen Sollergebnissen (SE) verbunden mit einer Gewichtung (G) auszeichnet.“ (Ripfel 1987: 155)

Oder anders formuliert: Bewerten ist eine gezielte, zeitlich gebundene Handlung. Ziel und Vergleichsgrößen beeinflussen, welche Eigenschaften des Bewertungsgegenstandes als relevant betrachtet und demzufolge in die Bewertung einbezogen werden. Die Bewertung kann sich an einem vorgegebenen Prototypen orientieren im Sinne des besten bzw. des prominentesten Vertreters seiner Klasse (z. B. Vergleich neuer Social-Networking-Anwendungen mit Facebook). Die Bewertung kann sich an inhaltlich-funktional vergleichbaren Mustervorstellungen einer anderen Materialität orientieren (z. B. Vergleich von Wiki- und Print-Manual). Die Bewertung kann relational oder rankend erfolgen (z. B. Ranking aller online verfügbaren Wiki-Manuals) etc. Die Vorgehensweise beeinflusst, welche Skalen und Sollwerte zur Bewertung herangezogen werden (etwa Einordnung einer Eigenschaft wie „Strukturiertheit" auf einer Skala mit den Polen „stark" und „schwach ausgeprägt", Sollwert: „eher stark ausgeprägt"). Maßgeblich ist auch die Art und Weise der Festlegung von Bewertungsmaßstäben (Skalen und Sollwerten), etwa durch theoriebasierte Setzung, Ableitung von Bekanntem, basierend auf empirischer Forschung oder durch Kombination deduktiver und induktiver Vorgehensweisen (vgl. JAKOBS 2005).

In der Literatur wird die Qualität der Gestaltung elektronischer Kommunikations- und Interaktionsangebote disziplinenabhängig aus verschiedenen, sich weitgehend vernachlässigenden Perspektiven diskutiert. Eher linguistisch orientierte Ansätze fokussieren textuell dargestellte Inhalte unter dem Aspekt der Verständlichkeit ihrer Darstellung; eher psychologisch, arbeitswissenschaftlich oder ingenieurtechnisch orientierte Richtungen fokussieren den Teilaspekt der Interaktion von Mensch und Computer(programm) unter dem Aspekt der Brauchbarkeit oder Usability der Benutzeroberflächengestaltung. Eher wenige Ansätze versuchen, beide Aspekte zu verbinden bzw. Brücken zwischen ihnen zu bauen (u. a. SHRIVER 1989; WAGNER 2002; BUCHER 2005; JAKOBS 2005, 2010). Indirekte Versuche, verschiedene Aspekte und Sichten auf den Gegenstand zu verbinden, bilden Heuristiken, die Bewertungskriterien beider Perspektiven abfragen (z. B. Interaction und Information Design, CHISNELL/REDISH/LEE 2006). Zunehmend gilt das Forschungsinteresse alternativen Modalitäten, etwa Gesten und Gebärden, ersteren als Mittel der Interface-Gestaltung, letzteren als eine von vielen Möglichkeiten der sprachlichen Gestaltung von Content für Nutzer mit Einschränkungen (Gehörlose). Insgesamt geht der Trend zu Multimodalität, wobei eine der wesentlichen Herausforderungen der Zukunft darin besteht zu klären, welche Modalität sich am besten für welche Nutzergruppen, Aufgaben und Kontexte eignet (ZIEFLE/JAKOBS 2010). Auch der Gegenstand spielt eine Rolle, so etwa im Falle von Dokumentationen und Hilfen für Softwareprogramme oder Maschinen. Bestimmte Inhalte bedürfen der verbalen Beschreibung, andere wiederum der Kombination von verbaler Beschreibung und Visualisierung (etwa von Zielzuständen des dokumentierten Systems), der Darstellung als Videosequenz oder als auditive Zusatzinformation, die Gleichzeitigkeit von Nutzungsversuch (ein Programm bedienen) und Instruktion ermöglicht.

3.2 Die linguistische Perspektive: Verständliche Inhalte

3.2.1 Das Kriterium der Verständlichkeit

Zu elektronischen Kommunikations- und Interaktionsformen liegt inzwischen eine umfangreiche Forschung vor. Sie konzentriert sich disziplinär auf elektronisch gestützte Kommunikationsformen, etwa unter dem Aspekt ihrer Analyse und Beschreibung. Ansätze, die sich mit ihrer Bewertung befassen, sind eher selten (Jakobs 2006, 2010). Zum Teil wird versucht, auf Ansätze der Textverständlichkeit zurückzugreifen und sie auf elektronische Kommunikate[1] zu übertragen (u. a. Antos/Hasler/Perrin 2011). Verständlichkeitsorientierte Ansätze richten sich in der Regel auf die Bewertung der Gestaltungsqualität von Inhalten (z. B. Inhalte einzelner Seiten einer bestimmten Website) und ausgewählte Eigenschaften, wie die Lesbarkeit von Websites (etwa ob und wie sprachliche Mittel Überblicke oder scannendes Lesen unterstützen), kognitive Erschließ- und Nachvollziehbarkeit, Strukturiertheit, Kohärenz, sprachlich-stilistische Eigenschaften und visuelle Anteile. Andere Foki betreffen die Qualität der Darstellung von Links, etwa unter dem Aspekt ihrer Benennung und Markierung sowie ihrer sinn- und kohärenzstiftenden Wirkung.

Rahmenbedingungen der Rezeption spielen eine untergeordnete Rolle. Gleiches gilt für das Zusammenspiel von Content und einbettendem Interface (siehe aber Bucher 2001, 2005). Eher selten werden sprachliche Bestandteile der Benutzeroberfläche von Kommunikaten und Programmen (z. B. Apps) sowie Ansprüche an ihre Gestaltung (Menügestaltung, Funktionsbenennungen, Instruktionen, Feedback- und Fehlermeldungen) thematisiert (vgl. aber Jakobs/Villiger 1999; Wagner 2002; Wirtz/Jakobs/Beul 2010). Ein ebenfalls wenig untersuchter Aspekt ist die Verständlichkeit ergänzender Bestandteile, etwa multimodaler Hilfetexte oder eTutorials (vgl. etwa Jakobs/Villiger 1999; Jansen/Maes 1999; Digmayer/Jakobs in diesem Band), der vorwiegend Gegenstand der Forschung zu technischer Kommunikation ist.

In den meisten Fällen (wenn nicht immer) ist Verständlichkeit ein komplexes Bewertungskriterium, das sich aus dem Zusammenspiel vieler, unterschiedlich schwer wiegender bzw. wichtiger Eigenschaften ergibt (die Bewertung der Verständlichkeit eines Links auf einer Website muss Eigenschaften berücksichtigen wie Positionierung, visuelle Eigenschaften, Linkbenennung, Verhältnis von Linkbenennung und Zielseite etc.). Angesichts der Fülle von Anlässen, die Menschen veranlassen, elektronische Kommunikations- und Interaktionsmittel zu nutzen, ist Verständlichkeit ein wichtiges, jedoch nicht hinreichendes Bewertungskriterium. Dies zeigt sich insbesondere bei der Analyse übergeordneter Handlungszusammenhänge, die die Mediennutzung motivieren und rahmen und dabei Bewertungsmaßstäbe 'spenden'.

1 Der Ausdruck *Kommunikat* steht für konkrete Realisierungen bzw. Vorkommen musterhaft gestalteter Kommunikationsmittel (Website-, Tweet-, Blog-, App-Muster).

3.2.2 Anwendbarkeit bezogen auf Leseaufgaben und Leserfragen

In der Regel führen übergeordnete Interessen, Aufgaben und Handlungszusammenhänge dazu, dass Menschen sich dafür entscheiden, elektronische Kommunikations- und Interaktionsangebote zu nutzen. Die meisten Bürger lesen z. B. Steuerbescheide (gedruckt wie online), um zu erfahren, ob sie Steuern nachzahlen müssen oder ob sie Aufwendungen rückerstattet bekommen. Ihr übergeordnetes Interesse richtet sich auf Geldgewinn oder -verlust und damit verbundene Handlungen (Geld erhalten oder zahlen). Vor diesem Hintergrund wünschen sie sich Steuerbescheide, die die Grundaussage möglichst prägnant, eindeutig und schnell erkennbar präsentieren und daraus erwachsende rollengebundene Anschlusshandlungen (Zahlungsaufforderung mit Angabe eines Betrags vs. Ankündigung einer Steuerrückerstattung mit Angabe eines Betrags) nachvollziehbar kommunizieren. Übergeordnete Interessen können auch primär hedonischer Art sein, z. B. der Wunsch sich zu entspannen und zu genießen, oder affektiver Art (z. B. Veränderung von Partnerdispositionen durch Drohbriefe, emotionale Entlastung durch Liebesbriefe).

Für die Modellierung „über-" und „untergeordneter" Handlungszusammenhänge bietet der Ansatz von SAUER (1995) interessante Anknüpfungspunkte. SAUER (1995) diskutiert, wie (Bildschirm-)Texte gestaltet sein müssen, um den Interessen ihres Zielpublikums gerecht zu werden. Für die Analyse dieser Interessen und resultierender Ansprüche führt er den Begriff der *Leseaufgabe* ein (vgl. auch PANDER MAAT 1990). Leseaufgaben im engeren Sinne richten sich darauf, einen Text zu lesen und kognitiv zu verarbeiten. Die Motivation dazu ergibt sich i. d. R. aus übergeordneten Interessen und aus Handlungen, die er als *sekundäre Leseaufgabe* bzw. *Anschlusshandlung* bezeichnet. Beispiel: Eine Person will ein bestimmtes Produkt (z. B. eine Küchenmaschine, eine Versicherung) auf der Basis einer wohl überlegten Kaufentscheidung erwerben. Sie entscheidet sich, im Internet Verbraucher-Portale aufzusuchen und dort Einträge zu einem bestimmten Produkt zu konsultieren, um sich über dessen Vor- und Nachteile zu informieren, um es angemessen einschätzen zu können. In der Regel sind sekundäre Anschlusshandlungen Mittel übergeordneter Interessen und Handlungen (tertiärer Anschlusshandlungen). In unserem Beispiel informiert sich die Person, um eine Kaufentscheidung zu treffen, um in der Folge einen Kauf tätigen zu können.

Wesentlich für unseren Gegenstand ist die „Um-zu-Relation": Der Nutzer nutzt etwas, um X-en zu können. Das „X" entscheidet maßgeblich über die Kriterien, an denen die Qualität des jeweiligen elektronischen Kommunikations- oder Interaktionsangebots zu messen ist. Aufgaben wie „Lesen, um eine mentale Repräsentation (des Gelesenen bzw. Wahrgenommenen) aufzubauen" bedingen z. B., dass das zu Lesende „wahrnehmbar" und „lesbar" ist (etwa durch seine

Platzierung und seine typographische Gestaltung), die Aufgabe der mentalen Verarbeitung setzt voraus, dass das Gelesene einen Sinn ergibt und kohärent ist. Die Verarbeitung kann unterstützt werden durch Strukturierungs-, Formulierungs- und Visualisierungsentscheidungen, die Art der Verlinkung u. a. In diesem Zusammenhang geht es um Texteigenschaften wie Verständlichkeit. Mit Blick auf die Vielfalt intendierter Anschlusshandlungen ist Verständlichkeit häufig ein wichtiges, nicht jedoch ein hinreichendes Kriterium.

Bezogen auf sekundäre Anschlusshandlungen interessiert die Brauchbarkeit des Lektüreergebnisses für übergeordnete Ziele („informiert sein", „ein Produkt bezogen auf seine Vor- und Nachteile einschätzen können", „eine Kaufentscheidung treffen"). Damit rücken andere bewertungsrelevante Eigenschaften in den Fokus, etwa, ob das Angebot Aussagen zum gewünschten Thema enthält und wie prominent diese hervorgehoben sind. Bezogen auf tertiäre Anschlusshandlungen interessiert die Anwendbarkeit des Rezeptionsergebnisses, etwa: Reichen die ermittelten Angaben aus, um eine Kaufentscheidung zu treffen; sind sie seriös genug, um darauf eine Entscheidung zu gründen – der Vertrauensaspekt hat zentrale Bedeutung für die Internetnutzung und ist als solcher stark umstritten (etwa bezogen auf den Umgang mit Daten in Social Networking Sites, eCommerce, Cyber-Kriminalität u. a.).

Die oben beschriebenen Schichten sind beschreibbar als Hierarchien unterschiedlich wichtiger Ziele und Leseaufgaben wie auch Anforderungen und Fragen des Lesers bzw. Nutzers an den Text, auf die er eine Antwort wünscht. Sie bestimmen – so die Annahme – maßgeblich die Nutzung von Dokumenten, Websites, Apps und Tools wie auch Bewertungsperspektiven. Brauchbarkeit oder Usability bemisst sich am Grad der Passung von Lese- bzw. Nutzeraufgaben (bzw. Leseranforderungen und -fragen) und Gestaltungsmerkmalen des Kommunikations- bzw. Interaktionsangebots.

Ob ein Leser oder Nutzer ein Kommunikations- oder Interaktionsangebot nutzt, hängt nicht zuletzt von seiner Bereitschaft ab, es als solches wahrzunehmen. Die Nutzung wird häufig durch den ersten Eindruck bestimmt, der sich beim flüchtigen Wahrnehmen und Überfliegen ergibt. Bewertungsrelevant sind damit Gestaltungseigenschaften, wie Interesse wecken und zum Weiterlesen motivieren – zwei Aspekte, die insbesondere in psychologisch fundierten Textverständlichkeitsansätzen eine Rolle spielen (vgl. Ballstaedt 1997). Ob Lesen und Verstehen zu (nicht-)sprachlichen Anschlusshandlungen führt oder nicht, hängt wiederum davon ab, ob der Leser bzw. Nutzer des Angebots dem Mitgeteilten glaubt und es akzeptiert.

Fazit: Der Ansatz von Leseaufgaben und Leserfragen als Teil übergeordneter Handlungsinteressen und -aufgaben ist auf elektronische Kommunikations- und Interaktionsformen genauso anwendbar (z. B. Webportale) wie auf Softwareprogramme (einen App-Eintrag konsultieren, um eine Fahrkarte zu kaufen), Benutzeroberflächen (ein Menü konsultieren, um einen Vorgang auszulösen) und Hilfen (ein eTutorial konsultieren, um ein Programm zu installieren).

3.2.3 Genrebasierte Bewertungsansätze

Ein anderer kompatibler Ansatz der Bewertung sprachlicher Anteile elektronischer Kommunikations- und Interaktionsangebote ergibt sich mit einem genrebasierten Ansatz, der ausführlich an anderer Stelle beschrieben wurde (Jakobs 2005, 2010). Er konzeptualisiert elektronische Kommunikations- und Interaktionsangebote als Instantiierung kommunikativer Muster, z. B. Websitemuster. Die Bewertung stützt sich hier auf die Rekonstruktion des Musters und von Soll-Werten für Mustereigenschaften. Ausgehend von der Konzeptualisierung kommunikativer Muster als Mittel der (kommunikativen) Lösung von Problemen sind zwei verschiedene Eigenschaftskomplexe zu erfassen: die nicht-sprachlichen Rahmenbedingungen, unter denen das Problem gelöst werden soll, sowie Eigenschaften des Handlungsmittels (Mittel der Problemlösung).

Der erstgenannte Komplex umfasst Kategorien wie sozialer Sinn der Problemlösung (welches Problem kann mit dem Muster sozial vereinbart gelöst werden, welche sozialen Zwecke sind ihm zuzuordnen, welche Funktion hat das Muster, welche individuellen Ziele können damit verfolgt werden), Merkmale der Anwendungssituation (im weiteren Sinne: Charakteristika der Domäne, in der das Muster zur Anwendung kommt, inkl. zeitlicher und kultureller Ausprägungen; im engeren Sinne: konkrete räumliche, organisationsbezogene und andere Bedingungen von Anwendungssituationen), die zur Verfügung stehenden (technischen) Medien und (kommunikativen) Codes sowie die Handlungsbeteiligten (ihre Rollen und ihr Verhältnis zueinander). Je komplexer der Kontext, in dem das Artefakt genutzt wird, desto komplexer muss auch die Kontexterfassung sein. Der Umstand, dass elektronische Kommunikate nicht nur in reale, sondern auch in elektronische Umgebungen bzw. Kontexte (z. B. Browser, Intranet oder Programmlandschaften) eingebettet sind, erweitert den Gestaltungs-, Beschreibungs- und Evaluationsaufwand. Die Beschreibung (und Bewertung) des Handlungsmittels erfolgt auf verschiedenen Ebenen seiner Gestaltung (Themenstruktur, Strukturierungs-, Formulierungs- und Visualisierungsmuster, Handlungen, quantitative Restriktionen) bezogen auf Content-Elemente und interaktive Bestandteile.

Der Ansatz eignet sich für die Analyse und Bewertung elektronischer Kommunikate wie auch sprachlicher Bestandteile von Apps, Softwareprogrammen und Hilfen, die ihrerseits als Muster beschrieben und bewertet werden können. Die Schnittmenge von Content und Interface ergibt sich u. a. in der Kategorie „interaktive“ Elemente; eTutorials und Hilfen erzeugen einen spezifischen, ‘unterstützenden’ Kontext.

Teilweise zeigen die oben skizzierten Zugänge enge Bezüge zu zentralen Bestandteilen der kognitiv-ergonomischen Usability-Forschung. Sie ergeben sich mit der Fokussierung menschlichen Handelns, von Aufgaben und Kontexten und der Betonung der Leser- bzw. Nutzerperspektive.

3.3 Die kognitiv-ergonomische Perspektive: Brauchbare Benutzerschnittstellen

Das Interesse klassischer, kognitiv-ergonomischer Usability-Forschung verhält sich umgekehrt zu dem linguistischer Ansätze. Es richtet sich nicht auf den Content elektronischer Kommunikations- und Interaktionsangebote, sondern auf die Nutzung und Gestaltung der Mensch-Computer-Schnittstelle (vgl. Jakobs 2010). Damit werden Bewertungskriterien wie ergonomische Bedienbarkeit, Handlungsaufwand, Erlernbarkeit oder Fehlerfreiheit von Systemen relevant. Die Gebrauchstauglichkeit soll aus der Sicht des Benutzers bewertet werden und (quantitativ) „messbar sein“ (messbare Nutzungsqualität, „perceived quality“; Burmester/Hassenzahl/Koller 2002: 33).

Die klassische Usability-Welt orientiert sich an Normen. Interessant ist, dass die meisten der im diskutierten Zusammenhang einschlägigen Normen sprachliche Anteile und ihre Gestaltung thematisieren, Usability-Experten in der Regel jedoch wenig über Sprache, Sprachverwendung und Kommunikation wissen. Hinweise auf sprachliche Anteile finden sich u. a. in der „Basis“-Norm EN ISO 9241 (1998), Teil 11 „Anforderungen an die Gebrauchstauglichkeit – Leitsätze“, die generelle Kriterien für die Gestaltung interaktiver Produkte benennt. Sie definiert u. a. zentrale Analyseaspekte wie Ziele und Benutzungskontext (Benutzer, Arbeitsaufgaben, Arbeitsmittel, Umgebung). Die zugrundeliegenden Kontextmodelle sind deutlich gröber als linguistische.

Das zentrale Bewertungskriterium der Gebrauchstauglichkeit erfasst, in welchem Ausmaß bzw. Grad der Nutzer die Nutzung (das Erreichen von Zielen) als effektiv, effizient und zufriedenstellend erfährt. Während die Kriterien der Effizienz und Effektivität eher pragmatischer Natur und scheinbar klar definiert sind (Effektivität als Maß für die Genauigkeit und Vollständigkeit, mit der der Benutzer ein bestimmtes Ziel erreicht, Effizienz als Maß für den dazu benötigten Aufwand, messbar in Klicks oder Zeit), ist das dritte Maß eher affektiv und vager formuliert – „Zufriedenstellung“ erfasst die Freiheit von Beeinträchtigungen sowie „positive Einstellungen“ des Nutzers bei der Nutzung. Wie positive Ausprägungen der Maße erreicht werden können, wird – etwa bezogen auf die Mensch-Computer-

Interaktion – an anderer Stelle anhand von Leitsätzen und Beispielen erläutert. Dazu ein Beispiel aus DIN EN ISO 9241-110 ([2]2008: 11):

> „**4.5 Erwartungskonformität**
> Ein Dialog ist erwartungskonform, wenn er den aus dem Nutzungskontext heraus vorhersehbaren Benutzerbelangen sowie allgemein anerkannten Konventionen entspricht.
>
> ANMERKUNG 1 Allgemein anerkannten Konventionen zu entsprechen, ist lediglich ein Aspekt von Erwartungskonformität.
>
> ANMERKUNG 2 Konsistenz erhöht grundsätzlich die Vorhersehbarkeit eines Dialoges.
>
> 4.5.1 Das interaktive System sollte das Vokabular verwenden, das dem Benutzer bei der Ausführung der Arbeitsaufgabe vertraut ist oder von ihm auf Grund seiner Kenntnisse und Erfahrungen verwendet wird.
>
> ANMERKUNG Diese Empfehlung soll nicht verhindern, dass vorhandenes Vokabular verbessert wird, um es aufgabenangemessener zu machen.
>
> BEISPIEL 1 Eine Anwendung für die Abwicklung von Bankgeschäften nutzt bankenübliche Begriffe wie ‘Überweisung’ und ‘Girokonto’.
>
> BEISPIEL 2 Für internationale Benutzer einer Anwendung mit Kreditkartenzahlung werden die Eingabefelder zur Angabe des vollständigen Eigennamens eher bezeichnet mit ‘Nachname’ und ‘Vorname’ als mit ‘Name’ und ‘Rufname’.“

Ausführungen zu Mensch-Computer-Schnittstellen, die sich auf die Darstellung von Informationen beziehen, fokussieren „primäre“ Leseaufgaben wie Wahrnehmen, Lesen und kognitives Verarbeiten des Gelesenen. Übergeordnete Handlungsinteressen spielen kaum eine Rolle. Die Empfehlungen beziehen sich auf Bewertungskriterien wie:

> „**Klarheit** (der Informationsinhalt wird schnell und genau vermittelt);
>
> **Unterscheidbarkeit** (die angezeigte Information kann genau unterschieden werden);
>
> **Kompaktheit** (den Benutzern wird nur jene Information gegeben, die für das Erledigen der Aufgabe notwendig ist);
>
> **Konsistenz** (gleiche Information wird innerhalb der Anwendung entsprechend den Erwartungen des Benutzers auf gleiche Art dargestellt);
>
> **Erkennbarkeit** (die Aufmerksamkeit des Benutzers wird zur benötigten Information gelenkt);
>
> **Lesbarkeit** (die Information ist leicht zu lesen);
>
> **Klarheit** (der Informationsinhalt wird schnell und genau vermittelt);
>
> **Verständlichkeit** (die Bedeutung ist leicht verständlich, eindeutig, interpretierbar und erkennbar).“ (DIN EN ISO 9241-12:1998: 7)

Die dazugehörigen Empfehlungen beziehen sich auf kognitiv-psychologische Ansätze wie die Gestaltgesetze nach Wertheimer. Es geht weniger um Inhalte als um das Erkennen und Interpretieren von Form- und Inhaltselementen als Vertreter einer Kategorie (Liste, Funktionsfeld, Überschrift) oder den zum Erfassen, Verarbeiten und Erlernen benötigten kognitiven Aufwand. Der fachliche Fokus zeigt sich u. a. in Empfehlungen wie „Listenelemente sollten in einer logischen oder natürlichen Reihenfolge organisiert sein, um die visuelle Suche zu erleichtern" (DIN EN ISO 9241-12 1998: 10) oder „Beschriftungen sollten Zweck und/oder Inhalt des bezeichneten Informationselements erklären" (DIN EN ISO 9241-12 1998: 12).

Fragen der Sprachverwendung spielen u. a. in der Teilnorm „Benutzerführung" (DIN EN ISO 9241-13 1998) eine Rolle. Sie erinnern an Empfehlungen der kognitiv orientierten Verständlichkeitsforschung (Ballstaedt 1997) und sollen Benutzer dabei unterstützen, erfolgreich mit dem System zu interagieren. Stark verkürzt handelt es sich um Empfehlungen wie:
- Sprache des Nutzers verwenden
- Positive Formulierung wählen
- Aktiv, nicht Passiv verwenden
- Kurze und einfache Sätze verwenden
- Emotional neutral formulieren (vgl. DIN EN ISO 9241-13 1998: 5 ff.).

Dazu ein Beispiel:

> „5.3.3 Im allgemeinen sollten Nachrichten der Benutzerführung positiv formuliert werden und betonen, was zu tun ist, statt was zu vermeiden ist. Verneinende Aussagen sollten dann gemacht werden, wenn es sich um Ausnahmen von der Regel handelt oder etwas besonders betont werden soll.
>
> BEISPIEL: 'Buchstaben links von der Positionsmarke (Cursor) werden mit der [Rück]-Taste entfernt, nicht mit der [Entf]-Taste'." (DIN EN ISO 9241-13 1998: 5)

Zusammenfassend lässt sich feststellen: Das Feld der Usability-Forschung und -Praxis wird maßgeblich von Disziplinen wie Psychologie, Ergonomie (Arbeitswissenschaft) und technischen Disziplinen geprägt. Software-Designern und Usability-Experten wird unterstellt, dass sie per se über das zur Gestaltung und Bewertung sprachlicher Anteile elektronischer Artefakte notwendige Wissen verfügen oder schwächer formuliert, dass Hinweise der oben zitierten Art ausreichen, um elektronische Artefakte brauchbar zu gestalten. Sprache führt in diesem professionellen Umfeld ein Schattendasein, dafür zeigt sich eine Faszination für alles Visuelle. Glaubenssätze wie „Ein Bild sagt mehr als 1000 Worte" lenken von einem essenziellen Punkt ab: Nach wie vor ist geschriebene wie gesprochene Sprache eine, wenn nicht die wichtigste kommunikative Modalität für den Austausch zwischen Mensch und Maschine (STRONG 1995). Nutzerzentrierte Designansätze können – so STRONG – in hohem Maße von dem Wissen profitieren, das andere Disziplinen (wie die angewandte Sprachwissenschaft) zu menschlicher Kommunikation als wichtigster Form des Informationstransfers anbieten (vgl. auch ZIEFLE/JAKOBS 2010).

4. Kommunikative Usability

Der Ansatz „Kommunikative Usability" erweitert disziplinär verschiedene Konzepte und vermittelt zwischen ihnen (JAKOBS 2010). Er ist handlungstheoretisch basiert und betont vier Aspekte.

Betonung kommunikativer Modi: Kommunikative Usability fokussiert die Nutzung kommunikativer Modi in digitalen Kommunikations- und Interaktionsangeboten. Sprache wird als eine, wenn nicht die wichtigste Modalität gesehen. In dieser Perspektive ist die Linguistik als breitgefächerte Disziplin mit vielen verschiedenen Schwerpunktsetzungen ein reicher Partner und Zulieferer für die Gestaltung und Bewertung digitaler Kommunikations- und Interaktionsgebote. Sie bietet ein breites Spektrum an Einsichten, wie Menschen Sprache nutzen, um Perspektiven auf die Welt zu kommunizieren, mit anderen und ihrer Umwelt zu interagieren oder etwa in komplexen sozio-ökonomischen und -technischen Kontexten Probleme zu lösen und zu lernen. Dies umfasst u. a. substanzielles Wissen um kommunikative Praxen, Muster und Wertesysteme. Gegenstand der Forschung zu kommunikativer Usability ist u. a., welche Modalität sich für welchen Zweck, welche Aufgabe, welchen Kontext und welchen Akteurtyp eignet oder etwa welche kommunikativen Muster und Praxen übergeordnete Relevanz haben und welche speziell und singulär sind. Gegenstand der Bewertung sind die Qualität des Einsatzes kommunikativer Mittel und Modi sowie ihr Beitrag zur Erfüllung von Nutzerinteressen und -handlungen.

Betonung übergeordneter Handlungszusammenhänge und -interessen: Der Ansatz kommunikativer Usability betrachtet elektronische Kommunikations- und Interaktionsangebote aus der Sicht übergeordneter Handlungsinteressen und daraus resultierender Ziel- und Aufgabenhierarchien (vgl. Abschnitt 3.2.2). Ausgehend von der Annahme, dass Kommunikations- und Interaktionsmittel in übergeordnete Zusammenhänge eingebettet sind und übergeordneten Interessen dienen, bemisst sich ihr Wert an dem Beitrag, den sie zur Erfüllung eben dieser Interessen leisten (JAKOBS 2006); Menschen sind in der Regel effizient, sie tun nur dann etwas, wenn der Ertrag größer ist als der dazu benötigte Aufwand.

Übergeordnete Interessen und Handlungszusammenhänge können – wie oben erwähnt – eher pragmatischer, hedonischer oder affektiver Natur sein. Menschen nutzen elektronische Bankportale aus pragmatischen Gründen, um Geldgeschäfte unter Umgehung von Wege- und Wartezeiten tätigen zu können. Menschen nutzen Networking-Portale (wie www.facebook.com oder www.linkedin.com) für hedonische Zwecke, etwa um sich über die Anzahl ihrer Kontakte aufzuwerten oder sichtbar zu werden (zu hedonischen Aspekten vgl. SCHAIK/LING 2008). Menschen nutzen Selbsthilfeportale (wie http://forum.mobbing.net/blog.php) für affektive Zwecke, etwa um als Betroffene (z. B. Cybermobbing-Opfer) Personen zu finden, die ihre Situation kennen oder verstehen. Übergeordnete Ziele sind, ihre Isolation zu durchbrechen und menschlichen Beistand zu finden (vgl. dazu MARX in diesem Band). Die Nutzung unterliegt hier Zielkriterien wie „Vertrauen (können)", „die eigene Situation in den Schilderungen anderer wiederfinden" oder „Rat erhalten".

Die Analyse übergeordneter Handlungszusammenhänge für Bewertungszwecke stellt hohe Anforderungen an den Bewertenden. Sie bedingt, dass er oder sie typische Nutzeraufgaben, -ziele und -handlungen sowie die dazugehörigen Handlungskontexte aus der Sicht des Lesers rekonstruiert und analysiert (was ein möglichst adäquates Leser- bzw. Nutzermodell voraussetzt), und aus der Analyse auf bewertungsrelevante Eigenschaften sowie Soll-Werte ihrer Ausprägung, die zu Anwendbarkeit führen, schließt. Die Forderung, sich in die Person und Situation des Lesers bzw. Nutzers zu versetzen, umfasst mehr, als den Blick auf den Nutzer zu lenken und ihn als solchen zu 'sehen'. Der Analysierende soll vielmehr den Platz des Nutzers einnehmen und mit dessen Augen die Welt wahrnehmen. Das Einlösen dieser Forderung ist nicht nur sehr aufwendig, sondern auch nur bis zu einem bestimmten Grad realisierbar. Es erfordert genaue wie umfassende Recherchen und Beobachtungen im Feld. Der Analysierende muss gewillt und fähig sein, sich in die Person des anderen hineinzuversetzen, was u. a. Empathie erfordert.

Betonung von Kontextbedingungen: Die Berücksichtigung übergeordneter Handlungszusammenhänge und der Eignung elektronischer Kommunikations- und Interaktionsangebote für daran gebundene Interessen und Aufgaben (Kriterium der Brauch- und Anwendbarkeit des Nutzungsergebnisses) erfordert das Einbeziehen potenzieller Handlungskontexte. Dazu gehört nicht nur die Frage, ob ein Angebot laufend oder sitzend, am Schreibtisch oder im Zug, bei guten oder schlechten Lichtbedingungen genutzt wird, sondern auch domänenspezifische Bedingungen oder sozio-kulturelle sowie zeit- und raumbezogene Kontextbedingungen (Wo wird was genutzt, welche Anforderungen stellt der Nutzungskontext). Die Berücksichtigung von Kontextbedingungen unterschiedlicher Granularität überwindet Beschränkungen bisheriger Ansätze der Verständlichkeitsforschung (vgl. Abschnitt 3.2.1) und stellt den Bezug her zu textlinguistisch orientierten Modellen elektronischer Kommunikationsmuster (Abschnitt 3.2.3) wie auch zu Kontextannahmen der klassischen Usabilityforschung (Abschnitt 3.3).

Die adäquate Erfassung von Kontextbedingungen und daraus erwachsender Anforderungen an die Gestaltung elektronischer Kommunikations- und Interaktionsangebote bedingt elaborierte Kontextmodelle (Jakobs 2010). Interessante Ansätze bieten u. a. Studien, die physische Räume (z. B. Bahnhöfe) als Kommunikationsräume konzeptualisieren (etwa Domke 2010) oder digitale Interaktion als Verschränkung von Räumen untersuchen (etwa Notfallwageneinsätze als elektronisch gestützte Interaktion von Medizinern in der Klinik mit Notfallsanitätern und Betroffenen vor Ort, Beul et al. 2010). Die Analyse von Handlungskontexten erfordert zum anderen das Hineingehen in Nutzungskontexte, etwa im Sinne ethnographischer Feldforschung oder des Verlagerns von Bewertungsprozessen in Realsituationen. Die Rekonstruktion übergeordneter Handlungszusammenhänge und -kontexte führt zu Handlungsszenarien (typische Rollen, Regeln, Prozesse, Handlungen, Requisiten), die hilfreich sind für die Einschätzung der Brauchbarkeit und Anwendbarkeit sprachlich-visuell gegebener Informationen (so können Radwechsel-Instruktionen an sich verständlich und brauchbar sein, jedoch nur bedingt anwendbar, wenn sie der Betroffene über das Frontdisplay im Auto abrufen kann, die Reparatur jedoch außerhalb des Autos stattfindet und er zwischen Orten – dem der Instruktion und dem der Reparatur – wechseln muss).

Betonung des Zusammenspiels von Content, Interface und Hilfen: Kommunikative Usability bezieht sich auf die Gesamtheit elektronischer Kommunikations- und Interaktionsangebote, die als Zusammenspiel von Komponenten betrachtet werden: Content, Interface und ergänzende Bestandteile (Hilfen, eTutorials, Dokumentation etc., vgl. Abbildung 1).

Jeder Bestandteil ist für sich wie auch bezogen auf die anderen Bestandteile zu bewerten. So ist die beste Hilfe die Hilfe, auf die verzichtet werden kann, weil Interface und Content selbsterklärend sind (vgl. Jakobs/Villiger 1999). Aus textlinguistischer Sicht wird davon auszugangen, dass die Gestaltung von Content, Interface und ergänzenden Bestandteilen konventionell vereinbart kommunikativen Mustern folgt. Diese Muster sind – wie in Abschnitt 3.2.3 beschrieben – als systematischer Zusammenhang von nicht-sprachlichen Größen (Zweck, Handlungs-/Situationstyp, Beteiligte) und kommunikativem Handlungsmittel beschreibbar (z. B. Websitemuster „X“, Interfacemuster „X“, Hilfe-Muster „X“).

Die Annahme kommunikativer Muster bietet theoretische wie praktische Vorteile: Sie ermöglicht objektspezifische Analysen und Bewertungen (z. B. Heuristiken für bestimmte Portalmuster statt allgemein gehaltene Heuristiken für Portale ‘an sich’) sowie ein systematisches, kategoriengeleitetes Vorgehen durch die

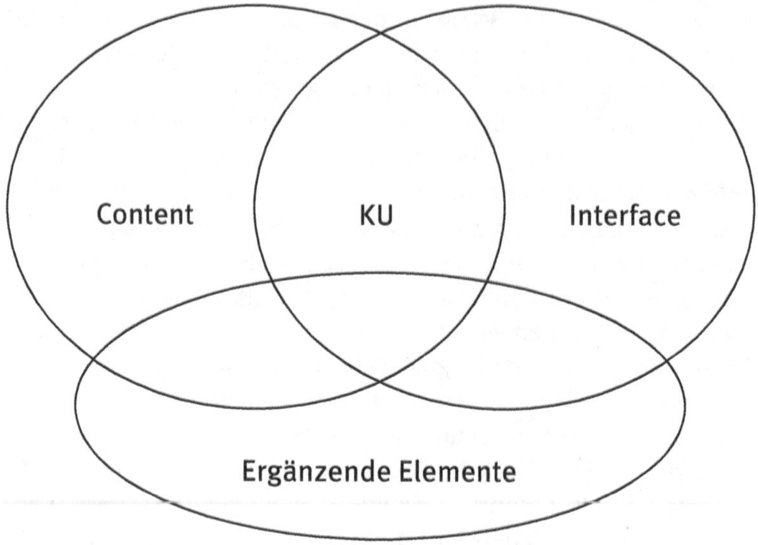

Abb. 1: Kommunikative Usability (KU) als Zusammenspiel von Komponenten.

Vorgabe musterrelevanter Eigenschaften bzw. Analysegrößen. Die für die Analyse nicht-sprachlicher Musteranteile genutzten Kategorien entsprechen zentralen Kategorien anderer Ansätze, etwa der klassischen Usability-Forschung, wie Benutzer (des Musters), Sinn bzw. Funktion (des Musters) oder (Nutzungs-)Kontext. Kommunikative Usability setzt jedoch – und das ist der Vorteil des Ansatzes bezogen auf sprachlich-kommunikative Anteile elektronischer Kommunikations- und Interaktionsangebote – diese Kategorien in Bezug zu kommunikativen Themen und zu Inventaren modalitätsbezogener Gestaltungsmittel und -muster (etwa Strukturierungs-, Formulierungs-, Visualisierungsmuster).

Die musterbezogenen Kategorien des sozialen Zwecks, der Handlungsbedingungen, der Beteiligten und der verfügbaren Medien und Codes können für Bewertungszwecke sinnvoll durch Anleihen bei anderen (Disziplinen und) Ansätzen erweitert werden und bieten damit Ansatzpunkte für den Dialog zwischen Vertretern verschiedener Richtungen und Lager.

Der in Abschnitt 3.2.2 vorgestellte Ansatz der Rekonstruktion primärer, sekundärer und tertiärer Lese- bzw. Nutzeraufgaben erlaubt eine differenzierte Betrachtung der Funktionen einer Musteranwendung vor dem Hintergrund von Aufgaben- und Zielhierarchien. Letztere sind wichtig für die Ermittlung und Gewichtung von Bewertungseigenschaften, -maßstäben und Soll-Werten. Die Kategorie „Situationseigenschaften“ erlaubt in Kombination mit komplexen Kontextmodellen eine genaue Analyse der Kontexte, in denen das Muster zur Anwendung kommt. Die Ergebnisse der Kontextanalyse können in einem zweiten Schritt für die Überprüfung und Modifikation von Bewertungseigenschaften, -maßstäben und Soll-Werten genutzt werden. Häufig verändert sich in der Folge die Gewichtung von Eigenschaften. Die Bestimmung der Kategorie „Handlungsbeteiligte" (hier: Nutzer) über ihre Rolle und ihr Verhältnis zueinander ist relativ grob. Sie wird durch weitere Kategorien ergänzt, die in der psychologischen Forschung relevant sind wie Alter, Geschlecht, Computer Literacy, Gruppenzugehörigkeit etc. (vgl. ZIEFLE/JAKOBS in diesem Band). Dies erlaubt deutlich reichere bzw. adäquatere Nutzermodelle (die für praktische Analyse- und Bewertungszwecke in personalisierte Nutzerbeschreibungen, so genannte Persona, überführt werden). Die Ermittlung von Nutzer-, Aufgaben- und Kontextprofilen bedingt u. a. Feldforschung. Hier bieten sich Anleihen bei Ansätzen an, die den Wert ethnographischer Herangehensweisen betonen. Sie finden sich in verschiedenen Bereichen, etwa der aktuellen Schreibforschung (u. a. SPINUZZI 2010). Die genannten Erweiterungen erhöhen zwar den im Vorfeld von Bewertungsprozessen zu leistenden Aufwand, sie versprechen jedoch wertvolle Erkenntnisse, etwa wenn sich Bewertungsprozesse auf das Ermitteln von Optimierungsbedarf oder das Prüfen neuer Musterentwürfe richten.

5. Anwendungsbeispiel

Im Folgenden soll an einem Beispiel der oben skizzierte Ansatz verdeutlicht werden. Dies kann hier nur holzschnittartig und bezogen auf einen kleinen Ausschnitt erfolgen. Der gewählte Ausschnitt fokussiert den Nutzen der Annahme von Nutzeraufgaben- und Handlungshierarchien für Analyse- und Bewertungszwecke. Im Beispiel geht es um einen besonderen Typ von Internetportalen, und zwar Open Innovation-Portale (ausführlich DIGMAYER/JAKOBS in diesem Band).

Open Innovation-Portale werden von der Industrie für Innovationszwecke genutzt (HALLERSTEDE et al. 2010). Sie richten sich an definierte Zielgruppen im Internet, die aufgefordert werden, an Wettbewerben teilzunehmen. Der übergeordnete soziale Zweck des zugrundeliegenden Musters besteht aus der Sicht der Betreiber darin, Ideen für neue Produkte (Bedarfsinformation) oder Problemlösungen (Lösungsinformation) zu erhalten; untergeordnete Zwecke richten sich auf die Sichtbarkeit des Unternehmens, die Identifizierung von Lead Users[2] u. a. Aus Sicht der Teilnehmer geht es um Zwecke und Ziele wie Preise gewinnen, Spaß am Wettbe-

2 Der Ausdruck *Lead User* wurde von HIPPEL (1986: 791) eingeführt. Er definiert *Lead User* als „users whose strong needs will become general in a market place months or years in the future".

werb oder Anerkennung als „Kreativer". Nutzer von Online-Innovation- oder Contest-Plattformen intendieren Wertschätzung durch Preise und Spaß am Mitmachen.

Die Konzentration der Nutzer auf den Wettbewerb und ihren Beitrag motiviert Soll-Werte wie eine kognitiv möglichst unaufwändige Interaktionsumgebung. Die Wettbewerbsteilnehmer wollen nicht lesen, sondern 'tun'. Alle für dieses 'Tun' wichtigen bzw. dieses 'Tun' ermöglichenden Bestandteile der Plattform (z. B. informierende und instruierende verbale Angaben) sollen demzufolge möglichst transparent sein. Diese Forderung erinnert an die Window-Pane-Metapher und -anforderung wissenschaftlicher Texte: Sie sollen so klar formuliert sein, dass der Leser durch sie hindurch auf den besprochenen Gegenstand blicken kann (KRETZENBACHER 1994); nichts soll die Sicht versperren oder erschweren. Die Zielsetzung des Tun-Könnens hat Konsequenzen für alle Teile der Portalgestaltung, etwa bezogen auf die Frage, welche Modalität und welches Darstellungsmuster sich am besten für Instruktionen eignen.

In einem interdisziplinären Forschungsprojekt[3] haben wir die Gestaltung von Open Innovation-Portalen aus der Sicht älterer Nutzer untersucht. Eine wesentliche Frage war, wie sie gestaltet sein müssen, um in den Augen älterer Nutzer (65+) attraktiv zu sein (gut nutzbar, anziehend gestaltet, vertrauenswürdig; ausführlich DIGMAYER/JAKOBS in diesem Band). In Kooperation mit einem Unternehmen wurde eine Wettbewerbsplattform www.einfachtelefonieren.de gestartet. Ziel des öffentlichen Wettbewerbs waren Vorschläge für die Gestaltung von Mobiltelefonen für Ältere. Die Nutzungsdaten wurden elektronisch aufgezeichnet und ausgewertet. Ergänzend wurden Tests durchgeführt.

Das Kernstück (und Hauptthema) des Portals bildet ein so genannter „Handy-Baukasten". Er bietet den Teilnehmern die Möglichkeit, mit vorgefertigten Gestaltungselementen Handydesigns zu entwickeln. Die Auswertung der Nutzerdaten ergab, dass nur sehr wenige Personen diese Option nutzten (weniger als 1 %). Die Personen, die sie nutzten, verweilten erstaunlich lange bei der Aufgabe. In Tests mit Zielgruppenvertretern scheiterten die meisten an der Aufgabe, diesen zentralen Bestandteil des Wettbewerbs und Portals zu nutzen. Die Tests lieferten Hinweise auf Gründe dafür.

Die Nutzung wurde zum einen durch die Platzierung erschwert: Der Baukasten wird – obwohl zentral für den Wettbewerb – nicht als „Top"-Thema dargestellt (etwa in der zentralen Menüleiste des Portals, vgl. Abbildung 2) und daher auch nicht gefunden.

---

3 Ziel 2-Projekt „Offene Innovationsplattform für gesundheitsbezogene Dienstleistungen im Alter" (OpenISA, 2010-2013) in Kooperation mit Prof. Dr. Frank Piller, Lehrstuhl für Technologie- und Innovationsmanagement (RWTH Aachen), MedCom GmbH, Deutsche Seniorenliga e. V.

Abb. 2: Zentrale Menüleiste des Open Innovation-Portals www.einfachtelefonieren.de.

Weitere Probleme resultieren aus der Kommunikation und Gestaltung des Handlungsangebots „Handy-Baukasten". Es wird im Portal wie folgt beschrieben:

> „**Handy-Baukasten**
> Mit unserem Handy-Baukasten können Sie aus bestehenden Elementen per Mausklick ein neues Handy zusammenstellen. Im Ergebnis sollte dieses Gerät nur die Funktionen und Services anbieten, die Sie persönlich für sinnvoll und notwendig erachten."

Die Nutzung des „Handy-Baukastens" setzt die Kenntnis eines wichtigen Details voraus: Der Nutzer muss auf der betreffenden Portalseite (vgl. Abbildung 3) einen von

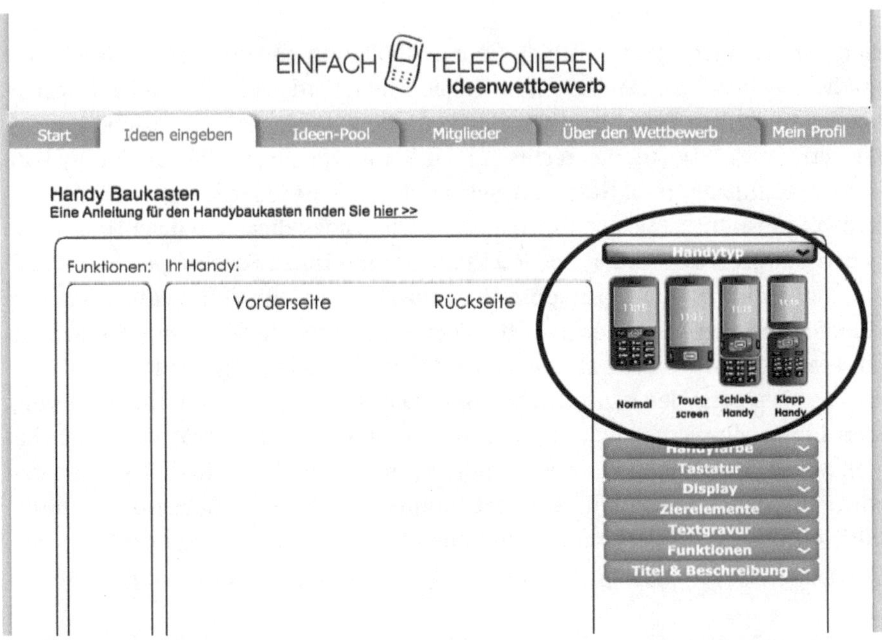

Abb. 3: „Handy-Baukasten" – Ausgangszustand der Portalseite.

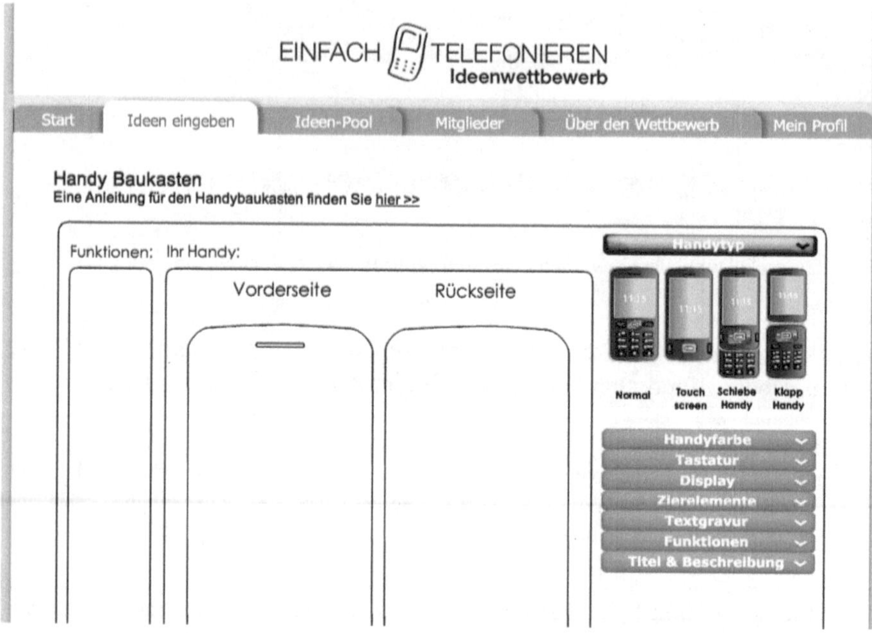

Abb. 4: Handy-Baukasten – Zustand der Portalseite nach Wahl eines Handytyps.

mehreren Handytypen auswählen (in der Abbildung hervorgehoben). Nach dem Anklicken eines Typs erscheinen im linken Feld („Vorderseite Rückseite") Ansichten des gewählten Typs als Arbeitsfläche für den „Designprozess" (Abbildung 4). Erst jetzt ist es möglich, den rechts auf der Portalseite angeordneten „Handy-Baukasten" zu nutzen, d. h. Gestaltungselemente verschiedener Kategorien („Handyfarben", „Tastatur", „Display" etc.) auszuwählen, anzuklicken und per Drag&Drop in den Umrissen der Vorder- und Rückseite der gewählten Form zu positionieren.

Die Wahl und Platzierung der Grundform ist eine unabdingbare Voraussetzung für alle nachfolgenden Schritte. Versuche, Elemente des Handy-Baukastens ohne vordefinierte Fläche auszusuchen und zu bewegen, scheitern.

Den Testpersonen war nicht bewusst, warum sie scheiterten. Ihnen entging, dass ihnen eine substanzielle Information fehlte, die grundsätzlich verfügbar war, jedoch ausgelagert aus dem Handlungszusammenhang, in dem sie benötigt wird – aus der Sicht kommunikativer Usability eine Usability-Katastrophe. Die benötigte Information verbirgt sich in einem Pop-up-Fenster hinter dem Linkausdruck *hier* und der expliziten Angabe, dass der Link zu einer Anleitung führt:

> „**Handy Baukasten** [sic.]
> Eine Anleitung für den Handybaukasten [sic.] finden Sie hier >>"

Die Auslagerung in ein Pop-up-Fenster indiziert, dass es sich um eine Zusatzinformation handelt, genauer: um einen ergänzenden Bestandteil, der genutzt werden kann, aber nicht muss. Die Nutzer folgen dem Linkangebot nicht, viele nehmen es nicht einmal wahr. In den Tests zeigt sich deutlich ein Fokus auf das übergeordnete Nutzerziel (und die dazugehörige Nutzeraufgabe) des Gestalten(wollen)s; dieses Ziel beansprucht die ganze Aufmerksamkeit. Alles andere – wie das scheinbar optionale Informationsangebot – tritt in den Hintergrund. Trotz farblicher und visueller Hervorhebung (die Ausdrücke *Handy Baukasten* und *hier* sind rot gesetzt, der Link unterstrichen) ignorieren die Nutzer den Hinweis. Sie überlesen ihn, nehmen ihn nicht wahr oder wollen ihn nicht wahrnehmen. Sie wollen nicht lesen, sie wollen kreativ tätig werden – etwas 'tun'. Die Oberflächengestaltung impliziert, dass dies möglich ist. Weniger Wichtiges wie angekündigte Anleitung und daran gebundene (primäre) Leseaufgaben des Wahrnehmens, Lesens und Verarbeitens werden 'getopt' bzw. verdrängt durch die Aufmerksamkeitsverlagerung auf übergeordnete (Wettbewerbs-)Handlungen.

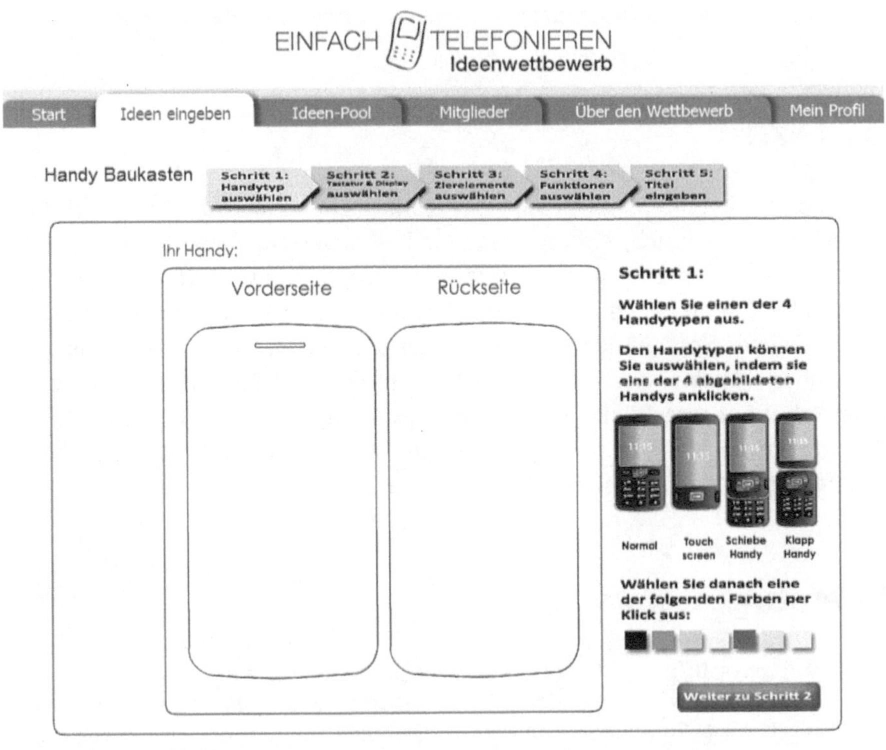

Abb. 5: Instruktion – Framing mit graphischen und sprachlichen Mitteln.

Das Problem des Übersehens und Interpretierens als optionale Zusatzinformation ist durch verschiedene Maßnahmen vermeidbar. Nach dem Prinzip „Zusammen, was zusammengehört" wird die Handlungsinstruktion in den Handlungskontext integriert und prominent präsentiert (Abbildung 5, Jakobs/Digmayer 2010). Sie soll 'ins Auge fallen', zum Lesen motivieren und einfach zu verarbeiten sein. Für Zwecke des Überblicks wird sie als Abfolge von Schritten, für Zwecke der Anwendung pro Schritt als Einzelinstruktion dargestellt. Sie erscheint als (wichtiger) Teil der Vordergrundinformation.

Die graphische Darstellung als Abfolge gerichteter, farblich hervorgehobener Blockpfeile und ihre Benennung als „Schritte" fallen ins Auge und vermitteln auf den ersten Blick, dass es sich um eine Handlungssequenz handelt. Die Platzierung oben in Kontaktstellung zum Ausdruck *Handy-Baukasten* suggeriert, dass es sich um wichtige Informationen zum Gegenstand handelt. Die Reduktion der Instruktionsinhalte auf Wesentliches und paralleles Formulieren unterstützen den Lese- und Verarbeitungsprozess. Die schrittweise Darbietung von Informationen in Kontaktstellung zu dem Baukastenbereich, auf den sie sich beziehen, erlauben dem Nutzer ein schnelles, müheloses Durchlaufen von Designschritten und Konzentration auf das übergeordnete Ziel des Entwurfes eines Handy-Designs.

6. Fazit

Der Ansatz „Kommunikative Usability" eröffnet ein breites Forschungs- und Arbeitsfeld, das Theorien, Konzepte und Methoden verschiedener Richtungen der angewandten linguistisch orientierten Forschung zusammenführt und zugleich zahlreiche Schnittstellen zu anderen Disziplinen und Konzepten der Usability elektronischer Kommunikations- und Interaktionsangebote bietet. Er ergänzt vorhandene Ansätze der Bewertung elektronischer Artefakte mit einem deutlichen Fokus auf sprachliche Anteile ihrer Gestaltung und lenkt den Blick auf das Zusammenspiel sich ergänzender 'Schichten' elektronischer Artefakte (Content, Interface, ergänzende Bestandteile).

Literatur

Antos, G./Hasler, U./Perrin, P., 2011. Textoptimierung. In: Habscheid, S. (Hg.), 2011. *Textsorten, Handlungsmuster, Oberflächen. Linguistische Typologien der Kommunikation.* Berlin [u. a.]: de Gruyter, 638–658.

Ballstaedt, P., 1997. *Wissensvermittlung. Die Gestaltung von Lernmaterial.* Weinheim: Beltz.

BEUL, S./MENNICKEN, S./ZIEFLE, M./JAKOBS, E-M., 2010. What Happens After Calling the Ambulance: Information, Communication, and Acceptance Issues in a Telemedical Workflow. In: SHONIREGUN, C.A./AKMAYEVA, G.A. (eds.), 2010. *Proceedings of the International Conference on Information Society (i-Society 2010; IEEE). June 2010, Heathrow, UK.* London: Infonomics Society, 111–116.

BUCHER, H.-J., 2001. Von der Verständlichkeit zur Usability. Rezeptionsbefunde zur Nutzung von Online-Medien. In: *Osnabrücker Beiträge zur Sprachtheorie* 63, 45–66.

BUCHER, H.-J., 2005. Ist das Internet „ready" für seine Nutzer? Online-Angebote: zwischen Gebrauchstauglichkeit und Kommunikationsqualität. In: JÄCKEL, M./HAASE. F. (Hg.), 2005. *In medias res. Herausforderung Informationsgesellschaft.* München: Kopäd, 81–116.

BURMESTER, M./HASSENZAHL, M./KOLLER, F., 2002. Usability ist nicht alles – Wege zu attraktiven Produkten. In: *i-com. Magazine for interactive and cooperative media* 1, 32–40.

CHISNELL, D.E./REDISH, J.C./LEE, A., 2006. New Heuristics for Understanding Older Adults as Web Users. In: *Technical Communication* 1, 53, 39–59.

DIN EN ISO 9241-11, 1998. *Ergonomische Anforderung für Bürotätigkeit mit Bildschirmgeräten. Teil 11: Anforderungen an die Gebrauchstauglichkeit – Leitsätze.* Deutsches Institut für Normung e. V. Berlin/Köln: Beuth Verlag.

DIN EN ISO 9241-12, 1998. *Ergonomische Anforderung für Bürotätigkeit mit Bildschirmgeräten. Teil 12: Informationsdarstellung.* Deutsches Institut für Normung e. V. Berlin/Köln: Beuth Verlag.

DIN EN ISO 9241-13, 1998. *Ergonomische Anforderung für Bürotätigkeit mit Bildschirmgeräten. Teil 13: Benutzerführung.* Deutsches Institut für Normung e. V. Berlin/Köln: Beuth Verlag.

DIN EN ISO 9241-110, 2008. *Ergonomie der Mensch-System-Interaktion. Teil 110: Grundsätze der Dialoggestaltung.* Deutsches Institut für Normung e. V. Berlin/Köln: Beuth Verlag.

DOMKE, C., 2010. Texte im öffentlichen Raum. Formen medienvermittelter Kommunikation auf Bahnhöfen. In: BUCHER, H.-J./GLONING, T./LEHNEN, K. (Hg.), 2010. *Neue Medien – neue Formate: Ausdifferenzierung und Konvergenz in der Medienkommunikation.* Frankfurt a. M. [u. a.]: Campus, 261–285.

HALLERSTEDE, ST./NEYER, A.K./BULLINGER, A.C./MÖSLEIN, K., 2010. Normalo? Tüftler? Profi? Eine Typologisierung von Innovationswettbewerben. In: *Multikonferenz Wirtschaftsinformatik.* Februar 2010, Göttingen, 1229–1240.

HIPPEL VON, E., 1986. Lead Users: A Source of Novel Product Concepts. In: *Management Science* 32, 791–806.

JAKOBS, E.-M., 2005. Bewertungsperspektiven auf Websites. In: SCHÜTZ, A./HABSCHEID, S./HOLLY, W./KREMS, J./VOSS, G. (Hg.), 2005. *Neue Medien im Alltag. Befunde aus den Bereichen Arbeit, Lernen und Freizeit.* Lengerich [u. a.]: Pabst, 71–86.

JAKOBS, E.-M., 2006. Texte im Berufsalltag. Schreiben, um verstanden zu werden? In: BLÜHDORN, H./BREINDL, E./WASSNER, U.H. (Hg.), 2006. *Text – Verstehen. Grammatik und darüber hinaus. Jahrbuch des Instituts für deutsche Sprache 2005.* Berlin [u. a.]: de Gruyter, 315–331.

JAKOBS, E.-M., 2010. Des Nutzers Lust und Frust. Kommunikative Usability hypermedialer Systeme. In: *SDV. Sprache und Datenverarbeitung. International Journal for Language Data Processing* 1, 7–19.

JAKOBS, E.-M./DIGMAYER, C. 2010. *Usability für Ältere.* Interne Studie des OpenISA-Projektes. Lehr- und Forschungsgebiet Textlinguistik und Technikkommunikation, RWTH Aachen University.

Jakobs, E.-M./Villiger, C. 1999. „Das versteht kein Mensch...". Verständliche Gestaltung von Hilfesystemen für Softwareprogramme. In: Jakobs, E.-M./Knorr, D./Pogner, K.-H. (Hg.), 1999. *Textproduktion. Hypertext, Text, Kontext*. Frankfurt a. M. [u. a.]: Peter Lang (= Textproduktion und Medium, Band 5), 211–228.

Jansen, C./Maes, A., 1999. Document Design. In: *South African Journal of Linguistics* 17, 234–255.

Kretzenbacher, H.L., 1994. Wie durchsichtig ist die Sprache der Wissenschaften? In: Kretzenbacher, H./Weinrich, H.J. (Hg.), 1994. *Linguistik der Wissenschaftssprache*. Berlin [u. a.]: de Gruyter, 15–39.

Mehler, A./Sutter, T., 2008. Interaktive Textproduktion in Wiki-basierten Kommunikationssystemen. In: Zerfass, A./Welke, M./Schmidt, J. (Hg.), 2008. *Kommunikation, Partizipation und Wirkungen im Social Web*. Köln: Halem, 267–300.

Peterhans, M./Sagl, S., 2011. *(N)ONLINER Atlas. Eine Topographie des digitalen Grabens durch Deutschland. Nutzung und Nichtnutzung des Internets, Strukturen und regionale Verteilung*. www.initiatived21.de/wp-content/uploads/2011/07/NOnliner2011 (Zugriff am 02.12.2011).

Pander Maat, H., 1990. Leestaken in beroepssituaties. In: *Tijdschrift voor Taalbeheersing* 3, 12, 161–179.

Ripfel, M., 1987. Was heißt Bewerten? In: *Deutsche Sprache* 15, 14, 151–177.

Sandig, B., 2003. Formen des Bewertens. In: Bobrowski, I. (Hg.), 2003. *Anabasis. Festschrift für Krystyna Pisarkowa*. Kraków: Lexis, 279–287.

Sauer, C., 1995. Ein Minimalmodell zur Verständlichkeitsanalyse und -optimierung. In: Spillner, B. (Hg.), 1995. *Sprache: Verstehen und Verständlichkeit. Kongreßbeiträge zur 25. Jahrestagung der Gesellschaft für Angewandte Linguistik GAL e. V.* Frankfurt a. M. [u. a.]: Peter Lang, 149–171.

Schaik van, P./Ling, J., 2008. Modelling User Experience with web sites: Usability, hedonic value, beauty and goodness. In: *Interacting with computers* 3, 20, 419–432.

Schriver, K.A., 1989. Evaluating text quality: the continuum from text-focused to reader-focused methods. In: *Professional Communication* 4, 32, 238–255.

Spinuzzi, C., 2010. Secret sauce and snake oil. In: *Written Communication* 27, 4, 363–409.

Strong, G. W., 1995. New directions in human-computer interaction: education, research, and practice. In: *Magazine Interactions* 1, 2, 69–81.

Wagner, J., 2002. Mensch-Computer-Interaktion. Sprachwissenschaftliche Aspekte. Frankfurt a. M. [u. a.]: Peter Lang.

Wirtz, S./Jakobs, E.-M./Beul, S., 2010. Passenger Information Systems in Media Networks – Patterns, Preferences, Prototypes. In: *Proceedings of the IPCC 2010*. 07.–09.07.2010, University of Twente, Netherlands, 131–137.

Ziefle, M./Jakobs, E.-M., 2010. New Challenges in Human Computer Interaction: Strategic Directions and Interdisciplinary Trends. In: *Full Paper at the 4th International Conference on Competitive Manufacturing Technologies*. January 2010, University of Stellenbosch, South Africa, 389–398.

Claas Digmayer und Eva-Maria Jakobs

Innovationsplattformen für Ältere

Innovation platforms for the elderly
This article deals with open innovation portals for the elderly. It presents empirical results of a study carried out in the interdisciplinary research project OpenISA. The goal of the project is to adapt open innovation platforms for senior experts and to use their knowledge and experience for the development of new products and services for elderly people. The contribution of experts from communication studies and linguistics focuses on interface design and help features with a high communicative usability. After a short introduction into aims and functions of open innovation portals, the article characterizes senior experts as a highly diverse group with many sub-groups. Based on empirical findings help features are discussed as task- and user profile-related means. The results of our study indicate that the quality of the portal design and especially help features are relevant for processes of trust building.

1. Einleitung

Die digitale Vernetzung öffentlicher und privater Bereiche tangiert zunehmend die Lebensumstände älterer Menschen. Die sich damit eröffnenden Möglichkeiten werden jedoch nach wie vor nur von einem Teil der älteren Bevölkerung genutzt. Die Gründe dafür sind unterschiedlicher Art. Viele Ältere, insbesondere jene, die nicht bereits früher, etwa im Beruf, Erfahrungen mit dem Internet sammeln konnten, finden nur schwer Zugang zum World Wide Web. Erschwert wird der Zugang – auch für jene mit Vorerfahrung – durch eine sich rasch verändernde technologische Umwelt, die ständiges Lernen und Umdenken erfordert. Insbesondere Personen der Gruppe 70+, sehen in Webangeboten keinen direkten Mehrwert für ihr alltägliches Leben und scheuen die Kosten und den Aufwand, den ein später Einstieg in die Welt des Netzes erfordert. Insgesamt steigt zwar die Anzahl älterer Internetnutzer; nach wie vor trennt jedoch der 'digitale Graben' Ältere und Jüngere. Die Gruppe älterer Onliner ist zudem sehr heterogen. Sie wird in der Literatur häufig pauschalierend als Gruppe der über 50-Jährigen zusammengefasst und mit einem defizitären Altersbild verbunden. Beide Beschreibungstrends sind stark verkürzend und eher hinderlich für Versuche, Internetangebote für diese Zielgruppe zu entwickeln (Abschnitt 3). Letzteres liegt jedoch im Trend. Seitens verschiedener Gruppen besteht ein erhebliches Interesse daran, Ältere dazu zu bewegen, aktiv das Internet zu nutzen. Ältere bilden eine attraktive Zielgruppe für neue Services, etwa im eHealth-Bereich (vgl. BEUL in diesem Band), wie auch für Firmen, die die Berufs- und Lebenserfahrung Älterer gezielt nutzen wollen, sei es im beruflichen Bereich (Sicherung von Wissen) oder etwa für die Entwicklung neuer Produktideen und Technologien für die Zielgruppen, die sie repräsentieren.

Eine erfolgversprechende Methode des Zugangs zum Wissen Älterer sind Innovationsplattformen im Internet und neuere Open Innovation-Ansätze (Abschnitt 2). Sie werden zunehmend genutzt, um Senior-Experten zeit- und ortsunabhängig in Entwicklungsprozesse von Produkten und Dienstleistungen einzubeziehen. Eine wesentliche Voraussetzung ist, dass Ältere derartige Plattformen nutzen wollen und können. In dem interdisziplinären Forschungsprojekt OpenISA wird untersucht, wie Open Innovation-Plattformen für ältere Nutzer beschaffen sein sollten (Abschnitt 4). Teil der Forschung ist die Auseinandersetzung mit Nutzerhilfen. Nutzerhilfen werden als geeignete Werkzeuge gesehen, um der an sich sehr diversen Zielgruppe den Zugang zu derartigen Plattformen zu ermöglichen und sie zur Nutzung zu motivieren (Abschnitt 5).

2. Innovationsplattformen: Zweck und Einsatzgebiete

2.1 Open Innovation durch Innovationswettbewerbe

Die heutige Informationsgesellschaft ist geprägt durch eine Vielzahl technischer Fortschritte, die innovative Produkte und Dienstleistungen für den Endnutzer ermöglichen. Ideen für solche Innovationen entstehen nicht nur in den Entwicklungsabteilungen großer Unternehmen (closed innovation), sondern zunehmend auch durch das Einbeziehen von Endnutzern (CHESBROUGH 2003). Das Konzept der interaktiven Wertschöpfung nutzt gezielt das Wissen von Kunden und anderen externen Partnern, indem es diese in den Produktentwicklungsprozess einbezieht und/oder dazu einlädt, Ideen für Produkte zu entwickeln und/oder Produkte selbst zu gestalten (REICHWALD/PILLER 2009). Von besonderer Bedeutung für Innovationen sind Bedürfnis- und Lösungsinformationen. Bedürfnisinformationen liefern Hinweise auf latente oder explizite Bedürfnisse des Kunden und den Nutzen, den die Innovation bringen soll. Der Kunde muss erkennen können, dass er mit der Innovation seine Bedürfnisse besser befriedigen kann als mit bestehenden Produkten. „Lösungsinformation" wird definiert als „Wissen, wie ein Bedürfnis durch eine bestimmte Produktspezifikation oder eine Dienstleistung bedient werden kann" (PILLER et al. 2008: 55). Open Innovation setzt die Prinzipien der interaktiven Wertschöpfung mit verschiedenen Methoden um, wozu u. a. Innovationswettbewerbe und Communities für Open Innovation gehören (REICHWALD/PILLER 2009).

Innovationswettbewerbe haben sich zu einem häufig von Unternehmen genutzten Werkzeug für Problemlösungsansätze entwickelt (TIERWISCH/XU 2008). Innovationswettbewerbe ermöglichen die strukturierte Eingabe themenbezogener Verbesserungsvorschläge oder Ideen (REICHWALD/PILLER 2009) und können online oder offline von Unternehmen oder auch öffentlichen Organisationen durchgeführt werden. Ihre Dauer differiert; sie können wenige Stunden dauern oder mehrere Monate oder auch dauerhaft ausgelobt werden. Die Teilnehmer werden mit monetären oder nicht monetären Anreizen dazu motiviert, allein oder im Team Ideen zu wenig bis hochgradig präzisierten Aufgabenstellungen einzureichen. Der Ausarbeitungsgrad einer Idee kann von einfachen Beschreibungen bis zu vollständig ausgearbeiteten Lösungen reichen. Eine Jury, Peer-Reviewer oder die Wettbewerbsteilnehmer selbst bestimmen die Sieger. Webbasierte Innovationswettbewerbe können die Interaktion zwischen Teilnehmern durch Community-Funktionen fördern (BULLINGER/MÖSLEIN 2010). Derartige Wettbewerbe können sich an gänzlich unterschiedliche Zielgruppen wenden (von der breiten Öffentlichkeit bis zu Spezialisten) und intendieren entweder Bedürfnis- oder Lösungsinformation (HALLERSTEDE et al. 2010; HALLERSTEDE/BULLINGER 2010).

2.2 Ideenwettbewerbe als webbasierte Plattformen

Ideenwettbewerbe werden online als webbasierte Innovationsplattformen umgesetzt. Typische Bestandteile derartiger Innovationsplattformen sind Bausteine wie Startseite, Ideeneingabe (in textueller Form oder mit Hilfe eines Konfigurators), Ideenevaluation, Nutzerprofile, Rechtstexte, Jury- und Preisinformationen und Portalanbieter; Art und Kombination dieser Bestandteile variieren abhängig vom Wettbewerbstyp (BELZ et al. 2009). Es können Nutzerprofile eingebunden werden wie auch Social-Software-Anwendungen (Nachrichtenübermittlungssysteme, Kommentarfunktion, Diskussionsforum, Tagging, Möglichkeiten der kooperativen Entwicklung von Ideen, News-Funktion, Twitter oder Facebook) (HALLERSTEDE/BULLINGER 2010).

Die Integration von Social Software in Innovationsplattformen ermöglicht die Bildung einer Nutzer-Community und fördert die Teilnahme am Wettbewerb durch intrinsische Motivatoren (HALLERSTEDE et al. 2010) wie Selbstverwirklichung und Selbstdarstellung (HEMETSBERGER 2005) oder das Erreichen von Zielen in der Gruppe (HEMETSBERGER/PIETERS 2001). Andere intrinsische Anreize ergeben sich mit hedonischen Werten, der Kontrolle über die Ausführung einer Aufgabe oder die Suche nach Herausforderung (HEMETSBERGER/PIETERS 2001). Extrinsische Anreize können monetär (Geld- oder Sachpreise) sein wie auch nicht monetär. Beispiele für nicht monetäre Anreize sind die Chance auf einen Arbeitsplatz beim Veranstalter (HALLERSTEDE et al. 2010), Reputationssteigerung, positive Netzwerkeffekte (VON HIPPEL 2005), das Präsentieren eigener Ideen, Wissensgewinn oder Unzufriedenheit mit bestehenden Produkten (FÜLLER 2006). Innovationswettbewerbe nutzen ein breites Spektrum verschiedener Anreize, um die intendierte Nutzergruppe zur Teilnahme zu bewegen. Das Anreizsystem sollte bewusst gestaltet und auf die Zielgruppe ausgerichtet werden (HALLERSTEDE et al. 2010).

Aus Unternehmenssicht bieten Innovationsplattformen verschiedene Vorteile für den Innovationsprozess: Der direkte Kontakt mit der Zielgruppe während der Produktentwicklung reduziert Faktoren, die Produktentwicklungen auf dem Markt scheitern lassen können, wie die Fehlinterpretation von Marktinformationen (LÜTHJE 2004), und hilft damit, hohe Aufwendungen für unternehmensinterne Forschungs- und Entwicklungsaktivitäten zu vermeiden, die sich nicht in bestehenden Marktzyklen amortisieren (PILLER et al. 2008). Die Verwendung von Innovationsplattformen stellt eine kostengünstige Methode dar, in hoher Quantität qualitative Informationen direkt von der Nutzergruppe zu erhalten (SAWHNEY/VERONA/PRANDELLI 2005). Innovationsplattformen erfüllen darüber hinaus Funktionen der Außendarstellung eines Unternehmens, des Aufbaus und der Pflege von Kunden-Beziehungen, der Bestimmung von Trends und der Identifizierung besonders innovativer Nutzer (so genannter Lead User), die in den Innovationsprozess eingebunden werden können (BELZ et al. 2009).

Durch Innovationswettbewerbe wurden häufig Lösungen zu Problemen gefunden, die die gesamte Gesellschaft beeinflussen. Eine der größten sozialen Herausforderungen der heutigen Zeit ist der demographische Wandel. In diesem Kontext wächst das Interesse, Vertreter älterer Zielgruppen und Senior-Experten über Innovationsplattformen aktiv einzubinden (BULLINGER/RASS/ADAMCZYK 2011). Es wird erwartet, dass Senior-Experten Bedürfnisinformation liefern, die zu Produkten führt, die sich auf dem Markt für ältere Abnehmer erfolgreich durchsetzen; es wird weiter erwartet, dass Senior-Experten nicht nur Bedarfe erkennen, sondern aufgrund ihrer langjährigen Berufs- und Lebenserfahrung auch Lösungsansätze für Bedarfe entwickeln können (LEYHAUSEN/VOSSEN 2011).

Der Erfolg online verfügbarer Innovationsplattformen hängt wesentlich davon ab, ob es gelingt, Plattformen zu entwickeln, die ältere Internetnutzer bzw. Senior-Experten ansprechen, zur Teilnahme motivieren und die sie beim Vollzug von Wettbewerbshandlungen unterstützen. Die Gestaltungsziele setzen eine gute Kenntnis der Adressatengruppe voraus.

3. Senior-Experten im Internet: Eine stark diverse Nutzergruppe

Die Gruppe älterer Menschen wurde Ende der 1990er Jahre als potenzielle Konsumentengruppe erkannt und aktiv (zum Beispiel mit speziellen Websites) beworben (SELWYN/GORARD/FURLONG 2006). Sie ist für Unternehmen von Interesse, da Ältere als besonders kaufkräftig gelten (STRAUCH 2008) und angesichts der Prognosen zur demographischen Entwicklung (vgl. BMI 2011) zunehmend an Bedeutung gewinnen. Für die Adressierung der Zielgruppe als Gesamtheit wurden in der Vergangenheit verschiedene Bezeichnungen eingeführt und genutzt. Von diesen setzte sich die Bezeichnung *50+* als neutralste durch (NEUNDORFER 2008); sie kennzeichnet gleichzeitig den unteren Rand des kalendarischen Alters der Zielgruppe. Der Ausdruck *Senior* wird von der Zielgruppe altersabhängig eher negativ bewertet (vgl. JAKOBS/LEHNEN/ZIEFLE 2008), dies gilt nicht in Kombination mit grundsätzlich positiv besetzten Lexemen wie *Experte*, etwa in *Senior-Experte*.

Das zunehmende Interesse an der Bevölkerungsschicht 50+ erstreckt sich auch auf ihr Nutzungsverhalten im Internet. Insbesondere Ansätze aus den Bereichen Betriebswirtschaftslehre, Informatik und Mensch-Computer-Interaktion interessieren sich in diesem Zusammenhang für „Silver Surfer" (Abschnitt 3.1). Viele im Zusammenhang damit publizierte Daten und Aussagen sind nur bedingt brauchbar, da sie von einem stark pauschalisierenden Verständnis einer an sich hoch diversen Nutzergruppe ausgehen. Abschnitt 3.2 plädiert für ein differenziertes Altersverständnis und die Postulierung unterschiedlicher Gruppen älterer Nutzer als Ausgangspunkt für die Gestaltung von Internetangeboten, wie z. B. Open Innovation-Plattformen.

3.1 Das Konstrukt der „Silver Surfer"

Zur Gruppe der „Silver Surfer" werden in der Regel alle Vertreter der Gruppe 50+ gerechnet. Ihnen wird unterstellt, dass sie das Internet zunehmend nutzen, jedoch selektiv und unter erschwerten Bedingungen. Letzteres wird u. a. auf die häufig fehlende Sozialisation mit Computer und Internet zurückgeführt, was zu einem eingeschränkten Verständnis der Technologie führe wie auch zu fehlender Differenzierung verschiedener Anwendungsbereiche (NEWELL et al. 2006: 353). Die fehlende Gesamtvorstellung der Technologie trage dazu bei, dass ältere Menschen neue Erkenntnisse nicht mit vorhandenem Wissen verknüpfen (CHADWICK-DIAS/BERGEL/TULLIS 2007) oder keine Transferleistungen erbringen können (NEWELL et al. 2006). Sie wiederholen oft Fehler, probieren ungern Neues und fühlen sich bei Problemen dem Computer und Internet ausgeliefert

(STREICH 2008). Durch die Orientierung an traditionellen Medien werden ungern Angebotsformen genutzt, die Eigeninitiative und technologische Fertigkeiten erfordern (OEHMICHEN/SCHRÖTER 2008). Das Internet wird als Service-Tool mit den Hauptfunktionen E-Mail und Suchmaschinenrecherche verwendet (COYNE/NIELSEN 2002; DOH/WAHL/SCHMITT 2005; MORRIS/GOODMAN/BRADING 2007; VAN EIMEREN/FREES 2008; JONES/FOX 2009).

Weitere Barrieren werden in altersbedingten Veränderungen gesehen, wie etwa nachlassendes Seh- und Hörvermögen oder motorische Defizite (SPRY FOUNDATION 1999), die das Identifizieren, Unterscheiden und Anwenden von Elementen der Benutzeroberfläche oder etwa die Rezeption multimedialer Inhalte erschweren (AGELIGHT LCC 2001; COYNE/NIELSEN 2002; U.S. DEPARTMENT OF HEALTH AND HUMAN SERVICES 2006; HELD/PLECHATY 2007; LUNN/YESILADA/HARPER 2009; NATIONAL INSTITUTE ON AGEING/NATIONAL LIBRARY OF MEDICINE 2009). Kognitive Abbau-Erscheinungen wirken sich auf die Verarbeitungsgeschwindigkeit von Informationen, Konzentrationsfähigkeit, Reaktionsgeschwindigkeit, Multitasking-Leistungen und Lerngeschwindigkeit aus (SPRY FOUNDATION 1999) und erschweren die Rezeption von Internetangeboten (vgl. CZAJA/LEE 2003). Dies kann bei älteren Menschen zu Desorientierung bei der Navigation auf Websites (LUNN/ YESILADA/ HARPER 2009) und zu kognitiver Überlastung führen (NATIONAL INSTITUTE ON AGEING/NATIONAL LIBRARY OF MEDICINE 2009).

3.2 Ältere – eine hoch diverse Nutzerpopulation

Aussagen der oben beschriebenen Art werden – wie die Praxis zeigt – gern geglaubt, weil sie die Stereotypen eines negativ besetzten Altersbildes bestätigen. Alter und Altern ist jedoch, wie wir spätestens seit den Studien von BALTES/ BALTES (1990) wissen, ein hochgradig ausdifferenzierender Prozess, der zu sehr diversen Ergebnissen führen kann. Wie der Prozess verläuft, hängt von vielen verschiedenen Faktoren ab, wie persönliche Voraussetzungen, Lebenskonzepte und -verläufe, Geschlecht, Bildung und sozio-ökonomische Kontextbedingungen. Wie die Betroffenen leben, hängt u. a. von ihren Interessen und Fähigkeiten oder etwa von ihrer Sozialisation mit Technik ab. Das kalendarische Alter ist neben dem Alter als biologisches, soziales oder interaktiv-kommunikatives Phänomen nur eines von vielen Alterskonzepten (vgl. u. a. FIEHLER/THIMM 1998; LEHR 2006; JAKOBS/LEHNEN/ZIEFLE 2008).

Das zunehmende Lebensalter trägt zur Ausdifferenzierung der Gruppe 50+ bei. Männern wird derzeit eine durchschnittliche Lebensdauer von rund 80 Jahren, Frauen von rund 84 Jahren zugeschrieben; gleichzeitig wächst der Anteil der Gruppe 90+ (STATISTISCHES BUNDESAMT 2011). Der Begriff 50+ erfasst damit eine Zeitspanne von drei bis vier Jahrzehnten.

Betrachtet man die Gruppe 50+ als Gesamtheit, so nutzen lediglich 52,5 % das Internet (Initiative D21 2011: 14). Betrachtet man ihre „Altersgruppen" dagegen gesondert, zeigen sich gravierende Unterschiede im Internet-Zugang. In der Gruppe der 50- bis 59-Jährigen sind 75,4 % so genannte *Onliner*, in der Gruppe der 60- bis 69-Jährigen nutzt mehr als die Hälfte das Internet (57,3 %), in der Gruppe 70+ (die als solche im (N)ONLINER-Atlas nur summarisch geführt wird) gilt dies immerhin noch für ein Viertel. Statistiken wie der (N)ONLINER-Atlas deuten auf ständig steigende Zahlen der Partizipation am Internet und seinen Angeboten.

Die Altersgruppen der Gruppe 50+ weisen tendenziell ein unterschiedliches Verhältnis zu Technik und eine unterschiedliche Sozialisation mit Technik auf. So ist die Gruppe der heute 50-Jährigen einer anderen Technikgeneration (Sackmann/Weymann 1994) zuzuordnen als etwa die der heute 70- oder 80-Jährigen (vgl. Ziefle/Jakobs in diesem Band).

Fasst man das bisher Gesagte zusammen, so drängt sich die Einsicht auf, dass wir dringend ein differenziertes Altersverständnis benötigen, das der Unterschiedlichkeit des Alterns ebenso Rechnung trägt wie etwa Kohorteneffekten. Die Korrektur von Altersvorstellungen und die Unterscheidung junger, mittlerer und älterer „Älterer" ist u. a. relevant mit Blick auf sich verschiebende Grenzen in der Erwerbsfähigkeit und einer länger andauernden Sozialisation mit neuen Informations- und Kommunikationstechnologien im Beruf.

Das Konstatieren von Internetnutzung an sich ist in vielen Zusammenhängen sinnvoll, aber häufig nicht ausreichend. Interessant ist u. a., wie das Internet genutzt wird und wie sich Altersgruppen bezogen auf das Nutzungsverhalten unterscheiden. Die „OnlineNutzerTypologie" von Oehmichen/Schröter (2007) unterscheidet aktiv-dynamische und selektiv-zurückhaltende Onlinenutzer. Beide Gruppen weisen bezogen auf Nutzungsintensität, Nutzungsdauer und Profile der Internetnutzung Untertypen auf. Ältere Nutzer stellen Anteile an allen Untertypen. Ältere selektiv-zurückhaltende Nutzer (Selektivnutzer) werden nach einer Lernphase routinierter und können zur aktiv-dynamischen Gruppe (Infonutzer) wechseln. Konzepte wie 50+ bzw. Silver Surfer verstellen den Blick auf das an sich breite Spektrum an Nutzungsmustern älterer Nutzergruppen im Internet.

In verschiedenen Kontexten zeichnet sich langsam ein Umdenken ab im Sinne einer differenzierteren Sicht auf Alter und Techniknutzung. Dazu gehören u. a. Ansätze in der Usability-Forschung und die Forderung nach Heuristiken für ältere Internetnutzer, die nicht per se von einer homogenen, durch Alterserscheinungen eingeschränkten Zielgruppe ausgehen:

> „The existing heuristics seemed to me to be focused on people's disabilities rather than on people's abilities. Not every one over 50 has eyesight poor enough to require maximizing the size or contrast of text of a web page. Not every person over 50 has problems with motor

> control or significant short term memory loss. The diversity of this demographic group is stunning. Not everyone over 50 is new to the Web or afraid of their computer. Why are we trying to lump them all together like that?“ (CHISNELL/REDISH/LEE 2005: 1)

Neuere Studien zeigen, dass Ältere im Gegensatz zu Jüngeren Technik nicht nur konsumieren, sondern auch verstehen wollen (JAKOBS/LEHNEN/ZIEFLE 2008). Sie wünschen kommunikative Usability (JAKOBS in diesem Band) durch Gestaltungsmerkmale, die es ihnen ermöglichen, Webangebote möglichst schnell und unaufwendig einschätzen zu können, etwa bezogen auf die Themen, den übergeordneten Zweck und die Funktionen einer Website. Webangebote, die neuartige Inhalte und Funktionen anbieten und/oder komplexe Nutzeraktionen erfordern, sollten den Nutzer dabei unterstützen, potenzielle Wissenslücken zu überbrücken. Dies kann über die Verwendung von Nutzerhilfen (Abschnitt 5) erreicht werden. Sie werden in der Literatur zu Usability-Empfehlungen jedoch kaum thematisiert (vgl. KURNIAWAN/ZAPHIRIS 2005).

Generell sollten Gestaltungsempfehlungen für Websites Gruppen älterer Nutzer unterscheiden und Expertisen sowie Nutzungsmuster und -ziele berücksichtigen. Dies gilt u. a. für die Gestaltung adressatengerechter Hilfen. Im Projekt OpenISA wird ein solcher Ansatz für Innovationsplattformen verfolgt. Die Forschungsfrage lautet, welche Erkenntnisse eine vorurteilsfreie Sicht auf Anforderungen älterer Anwender an Innovationsplattformen liefert.

4. Das Projekt OpenISA: Innovationsplattformen für Senior-Experten

OpenISA wurde als Forschungsprojekt im EFRE-kofinanzierten (Europäischer Fonds für regionale Entwicklung – Investition in unsere Zukunft) operationellen Ziel-2-Programm „Regionale Wettbewerbsfähigkeit und Beschäftigung“ für Nordrhein-Westfalen ausgewählt. Ziel des Projektes ist die interdisziplinäre Erforschung von „Offenen Innovationsplattformen“ für die Entwicklung von (gesundheitsbezogenen) Dienstleistungen und Produkten für Ältere. Ein wesentliches Ziel ist die Integration von Senior-Experten in ihre Entwicklung. Das Projekt führt verschiedene Expertisen aus Forschung und Industrie zusammen.[1] Die kom-

1 Projektpartner: Die Professuren „Technologie und Innovationsmanagement“ sowie „Textlinguistik und Technikkommunikation“ der RWTH Aachen, MedCom international medical & social communication GmbH, Deutsche Seniorenliga e. V.

munikationswissenschaftliche Forschung richtet sich auf zwei Themenbereiche: die Adressierung von Senior-Experten sowie Konzepte für attraktiv wie funktionsgerecht gestaltete Oberflächen von Open Innovation-Plattformen. Bezogen auf den letztgenannten Bereich wird empirisch erhoben, wie Ältere derartige Plattformen wahrnehmen, nutzen und bewerten und wie Nutzerhilfen dazu beitragen können, dass die Plattform gern und erfolgreich genutzt wird.

Im Projekt wurden in Zusammenarbeit mit Wirtschaftspartnern mehrere Innovationswettbewerbe, wie z. B. der Wettbewerb www.einfachtelefonieren.de (Abschnitt 4.1) gestartet und geprüft, wie diese Angebote von der Zielgruppe (ältere Nutzer im Alter zwischen 60 und 75 Jahren) wahrgenommen werden (Abschnitt 4.2).

4.1 Die Innovationsplattform www.einfachtelefonieren.de

Gegenstand des öffentlich ausgelobten webbasierten Innovationswettbewerbs „Einfach Telefonieren" sind Ideen für die Gestaltung von Mobilfunktelefonen für ältere Menschen. Sie können von den Nutzern (allein oder im Team) online über die dazugehörige Innovationsplattform wie auch offline eingereicht werden. Der Wettbewerb wurde zunächst befristet (3. März 2010 bis 6. Juni 2010) durchgeführt, dann weitergeführt. Die besten Beiträge der ersten Runde wurden durch eine Experten-Jury ermittelt und auf der Funkausstellung 2010 in Berlin mit Reisen und Mobilfunktelefonen des auslobenden Unternehmens prämiert. Die Nutzer der Innovationsplattform konnten Ideen anderer Mitglieder online kommentieren und bewerten sowie Nachrichten an andere Mitglieder versenden. Die Innovationsplattform wurde als Wettbewerb für die breite Öffentlichkeit (HALLERSTEDE/BULLINGER 2010) angelegt.

Die Plattform umfasst fünf Bereiche: „Ideen eingeben", „Ideenpool", „Mitglieder", „Über den Wettbewerb" und „Mein Profil". Der Bereich „Ideen eingeben" ermöglicht, Ideen in zwei Varianten zum Wettbewerb einzureichen – als „freie Idee" oder als „Baukasten-Idee". Freie Ideen werden als Text (Titel, Beschreibung, Nennen von Besonderheiten) eingegeben, durch Dateien (Bilder, Videos u. a.) ergänzt, einer Kategorie zugeordnet und vom Einreichenden bewertet. Baukasten-Ideen basieren auf der Auswahl und Kombination vorgegebener Gestaltungselemente des so genannten *Handy-Baukastens*. Das Ergebnis wird ergänzt durch Funktionsangaben, Titel und Beschreibung. Die zur Auswahl stehenden Elemente sind fünf Rubriken zugeordnet („Handytypen", „Tastatur", „Display", „Zierelemente" sowie „Textgravur") und können gestalterisch modifiziert werden. Der Handy-Baukasten enthält eingebettete Kurzanweisungen sowie eine textuelle Schritt-für-Schritt-Anleitung als Pop-Up. Im Bereich „Ideenpool" können Übersichts- sowie Detailseiten zu allen Ideen abgerufen werden. Die Wettbewerbsteilnehmer können auf den Detailseiten Ideen anderer kommentieren und bewerten sowie Nachrichten an ihre Urheber versenden. Im Bereich „Mitglieder" können Nutzer eine Übersicht sowie Profilseiten aller Mitglieder abrufen. Auf Profilseiten werden Nachrichten an den Profilinhaber zu dessen Ideen angezeigt. Im Bereich „Mein Profil" können die Wettbewerbsteilnehmer ihr Profil einsehen und Nachrichten beantworten. Der Bereich „Über den Wettbewerb" bietet Informationen zum Wettbewerb (zu Preisen, zur Jury, zu aktuellen Neuigkeiten und Gewinnern) sowie ein Tutorial in Textform.

4.2 Untersuchungsdesign

Der Wettbewerb wurde mit verschiedenen Methoden evaluiert. In einem ersten Schritt wurde die (kommunikative) Usability der Benutzeroberfläche der Innovationsplattform mit zwei expertenorientierten Methoden bewertet, einer Heuristik, die sich auf CHISNELL/REDISH/LEE (2005) stützt sowie die Methode des Cognitive Walkthrough[2]. Im Anschluss wurde die Nutzung selbst untersucht, und zwar unter Realbedingungen (per Logfileanalyse) und Testbedingungen (Nutzertest in Kombination mit lautem Denken bzw. Spontankommentierung; vgl. WHARTON et al. 1994; JAKOBS/LEHNEN 2005). Die Nutzertests wurden in zwei Varianten durchgeführt: als aufgabenbasierter Einzeltest und als Co-Discovery-Test (auch *Teaching-Methode* oder *konstruktive Interaktion* genannt, STOESSEL 2002). Die Probanden des Nutzertests wurden im Anschluss an den Test befragt. Insgesamt wurden neun Einzel- und drei Co-Discovery-Tests durchgeführt.

Die Tests fokussierten die Zielgruppen der 60- bis 75-Jährigen. An den Einzeltests nahmen fünf Probanden im Alter zwischen 60 und 69 Jahren (3 männlich, 2 weiblich) sowie vier Probanden im Alter zwischen 70 und 75 Jahren (2 männlich, 2 weiblich) teil, an den Co-Discovery-Tests drei Paare im Alter zwischen 60 und 75 Jahren (alle männlich). Vor Testbeginn wurden die Probanden gebeten, einen Screening-Fragebogen auszufüllen. Mit dem Fragebogen werden Daten zu ihrer Erfahrung mit PC und Internet, zu Nutzungsfrequenz, -dauer, -spektrum sowie die Angabe, ob sich die Teilnehmer als Anfänger, Fortgeschrittener oder Experte einschätzen, erhoben. Nach der „OnlineNutzerTypologie" lassen sich drei Pro-

2 Heuristiken sind Sammlungen von Aussagen oder Fragen zu Gestaltungseigenschaften für die systematische Bewertung eines Portals oder einer Website nach vorgegebenen Kriterien. Bei der Methode des Cognitive Walkthrough „durchwandern" Experten explorativ das Webangebot und versuchen, prototypische Aufgaben zu lösen. Beide Methoden dienen der Ermittlung potenzieller Schwachstellen, die Nutzungsprobleme verursachen könnten.

bandinnen und acht Probanden den Selektivnutzern (selektiv-zurückhaltende Gruppe) und eine Probandin sowie drei Probanden den routinierten Infonutzern (aktiv-dynamische Gruppe) zuordnen (vgl. OEHMICHEN/SCHRÖTER 2007). Von den männlichen Infonutzern nahmen zwei Probanden als Paar bei einem Co-Discovery-Test teil; sie gehörten – wie die einzige Infonutzerin – zur Altersgruppe der 60- bis 69-Jährigen, der dritte Infonutzer gehörte zur Gruppe der 70- bis 75-Jährigen.

In der expertenorientierten Evaluation wurden potenzielle Nutzungsprobleme ermittelt und Hypothesen gebildet, wann Nutzern Hilfen angeboten werden sollten. Die Hypothesen wurden in den Nutzertests überprüft und bestehende Hilfen der Plattform (Tutorial, eingebettete Kurzanweisungen, Pop-Up-Anleitung) auf Verständlichkeit und Unterstützung von Anschlusshandlungen (vgl. dazu JAKOBS in diesem Band) untersucht. Aus den Beobachtungen lassen sich Empfehlungen für die Gestaltung multimodaler Hilfen für verschiedene Nutzergruppen ableiten.

5. Adressatengerechte Nutzerhilfen

Nutzerhilfen elektronischer Kommunikations- und Interaktionsangebote sind ein gut untersuchter Gegenstand (Abschnitt 5.1), eine Ausnahme bildet der Bereich Hilfen für Websites. Letztere werden in Abschnitt 5.2 bezogen auf Eigenschaften wie kommunikative Usability (JAKOBS in diesem Band) und Innovationsplattformen für Senior-Experten betrachtet.

Im Allgemeinen werden Nutzerhilfen angeboten, wenn angenommen werden kann, dass die Zielgruppe des Angebots Personen enthält, die über Content- und Interfaceangaben hinaus Hilfestellungen benötigen, um die Ziele und Zwecke zu erreichen, die sie zur Nutzung des Angebots motivieren. Idealerweise ist ein interaktives System intuitiv, d. h. ohne Hilfen oder Training benutzbar. Aufgrund steigender Komplexität und Diversität moderner Systeme ist dies zunehmend nicht mehr möglich (DIX et al. 2004; SHNEIDERMAN/PLAISANT 2010). Eine wesentliche produktionsseitige Aufgabe besteht daher darin, sie, wenn nicht intuitiv nutzbar, so doch selbsterklärend zu gestalten: Nutzer erhalten bei Bedarf Beschreibungen und Instruktionen (RASKIN 2000). Solche Hilfen reichen von kurzen Anweisungen über aufgabenspezifische Hilfen und vollständige Systembeschreibungen bis zu Schritt-für-Schritt-Anleitungen (DIX et al. 2004). Eine bislang wenig untersuchte und geklärte Frage ist, welche Typen von Hilfen und welche Modi (z. B. textuelle Beschreibung vs. interaktives Video-Tutorial) an welchen Punkten eines interaktiven Systems welche Nutzertypen und (übergeordneten) Ziele sinnvoll unterstützen können.

5.1 Das Forschungsfeld Nutzerhilfen

Der am längsten und häufigsten untersuchte Nutzerhilfe-Typ wird als geschlossener Hypertext für Desktop-Applikationen (Online-Hilfen) realisiert. Seine Funktion ist es, Nutzer durch Sachverhalts- und Verfahrensbeschreibungen sowie Erklärungen dabei zu unterstützen, begonnene Aufgaben erfolgreich zu beenden (DUFFY et al. 1992). Wissenschaftliche Studien fokussieren verschiedene Aspekte von Online-Hilfen: ihren Entwicklungsprozess (WEBER/GRANOR 2004), Typen von Online-Hilfen (SELFE et al. 1992), die Art und Weise, wie (ältere) Nutzer Hilfesysteme konsultieren (SYME et al. 2003; NOVICK/ELIZALDE/BEAN 2007), die Anpassung von Online-Hilfen an Nutzerbedürfnisse (ANDRADE/NOVICK 2008) oder die Bewertung ihrer Usability (KRULL et al. 2001). Die Nutzung von Online-Hilfen kann durch verschiedene Faktoren erschwert werden, ihren Sinn verlieren oder neue Probleme erzeugen, so wenn sie Fähigkeiten erfordert, über die potenzielle Nutzer nicht oder nur partiell verfügen, oder wenn die Hilfe defizitär gestaltet ist (JAKOBS/VILLIGER 1999).

Hilfen in Form geschlossener Hypertexte können in unterschiedlichen Verwendungszusammenhängen eingesetzt werden, z. B. als Bestandteil komplexer Softwareprogramme. Nach FARKAS/FARKAS (2002) sind sie für Websites selten notwendig oder gar wünschenswert. In der Literatur zu Website-Hilfen werden zahlreiche andere Typen von Hilfen genannt: About the site, E-Mail-Support, FAQ, Feedback, Help, Index, Search, Site Map, User tips (STOWERS 2003), Tutorial, animierte Demonstration, Pop-Up-Hilfe, Wizard, Hilfen-Community, Newsgroup, Chat, Instant-Messaging (SHNEIDERMAN/PLAISANT 2010), Telefonsupport (DIX et al. 2004), menschliche Assistenz (ABERG/SHAHMEHRI 2001), animierter Assistent (PERERA/KENNEDY/PEARCE 2008) und graphische Zusammenfassung (JIAO et al. 2010). Einzelne Typen, wie z. B. Tutorials, wurden unter verschiedenen Aspekten diskutiert, wie Gestaltung für webbasiertes Lernen (TESSMER 2009) oder Optimierung für ältere Internetnutzer (XIE/WATKINS/HUANG 2010, 2011).

Welche der oben genannten Nutzerhilfe-Typen sich in welcher Modalität für welche Zwecke bzw. Probleme eignen, ist – wie erwähnt – nach wie vor weitgehend unklar. Bezogen auf Innovationsplattformen für Senior-Experten fehlen Untersuchungen für den speziellen Websitetyp (JAKOBS 2003) wie auch zu Zielgruppen älterer Portalnutzer.

5.2 Nutzerhilfen der Innovationsplattform www.einfachtelefonieren.de

In der expertenorientierten Evaluation zur Innovationsplattform www.einfachtelefonieren.de wurden folgende Hypothesen aufgestellt:

- Nutzer benötigen aktive Hilfestellungen auf Websites, für die sich noch keine Gebrauchsmuster etabliert haben (vgl. JAKOBS 2011).
- Nutzer benötigen aktive Hilfestellungen auf Websites, die problemlösendes Handeln voraussetzen.
- Mängel in der Gestaltung von Hilfen verursachen weitere Probleme, statt potenziellen Nutzungsproblemen im Interface vorzubeugen.
- Unterschiedliche Nutzertypen (OEHMICHEN/SCHRÖTER 2007) benötigen unterschiedliche Typen von Hilfen.

Die Hypothesen wurden in den Usability-Tests bestätigt. Mit Blick auf die erste Hypothese zeigte sich, dass die Probanden Schwierigkeiten hatten, Zweck und Funktionsweise der Innovationsplattform zu erfassen. Sie waren sich unsicher, wozu die Plattform genutzt werden soll, wie der Gesamtaufbau des Portals gestaltet ist, ob und wie Regeln des Innovationswettbewerbs den Missbrauch von Funktionen durch andere Mitglieder verhindern, in welcher Reihenfolge Wettbewerbsfunktionen ausgeführt werden müssen und wie die Portalfunktionen im Detail funktionieren. Antworten auf diese Fragen liefert teilweise das in Textform abgefasste Tutorial im Bereich „Über den Wettbewerb", das die Probanden jedoch an anderer Stelle – auf der Einstiegsseite – erwarteten. Das Tutorial wird seiner Aufgabe, zentrale Leserfragen zu beantworten, nur zum Teil gerecht. Es enthält partiell unbrauchbare Informationen, deren Lektüre (sekundäre) Anschlusshandlungen wie 'einen Überblick über Aufbau und Funktionen bekommen' oder 'benötigte Funktionen identifizieren' nicht unterstützen. Der Versuch, Antworten auf Leserfragen zu erhalten, führte zu Lesezeiten zwischen 43 Sekunden und 6:36 Minuten:

(1) „Am Anfang waren eine Menge redundante Informationen. Das ist ermüdend und nicht zielführend. Also den einführenden Text straffer und keine überflüssigen Informationen rein schreiben." (Angabe einer Testperson)

Problematisch war auch die Granularität und Spezifität von Angaben. Beschreibungen (z. B. einzelner Funktionen) waren zu undetailliert, um tertiäre Anschlusshandlungen zu ermöglichen (wie 'Entscheidung über eine Registrierung treffen', 'eingesandte Ideen bewertend vergleichen').

Die Probanden wurden erstmals mit derartigen Wettbewerbsportalen konfrontiert. Ihnen fehlte Erfahrung im Umgang mit dem Gebrauchsmuster Wettbewerbsportal wie auch mit Submustern seiner Gestaltung. Mehrere Probanden versuchten, in Ermangelung von Gebrauchsmusterwissen und adäquater Hilfen Wissen aus dem Umgang mit anderen Typen von Websites (z. B. Facebook, Amazon oder Ebay) auf die Nutzung der Innovationsplattform zu übertragen. Trotz

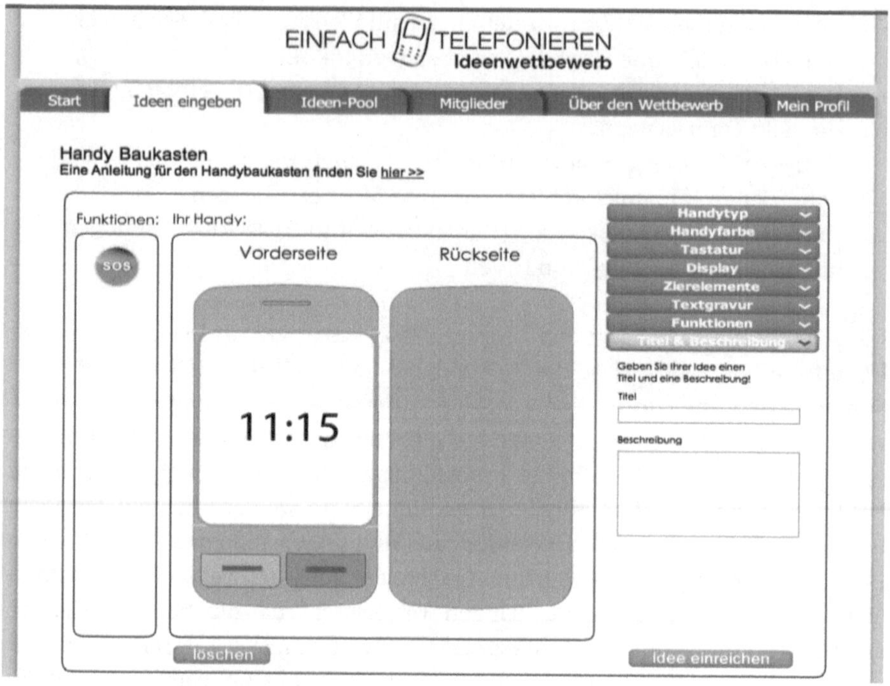

Abb. 1: Der Portalbaustein „Handy-Baukasten".

derartiger Kompensationsstrategien konnten übergeordnete Ziele (etwa 'erfolgreich Wettbewerbsbeiträge einreichen') nicht erreicht werden.

In Bezug auf die zweite Hypothese zeigte sich, dass problemlösendes Handeln auf Websites zu Problemen führt, wenn inhaltliches Problemlösen mit komplexen Handlungsabfolgen einhergeht und für diese Handlungsabfolgen unterstützende Hilfen fehlen. Problemlösendes Handeln war insbesondere bei der Nutzung des Handy-Baukastens gefordert – einer interaktiven Applikation, in der zu einer Aufgabenstellung („Stellen Sie sich Ihr perfektes Handy mit dem Baukasten zusammen") vorgegebene Gestaltungselemente kombiniert und modifiziert werden mussten (vgl. Abbildung 1). Der Handy-Baukasten stellt das komplexeste Modul der Website dar: Schwierigkeiten in der Nutzung ergaben sich aus

- dem unmarkierten Wechsel zwischen verschiedenen Bedienmodi (z. B. „Klick auf Link" wie im Webbrowser vs. „Drag&Drop" wie in Betriebssystemen),
- der fehlenden Unterscheidung obligatorischer und fakultativer Gestaltungselemente (Z. B. muss zu Beginn ein Handytyp ausgewählt werden, der als Umriss angezeigt wird, auf dem Gestaltungselemente platziert werden

müssen. Wird dieser Schritt übersprungen, werden alle weiteren Eingabeversuche vom System ignoriert.),
- nicht explizierten Einschränkungen bei der Platzierung von Elementen (Z. B. können einzelne Elemente nur auf der Vorder- oder der Rückseite des Handytypen platziert werden.).

Der Baukasten bietet eine Pop-Up-Anleitung sowie eingebettete Hilfen, um die Einarbeitungszeit zu reduzieren und Fehlern vorzubeugen. Trotzdem benötigten die Probanden Bearbeitungszeiten zwischen 9:17 und 27:18 Minuten. Anwendungsschwierigkeiten der Hilfen ergaben sich aus gravierenden Gestaltungsmängeln. Der Link zur Pop-Up-Hilfe sowie die eingebetteten Hilfen wurden übersehen bzw. nicht erkannt. Dass die Probanden Unterstützung erwarteten, zeigen Äußerungen wie die folgende:

(2) „Da hätte eine Hilfestellung kommen müssen [.] eine Hilfestellung angezeigt werden müssen / bitte zunächst dieses und jenes machen." (Angabe einer Testperson)

Mit Blick auf die dritte Hypothese verursachten neben den oben erwähnten Problemen Mängel der Hilfe-Gestaltung Probleme bei der Nutzung des Baukastens. Die Probanden, die die im Pop-up-Fenster versteckte Hilfe nutzten, investierten zusätzliche Bearbeitungszeit in den Versuch, problematische Instruktionen zu interpretieren und durch Trial-and-Error-Verfahren im Baukasten anzuwenden. Problematisch ist die Gestaltung von Instruktionen, wie im folgenden Beispiel (Abbildung 2).

Der erste Teil nennt zwei Handlungsoptionen: Wahl einer vorgegebenen Funktion vs. Eingabe einer nicht vorgegebenen Funktion. Der Nutzer muss länger überlegen, auf welche Option sich die nachfolgenden Instruktionen (a) und (b) beziehen.

Die Lektüre und das Verständnis des Gelesenen werden u. a. durch implizite Angaben erschwert. Die Anweisung „Ziehen Sie die von Ihnen für Ihr Handy gewünschten Funktionen in das Feld Funktionen" enthält in sich zwei Instruktionen: (1) „Wählen Sie eine der unten abgebildeten Funktionen aus" und (2) „Ziehen Sie die gewählte Funktion in das Feld Funktionen." Die zweite Instruktion verschwindet in einer komplexen Nominalphrase („die von Ihnen für Ihr Handy gewünschten Funktionen"). Wesentliche Angaben (hier: die Angabe des Auswahlmodus) fehlen. Der Nutzer ist gezwungen, durch mehrmaliges Lesen und damit verbundene Interpretations- und Korrekturversuche ein adäquates mentales Nutzungsmodell aufzubauen. Phänomene wie unbekannte Fachbegriffe und inkonsistente Benennungen, Rechtschreibfehler, fehlerhafte Zeichendarstellung (Fragezeichen statt Umlaut) oder ein zu kleiner und daher schwer lesbarer Schrifttyp erschweren das Verständnis der Hilfen zusätzlich.

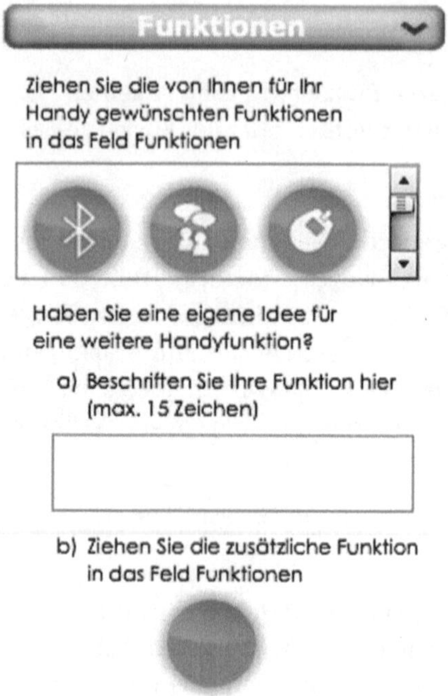

Abb. 2: Schwer erschließbare Instruktionen.

Die Qualität der Portalgestaltung verärgerte die Probanden und schuf Distanz zum Veranstalter:

(3) „Quatsch (---) die wollen doch / ich bin doch nicht blöd (---) der lehnt ab (-) warum lehnt der denn das ab (-) ich verstehe das heute nicht (--) was soll ich denn da für einen Titel eingeben (---) hmhmhmhmhm (--) keine Ahnung (-) was die damit bezwecken." (Angabe einer Testperson)

Die Spontankommentierungen der Probanden zeigen, dass die Gestaltungsqualität des Kommunikations- und Interaktionsangebots als Referenz für Prozesse der Vertrauenszuschreibung und -bildung genutzt wird – Gestaltungsmängel führen zu negativen Rückschlüssen auf die Veranstalter des Wettbewerbs.

Mangelhaft formulierte Instruktionen erschweren Anschlusshandlungen wie Auswahl, Platzierung und Modifikation einzelner Elemente. Stellenweise werden in den Instruktionen Ausdrücke der Portalseite (hier des Handy-Baukastens) variiert, was die Identifikation der referenzierten Objekte erschwert. Im folgenden Beispiel wird in der Pop-Up-Hilfe der Ausdruck *Handytyp* durch *Favorit* ersetzt, was Verwirrung beim Probanden auslöst:

(4) „‘Mit unserem Handybaukasten können Sie / Wählen Sie zunächst den Handytypen, indem Sie die Favoriten einfach anklicken (-) dann in Feld unten links’ (--) wo haben wir die Favoriten stehen (-) ich finde keine Favoriten.“ (Angabe einer Testperson)

An anderer Stelle wurde das referenzierte Objekt zwar richtig erkannt, der Handlungsvollzug wurde jedoch durch fehlende oder unspezifische Angaben zum Auswahlmodus erschwert (Beispiel: „Teilweise können Sie auch hier [bei den Gestaltungselementen] eine Farbe und sogar eine eigene Schriftfarbe auswählen. – Auswahl durch Anklicken oder Anklicken und Ziehen eines Elements?“ Hervorhebung im Original). An anderer Stelle wurden das referenzierte Objekt und der benötigte Bedienmodus richtig erkannt, jedoch war die Beschreibung des Anwendungsbereichs unspezifisch und verursachte Probleme. Dazu ein Beispiel:

(5) „‘Folgende Elemente ziehen Sie einfach mit der Maus an die gewünschte Stelle des Handys (4)’ Wo habe ich das Feld? Warum hab ich kein Feld?“ (Angabe einer Testperson)

Mit Blick auf die vierte Hypothese zeigte sich, dass aus unterschiedlicher Nutzungserfahrung und unterschiedlichen Nutzungsmustern der Bedarf nach unterschiedlichen Hilfestellungen resultiert. Die Infonutzer (die aktiv-dynamischen Nutzer) hatten in den Tests weniger Probleme als die Selektivnutzer. Während die Selektivnutzer Usability-Probleme dadurch aufdeckten, dass sie Fehler begingen, erkannten die Infonutzer Probleme während der Nutzung, wiesen darauf hin und äußerten teilweise Verbesserungsvorschläge, die sich auch auf Hilfen bezogen.

Aktiv-dynamische Probanden wünschen aufgabenspezifische Hilfen. Für Überblicke über das Gesamtportal wünschen sie einen kurzen Hilfetext auf der Einstiegsseite, der Wesentliches (Zweck und Funktionen) kurz und knapp erläutert:

(6) „Aber ich muss sagen ich find es irgendwie kompliziert um was es hier geht (--) man hätte vielleicht mit ganz wenigen Sätzen gesagt bekommen sollen worum es eigentlich geht und was zu machen ist.“ (Angabe einer Testperson)

Für die Nutzung komplexer Funktionen (wie die Funktion Handy-Baukasten) wünschen sie vor allem Hilfen, die den Arbeitsablauf nicht unterbrechen. Statt Anleitungen zu lesen, möchten sie Funktionen selbst ausprobieren (vgl. auch JAKOBS in diesem Band). Die Unterstützung soll als Teil der Arbeitsumgebung, in der sie agieren, angeboten werden, z. B. als graphische Darstellung des Arbeitsablaufs (Nutzung des Handy-Baukastens) und/oder als kontextsensitive Hilfen zu einzelnen Arbeitsschritten und Gestaltungselementen. Eine interessante Variante bieten auditiv umgesetzte Anweisungen. Sie machen Leseprozesse überflüssig, die den Arbeitsfluss unterbrechen, und ermöglichen Gleichzeitigkeit von Hilferezeption und Hilfennachvollzug bzw. -anwendung (Bedienen einer Funktion). Für Nutzer mit Beeinträchtigungen des Gehörs sollte alternativ eine Textvariante angeboten werden.

Insbesondere Probanden der selektiv-zurückhaltenden Gruppe haben Probleme beim Wechsel zwischen ausgelagerter Hilfe (Pop-Up-Hilfe) und Anwendungsbereich (Arbeitsflächen des Handy-Baukastens):

(7) „In der Vorbeschreibung war angegeben, was man machen muss [.] anklicken, rüberziehen [.] es wird aber nicht mehr angegeben, wenn die einzelne Seite offen ist [.] das heißt man vergisst sehr schnell, was man machen muss [.] das ist wie eine Gebrauchsanweisung, die du gelesen hast / kannst du aber nicht mehr nachlesen, hast du ja nicht mehr vor dir liegen." (Angabe einer Testperson)

Sie konsultieren Hilfen, um die Funktionsweise der Innovationsplattform genau zu verstehen (als wesentliche Voraussetzung für die Nutzung von Funktionen). Sie verlangen Schritt-für-Schritt-Anleitungen für die gesamte Website wie auch für einzelne Funktionen. Die Anleitung für die gesamte Innovationsplattform soll einen Pfad vorgeben, auf dem sich der Nutzer durch die Website bewegt. Statt freier Exploration des Wettbewerbs wünschen sich die Probanden Vorgaben, in welcher Reihenfolge einzelne Funktionen abgearbeitet werden müssen. Sie benötigen ein Mehr an Informationen, das z. B. durch animierte Darstellungen (Rundgänge durch das Portal, Arbeitsabläufe einzelner Funktionsbereiche) bzw. Video-Tutorials mit auditiven Kommentaren effektiv wie effizient vermittelt werden kann. Die graphische Darstellung von Ausgangs- und Zielzuständen des Systems in der Zeit unterstützt den Aufbau eines adäquaten Nutzungs- und Ablaufmodells wie auch die Überprüfung von Ist- und Soll-Zuständen des Systems nach Eingaben (ausführlich Jakobs/Villiger 1999). Im Fallbeispiel suchten die Probanden vergeblich in den Hilfen nach Abbildungen oder versuchten, aus den Abbildungen bereits eingereichter Ideen Rückschlüsse auf die Funktionsweise des Handy-Baukastens zu ziehen.

6. Fazit

Innovationsplattformen sind ein geeignetes Mittel zur Integration von Senior-Experten in den Entwicklungsprozess innovativer Dienstleistungen und die Rekrutierung von Bedarfs- und Lösungsinformationen. Ihr Erfolg hängt wesentlich davon ab, in welchem Maße sie die Bedarfe und Anforderungen ihrer Zielgruppe in der Gestaltung der Plattformen berücksichtigen. Erfolgreich gestaltete Plattformen für Senior-Experten erfordern ein adäquates Altersbild. Die summierende Annahme einer amorphen Gruppe 50+ verstellt den Blick darauf. Die Gruppe der über 50-Jährigen umfasst eine Vielzahl von Altersgruppen und Nutzertypen. Mit Blick auf die Diversität der Zielgruppe und Spezifika des Portaltyps (und den Fokus auf problemlösendes, kreatives Handeln gerichtet) sollten Innovationsportale nutzer- und aufgabenspezifische Hilfen anbieten. Für die Gestaltung solcher Hilfen ist eine Fokussierung auf Nutzungsmuster essenziell: Unterschiedliche Nutzungsmuster rücken unterschiedliche übergeordnete Ziele in den Fokus (z. B. 'Gestalten wollen' vs. 'etwas (z. B. den Gesamtaufbau des Portals) verstehen wollen'), die unterschiedlichen Hilfetypen erfordern (z. B. Text vs. multimodale, interaktive Hilfe). Die Qualität der Portalgestaltung und ihrer Hilfen hat wesentlichen Einfluss auf die Zugänglichkeit der Plattform und Prozesse der Vertrauensbildung zwischen Betreiber und Nutzer.

Literatur

ABERG, J./SHAHMEHRI, N., 2001. An Empirical Study of Human Web Assistants: Implications for User Support in Web Information Systems. In: *Proceedings of the SIGCHI Conference on Human Factors in Computing Systems 2001.* 01.–05.04.2001, Seattle, WA, USA. New York: ACM, 404–411.

AGELIGHT LCC, 2001. *Interface Design Guidelines for Users of All Ages.* http://www.agelight.com/webdocs/designguide.pdf (Zugriff am 21.11.2011).

ANDRADE, O./NOVICK, D.G., 2008. Expressing Help at Appropriate Levels. In: *Proceedings of the 26th Annual ACM International Conference on Design of Communication 2008.* 22.–24.09.2008, Lisbon, Portugal. New York: ACM, 125–130.

BALTES, P.B./BALTES, M.M., 1990. Psychological perspectives on successful aging: The model of selective optimization with compensation. In: BALTES, P.B./ BALTES, M.M. (eds.), 1990. *Successful aging: Perspectives from the behavioral sciences.* New York: Cambridge University Press, 1–34.

BELZ, F.-M./SILVERTANT, S./FÜLLER, J./POBISCH, J., 2009. *Ideenwettbewerbe: Konsumenten involvieren. Ideen generieren. Lead User identifizieren.* München: Technische Universität München.

BULLINGER, A.C./MÖSLEIN, K., 2010. *Innovation Contests – Where Are We?* http://aisel.aisnet.org/amcis2010/28 (Zugriff am 18.05.2012).

BULLINGER, A.C./RASS, M./ADAMCZYK, S., 2011. Using Innovation Contests to Master Challenges of Demographic Change – Insights from Research and Practice. In: KUNISCH, S./BOEHM, S.A./BOPPEL, M. (eds.), 2011, 163–174.

BUNDESMINISTERIUM DES INNERN (BMI), 2011. *Demografiebericht. Bericht der Bundesregierung zur demografischen Lage und künftigen Entwicklung des Landes.* http://www.bmi.bund.de/SharedDocs/Downloads/DE/Broschueren/2011/demografiebericht.pdf?__blob=publicationFile (Zugriff am 18.05.2012).

CHADWICK-DIAS, A./BERGEL, M./TULLIS, T., 2007. Senior Surfers 2.0: A Re-examination of the Older Web User and the Dynamic Web. In: STEPHANIDIS, C. (ed.), 2007. *Universal Access in Human Computer Interaction. Coping with Diversity.* Berlin [u. a.]: Springer, 868–876.

CHESBROUGH, H.W., 2003. The Era of Open Innovation. In: *MIT Sloan Management Review* 44, 3, 35–41.

CHISNELL, D./REDISH, J./LEE, A., 2005. *Designing Web Sites for Older Adults. Expert Review of Usability for Older Adults at 50 Web Sites.* http://assets.aarp.org/www.aarp.org_/articles/research/oww/AARP-50Sites.pdf (Zugriff am 18.05.2012).

COYNE, K.P./NIELSEN, J., 2002. *Web Usability for Senior Citizens. Design Guidelines Based on Usability Studies with People Age 65 and Older.* Fremont: Nielsen Norman Group.

CZAJA, S.J./LEE, C.C., 2003. The Impact of the Internet on Older Adults. In: CHARNESS, N./SCHAIE, K.W. (eds.), 2003. *Impact of Technology on Successful Aging.* Berlin [u. a.]: Springer, 113–133.

DIX, A./FINLAY, J./ABOWD, G./BEALE, R. (eds.), 2004. *Human-Computer Interaction.* Harlow [u. a.]: Pearson Prentice Hall.

DOH, M./WAHL, H.W./SCHMITT, M., 2005. Medienverhalten der 1930/32-Geborenen unter besonderer Berücksichtigung der Internetnutzung: Befunde der Interdisziplinären Längsschnittstudie des Erwachsenenalters. In: *Siegener Periodicum zur Internationalen Empirischen Literaturwissenschaft* 25, 1, 35–66.

DUFFY, T.M./PALMER, J.E./MEHLENBACHER, B., 1992. *Online Help Systems: Design and Evaluation.* Norwood: Ablex Publishing Cooperation.

EIMEREN VAN, B./FREES, B., 2008. Internetverbreitung: Größter Zuwachs bei Silver-Surfern. In: *Media Perspektiven* 2008, 7, 330–344.

FARKAS, D.K./FARKAS, J.B., 2002. *Principles of Web Design.* New York [u. a.]: Longman.

FIEHLER, R./THIMM, C., 1998. Das Alter als Gegenstand linguistischer Forschung – eine Einführung in die Thematik. In: FIEHLER, R./THIMM, C. (Hg.), 1998. *Sprache und Kommunikation im Alter.* Opladen/Wiesbaden: Verlag für Gesprächsforschung, 7–16.

FÜLLER, J., 2006. Why Consumers Engage in Virtual New Product Developments Initiated by Producers. *Advances in Consumer Research* 33, 639–646.

HALLERSTEDE, S.H./BULLINGER, A.C., 2010. *Do You Know Where You Go? A Taxonomy of Online Innovation Contests.* http://wi1.uni-erlangen.de/sites/wi1.uni-erlangen.de/files/Hallerstede_Bullinger_2010_-_Do_you_know_where_you_go_-_A_taxonomy_of_onlineinnovation_contests_sub_ISPIM2010.pdf (Zugriff am 18.05.2012).

HALLERSTEDE, S.H./NEYER, A.-K./BULLINGER, A.C./MÖSLEIN, K.M., 2010. Normalo? Tüftler? Profi? Eine Typologisierung von Innovationswettbewerben. In: SCHUMANN, M./KOLBE, L.M./BREITNER, M.H./FRERICHS, A. (Hg.), 2010. *Multikonferenz Wirtschaftsinformatik 2010.* Göttingen: Universitätsverlag Göttingen, 245–246.

HELD, P./PLECHATY, M. (Hg.), 2007. *Handbuch zur Gründung einer Senioren-Internet-Initiative.* http://www.verwaltung.bayern.de/Anlage2634370/HandbuchzurGruendungeinerSenioren-Internet-Initiative.pdf (Zugriff am 21.11.2011).

HEMETSBERGER, A., 2005. Creative Cyborgs: How Consumers Use the Internet for Self-Realization. In: *Advances in Consumer Research* 32, 653–660.

HEMETSBERGER, A./PIETERS, R., 2001. When Consumers Produce on the Internet: An Inquiry into Motivational Sources of Contribution to Joint Innovation. In: *Proceedings of the Fourth International Research Seminar on Marketing Communications and Consumer Behavior June 2001, La Londe les Maures, France*, 274–291.

HIPPEL VON, E., 2005. *Democratizing Innovation.* Cambridge [u. a.]: MIT Press.

INITIATIVE D21, 2011. *(N)ONLINER Atlas 2011. Eine Topographie des digitalen Grabens durch Deutschland.* http://www.initiatived21.de/wp-content/uploads/2011/07/NOnliner2011.pdf (Zugriff am 19.05.2012).

Jakobs, E.-M., 2003. Hypertextsorten. In: *Zeitschrift für Germanistische Linguistik* 2, 31, 232–252.

Jakobs, E.-M., 2011. Hypertextuelle Kommunikate. In: Moraldo, S. (Hg.), 2011. *Neue Sprach- und Kommunikationsformen im World Wide Web, Band 2: Medialität, Hypertext, digitale Literatur*. Rom: Aracne , 57–79.

Jakobs, E.-M./Lehnen, K., 2005. Hypertext – Klassifikation und Evaluation. In: Siever, T./ Schlobinski, P./Runkehl, J. (Hg.), 2005. *Websprache.net. Sprache und Kommunikation im Internet*. Berlin [u. a.]: de Gruyter, 159–184.

Jakobs, E.-M./Lehnen, K./Ziefle, M., 2008. *Alter und Technik. Eine Studie zur altersbezogenen Wahrnehmung und Gestaltung von Technik*. Aachen: Apprimus.

Jakobs, E.-M./Villiger, C., 1999. „Das versteht kein Mensch...“. Verständliche Gestaltung von Hilfesystemen für Softwareprogramme. In: Jakobs, E.-M./Knorr, D./Pogner, K.-H. (Hg.), 1999. *Textproduktion. HyperText, Text, KonText*. Frankfurt a. M.: Peter Lang (= Textproduktion und Medium, Band 5), 211–228.

Jiao, B./Yang, L./Xu, J./Wu, F., 2010. Visual Summarization of Web Pages. In: *Proceedings of the 33rd International ACM SIGIR Conference on Research and Development in Information Retrieval 2012, Geneva, Switzerland, 19.–23.07.2010*. New York: ACM, 499–506.

Jones, S./Fox, S., 2009. *Generations Online*. http://www.pewinternet.org/~/media// Files/Reports/2009/PIP_Generations_2009.pdf (Zugriff am 19.05.2012).

Krull, R./Friauf, J./Brown-Grant, J./Eaton, A., 2001. Usability Trends in an Online Help System: User Testing on Three Releases of Help for a Visual Programming Language. In: *Proceedings of the International Professional Communication Conference 2001, Santa Fe, NM, USA, 24.–27.10.2001*, 19–26.

Kunisch, S./Boehm, S.A./Boppel, M. (eds.), 2011. *From Grey to Silver. Managing the Demographic Change Successfully*. Berlin [u. a.]: Springer.

Kurniawan, S.H./Zaphiris, P., 2005. Research-Derived Web Design Guidelines for Older People. In: *Proceedings of the Seventh International ACM SIGACCESS Conference on Computers and Accessibility 2005, Baltimore, MD, USA, 09.–12.10.2005*. New York: ACM, 129–135.

Lehr, U., 2006. *Psychologie des Alterns*. Wiebelsheim: Quelle und Meyer Verlag.

Leyhausen, F./Vossen, A., 2011. We Could Have Known Better – Consumer-Oriented Marketing in Germany's Ageing Market. In: Kunisch, S./Boehm, S.A./Boppel, M. (eds.), 2011, 175–184.

Lunn, D./Yesilada, Y./Harper, S., 2009. *Barriers Faced by Older Users On Static Web Pages. Criteria Used In The Barrier Walkthrough Method*. http://hcw-eprints.cs.man.ac.uk/108/1/ SCWeb2TechnicalReport-WP1D1.pdf (Zugriff am 18.05.2012).

Lüthje, C., 2004. Characteristics of innovating users in a consumer goods field. An empirical study of sport-related product consumers. In: *Technovation* 24, 9, 683–695.

Meyer-Hentschel, H./ Meyer-Hentschel, G. (Hg.), 2008. *Jahrbuch Seniorenmarketing 2008/ 2009. Management in Forschung und Praxis*. Frankfurt a. M.: Deutscher Fachverlag.

Morris, A./Goodman, J./Brading, H., 2007. *Internet Use and Non-Use: Views of Older Adults*. http://www-edc.eng.cam.ac.uk/~jag76/research/2007_uais/uais_draft.pdf (Zugriff am 18.05.2012).

National Institute on Ageing/National Library of Medicine, 2009. *Making your Website Senior friendly*. http://www.nia.nih.gov/NR/rdonlyres/FF9E472A-8363-4EA0-848E-5AFA56502ECE/12338/Sr_Web_tips_forweb_final_032509.pdf (Zugriff am 21.11.2011).

NEUNDORFER, L., 2008: Die Durchbrechung des Alterstabus. Qualitative Marktforschung auf der Spur zu einer „schwierigen Zielgruppe". In: MEYER-HENTSCHEL, H./MEYER-HENTSCHEL, G. (Hg.), 2008, 99–118.

NEWELL, A.F./DICKINSON, A./SMITH, M.J./GREGOR, P., 2006. Designing a Portal for Older Users: A Case Study of an Industrial/ Academic Collaboration. In: *ACM Transactions on Computer-Human Interaction* 13, 3, 347–375.

NOVICK, D.G./ELIZALDE, E./BEAN, N., 2007. Toward a More Accurate View of when and How People Seek Help with Computer Applications. In: *Proceedings of the 25th annual ACM International Conference on Design of Communication* 2007. 22.–24.10.2007, El Paso, TX, USA. New York: ACM, 95–102.

OEHMICHEN, E./SCHRÖTER, C., 2007. Zur typologischen Struktur medienübergreifender Nutzungsmuster. Erklärungsbeiträge der MedienNutzer- und der OnlineNutzerTypologie. In: *Media Perspektiven* 8, 408–421.

OEHMICHEN, E./SCHRÖTER, C., 2008. Medienübergreifende Nutzungsmuster: Struktur- und Funktionsverschiebungen. In: *Media Perspektiven* 8, 394–409.

PERERA, N./KENNEDY, G.E./PEARCE, J.M., 2008. Are You Bored? Maybe an Interface Agent Can Help! In: *Proceedings of the 20th Australasian Conference on Computer-Human Interaction 2008: Designing for Habitus and Habitat.* 08.–12.12.2008, Cairns, Australia. New York: ACM, 49–56.

PILLER, F./KLEIN-BÖLTING, U./LÜTTGENS, D./NEUBER, S., 2008. Die Intelligenz der Märkte nutzen: Open Innovation. In: *BBDO Insights* 8, 50–63.

RASKIN, J., 2000. *The Humane Interface – New Directions for Designing Interactive Systems.* Boston [u. a.]: Addison-Wesley.

REICHWALD, R./PILLER, F., 2009. *Interaktive Wertschöpfung: Open Innovation, Individualisierung und neue Formen der Arbeitsteilung.* Wiesbaden: Gabler.

SACKMANN, R./WEYMANN, A., 1994. *Die Technisierung des Alltags. Generationen und technische Innovation.* Frankfurt a. M. [u. a.]: Campus Verlag.

SAHWNEY, M./VERONA, G./PRANDELLI, E., 2005. Collaborating to Create: The Internet as a Platform for Customer Engagement in Product Innovation. In: *Journal of Interactive Marketing* 19, 4, 4–17.

SELFE, D./SELBER, S./MCGAVIN, D./JOHNSON-EILOLA, J./BROWN, C., 1992. Online Help: Exploring Static Information or Constructing Personal and Collaborative Solutions Using Hypertext. In: *Proceedings of the 10th Annual International Conference on Systems Documentation 1992.* 13.–16.10.1992, Ottawa, ON, Canada. New York: ACM, 97–101.

SELWYN, N./GORARD, S./FURLONG, J., 2006. *Adult Learning in the Digital Age. Information Technology and the Learning Society.* London: Routledge.

SHNEIDERMAN, B./PLAISANT, C., 2010. *Designing the User Interface: Strategies for Effective Human-Computer Interaction.* Boston [u. a.]: Addison Wesley.

SPRY FOUNDATION, 1999. *Older Adults and the World Wide Web. A Guide for Web Site Creators.* http://www.spry.org/pdf/website_creators_guide.pdf (Zugriff am 19.05.2012).

STATISTISCHES BUNDESAMT, 2011. *Statistisches Jahrbuch 2011 für die Bundesrepublik Deutschland mit „Internationalen Übersichten".* http://www.destatis.de/jetspeed/portal/cms/Sites/destatis/SharedContent/Oeffentlich/B3/Publikation/Jahrbuch/StatistischesJahrbuch,property=file.pdf (Zugriff am 21.11.2011).

STOESSEL, S., 2002. Methoden des Testings im Usability Engineering. In: BEIER, M./ GIZYCKI VON, V. (Hg.), 2002. *Usability – Nutzerfreundliches Webdesign.* Berlin [u. a.]: Springer, 75–96.

STOWERS, G.N.L., 2003. The State of Federal Websites: The Pursuit of Excellence. In: ABRAHAMSON, M.E./MORIN, T.L. (eds.), 2003. *E-Government*. Lanham: Rowman & Littlefield, 17–52.

STRAUCH, H.-J., 2008. Das neue Mittelalter – Die Zukunft einer werberelevanten Zielgruppe. In: MEYER-HENTSCHEL, H./MEYER-HENTSCHEL, G. (Hg.), 2008, 159–178.

STREICH, U., 2008. *Altersgruppenspezifische Probleme beim Usability Design von Webdiensten*. Saarbrücken: VDM Verlag.

SYME, A./DICKINSON, A./EISMA, R./GREGOR, P., 2003. Looking For Help? Supporting Older Adults' Use of Computer Systems. In: *Proceedings of INTERACT 2003, ETH*. 01.–05.09.2003, Zürich, Switzerland, 924–927.

TERWIESCH, C./XU, Y., 2008. Innovation Contests, Open Innovation, and Multiagent Problem Solving. In: *Management Science* 54, 9, 1529–1543.

TESSMER, M., 2009. *Writing Online Training Tutorials*. Charleston: Createspace.

U.S. DEPARTMENT OF HEALTH AND HUMAN SERVICES, 2006. *Research-Based Web Design & Usability Guidelines*. http://usability.gov/pdfs/guidelines_book.pdf (Zugriff am 21.11.2011).

WEBER, J.H./GRANOR, T.E. (eds.), 2004. *Is the Help Helpful? How to Create Online Help That Meets Your Users' Needs*. Whitefish Bay: Hentzenwerke.

WHARTON, C./RIEMAN, J./LEWIS, C./POLSON, P., 1994. The Cognitive Walkthrough Method: A Practitioner's Guide. In: NIELSEN, J. (ed.), 1994. *Usability Inspection Methods*. New York: John Wiley& Sons, 105–140.

XIE, B./WATKINS, I./HUANG, M., 2010. Older Adults' Perceptions and Use of Web-based Multimedia Health Tutorials. In: *Proceedings of the First International Health Informatics Symposium 2010*. 11.–12.11.2010, Arlington, VA, USA. New York: ACM, 565–574.

XIE, B./WATKINS, I./HUANG, M., 2011. Making Web-based Multimedia Health Tutorials Senior-friendly: Design and Training Guidelines. In: *Proceedings of the 2011 iConference*. 08.–11.02.2011, Seattle, WA, USA. New York: ACM, 230–237.

Markus A. Feufel, S. Frederica Stahl und Soo-Youn Lee

Was Hänschen nicht googelt, findet Hans nimmermehr? Online-Suche im Vergleich der Generationen

How good are we at googling? Online search across generations
It is said that older and less educated populations have difficulties accessing the internet compared to younger, more highly educated and frequent web users. But in what way do they exactly differ and how can we bridge this digital divide? To find out, we compared an "experienced" versus a "less experienced" cohort in terms of technical skills (based on video recordings of actual online behaviors), cognitive strategies, and attitudes toward online information (based on concurrent verbal protocols). Main findings are related to (1) attitudes: All web users doubted the quality of online information; users with little web experience mainly because they doubted their skills to navigate vast amounts of information. Once a website was accessed, quality concerns disappeared independent of web experience; (2) technical skills: Whereas experienced web users effectively filtered information according to search intentions and data sources, less experienced users were easily distracted by unrelated information; and (3) cognitive strategies: Experienced web users searched to inform themselves, whereas less experienced users tended to confirm health-related opinions such as "vaccinations are harmful." Independent of web experience, most participants stopped search once they had found a first piece of evidence satisfying search intentions rather than quality criteria. Findings suggest two classes of interventions: challenges related to findings (1) and (2) should be remedied by improving people's basic web-use skills. In particular, web users should be taught how to generate search terms and avoid information from unrelated and low quality web sites. Problems related to finding (3) may be remedied by visually labeling search engine results according to quality criteria.

1. Einleitung

Im Gegensatz zu den meisten Umwelten, in denen Menschen im Laufe ihrer Entwicklungsgeschichte gelebt haben, bietet das Internet eine nahezu unbegrenzte Datenmenge von sich ständig verändernden Informationen. Daraus ergeben sich besondere Herausforderungen für Nutzer des Internets, insbesondere dann, wenn Informationen fachgebunden und für Laien oft nur schwer verständlich sind, wie beispielsweise in der Medizin. Zum einen zeigen Medienanalysen, dass Gesundheitsinformationen im Internet widersprüchlich und von unterschiedlicher, meist geringer wissenschaftlicher Qualität sind (z. B. GIGERENZER et al. 2007, NEUMEYER-GROMEN et al. 2011). Zum anderen besagen Studien zur digitalen Spaltung („digital divide"), dass Nutzermerkmale wie Alter (z. B. HARGITTAI/HINNANT 2008) und Bildung (z. B. FREESE/RIVAS/HARGITTAI 2006) Menschen in ihrer Internetkompetenz, das heißt ihren technischen und strategischen Fähigkeiten, beeinflussen, diese Informationen zu suchen und zu bewerten (siehe auch HARGITTAI 2002b). Um Internetnutzer bei der Suche von Online-Informationen und deren qualitativen Beurteilung zu unterstützen, versuchen Forscher und (nicht-)staatliche Forschungseinrichtungen, Qualitätsunterschiede im Internet abzubilden (z. B. EYSENBACH 2002; EYSENBACH et al. 2002; GAGLIARDI/JADAD 2002). Ihr Ziel ist es, Qualitätskriterien zu identifizieren sowie Fragenkataloge zu vermitteln, die Menschen helfen, die Qualität von Online-Informationen und Webseiten zu beurteilen (z. B. Wer steht hinter einer Webseite? Wer hat die Texte geschrieben? Wann wurde die Information zuletzt aktualisiert?). Diese Bemühungen scheinen jedoch nicht auszureichen. Denn selbst wenn Internetnutzer solche Kriterien kennen, nur wenige „nehmen wahr und erinnern sich später, von welchen Webseiten sie Informationen abgerufen haben oder wer hinter diesen Seiten stand" (EYSENBACH/KÖHLER 2002: 576). Stattdessen verlassen sie sich auf die ersten Suchergebnisse, die ihnen weitverbreitete Suchmaschinen wie Google, Bing oder Yahoo! anzeigen (EYSENBACH/KÖHLER 2002; HARGITTAI et al. 2010).

Die Schlussfolgerung liegt nahe, dass die meisten Menschen mehr schlecht als recht Informationen im Internet suchen und bewerten (können) (z. B. MORAHAN-MARTIN 2004). Abgesehen davon ist wenig darüber bekannt, wie Nutzermerkmale – beispielsweise Alter, Bildung und Interneterfahrung – technisches und strategisches Online-Verhalten konkret beeinflussen (HARGITTAI 2002a) und inwiefern die Untersuchung von Kompetenzunterschieden dazu dienen kann, wenig erfahrene Nutzer bei der Internetsuche zu unterstützen (LA RUE 2003). Darüber hinaus wird Online-Verhalten meist unter experimentell kontrollierten Bedingungen untersucht. Um Online-Verhalten zu erfassen, werden fiktive Webseiten erstellt (z. B. FLANAGIN/METZGER 2007), Suchmöglichkeiten eingeschränkt (z. B. BETSCH et al. 2010, KIENHUES/STATDLER/BROMME 2011) und quantifizierbare Messgrößen wie Suchzeit oder die Anzahl eingegebener Suchbegriffe und Klicks erfasst (z. B. BUCKINGHAM SHUM/MCKNIGHT 1997).

Um die bisherige, meist experimentelle Forschung zu erweitern, haben wir durch Beobachtung und Protokollanalyse im Detail untersucht, inwiefern sich unterschiedlich alte, gebildete und interneterfahrene Menschen bezüglich (1) ihrer Einstellung gegenüber Online-Informationen, (2) technischen Fähigkeiten und (3) kognitiven Strategien unterscheiden, wenn sie im Internet nach Gesundheitsinformationen suchen. Basierend auf den Ergebnissen stellen wir erste Hypothesen auf, wie man Internetnutzer bei der Suche nach qualitativ hochwertigen Informationen unterstützen kann.

2. Methoden

2.1 Studienteilnehmer

Alle Teilnehmer der Studie waren deutsche Muttersprachler und wurden durch das Max-Planck-Institut für Bildungsforschung in Berlin rekrutiert. Um Unterschiede in der Internetkompetenz zu identifizieren, wurden Teilnehmer zum einen nach demografischen Kriterien ausgewählt, die erwiesenermaßen den Zugang zu Online-Informationen und deren Verwendung erschweren bzw. erleichtern, wie Alters- und Bildungsunterschiede (z. B. Freese/Rivas/Hargittai 2006; Hargittai/Hinnant 2008). Um Internetkompetenzen auch quantitativ zu charakterisieren, nutzten wir ein Messinstrument, das die Kompetenz im Umgang mit digitalen Medien stellvertretend durch die Vertrautheit mit internetspezifischen Fachbegriffen erfasst (Hargittai 2005, 2009). Zusätzlich verwendeten wir Fragen aus einem validierten soziologischen Umfrageinstrument (vgl. Hargittai 2002a), um das Offline- und Online-Suchverhalten in Bezug auf Gesundheitsinformationen zu erfassen sowie Informationen zum Internetzugang und der Zeit, die Teilnehmer durchschnittlich pro Woche im Internet verbringen.

2.2 Kohortenunterschiede

Eine erste Kohorte bestand aus jeweils sechs Frauen und Männern, die alle älter als 50 Jahre waren (Mittelwert (M) = 65, Standardabweichung (SD) = 4.3). Die meisten Teilnehmer dieser Kohorte (9/12) hatten mittlere Reife, drei von ihnen hatten studiert. Eine zweite Kohorte bestand aus jeweils fünf Frauen und Männern, die alle jünger als 30 Jahre waren (M = 23, SD = 3.3) und im Durchschnitt ein höheres Bildungsniveau hatten als die erste Kohorte. Neun der zehn Teilnehmer in dieser Gruppe hatten Abitur, fünf waren Studierende. Alle Teilnehmer gaben an, im letzten Jahr zumindest einmal nach Gesundheitsinformationen gesucht zu haben. Alle außer drei der älteren Teilnehmer (19/22) benutzten dafür das Internet. Von diesen ähnlichen Suchgewohnheiten abgesehen, gaben Teilnehmer der jüngeren Kohorte an, fast sechs Mal mehr Zeit im Internet zu verbringen (M = 1022 Min/Woche, SD = 773) als die Teilnehmer der älteren Kohorte (M = 175 Min/ Woche, SD = 120).

Starke Kohortenunterschiede bestanden auch bezüglich der Vertrautheit mit internetspezifischen Fachbegriffen, einem Maß für kompetenten Umgang mit digitalen Medien. Die älteren Teilnehmer erlangten im Durchschnitt ungefähr die Hälfte von 130 möglichen Kompetenzpunkten (M = 63, SD = 22), wohingegen Teilnehmer aus der jüngeren Kohorte etwa drei Viertel der möglichen Punkte erreichten (M = 98, SD = 21). Zusammenfassend: Die Teilnehmer der beiden Kohorten unterschieden sich deutlich in Bezug auf ihre Erfahrungen im Umgang mit dem Internet. Daher bezeichnen wir im Folgenden die Teilnehmer der jüngeren Kohorte als erfahrene und die der älteren Kohorte als wenig erfahrene Internetnutzer.

2.3 Materialien

In den bisherigen Beobachtungsstudien zur Online-Suche wurden Teilnehmer meist gebeten nach Fakten zu suchen, z. B. der Definition von Übergewichtigkeit (vgl. EYSENBACH/KÖHLER 2002; HARGITTAI et al. 2010). Inwiefern Online-Informationen medizinische Entscheidungen beeinflussen, blieb unklar. Forscher nehmen jedoch an (ANDERSON/RAINEY/EYSENBACH 2003; EYSENBACH 2003; BETSCH et al. 2010) und „sehr viele Verbraucher auf der Suche nach Gesundheitsinformationen sagen, dass die Ressourcen, die sie im Netz finden, einen direkten Einfluss auf [medizinische] Entscheidungen haben [...], sowie auf ihren Umgang mit Ärzten“ (FOX/RAINIE 2000: 3). Daher haben wir neben drei Szenarien zur Faktensuche auch vier Szenarien entworfen, in denen Teilnehmer eine Entscheidung treffen oder eine Empfehlung geben mussten (Tabelle 1).

Um die Szenarien für die Teilnehmer möglichst persönlich relevant zu gestalten, haben wir sie auf häufig im Internet gesuchte Gesundheitsinformationen bezogen (FOX/RAINIE 2002): Informationen über Krankheiten und Symptome (werden von 66 % der erwachsenen US-Amerikaner im Internet gesucht), Informationen zu verschreibungspflichtigen Medikamenten (45 %) und Informationen zu medizinischen Testergebnissen (16 %). Für die Szenarien, die eine Entscheidung oder Empfehlung erforderten, sind wir ähnlich verfahren (siehe FOX 2011). Das erste von vier Szenarien bezog sich auf Schwangerschaftsuntersuchungen (in 2011 suchten danach 19 % der erwachsenen US-amerikanischen Internetnutzer), zwei weitere betrafen Impfentscheidungen (16 %). Wir fügten ein viertes Szenario hinzu, da die Teilnehmer der ersten acht Sitzungen regelmäßig über Selbstbehandlung und Selbstdiagnosen sprachen und es „seitens des medizinischen Establishments große Bedenken gibt, dass Internetpatienten sich selbst diagnostizieren und medikamentieren“ (FOX/RAINIE 2002: 15). Umfragen ergaben, dass 18 % der US-Amerikaner das Internet verwenden, um sich selbst zu diagnostizieren (FOX/RAINIE 2002).

Suchszenarien	Gründe für Internetsuchen
Faktensuche	
Bei Ihrem Ehemann/Ihnen soll ein PSA-Test[1] durchgeführt werden. Sein/Ihr Arzt erklärt, dass die Aussagekraft dieser Tests von manchen Ärzten hinterfragt wird. Wie überprüfen Sie die Aussagekraft des Testes?	16 % suchen, um medizinische Testergebnisse zu verstehen (Fox/Rainie 2002).
Ihr Arzt verschreibt Ihnen das Schlafmittel Eszopiclone.[2] Der Arzt meint, Sie könnten davon einen schlechten Nachgeschmack im Mund entwickeln. Sie nehmen das Schlafmittel über zwei Wochen ein und entwickeln zwar keinen Nachgeschmack aber Ihnen ist oft schlecht. Könnte die Übelkeit mit dem Schlafmittel zusammenhängen?	45 % suchen Informationen zu verschreibungspflichtigen Medikamenten (Fox/Rainie 2002).
Ihr Partner/Ihre Partnerin wurde von seinem/ihrem Arzt gewarnt, dass er/sie ein erhöhtes Risiko für einen Schlaganfall habe. Woran würde man einen Schlaganfall erkennen?	66 % suchen nach bestimmten Erkrankungen/Beschwerden (Fox/Rainie 2002).
Entscheidung/Empfehlung	
Beim letzten Arztbesuch empfahl der Frauenarzt Ihrer Tochter/Ihnen/Ihrer Freundin die Gardasil-Impfung.[3] Warum würden Sie sich für oder gegen diese Impfung entscheiden?	16 % suchen Informationen zum Thema Impfung (Fox 2011).
Der Kinderarzt ruft bei guten Freunden von Ihnen an, dass deren Kind im richtigen Alter für die MMR-Impfung[4] sei. Der Arzt bittet Ihre Freunde, einen Termin für die Impfung auszumachen. Warum würden Sie Ihren Freunden raten, einen Termin auszumachen oder nicht auszumachen?	6 % suchen Informationen zum Thema Impfung (Fox 2011).
Eine Freundin ist im dritten Monat schwanger und Ihrer Freundin wird empfohlen, eine Amniozentese[5] vorzunehmen. Warum würden Sie ihr raten sich für oder gegen diese Untersuchung zu entscheiden?	19 % suchen Informationen zum Thema Schwangerschaft (Fox 2011).
Sie wachen eines Morgens mit einem geschwollenen Ellbogen auf. Was könnte das sein? Wie würden Sie die Schwellung behandeln?	18 % geben an, das Internet zu nutzen um sich selbst zu diagnostizieren (Fox/Rainie 2002).

Tab. 1: Suchszenarien, die den Studienteilnehmern präsentiert wurden.[6]

1 PSA Test = Prostataspezifischer Antigen-Test zur Erkennung von Prostatakrebs
2 Eszopiclone = eine bestimmte Art Schlaftabletten
3 Gardasil = Impfung gegen Humane Papilloma Viren (HPV)
4 MMR-Impfung = Mumps-Masern-Röteln Impfung
5 Amniozentese = Fruchtwasseruntersuchung
6 Die Gründe für Internetsuchen basieren auf dem Pew Internet and American Life Project. Die Prozentangaben beziehen sich auf eine repräsentative Stichprobe erwachsener US-amerikanischer Internetnutzer.

Da sich die meisten Szenarien auf bestimmte Populationen bezogen, baten wir Teilnehmer, Informationen für Freunde oder nahestehende Verwandte zu suchen, die diesen Populationen angehören. Da 81 % der erwachsenen Internetnutzer angeben, für andere im Internet zu suchen (FOX/RAINIE 2002), sollte dieser Perspektivenwechsel die wahrgenommene Relevanz der Szenarien nicht beeinträchtigt haben. Alle Materialien wurden von der Ethikkommission des Max-Planck-Instituts für Bildungsforschung überprüft und zur Studie zugelassen.

2.4 Datenerhebung und Studienablauf

Die Sitzungen dauerten jeweils etwa 90 Minuten. Um die Internetsuche möglichst wenig durch Nachfragen zu beeinflussen, erklärten wir allen Teilnehmern zu Beginn der Sitzungen, wie sie Gedanken, die ihnen während der Internetsuche durch den Kopf gingen, verbalisieren konnten („Think Aloud"-Methode, siehe ERICSSON/SIMON 1980). Für den Fall, dass die Teilnehmer aufhörten „laut zu denken", wurden standardisierte Fragen gestellt, z. B.: Wie sind Sie auf diesen Suchbegriff gekommen? (Übersetzung von Informationsbedürfnissen in Suchbegriffe); Warum haben Sie diesen Link angeklickt? (Auswahl von Webseiten); oder: Wonach suchen Sie auf dieser Webseite? (Bewertung von Webseiten). Die verbalisierten Gedanken und das Suchverhalten (d. h., Cursorbewegungen, Klicks und Tastatureingaben) wurden mit Hilfe einer Software zur Video- und Audioaufzeichnung (iShowU) auf einem Apple MacPro-Laptop mitgeschnitten.

Zu Beginn der Studie saßen die Teilnehmer an einem Tisch ohne Computer und erhielten zunächst ein zufällig ausgewähltes Suchszenario auf einem Blatt Papier. Ohne dabei das Internet zu erwähnen, wurden sie gebeten ihre Herangehensweise an dieses Szenario zu erläutern. Falls Teilnehmer das Internet nicht von selbst erwähnten, fragten wir gegen Ende des Szenarios gezielt nach, welche Rolle sie Online-Informationen zuschreiben. Durch diesen Teil der Untersuchung identifizierten wir typische Suchmuster und persönliche Einstellungen gegenüber Online-Informationen. Anschließend installierten wir den Computer und erklärten den Teilnehmern, wie sie ein leeres Browserfenster öffnen konnten. Danach wurden ihnen nacheinander und in zufälliger Reihenfolge die übrigen sechs Suchszenarien präsentiert. Die Teilnehmer konnten ohne Zeitbegrenzung suchen. Ihnen wurde weder vorgegeben, wie sie suchen sollten, noch auf welchen Webseiten. Nachdem sie alle Szenarien bearbeitet hatten, füllten die Teilnehmer die Fragebögen aus, die wir verwendeten, um die Kohorten zu charakterisieren.

2.5 Datenanalyse

Die verbalisierten Gedanken wurden nach jeder Sitzung sofort transkribiert und zusammen mit den Videoaufzeichnungen des Suchverhaltens analysiert. Dazu kategorisierten wir die Daten unabhängig voneinander und blind bezüglich der Kohorte, der Teilnehmer angehörten, in zwei Hauptkategorien: 1. Einstellungen gegenüber Gesundheitsinformationen im Internet und 2. eigentliches Suchverhalten. Unterschiede innerhalb dieser Hauptkategorien wurden in einem zweiten Schritt weiter differenziert. Einstellungen wurden bezüglich der Informationskategorien spezifiziert, die Teilnehmer (nicht) suchen wollten, sowie nach den Begründungen, die sie für ihre Suchpräferenzen gaben. Das Suchverhalten wurde in technische Fähigkeiten (auf dem Bildschirm beobachtbares Verhalten) und kognitive Strategien (basierend auf den verbalen Protokollen) kategorisiert. Wir unterteilten technische Fähigkeiten weiter in „Suchbeginn“, „Auswahl von Webseiten“ und „Navigation auf Webseiten“. Hinter „Suchbeginn“ steht die Frage, wie Internetnutzer ihre Informationsbedürfnisse in Suchbegriffe übersetzen. Über „Auswahl von Webseiten“ wurde erfasst, wie Teilnehmer Webseiten auswählen, die sie anklicken. Die Kategorie „Navigation auf Webseiten“ erfasste, wie Internetnutzer die Informationen auf angeklickten Webseiten durchsuchten. Basierend auf der Forschung zu Entscheidungsprozessen (GIGERENZER/TODD 1999) unterteilten wir kognitive Strategien nach „Suchvorhaben“ (Wonach suchen Internetnutzer?), „Bewertung von Informationen“ (Wie interpretieren Internetnutzer Online-Informationen?) sowie „Stopp- und Entscheidungsregeln“ (Wann beenden Internetnutzer ihre Suche und wie beziehen sie die gefundenen Informationen in ihre Entscheidung ein?). Abweichende Kategorisierungen wurden besprochen bis es gelang, eine einheitliche Interpretation zu finden.

3. Ergebnisse

3.1 Einstellungen gegenüber Online-Informationen

Die Teilnehmer zogen klare Grenzen, wann und zu welchem Zweck sie im Internet nach Gesundheitsinformationen suchen. Wenn es beispielsweise darum ging, einen geschwollenen Ellenbogen selbst zu diagnostizieren und zu behandeln, machten alle Teilnehmer Bemerkungen wie: „Ich traue dem Internet nicht, wenn es um die Beurteilung von Symptomen geht [...] für Hausmittel vielleicht, aber Diagnosen auf keinen Fall.“ Sieben der 14 Teilnehmer, die dieses Szenario erhielten, weigerten sich im Internet nach Antworten zu suchen. Die restlichen

Teilnehmer suchten zunächst nach „geschwollener Ellenbogen", stellten jedoch nach den ersten Ergebnissen die Suche ein, da das Internet für die Suche nach Symptomen ungeeignet sei.

Ein ähnliches Ergebnis ergab die Analyse des ersten Suchszenarios, für das Teilnehmer nicht explizit aufgefordert wurden das Internet zu benutzen. Fünf der zwölf weniger erfahrenen Teilnehmer erwähnten das Internet, lediglich einer erwähnte es als bevorzugte Quelle für Gesundheitsinformationen. Obwohl alle der zehn erfahrenen Teilnehmer angaben, im Internet nach Gesundheitsinformationen zu suchen, gab nur die Hälfte der Teilnehmer das Internet als bevorzugte Quelle für diese Art von Informationen an. Insgesamt äußerten sich 20 der 22 Teilnehmer misstrauisch gegenüber Informationen aus dem Internet, was sich in Bemerkungen widerspiegelt wie: „Als erstes würde ich mich an meinen Arzt wenden, dann an Familienmitglieder, vielleicht enge Freunde. Erst mit Abstand an dritter Stelle kommt das Internet [...] mit sehr großem Abstand" oder „Mein Vertrauen ins Internet korreliert negativ mit der Wichtigkeit, die ich einer Sache zuschreibe: Je wichtiger das Problem, desto weniger Vertrauen habe ich und desto weniger verlasse ich mich auf das Internet."

Nach Abschluss des ersten Szenarios wurden die Teilnehmer gebeten, die verbleibenden sechs Suchszenarien mit Hilfe des Internets zu bearbeiten. Die verbalen Protokolle, die während dieser Szenarien aufgenommen wurden, legen unterschiedliche Gründe nahe, warum sowohl erfahrene als auch weniger erfahrene Internetnutzer zögerten, Gesundheitsinformationen im Internet abzurufen. Sechs der zwölf wenig erfahrenen Nutzer machten Aussagen wie „Man wird so schnell abgelenkt im Internet" oder „Ich sollte nicht alleine im Internet suchen, sonst werde ich mit all diesen Informationen bombardiert. Man muss schon ein Experte sein, um die richtigen Fragen zu stellen." Das heißt, wenig erfahrene Teilnehmer beklagten vor allem die Menge der verfügbaren Informationen und ihre mangelnden Fähigkeiten, sich im Internet zu bewegen. Im Gegensatz dazu machten acht der zehn erfahrenen Teilnehmer Aussagen wie: „Es ist schwierig, zuverlässige Daten im Internet zu finden ... jeder kann eine Seite ins Internet stellen." Fünf Teilnehmer gaben sogar an, dass die Gesundheit zu wichtig sei, um sich nur auf Online-Informationen zu verlassen: „Man kann Google nicht immer vertrauen. Ich würde eher einen Arzt oder Apotheker befragen." Alle zehn erfahrenen Internetnutzer zweifelten mindestens einmal während ihrer Internetsuchen an der Qualität von Online-Informationen und machten Einschränkungen hinsichtlich der Vertrauenswürdigkeit dieser Informationen.

Die beschriebene kritische Einstellung gegenüber Gesundheitsinformationen aus dem Internet widerspricht anscheinend den Studien, die davon ausgehen, dass Online-Informationen medizinische Entscheidungen beeinflussen (z. B. ANDERSON/RAINEY/EYSENBACH 2003; EYSENBACH 2003; BETSCH et al. 2010). Dieser

Widerspruch existiert jedoch nur scheinbar. Sobald Teilnehmer unserer Studie eine Webseite aufgerufen hatten, verschwand ihre kritische Einstellung bezüglich der Datenqualität. Sechs der zwölf wenig erfahrenen Internetnutzer zweifelten an der Zuverlässigkeit einer Webseite, klickten aber, nachdem ein Begriff ihr Interesse geweckt hatte, dennoch auf den Link und schlussfolgerten über den Inhalt der Webseite. Ein ähnliches Verhalten beobachteten wir bei den erfahrenen Internetnutzern. Vier Teilnehmer dieser Kohorte lasen in vier ihrer 20 Suchanfragen Informationen nach und zogen sie in ihre Überlegungen mit ein, obwohl sie der Webseite ursprünglich misstrauten. Das heißt, auch wenn Verbraucher die Qualität von Online-Informationen im Allgemeinen kritisch beurteilen, spielt die Qualität der Informationen eine untergeordnete Rolle sobald sie eine Webseite angeklickt haben. Selbst erfahrene Internetnutzer sind dann vermehrt damit beschäftigt, Inhalte zu verarbeiten, statt deren Qualität zu überprüfen.

Szenario	**Anzahl Suchanfragen**			**mittlere Suchdauer (min:sek)**		
	nach Kohorte		Gesamt	nach Kohorte		Gesamt
	wenig erfahren	erfahren		wenig erfahren	erfahren	
Faktensuche	31	21	52	5:04	4:17	5:16
Aussagekraft PSA-Test	10	9	19	6:32	4:31	5:48
Nebenwirkungen	11	9	20	6:25	4:37	5:31
Schlaganfallsymptome	10	3	13	3:50	2:34	3:35
Entscheidung/Empfehlung	30	28	58	7:53	4:57	6:22
MMR-Impfung	12	9	21	9:03	6:00	7:45
Gardasil-Impfung	8	9	17	8:21	5:13	6:29
Amniozentese	10	10	20	6:04	3:46	4:49
Eigendiagnose	(3)	(4)	(7)	(2:15)	(2:34)	(2:27)
Gesamt	61	49	110	6:45	4:40	5:47

Tab. 2: Anzahl der Suchanfragen und mittlere Suchdauer nach Szenario und Kohortentyp.[7]

3.2 Technische Fähigkeiten

Insgesamt haben die Teilnehmer 110 Suchanfragen im Internet durchgeführt. Davon bezogen sich 52 auf Szenarien zur Faktensuche und 58 auf Szenarien, die

7 Während des ersten Szenarios wurde nicht gesucht. Daher gibt es (6-1) x 22 = 110 Suchanfragen. Als Reaktion auf das Szenario zur Eigendiagnose wurden sieben Suchanfragen gestartet, aber nicht vollendet. Diese Suchen wurden in Klammern gelistet, jedoch nicht zur Gesamtsumme addiert.

eine Entscheidung oder Empfehlung erforderten (Tabelle 2). Bisherige Beobachtungsstudien mit Szenarien zur Faktensuche haben gezeigt, dass Internetnutzer durchschnittlich zwischen fünf (EYSENBACH/KÖHLER 2002) und 20 Minuten online suchen (HARGITTAI et al. 2010). Unsere Studie ergab eine durchschnittliche Suchdauer von ungefähr fünf Minuten für faktenbasierte und etwa sechs Minuten für Szenarien, die Entscheidungen oder Empfehlungen erforderten. Im Allgemeinen verbrachten erfahrene Internetnutzer durchschnittlich zwei Minuten weniger pro Suche im Internet als die wenig erfahrene Nutzergruppe.

3.3 Suchbeginn

Wie in bisherigen Beobachtungsstudien zum Online-Verhalten (EYSENBACH/KÖHLER 2002; HARGITTAI et al. 2010) verließen sich auch die Teilnehmer dieser Studie hauptsächlich auf Suchmaschinen, um Informationen aus dem Internet zu erhalten. Alle 22 Teilnehmer verwendeten bevorzugt die Suchmaschine Google. Ähnlich wie in den früheren Studien gaben die meisten Teilnehmer (20/22) dabei Suchbegriffe ein, die bei falscher Schreibweise nicht korrigiert wurden, auch dann nicht, wenn die Suchmaschine alternative, korrekte Schreibweisen anbot. Unsere Studie erweitert bisherige Forschungsergebnisse bezüglich der Art und Genauigkeit der Suchbegriffe, die erfahrene im Vergleich zu wenig erfahrenen Internetnutzern verwenden.

Zehn der zwölf wenig erfahrenen Internetnutzer gaben einzelne Suchbegriffe ein, häufig den Namen der Krankheit aus dem jeweiligen Suchszenario. Die anderen zwei Teilnehmer gaben volle Sätze ein, beispielsweise „Wie erkenne ich einen Schlaganfall?“ Auf diese Weise erhielt die Mehrheit der wenig interneterfahrenen Teilnehmer eher unspezifische Suchergebnisse. Acht der zwölf Teilnehmer in dieser Kohorte nutzten die Schlagwort-Option von Google, die genauere oder zusätzliche Suchbegriffe vorschlägt. Sie verstanden jedoch nicht, wie das ihre Suchergebnisse verändern würde. Als beispielsweise einer der Teilnehmer den Namen eines Medikaments eingegeben hatte, schlug Google das Schlagwort „Nebenwirkungen“ vor, um den Suchbegriff zu präzisieren. Nachdem er den Vorschlag angenommen hatte, interpretierte der Teilnehmer die Suchergebnisse folgendermaßen: „Oh, schau dir die ganzen Nebenwirkungen an. Jeder Link spricht von 'Nebenwirkungen'... Nein, ich würde auf jeden Fall mit meinem Arzt sprechen [bevor ich diese Medikamente nehme].“

Alle zehn erfahrenen Internetnutzer gaben zwei oder mehrere Suchbegriffe bei Google ein. Sie gaben den Namen der Krankheit oder des Medikaments ein, sowie einen Begriff, um eine Informationskategorie zu spezifizieren, wie Nebenwirkungen, Meinungen oder Toleranz. Sie ignorierten stets die von der Suchmaschine vorgeschlagenen Suchbegriffe. Das spricht dafür, dass die erfahrenen Internetnutzer ein klar definiertes Suchvorhaben verfolgten.

3.4 Auswahl von Webseiten

Mehr als 85 % aller Teilnehmer (20/22) wählten Webseiten aus, die unter den ersten fünf Links auf der ersten Ergebnisseite gelistet waren. In lediglich sieben von 107 Suchanfragen (6 %) verließen die Teilnehmer die erste Seite der Suchergebnisse. Abgesehen von diesen Ähnlichkeiten unterschieden sich die Kohorten darin, wie sie die anzuklickenden Webseiten auswählten.

Mehr als die Hälfte der wenig erfahrenen Internetnutzer (7/12) überflogen die von Google angezeigten Links und deren Beschreibungen nach interessanten Schlagwörtern. Die restlichen fünf Teilnehmer ignorierten gelegentlich Links und Beschreibungen, um direkt auf den Webseiten nach Schlagwörtern zu suchen. Die Schlagwörter, die sie interessierten, standen jedoch oft nicht im Zusammenhang mit den in die Suchmaschine eingegebenen Begriffen. Alle zwölf Teilnehmer der wenig erfahrenen Kohorte gaben mindestens einmal den Namen einer Krankheit als Suchbegriff ein, lasen auf der Ergebnisseite über 'Nebenwirkungen' in Links oder Beschreibungen der Webseite und entschieden sich diese anzuklicken, ohne dass sie aktiv nach 'Nebenwirkungen' gesucht hatten.

Die meisten der erfahrenen Internetnutzer (9/10) suchten nicht nach Schlagwörtern, sondern klickten Webseiten an, denen sie als Informationsquelle vertrauten. Im Fall von allgemein bekannten Webseiten wie Netdoktor.de konnten sie die Qualität der Informationsquelle direkt beurteilen. Andernfalls leiteten sie die Art und damit Qualität von Informationsquellen wie beispielsweise Patientenblogs, Gesundheitsforen oder Forschungseinrichtungen von Linktiteln, deren Beschreibungen oder URLs ab. Alle Teilnehmer der erfahrenen Kohorte verließen sich mindestens einmal auf Wikipedia.de, um sich einen allgemeinen Überblick zu verschaffen. Sechs Teilnehmer gaben an, Gesundheitsforen nicht zu vertrauen, auch wenn diese unter den ersten Links auf der Ergebnisseite gelistet waren.

3.5 Navigation auf Webseiten

Nachdem sie eine Webseite angeklickt hatten, überflogen alle Teilnehmer den Text, um den Bezug zu ihrer Suche herzustellen. Die Kohorten unterschieden sich darin, wie sie den Inhalt der Webseiten verarbeiteten. Die wenig erfahrenen Internetnutzer begannen den Text zu lesen und die Links auf der Webseite durchzuklicken. In 14 von 61 Suchanfragen (23 %) schauten sich Teilnehmer in dieser Kohorte von den ausgewählten Webseiten mehr als eine Unterseite oder deren Seitenübersicht (Sitemap) an. Überdies ließen sich wenig erfahrene Internetnutzer oft durch Informationen ablenken, die in keinem Bezug zu ihrem ursprünglichen Suchvorhaben stand. Um beispielsweise für eine schwangere Freundin Informationen über Amniozentesen (Fruchtwasseruntersuchungen) zu finden, klickten fünf der zwölf wenig kompetenten Internetnutzer auf Netdoktor.de. Diese Webseite bewirbt über Links zusätzliche Ultraschalltests für schwangere Frauen. Obwohl diese Tests keinen Bezug zur Fruchtwasseruntersuchung haben, folgten die fünf Teilnehmer dem Link und schlugen schließlich vor, dass ihre Freundin auch eine Ultraschalluntersuchung vornehmen lassen sollte.

Die interneterfahrenen Teilnehmer betrieben weniger Aufwand, um den Bezug zwischen Webseiten und ihrer Suche herzustellen. Lediglich bei drei von 49 Suchanfragen (6 %) besuchten diese Teilnehmer mehr als nur die erste Seite eines ausgewählten Suchergebnisses. In allen drei Fällen war die ursprüngliche Seite Wikipedia.de. Vier der zehn erfahrenen Internetnutzer gaben an, dass Wikipedia einen guten Überblick liefere und somit eine gute Seite sei, um eine Suche zu beginnen. Um möglichst wenige Informationen lesen zu müssen, nutzten vier der zehn interneterfahrenen Teilnehmer das Tastaturkürzel „Ctrl+F“, dass bei gleichzeitigem Drücken eine Eingabezeile für Suchbegriffe öffnet. Mit Hilfe dieser Funktion suchten sie die Webseite, ohne sie zu lesen, nach relevanten Suchbegriffen ab. Zwei Teilnehmer öffneten mehrere Registerkarten (tabs) innerhalb eines Browserfensters, um zwischen ähnlichen Webseiten hin und her zu wechseln und deren Inhalte vergleichen zu können.

3.6 Kognitive Strategien

3.6.1 Suchvorhaben

Bei den Szenarien, die Entscheidungen oder Empfehlungen erforderten, unterschieden sich die Kohorten deutlich bezüglich ihrer Informationsbedürfnisse (vgl. Tabelle 3, M = Teilnehmer suchten online, um ihre Meinungen zu bestätigen; W = Teilnehmer suchten nach biomedizinischem Wissen; F = Teilnehmer suchten nach entscheidungsrelevanten Fakten; E = Teilnehmer suchten nach Expertenmeinungen). In 21 von 30 Fällen (70 %) machten die wenig interneterfahrenen Teilnehmer Bemerkungen wie: „Ich mag keine Medikamente, also würde ich sie nicht nehmen“ oder „Ich bin Impfungen gegenüber sehr skeptisch.“ Mit anderen Worten, sie hatten bereits vorgefasste *Meinungen* (M) bezüglich der in den Szenarien erwähnten Gesundheitsthemen und suchten nach Informationen, die diese bestätigten. In einem Extremfall suchte ein Teilnehmer, der sich als Anthroposoph bezeichnete, ausschließlich nach Webseiten, die seiner Gesundheitsphilosophie entsprachen. Diese Tendenz war so stark, dass die wenig interneterfahrenen Teilnehmer bei vier von 30 Szenarien mit Entscheidungen oder Empfehlungen (13 %) gar nicht im Internet suchen wollten (sie suchten erst nachdem sie dazu aufgefordert worden waren), weil sie sich bereits entschieden hatten.

Szenario[8]	Suchvorhaben der wenig erfahrenen Teilnehmer												
	1	2	3	4	5	6	7	8	9	10	11	12	Ø
MMR	W	M	M	M	M	M	W	M	M	M	M	E	
Gardasil	M	M	M			M	F	M		M		E	
AZ	W		M	M	M		F	M	M	M	F	E	
Strategien	2	1	1	1	1	1	2	1	1	1	2	1	1.3
	Suchvorhaben der erfahrenen Teilnehmer												
	1	2	3	4	5	6	7	8	9	10			Ø
MMR	E	W	E	F	W		E	E	W	W			
Gardasil	F	F	E	M	W	E	F		M	W			
AZ	M	F	W	F	W	F	E	M	E	F			
Strategien	3	2	2	2	1	2	2	2	3	2			2.1

Tab. 3: Suchvorhaben in den Szenarien mit Entscheidung/Empfehlung nach Teilnehmern und Kohorten.[9]

Interneterfahrene Teilnehmer suchten lediglich in vier von 28 Szenarien mit Entscheidung oder Empfehlung (14 %) nach Informationen, die ihre vorgefassten Meinungen bestätigten. Generell verwendeten Teilnehmer dieser Kohorte mehr Suchstrategien als die wenig interneterfahrenen Teilnehmer (2,1 im Vergleich zu 1,3 Strategien). In acht von 28 Fällen (29 %) suchten sie nach *biomedizinischem Wissen* (W) über Krankheiten, Medikamente oder Tests (z. B. „Mal sehen, wie dieses Medikament wirkt."). In acht weiteren Fällen suchten sie nach *entscheidungsrelevanten Fakten* (F) (z. B. „Ich glaube, die Frage ist, welche Nebenwirkungen es gibt.") und in sieben von 28 Fällen (25 %) nach *Expertenmeinungen* (E) von Sachverständigen, Regierungen oder Gesundheitsorganisationen (z. B. „Welche Ärztegruppe führt PSA-Tests durch? Urologen, richtig? Mal schauen, was die sagen."). Diese Informationsbedürfnisse spiegeln sich in den Suchbegriffen wider, die Teilnehmer der interneterfahrenen Kohorte verwendeten. Sie spezifizierten zunächst

---

8 MMR = MMR Impfung, Gardasil = Gardasil Impfung, AZ = Amniozentese

9 Strategien in den verbalen Protokollen, die nicht wirklich im Internet umgesetzt wurden, sind in dieser Tabelle nicht berücksichtigt (d. h. Strategien bezüglich des ersten Szenarios und des Eigendiagnose-Szenarios).

den medizinischen Gesundheitszustand, das Medikament oder den Test und anschließend die Informationskategorie, auf Basis derer sie ihre Entscheidungen treffen wollten (z. B. „Krankheit Physiologie“, „Test Ärztemeinungen“ oder „Medikament Nebenwirkungen“).

3.6.2 Bewertung von Informationen

Ähnlich der Ergebnisse von Fragebogenstudien (Fox/Rainie 2002) ergab die Analyse der verbalen Protokolle, dass Teilnehmer Online-Informationen vertrauten, die widerspruchsfrei waren. Die Informationen, die die Teilnehmer berücksichtigten, waren jedoch nicht, wie in den Fragebogenstudien angenommen, widerspruchsfrei im Vergleich zu den Informationen, die sie auf anderen Webseiten fanden. Vielmehr suchten beide Kohorten nach Online-Informationen, die ihren Suchvorhaben entsprachen.

In 21 von 30 Szenarien mit Entscheidung oder Empfehlung (70 %) verglichen die wenig erfahrenen Internetnutzer Online-Informationen mit ihren Meinungen zu medizinischen Themen. Sie vertrauten Webseiten, wenn sich darin „[ihre] Meinung widerspiegelte“ und setzten ihre Suche fort, wenn sie glaubten: „Es muss doch Leute geben, die auch nicht ans Impfen glauben.“ Informationen, die im Widerspruch zu ihren vorgefassten Meinungen standen, schrieben sie entweder voreingenommenen Autor(en) zu (z. B. „Natürlich sind Ärzte für Impfungen. Die verdienen schließlich Geld damit“) oder sie spielten die Informationen herunter. Nach dem Sichten einer Webseite mit Nebenwirkungen von Impfungen bemerkte beispielsweise ein Teilnehmer, der generell für das Impfen war: „Ich weiß, darüber wird diskutiert, aber das Leben ist voller Risiken.“

Erfahrene Internetnutzer suchten und bewerteten Informationen ebenso in Bezug auf ihre, wenn auch variantenreichere, Suchvorhaben. Als zwei Webseiten widersprüchliche Angaben zu Nebenwirkungen machten, suchte ein Teilnehmer beispielsweise nach biomedizinischen Erklärungen, um die fraglichen Nebenwirkungen und mögliche Widersprüche besser zu verstehen. In einem anderen Fall suchte ein Teilnehmer nach Nebenwirkungen als Hinweis und Basis für seine Entscheidung. Nachdem er ein und dieselbe Nebenwirkung einmal als häufig und einmal als selten beschrieben gefunden hatte, hörte der Teilnehmer auf, nach Nebenwirkungen zu suchen. Er versuchte stattdessen herauszufinden, ob er die Behandlung tatsächlich benötigte. Teilnehmer der interneterfahrenen Kohorte, die nach Expertenmeinungen suchten (siehe Tabelle 3), sprachen interessanterweise weder über widersprüchliche Meinungen noch setzten sie ihre Suche fort, nachdem sie eine erste Meinung gefunden hatten.

3.6.3 Stoppregeln

Die Stoppregel, die die Teilnehmer verwendeten um ihre Suche zu beenden, hing von ihrem Suchvorhaben ab. Teilnehmer hörten auf zu suchen, sobald sie eine erste Information gefunden hatten, die ihrem Suchvorhaben entsprach (im Falle der erfahrenen Internetnutzer) oder ihre Meinung(en) bestätigte (im Falle der wenig erfahrenen Nutzer). Lediglich zwei der interneterfahrenen Teilnehmer suchten weiter, nachdem sie eine erste Informationsquelle gefunden hatten, die Antwort auf ihr Suchanfrage gab.

3.6.4 Entscheidungsregeln

Wie bereits erwähnt, waren die Teilnehmer generell zögerlich, medizinische Entscheidungen auf Basis von Online-Informationen zu treffen. Fast alle der wenig interneterfahrenen Teilnehmer (11/12) trafen jedoch mindestens eine Entscheidung auf Basis ihrer vorgefassten Meinungen (z. B. „Ja, ich würde mich impfen lassen, ich bin generell fürs Impfen."). Unter den zehn interneterfahrenen Teilnehmern hatten zwei Frauen vorgefasste Meinungen bezüglich Schwangerschaftsuntersuchungen und zwei Männer bezüglich der Impf-Szenarien, die letztlich ihre Entscheidungen bestimmten. Nur in zwei Fällen trafen Teilnehmer der interneterfahrenen Kohorte Entscheidungen anhand entscheidungsrelevanter Fakten. Beispielsweise entschied sich eine Teilnehmerin aufgrund selten bis gar nicht auftretender Nebenwirkungen für das Impfen: „Wikipedia zufolge würde ich mich impfen lassen […] die Nebeneffekte sind alles in allem nicht so schlimm." In allen anderen Szenarien, die eine Entscheidung oder Empfehlung erforderten, machten sich die Teilnehmer über Online-Informationen Gedanken, trafen jedoch keine bewusste Entscheidung.

4. Zusammenfassung

In dieser Studie untersuchten wir, wie sich unterschiedlich alte, gebildete und erfahrene Internetnutzer in ihrer Einstellung gegenüber der Suche von Gesundheitsinformationen im Internet unterscheiden und inwiefern sie ihre Suche sowohl technisch als auch kognitiv umsetzen (können). Die Ergebnisse zeigen, dass sich unterschiedlich erfahrene Internetnutzer deutlich in ihren Einstellungen sowie ihrer technischen und strategischen Internetkompetenz unterscheiden. Wir fassen die zentralen Ergebnisse zunächst zusammen. Auf Basis der Ergebnisse identifizieren wir dann Interventionen, die Menschen mit unterschiedlicher Internetkompetenz auf der Suche nach qualitativ hochwertigen Online-Informationen unterstützen können.

4.1 Einstellungen gegenüber Online-Informationen

Unabhängig von ihrer Interneterfahrung waren alle Teilnehmer kritisch gegenüber Online-Informationen eingestellt, vor allem wenn es darum ging, mit diesen Informationen medizinische Entscheidungen zu treffen oder Empfehlungen zu geben. Die Kohorten hatten jedoch unterschiedliche Gründe für ihre kritische Einstellung. Während wenig erfahrene Internetnutzer vor allem von der Datenmenge überwältigt waren, äußerten sich erfahrene Nutzer kritisch bezüglich der Qualität der verfügbaren Daten. Unabhängig von Erfahrungsunterschieden verschwanden die Bedenken bezüglich der Datenqualität, sobald Teilnehmer eine Webseite öffneten und begannen, sich mit den Inhalten auseinanderzusetzen. Dieses Ergebnis deutet an, dass Internetnutzer – unabhängig von ihrer Interneterfahrung – vor allem zu Beginn der Suche unterstützt werden sollten, das heißt bei der Übersetzung ihrer Informationsbedürfnisse in Suchbegriffe sowie bei der Auswahl von qualitativ hochwertigen Webseiten.

4.2 Technische Fähigkeiten

Im Vergleich zu wenig erfahrenen Internetnutzern war die erfahrene Kohorte in der Lage, ihre Informationsbedürfnisse in präzise Suchbegriffe zu übersetzen und die gefundenen Informationen in Bezug auf das Suchvorhaben und Datenquellen (z. B. Gesundheitsforen im Vergleich zu Gesundheitsorganisationen) zu filtern. Teilnehmer der wenig erfahrenen Kohorte ließen sich häufig durch Informationen ohne direkten Bezug zu ihrem ursprünglichen Suchvorhaben ablenken, wenn sie Suchergebnisse und Webseiten nach Schlagwörtern durchsuchten. Der Erfolg ihrer Suche hing folglich vom Zufall ab, d. h. davon, ob sie auf eine gute oder schlechte Seite gestoßen waren. Dieses Ergebnis spricht dafür, dass insbesondere wenig erfahrene Internetnutzer von Interventionen profitieren würden, die ihnen erklären, wie effektive Suchbegriffe erstellt und qualitativ hochwertige Webseiten ausgewählt werden sollten.

4.3 Kognitive Strategien

Beide Kohorten beurteilten Online-Informationen in Bezug auf ihre inhaltliche Übereinstimmung mit ihren Suchvorhaben. Erfahrene Internetnutzer beendeten ihre Suche sobald sie eine erste Information gefunden hatten, die ihre Informationsbedürfnisse (d. h. ihre Suche nach medizinischem Wissen, entscheidungsrelevanten Fakten oder Expertenmeinungen) befriedigte. Nur wenige Mitglieder dieser Kohorte versuchten, die zuerst gefundene Information durch weiteres Suchen zu bestätigen. Die meisten der wenig erfahrenen Nutzer beendeten ihre Suche, sobald sie eine Information gefunden hatten, die ihre vorgefassten Meinungen bestätigte. Keine der beobachteten Strategien überprüfte die Qualität von Online-Informationen systematisch. Dies bestätigt Forschungsergebnisse, die besagen, dass Erfahrung mit dem Internet eine notwendige, jedoch keine ausreichende Bedingung für erfolgreiche Internetsuchen ist (vgl. Hargittai 2010).

5. Fazit

Basierend auf den Ergebnissen unserer Studie schlagen wir zwei Klassen von Interventionen vor, um Internetnutzer bei ihrer Suche nach qualitativ hochwertigen Online-Informationen zu unterstützen. Eine erste Klasse von Intervention sollte grundlegende technische Fertigkeiten im Umgang mit dem Internet vermitteln, vor allem um Internetnutzern zu helfen, ihre Informationsbedürfnisse in Suchbegriffe zu übersetzen und qualitativ hochwertige Webseiten auszuwählen. Eine zweite Klasse von Interventionen bezieht sich auf die Struktur von Suchmaschinen, vor allem der Ergebnisseite. Suchmaschinen, die die Datenqualität der Suchergebnisse klar auf der Ergebnisseite kennzeichnen, erleichtern Internetnutzern unabhängig von ihrer Interneterfahrung die Suche nach qualitativ hochwertigen Informationen.

5.1 Vermittlung technischer Internetkompetenz

Wenig erfahrene Internetnutzer empfanden die Informationsflut als ein zentrales Hindernis auf der Suche nach Online-Informationen. Erfahrene Internetnutzer reihten zwei oder mehr Suchbegriffe aneinander (z. B. „Krankheit Nebenwirkungen“), um Suchergebnisse und damit die Menge an Informationen einzuschränken. Zwei der wenig erfahrenen Internetnutzer erzielten ein ähnliches Ergebnis wie die erfahrenen Nutzer, indem sie ganze Fragen in die Suchmaschine eingaben. Diese Suchstrategie scheint geeignet, Internetnutzern mit geringer Internetkompetenz zu helfen, ihre Informationsbedürfnisse auf intuitive Weise in Suchbegriffe zu übersetzen.

Bei der Auswahl von Webseiten berücksichtigten wenig erfahrene Internetnutzer nur selten die Quellen der verfügbaren Online-Informationen. Um das Anklicken von nicht vertrauenswürdigen Webseiten zu vermeiden, könnten Internetnutzer den Suchbefehl „Seite:" ihren Suchbegriffen oder Suchsätzen hinzufügen (z. B. „Suchbegriff Seite: Netdoktor.de" oder „Suchsatz Seite: bmg.de"). Der „Seite:"-Befehl bewirkt, dass die Suchmaschine nur Treffer von der angegebenen Seite anzeigt und so die Suche nach vertrauenswürdigen unter einer Vielzahl von angezeigten Webseiten unnötig macht.

Teilnehmer beider Kohorten beendeten ihre Online-Suche, nachdem sie die erste Information gefunden hatten, die ihr Suchvorhaben beantwortete. Nur zwei der erfahrenen Internetnutzer verglichen Informationen von verschiedenen Webseiten systematisch, indem sie von sequenziellem zu parallelem Suchen wechselten. Dabei öffneten sie mehrere Registerkarten (tabs) innerhalb eines Browserfensters, um die Inhalte verschiedener Webseiten miteinander vergleichen zu können. Paralleles Suchen kann das Vergleichen und damit die Bewertung von Online-Informationen erleichtern.

5.2 Strukturierung der Suchergebnisse

Beide Kohorten verwendeten einfache Such- und Stoppregeln: Sie schauten sich nur wenige der angezeigten Links auf der ersten Ergebnisseite der Suchmaschine an und beendeten ihre Suche, sobald sie die erste Information gefunden hatten, die ihr Suchvorhaben beantwortete. Um Menschen unabhängig von ihrer Interneterfahrung den Zugang zu qualitativ hochwertigen Informationen zu erleichtern, sollte daher die Qualität der Suchergebnisse klar gekennzeichnet werden. Obwohl Suchmaschinen Qualitätskriterien verwenden um Suchergebnisse zu sortieren, ist die Qualität der verlinkten Informationen bisher nur schwer ersichtlich. Um dies zu ändern, begann Google.com im Jahr 2010 eine Kollaboration mit den National Institutes of Health (NIH), der in den USA bekanntesten Einrichtung für Gesundheitsforschung (ANDREWS 2010). Wenn Nutzer von Google.com seitdem nach einer Krankheit oder bestimmten Medikamenten suchen, dann verlinkt das zuerst von der Suchmaschine angezeigte Ergebnis zum NIH und damit einer qualitativ hochwertigen Informationsquelle. Auf diese Weise wird auch unerfahrenen Internetnutzern der Zugang zu hochwertigen Informationen erleichtert. Leider gibt es ähnliche Suchalgorithmen bisher nicht in anderen Ländern. Sucht man beispielsweise auf Google.de nach Marken-Medikamenten, werden Links zu pharmazeutischen Firmen oder Werbeseiten für das jeweilige Medikament angezeigt. Diese Praxis erschwert die Suche nach objektiven Verbraucherinformationen.

Internetnutzer vertrauen den Suchergebnissen von bekannten Suchmaschinen (Hargittai et al. 2010). Wenn sich die Reihenfolge der angezeigten Suchergebnisse nach deren Qualität richtet oder deren Qualität zumindest visuell gekennzeichnet ist, erhöht sich die Wahrscheinlichkeit, dass die ersten Links, die Internetnutzer finden und anklicken, qualitativ hochwertig sind. Auf diese Weise können Menschen unabhängig von ihrer Interneterfahrung und trotz einfacher Such- und Stoppstrategien gute Informationen finden.

Literatur

Anderson, J.G./Rainey, M.R./Eysenbach, G., 2003. The Impact of CyberHealthcare on the physician-patient relationship. In: *Journal of Medical Systems* 27, 67–84.

Andrews, J., 2010. Google partners with NIH: Government gets top spot. In: *Doctor Directory* 8. http://www.contactdd.com/DDDocuments/August_2010.pdf (Zugriff am 19.05.2012).

Betsch, C./Renkewitz, F./Betsch, T./Ulshöfer, C., 2010. The influence of vaccine-critical Internet pages on perception of vaccination risks. In: *The Journal of Health Psychology* 15, 446–455.

Buckingham Shum, S./McKnight, S., 1997. World Wide Web usability: Introduction to this special issue. In: *International Journal of Human Computer Studies* 47, 1–4.

Ericsson, K.A./Simon, H.A., 1980. Verbal reports as data. In: *Psychological Review* 87, 215–251.

Eysenbach, G., 2002. Infodemiology: the epidemiology of (mis)information. In: *American Journal of Medicine* 113, 763–765.

Eysenbach, G., 2003. The impact of the Internet on cancer outcomes. In: *CA: A Cancer Journal for Clinicians* 53, 356–371.

Eysenbach, G./Köhler, C., 2002. How do consumers search for and appraise health information on the world wide web? Qualitative study using focus groups, usability tests and in-depth interviews. In: *British Medical Journal* 342, 573–577.

Eysenbach, G.,/Powell, J./Kuss, O./Sa, E., 2002. Empirical studies assessing the quality of health information for consumers on the World Wide Web: A systematic review. In: *Journal of the American Medical Association* 287, 2691–2700.

Flanagin, A.J./Metzger, M.J., 2007. The role of site features, user attributes, and information verification behaviors on the perceived credibility of web-based information. In: *New Media & Society* 9, 319–342.

Fox, S., 2011. *Health topics*. http://pewinternet.org/Reports/2011/HealthTopics.aspx (Zugriff am 19.05.2012).

Fox, S./Rainie, L., 2000. *The online health care revolution (full report)*. http://www.pewinternet.org/Reports/2000/The-Online-Health-Care-Revolution.aspx (Zugriff am 19.05.2012).

Fox, S./Rainie, L. 2002. *Vital decisions: A Pew Internet Health Report*. http://www.pewinternet.org/PPF/r/59/report_display.asp (Zugriff am 19.05.2012).

FREESE, J./RIVAS, S./HARGITTAI, E., 2006. Cognitive ability and Internet use among older adults. In: *Poetics* 34, 236–249.

GAGLIARDI, A./JADAD, A.R., 2002. Examination of instruments used to rate quality of health information on the internet: chronicle of a voyage with an unclear destination. In: *British Medical Journal* 324, 569–573.

GIGERENZER, G./TODD, P.M., 1999. The research agenda. In: GIGERENZER, G./ TODD, P.M./ THE ABC RESEARCH GROUP (eds.), 1999. *Simple heuristics that make us smart.* New York: Oxford University Press, 3–34.

GIGERENZER, G./GAISSMAIER, W./KURZ-MILCKE, E./SCHWARTZ, L.M./WOLOSHIN, S., 2007. Helping doctors and patients to make sense of health statistics. In: *Psychological Science in the Public Interest* 8, 53–96.

HARGITTAI, E., 2002a. Beyond logs and surveys: In-depth measures of people's online skills. In: *Journal of the American Society for Information Science and Technology* 53, 1239–1244.

HARGITTAI, E., 2002b. Second-level digital divide: differences in peoples' online skills. In: *First Monday* 7, 4. http://firstmonday.org/htbin/cgiwrap/bin/ojs/index.php/fm/article/view/942/864 (Zugriff am 19.05.2012).

HARGITTAI, E., 2005. Survey measures of web-oriented digital literacy. In: *Social Science Computer Review* 23, 371–379.

HARGITTAI, E., 2009. An update on survey measures of web-oriented digital literacy. In: *Social Science Computer Review* 27, 130–137.

HARGITTAI, E., 2010. Digital na(t)ives? Variation in Internet skills and uses among members of the "Net Generation". In: *Sociological Inquiry* 80, 1, 92–113.

HARGITTAI, E./HINNANT, A., 2008. Digital inequality: Differences in young adult's use of the Internet. In: *Communication Research* 35, 602–621.

HARGITTAI, E./FULLERTON, L./MENCHEN-TREVINO, E./THOMAS, K., 2010. Trust online: Young adults' evaluation of Web content. In: *International Journal of Communication* 4, 468–494.

KIENHUES, D./STADTLER, M./BROMME, R., 2011. Dealing with conflicting or consistent medical information on the Web: When expert information breeds laypersons' doubts about experts. In: *Learning and Instruction* 21, 193–204.

LA RUE, E.M., 2003. *An expertise not utilized. BMJ.* http://www.bmj.com/content/324/7337/573?tab=responses (Zugriff am 19.05.2012).

MORAHAN-MARTIN, J., 2004. How internet users find, evaluate, and use online health information: A cross-cultural review. In: *Cyberpsychology, Behavior, and Social Networking* 7, 497–510.

NEUMEYER-GROMEN, A./BODEMER, N./MÜLLER, S./GIGERENZER, G., 2011. Ermöglichen Medienberichte und Broschüren informierte Entscheidungen zur Gebärmutterhalskrebsprävention? In: *Bundesgesundheitsblatt* 54, 1197–1210.

Shirley Beul

Neue Wege der medizinischen Versorgung. Akzeptanz und Usability telemedizinischer Konsultationssysteme

New Approaches of Medical Care. Acceptance and Usability of Telemedical Consultation Systems
In the close future, consequences of the demographic change like the shortage of physicians and the increasing number of elderly in need of medical and nursing services reveal an imminent supply gap in healthcare. To maintain the area-wide supply of medical care, integrating information- and communication technology (ICT) into healthcare systems for the purpose of doctor-patient communication seems to be a promising solution. In these so-called telemedical consultations, the face-to-face encounter between physician and patient is transformed into an ICT-mediated consultation. One example for such a service is developed in the Future Care Lab of the eHealth group of RWTH Aachen University. In this approach, the telemedical consultation is realized with novel ICT: A wall-sized multi-touch display, named interactive wall, is used for videoconferencing between doctor and patient. Crucial factors for the success of these services are user acceptance, especially trust, as well as usability. A role-specific modeling of user requirements concerning the system design is a project of particular importance, to which the field of Applied Linguistics can contribute significantly.

1. Einleitung

Alter(n) ist nicht gleich Alter(n). Ob ein Mensch als alt charakterisiert wird, ist abhängig von Bewertungsperspektive und -kontext. Der Alterungsprozess jedes Menschen verläuft individuell (vgl. Baltes/Baltes 1992), weshalb das chronologische Alter häufig keine umfassende Auskunft über den physischen und psychischen Zustand eines Menschen gibt. Was allen älteren Menschen jedoch gemein ist, ist das Bestreben, ihre Pläne für die Phase persönlicher Erfüllung, das sogenannte *dritte Lebensalter*, zu verwirklichen (vgl. Laslett 1991). Sie benennen Urlaubsreisen, die Einbindung in ihr soziales Netz, insbesondere in familiäre Beziehungen und Partnerschaft, sowie die Ausübung ihrer Hobbys als Wünsche für diesen Lebensabschnitt (vgl. Jakobs/Lehnen/Ziefle 2008). Gesundheit wird ebenfalls angeführt, ist jedoch in erster Linie Grundvoraussetzung, um alle weiteren Vorhaben realisieren zu können.

Trotz verbesserter Lebensbedingungen sind Menschen früher oder später mit altersbedingten körperlichen Veränderungen, den Seneszenzerscheinungen, konfrontiert. Ihre sensorischen, motorischen und kognitiven Fähigkeiten nehmen mit der Zeit ab (vgl. VOELCKER-REHAGE 2005). Zudem steigt mit zunehmendem Alter die Prävalenzrate für chronische Erkrankungen, wie z. B. Diabetes mellitus oder Herz-Kreislauf-Krankheiten (vgl. HO/PINSKY/KANNEL 1993). Das Zusammenspiel der Wünsche Älterer, ihrer wahrgenommenen altersbedingten Seneszenz und ihres hohen Risikos einer Erkrankung führt zu einem erhöhten Bedarf an medizinischen Dienstleistungen sowie einem gesteigerten Interesse an Gesundheitsthemen.

Um Antworten auf ihre Gesundheitsfragen zu finden, sind sie auf medizinisches Wissen angewiesen, worüber Laien nur in begrenztem Maß verfügen. Sie besitzen Erfahrungswissen, das sie durch eigene Erlebnisse mit Gesundheit und Krankheit oder im sozialen Austausch mit anderen erworben haben. Angereichert wird dies durch öffentliche Gesundheitsinformation, die über verschiedene Massenmedien, wie z. B. Internet, Fernsehen, Rundfunk oder Printmedien, für sie zugänglich ist. Die vermittelten Inhalte richten sich an eine breite Öffentlichkeit, werden von Experten ausgewählt und speziell für Laien, z. B. in Ratgebersendungen, aufbereitet. Als wichtigste Anlaufstelle für ältere Patienten sind allerdings nach wie vor Ärzte zu benennen, die ihnen in allen medizinischen Versorgungsstufen beratend und behandelnd zur Seite stehen.

In ärztlichen Konsultationen haben Laien an medizinischem Expertenwissen teil, das auf ihr jeweiliges Krankheitsbild; genauer: auf ihren spezifischen Fall zugeschnitten ist (vgl. BRÜNNER 2010). Der Arzt übernimmt somit die Funktion eines persönlichen Informationsmaklers. Solche Begegnungen prägen maßgeblich das Bild, das Patienten von Medizinern haben. Neben Erfahrungen mit dem eigenen Hausarzt wird das Arztimage von weiteren Bezugsquellen beeinflusst. Insbesondere mediale Angebote, die eher den Anspruch haben, zu unterhalten als zu informieren, tragen dazu bei: Beispielsweise wird in Fernsehserien das Arzt-Patienten-Verhältnis behandelt, in denen diverse Arzttypen vom klassisch dominanten Mediziner mit paternalistischem Kommunikationsstil bis hin zum patientenorientierten Arzt gezeigt werden (vgl. IGERSKY/SCHMACKE 2000). In Medizintalks werden Ärzte als Experten dargestellt, die ihr jeweiliges Fachgebiet repräsentieren (vgl. BRÜNNER 2010).

Alle diese Einflüsse prägen die Erwartungshaltung der Patienten an Mediziner sowie an die Qualität von Gesundheitsdienstleistungen. Sie haben höchst normative Vorstellungen von einer ärztlichen Behandlung: Sie wünschen sich medizinische Versorgung durch ihren vertrauten Hausarzt, der auf sie eingeht, ihre Wünsche berücksichtigt, über eine hohe fachliche Kompetenz verfügt und stets die beste Behandlungsoption für sie auswählt (vgl. BEUL/ZIEFLE/JAKOBS 2011b). Diesem Anspruch zukünftig gerecht zu werden, ist in der heutigen gesellschaftlichen Wirklichkeit kaum möglich.

Der viel diskutierte demographische Wandel und seine Konsequenzen stellen die westlichen Industrieländer vor große Herausforderungen. Die Welt überaltert zunehmend. Europa wird seine stärksten demographischen Veränderungen Vorhersagen zufolge bis 2050 erfahren. In der Bundesrepublik Deutschland lag der Anteil der Altersgruppe 65+ im Jahr 2010 bei 21 % (vgl. STATISTISCHES BUNDESAMT 2009). In 2050 wird Prognosen des Statistischen Bundesamts zufolge jeder dritte Einwohner älter als 65 Jahre sein.

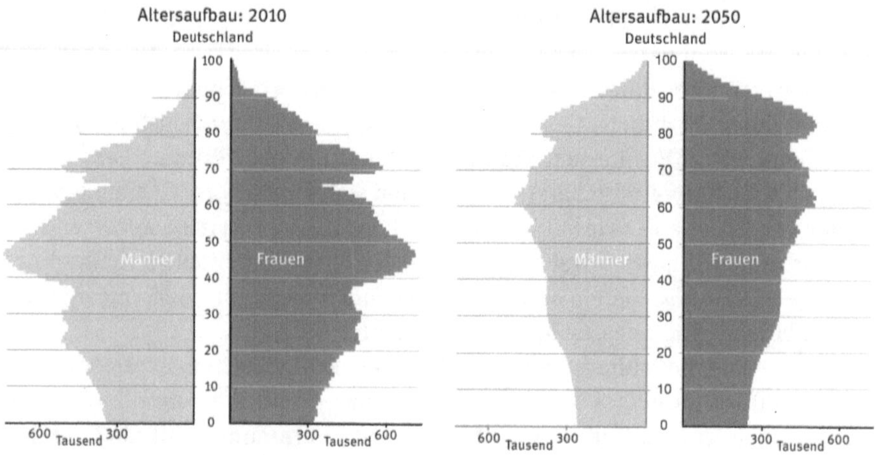

Abb. 1: Altersstruktur der BRD im Jahr 2010 sowie Prognose für 2050 (Darstellung nach STATISTISCHES BUNDESAMT 2009).

Begründet wird diese Entwicklung mit dem Altern der Nachkriegsgeneration, den sogenannten *Baby Boomern*, da sie eine überdurchschnittlich große Kohorte im Vergleich zu vorangegangenen Jahrgängen darstellt, und einer niedrigen Geburtenrate in den letzten Jahren. Begünstigt wird dieser Prozess zusätzlich durch bessere Lebens- und Arbeitsstandards, die wiederum zu einer höheren Lebenserwartung bis in die Hochaltrigkeit führen (vgl. WALLA/EGGEN/LIPINSKI 2006; LEONHARDT 2006).

Das Zusammenwirken dieser Phänomene mündet letztlich darin, dass in naher Zukunft eine steigende Zahl älterer, fragiler Menschen mit Gesundheits- und

Pflegedienstleistungen versorgt werden muss. Daraus resultierende Folgen für eine alternde Gesellschaft sind steigende Ausgaben für gesundheitliche Belange (vgl. SESHAMANI/GRAY 2004) sowie ein erhöhter Bedarf an medizinischem Fachpersonal (vgl. GRIFKA 2010). Speziell Letzteres ist als problematisch zu bewerten, da schon heute akuter Ärztemangel herrscht, der die flächendeckende medizinische Versorgung, vor allem in ländlichen Regionen, bedroht (vgl. BEUL et al. 2010; BLUM/LÖFFERT 2009).

Um die Konsequenzen des demographischen Wandels bewältigen zu können, müssen sich die Gesundheitssysteme industrialisierter Staaten verändern. Die größte Herausforderung wird es sein, eine kostengünstige, technisch machbare und von Patienten sowie Ärzten akzeptierte Lösung für dieses Problem zu entwickeln.

2. Die telemedizinische Konsultation: Von Face-to-Face zu Face-to-Screen

Gesundheitskommunikation war in der Vergangenheit und ist noch heute ein bedeutender Forschungsbereich in der Medizin wie auch in der Linguistik. Speziell die interpersonale Kommunikation ist von hohem Forschungsinteresse. Hierbei wird untersucht, welche Wirkung Kommunikation auf die Beziehungsentwicklung im Gesundheitsbereich hat, wie sie in diesen Beziehungen verläuft und letztlich das Therapieergebnis beeinflusst (vgl. KREPS 2003). Als äußerst beliebter Forschungsgegenstand hat sich die Beziehung zwischen Arzt und Patient erwiesen (vgl. KREPS/ARORA/NELSON 2003): Diverse Studien zu Patientenzufriedenheit, Informationswiedergabe und/oder Verstehen des medizinischen Problems sowie Compliance wurden von Wissenschaftlern verschiedener Disziplinen wie der Psychologie, der Linguistik oder der Medizin selbst durchgeführt (vgl. ROTER/HALL 1989; ONG et al. 1995).

Bislang wenig erforscht, insbesondere von Kommunikationswissenschaftlern, sind telemedizinische Konsultationen. Aufgrund der bereits heute existenten Defizite des Gesundheitssystems und der skizzierten demographischen Veränderungen in den nächsten Jahren werden derzeit Lösungsalternativen für das Versorgungsproblem erarbeitet. Vielversprechend erscheint in diesem Zusammenhang der Einsatz telemedizinischer Anwendungen, die Integration von Informations- und Kommunikationstechnologie in das Arzt-Patienten-Verhältnis. Im Folgenden werden das traditionelle Face-to-Face-Gespräch zwischen Arzt und Patient sowie die telemedizinische Variante näher betrachtet.

2.1 Die Face-to-Face-Konsultation

Wenn Ärzte und ihre Patienten aufeinander treffen, entstehen unterschiedliche Gesprächstypen, die durch Merkmale wie z. B. den institutionellen Ort der Begegnung oder das Krankheitsbild des Patienten bestimmt werden (vgl. LÖNING 2001). Allen diesen Typen ist jedoch gemein, dass das ärztliche Gespräch (bislang) von Angesicht zu Angesicht stattfindet.

Als primäre kommunikative Zwecke einer ärztlichen Konsultation wurden die Bildung eines guten zwischenmenschlichen Verhältnisses, der Informationsaustausch zwischen den beiden Akteuren sowie das Treffen behandlungsbezogener Entscheidungen identifiziert (vgl. ONG et al. 1995). Häufig werden diese Ziele nicht befriedigend realisiert.

Der ärztliche Arbeitsalltag ist gekennzeichnet von Zeitdruck, einem hohen Verwaltungsaufwand und Überlastung durch eine große Zahl zu behandelnder Patienten. Die sogenannte *Drei-Minuten-Medizin* hat Einzug in die Praxis gehalten (vgl. BEGENAU/SCHUBERT/VOGD 2009; SCHAEFFER 2001), was wiederum zu wenig annehmbaren Patientenkontakten führt. In der Konsultation lenkt der Arzt in der Regel das Gespräch, wendet ihm vertraute Gesprächsführungs- und Handlungsschemata an, um dem Patienten relevante Informationen zu entlocken, die er für übergeordnete Ziele, wie z. B. das Stellen einer Diagnose, benötigt (vgl. SATOR/SPRANZ-FOGASY 2011). Ihm fällt der mehrheitliche Redeanteil des Gesprächs zu (vgl. LÖNING 2001), der häufig von fachsprachlichen Wendungen und Begriffen gekennzeichnet ist, die für Patienten weitgehend unverständlich sind (vgl. GÜLICH 1999). Die professionelle Anwendung seines Expertenwissens steht für den Arzt im Vordergrund (vgl. GÜLICH 1999; SATOR/SPRANZ-FOGASY 2011; ROTER/HALL 2006).

Der Patient bewegt sich hingegen auf ungewohntem Terrain: Ihm wird häufig nur eine passive Rolle zugestanden, wobei angemerkt werden muss, dass er selten die Initiative ergreift, um sich selbst stärker in das Gespräch einzubringen (vgl. GÜLICH 1999). Er wendet sich als kranker Laie hilfesuchend einem Experten zu und wünscht sich eine kompetente sowie empathische Behandlung. Der Patient möchte sich verstanden fühlen und von seinen Ängsten befreit werden (vgl. KEIL-KURI 1996; KLEMPERER 2003). Mit der Patientenrolle geht eine gewisse Abhängigkeit einher, die sich schnell zur Unterwerfung dem Arzt gegenüber entwickeln kann, was wiederum dessen Überlegenheit und Selbstsicherheit fördert (vgl. MYERSCOUGH/FORD 2001). Dies führt zu einem Machtgefälle in der Beziehung zwischen beiden Interaktanten, das die Basis für eine paternalistisch geprägte Behandlung bildet.

Aufgrund einer erstarkten Verbraucherbewegung, reformierter Gesundheitsgesetzgebung und der Zunahme chronischer Erkrankungen, die längerfristige Kontakte zwischen Medizinern und Patienten begründen, wandelt sich die Arzt-

Patienten-Beziehung zunehmend (vgl. CHARLES et al. 1996 zit. nach KLEMPERER 2003: 10; HÖHNE/VONNEILICH 2009). Aktuell ist eine Abkehr vom Paternalismus und eine Hinwendung zu patientenorientierten Behandlungsmodellen erkennbar (vgl. u. a. HÖHNE/VONNEILICH 2009). Die Gruppe der Patienten erlangt ein größeres Selbstbewusstsein: Sie hat ein hohes Informationsbedürfnis, fordert Aufklärung über ihre Krankheit sowie Behandlungsoptionen, um an der Entscheidungsfindung aktiv partizipieren zu können. Ignoriert der Arzt diese Patientenwünsche, fühlen sich Patienten unverstanden, von der eigenen Behandlung ausgeschlossen und mit unverständlicher, medizinischer Fachsprache konfrontiert (vgl. KLEMPERER 2003). Letztlich kann es sogar zu einer Verweigerung der partnerschaftlichen Zusammenarbeit, der Non-Compliance, kommen. Tritt sie in Form von Therapieverweigerung auf, werden z. B. Diäten nicht eingehalten oder die Medikation nicht befolgt (vgl. SEELOS 2008). Diesem Umstand ist sich auch die Medizin bewusst, weshalb Patient Empowerment[1] aus der Arztperspektive unterstützenswert ist (vgl. LÖNING 2001).

Zusammenfassend handelt es sich bei der Arzt-Patienten-Beziehung um ein hochgradig problematisches Verhältnis, das durch eine schwierige Verständigung resultierend aus divergierenden Perspektiven geprägt ist. Die mangelnde Passung der Relevanzsysteme der beiden zentralen Akteure ist offensichtlich (vgl. SATOR/SPRANZ-FOGASY 2011). Grundsätzlich ist eine gute Kooperation von Arzt und Patient erlernbar und kann durch ein gezieltes Verhalten beider Parteien beeinflusst werden (vgl. KLEMPERER 2003). Wesentliche Gelingensbedingung ist, dass die Kompetenzunterschiede nicht als Machtgefälle, sondern als unterschiedliche Kompetenzen gleichwertiger Partner wahrgenommen werden (vgl. GÜLICH 1999), was sich im ärztlichen Gespräch niederschlagen muss.

2.2 Telemedizinische Konsultationen: Integration von Informations- und Kommunikationstechnologie in das Arzt-Patienten-Verhältnis

Telemedizin ist ein Terminus, um den sich die Diskussionen um elektronische Patientenkarten (Patient Health Records), Teleärzte und digitale Gesundheits-

1 *Patient Empowerment* heißt eine Bewegung, die sich der Verbesserung der Patientensituation verschrieben hat. Menschen sollen zu einem bewussten Gesundheitshandeln befähigt werden und mehr Kontrolle über ihre Gesundheitsentscheidungen erlangen (vgl. WORLD HEALTH ORGANISATION 1998). Empowerment-Maßnahmen sind u. a. verbesserte Patienteninformation und die Umsetzung von Shared Decision Making, wobei Arzt und Patient gemeinschaftlich entscheiden (siehe dazu KLEMPERER 2003).

dienstleistungen wie beispielsweise Rehabilitationsmaßnahmen oder Ernährungsberatung für verschiedenste Zielgruppen ranken. Bei Recherchen zu seiner Begriffsbestimmung ist augenfällig, dass eine Vielzahl von Definitionen unterschiedlicher disziplinärer oder auch institutioneller Herkunft existiert. Exemplarisch dazu lautet die begriffliche Klärung des Wissenschaftlichen Dienstes des Deutschen Bundestags wie folgt:

> „Telemedizin ist ein Hilfsmittel zur Überwindung größerer Entfernungen bei medizinischen Sachverhalten. Darunter wird die Bereitstellung bzw. Anwendung von medizinischen Dienstleistungen mit Hilfe von Informations- und Kommunikationstechnologien für den Fall verstanden, dass Patienten und Angehörige eines Gesundheitsberufes (etwa Ärzte) bzw. diese untereinander nicht am selben Ort sind. Es erfolgt die Übertragung medizinischer Daten und Informationen für die Prävention, Diagnose, Behandlung und Weiterbetreuung von Patienten in Form von Text, Ton oder Bild oder in anderer Form." (DETER 2011: 1)

Vergleicht man verschiedene Definitionen (u. a. MILLER 2001; NORRIS 2002; SCHMIDT/KOCH 2003), lassen sich vier zentrale Charakteristika der Telemedizin herausarbeiten: Telemedizin wird zur (1) Überbrückung räumlicher und/oder zeitlicher Distanzen zwischen den beteiligten Interaktanten mittels (2) Informations- und Kommunikationstechnologien (IKT) eingesetzt. Dabei werden (3) medizinische Informationen und (Mess-)Daten ausgetauscht mit dem Ziel, (4) medizinische Dienstleistungen zwecks Diagnose oder Therapie zu erbringen.

Das Anwendungsspektrum der Telemedizin ist breit gefächert: Es reicht von Home-Monitoring-Systemen zur Überwachung von Vitalparametern eines Patienten über radiologische Befundungsdienste bis hin zu Videokonferenzsystemen zum Zweck der Arzt-Patienten-Kommunikation. Ferner erfasst Telemedizin alle medizinischen Versorgungsstufen (Prävention, Diagnostik, Therapie, Rehabilitation, Pflege) (vgl. BURCHERT 2003) und findet sich in verschiedenen medizinischen Fachbereichen wie Kardiologie, Neurologie, Dermatologie, Radiologie, Psychiatrie etc. wieder (vgl. DGTELEMED). Der Informations- und Datenaustausch kann über unterschiedliche Zeichensysteme erfolgen, z. B. schriftlich per E-Mail oder mündlich in einer Videokonferenz. Darüber hinaus können Audiosignale (z. B. Herztöne), Bilder (z. B. Röntgenbilder) oder Videos (z. B. Videokonferenz) übermittelt werden (vgl. NORRIS 2002). Dies kann synchron (realtime) oder zeitversetzt (store and forward) erfolgen (vgl. FERGUSON 2006).

Fokussiert man telemedizinische Konsultationen als Teilbereich der Telemedizin, so ist auch hier eine Klärung des Begriffs notwendig.

> „Konsultieren meint Informationen oder Rat bei jemandem einholen. Folglich ist eine telemedizinische Konsultation medizinische Informationen oder Beratung bei jemandem über eine Distanz hinweg einholen. Die Konsultation kann zwischen Patient und medizinischem

> Experten oder [nur] zwischen medizinischen Experten verlaufen. Eine Telekonsultation kann aus Gründen der Entfernung erforderlich sein [...] oder wenn der Zugriff auf Spezialistenwissen schwierig ist." (FERGUSON 2006: 220)

Von besonderem Interesse sind die Akteurskonstellationen. Es werden telemedizinische Anwendungen angeführt, welche die Interaktion zwischen Arzt und Patient elektronisch unterstützen sollen sowie solche, bei denen die Interaktion zwischen medizinischem Fachpersonal (z. B. Ärzte) im Zentrum steht. An dieser Stelle offenbart sich ein terminologisches Dilemma: Die noch junge Telemedizinforschung wird von wissenschaftlichen Arbeiten mit variierendem Fachvokabular ausgestaltet. So wird im deutschsprachigen Raum der Terminus *Telekonsil* verwendet, um ein Expertengespräch zwischen Ärzten zu bezeichnen (vgl. u. a. GUNDERMANN 2009). *Telekonsultation* kann sich auf Arzt-Arzt-Gespräche (vgl. z. B. FEUSSNER/ETTER/SIEWERT 1998) wie auch auf Arzt-Patient-Interaktionen beziehen (vgl. z. B. SCHMIDT/KOCH 2003). Der Terminus *telemedizinische Konsultation* wird bislang nur vereinzelt verwendet, dient aber in der Regel zur Benennung der kommunikativen Konstellation Arzt-Patient (vgl. z. B. HAHMANN/HOFMEISTER 2010). Da im Folgenden nur die Kommunikation zwischen letztgenannten Gesprächspartnern von Interesse ist, wird der Ausdruck *telemedizinische Konsultation* verwendet.

Die Integration von IKT in die ohnehin schon diffizile Arzt-Patienten-Beziehung erhöht den Schwierigkeitsgrad für beide Interaktanten. Eine vertraute, institutionalisierte Kommunikationssituation wird nunmehr elektronisch vermittelt. In explorativen Befragungen haben potenzielle Telepatienten erste Bedenken geäußert: Sie zweifeln die Gültigkeit der medizinischen Behandlung per telemedizinischem Konsultationssystem an, da die Kommunikation informationellen Einbußen (u. a. in Gestik, Mimik) unterliegt. Telediagnosen erscheinen ihnen zweifelhaft, da die Behandlungsqualität in jedem Fall leidet. Darüber hinaus haben sie Sorgen, was die Qualität, Verlässlichkeit und Handhabung der Technik anbelangt, sowie Bedenken hinsichtlich des Datenschutzes und der Privatsphäre. Ferner haben sie normative Ansprüche und meinen, dass eine gründliche (körperliche) Untersuchung Bestandteil jeder Konsultation sein muss (vgl. BEUL/ZIEFLE/JAKOBS 2011b).

Zweifellos eignen sich telemedizinische Konsultationen nicht für alle Behandlungen. Eine offensichtliche Grenze ist der „lack of touch" (vgl. MILLER 2001). Körperliche Untersuchungen wie Auskultation (Abhören des Körpers) oder Palpation (Abklopfen des Körpers) kann sie nicht ersetzen. Zu klären gilt, für welche Interaktionstypen die telemedizinische Konsultation eingesetzt werden kann.

3. Anwendungsbeispiel: Forschungsprogramm eHealth – Enhancing Mobility with Ageing

Das interdisziplinäre Forschungsprogramm „eHealth – Enhancing Mobility with Ageing. Adaptive Immersive Interfaces to Personal Health Care Systems" der RWTH Aachen zielt darauf ab, neuartige, integrative Modelle für die nutzerzentrierte Gestaltung medizintechnischer Systeme zu entwickeln (http://www.ehealth.rwth-aachen.de). Der multidisziplinäre Forschungsansatz des Projektes kombiniert Methoden der Informatik, Medizin, Ingenieurswissenschaft, Psychologie, Architektur und Kommunikationswissenschaft, um intelligente Wohnumgebungen für Bewohner in allen Phasen des menschlichen Lebenszyklus zu entwickeln. Berücksichtigung finden daher insbesondere altersbedingte Anforderungen, um sogar hochaltrige Menschen bei einer selbstständigen Lebensführung in ihrem häuslichen Umfeld zu unterstützen. Die Zunahme chronischer Krankheiten in westlichen Industrieländern erfordert auch, dass die Bedürfnisse chronisch Kranker an eine solche Technologie bedacht werden (vgl. Ziefle et al. 2009).

Diese Vision beinhaltet neue Konzepte elektronischen Monitorings, die ihre Nutzer individuell (abhängig von Nutzerprofilen), adaptiv (abhängig vom Krankheitsverlauf) und kontextsensitiv (ihren Lebensumständen entsprechend) unterstützen. Traditionelle Technikentwicklung betrachtet Nutzer lediglich isoliert in der Interaktion mit einem einzelnen Gerät, was keineswegs der Realität entspricht. Die Nutzungserfahrung ist in einen räumlichen Kontext eingebettet (z. B. ein Wohnzimmer), an den die Gerätenutzung angepasst werden muss (vgl. Borchers et al. 2010). Dies erfordert die Gestaltung dieser Räume in einer Weise, dass Technologien in Alltagsgegenstände (z. B. Mobiliar), aber auch in Raumelemente (z. B. Boden, Wände) integriert werden müssen. So kann Technik verschiedene Rollen und Funktionen (z. B. Assistenz und Pflege) übernehmen (vgl. Beul et al. 2012).

Potenzielle Nutzer sollen die integrierte Technik nicht nur als persönlich bzw. personalisierbar, unterstützend und sichernd wahrnehmen. Vielmehr sollten Attribute wie vertrauenswürdig und verlässlich diesem Kanon hinzugefügt werden. Zentrale Forschungsaufgaben sind die systematische Evaluation und iterative Verbesserung der Beziehung zwischen medizinischen, kontextspezifischen, technischen, psychologischen, sozialen und kommunikativen Faktoren. Daraus werden Hinweise für die Gestaltung, Nutzung und Akzeptanz personalisierter eHealth-Technologien abgeleitet (vgl. Ziefle et al. 2009). Dazu zählt auch die im Folgenden fokussierte elektronisch vermittelte Kommunikation zwischen zwei Menschen sowie die dafür notwendige Interaktion zwischen Mensch und Technik.

Die zugrundeliegende Methodik kann als ein empirisch-experimentelles Vorgehen bezeichnet werden: Es wurde ein Prototyp einer intelligenten Wohnumge-

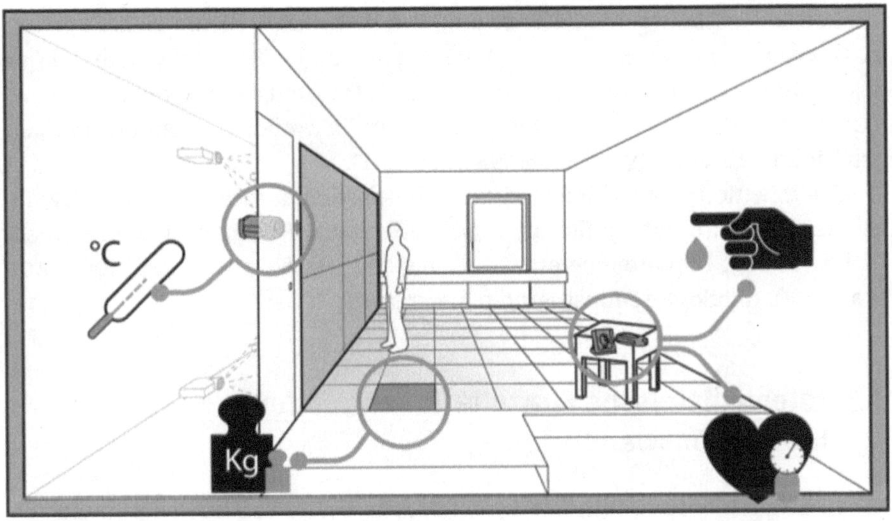

Abb. 2: Visualisierung des Future Care Labs. Integration von Medizintechnik (Abbildung von Kai Kasugai und Lars Klack).

bung, das Future Care Lab, erarbeitet, das den Wissenschaftlern ermöglicht, entwickelte Dienste unter realitätsnahen Bedingungen zu evaluieren. Versuchspersonen können diese demonstrierbare Infrastruktur testen, die Technologie selbst erfahren, wodurch ihre Einschätzungen und ihre Wahrnehmung realistischer werden (vgl. ZIEFLE et al. 2009).

3.1 Das Future Care Lab

Das Future Care Lab ist als intelligentes Wohnzimmer konzipiert und technisch realisiert, um Patientenverhalten im simulierten häuslichen Umfeld zu beobachten. So können Nutzungsbarrieren und wahrgenommene Vorzüge des Systems identifiziert werden.

Das Labor ist ausgestattet mit diversen medizintechnischen Geräten und Benutzerschnittstellen. Abbildung 2 zeigt die zentralen Raumkomponenten: ein wandgroßes, multitouchfähiges Display, eine sogenannte Interaktionswand und einen drucksensitiven Fußboden. Die Interaktionswand ist 4,80m x 2,40m groß. Sie verschiebt die primäre Funktion einer Wand als herkömmliche Raumkomponente hin zu einem aktiven, graphischen In- und Output-Gerät für die Mensch-Maschine-Interaktion (vgl. KLACK et al. 2010).

Der Boden überwacht[2] die Bewegung von Personen im Raum. Sein Zweck ist es, Bewegungsmuster, Stürze oder anderes abnormales Bewegungsverhalten zu dokumentieren, um krankhafte Veränderungen frühzeitig zu erkennen. Wird das System an seinen Bewohner angepasst, kann es im Notfall sogar automatisch einen Hilferuf absetzen (vgl. Leusmann et al. 2011).

Die integrierten medizintechnischen Biosensoren messen vier Vitalparameter, die wichtig für das Monitoring von Herz-Kreislauf-Patienten sind: Blutdruck, Blutgerinnung, Körpertemperatur und Gewicht (vgl. Klack et al. 2010; Klack et al. 2011). Abbildung 2 illustriert die Integration der Geräte.

3.2 Telemedizinische Konsultationen auf der Interaktionswand

Neben dem Patientenmonitoring kann das Future Care Lab für elektronisch vermittelte Arzt-Patienten-Kommunikation genutzt werden. Für die Entwicklung eines telemedizinischen Konsultationsdienstes, der über die Interaktionswand erfolgen soll, gestaltet sich das leitende Szenario wie folgt:

Zwischen der häuslichen Wohnumgebung einer Patientin und der Arbeitsstätte eines Arztes besteht eine räumliche Entfernung, die mittels eines virtuellen Kommunikationskanals überbrückt wird. Die Patientin gehört der Altersgruppe 65+ an, ist chronisch herzkrank und Expertin im Umgang mit ihrer Krankheit. Sie muss regelmäßig ihren Arzt konsultieren, um ihren Gesundheitszustand überprüfen zu lassen. Die Dame lebt in einer intelligenten Wohnumgebung, dessen Herzstück eine Interaktionswand ist, über die sie Videokonferenzen ausführen kann. Der Arzt befindet sich in seiner Praxis oder im Krankenhaus. Er verfügt über einen herkömmlichen Bildschirmarbeitsplatz, bestehend aus Computermonitor, Web-Cam mit Mikrofon und Lautsprechern.

Um die Komplexität des Szenarios zu verringern, wird für Nutzerstudien die Bekanntschaft zwischen Arzt und Patientin vorausgesetzt. Interferenzen zwischen avisierten Fragestellungen, z. B. zu technik- oder interaktionsbezogenen Aspekten und der Frage nach der Arztwahl und ihren Kriterien, werden so vermieden. In Simulationsexperimenten können Befragte ihre Aufmerksamkeit auf das Gespräch selbst und die eingesetzte Technik richten. IKT verbindet in diesem

2 Da *Überwachung* im deutschsprachigen Raum negativ konnotiert ist, sollte besser ein Verb angelehnt an den Ausdruck *Monitoring* verwendet werden. Laut Duden bezeichnet *Monitoring* im medizinischen Kontext die kontrollierte Überwachung definierter Vitalparameter gefährdeter Patienten. Bislang existiert im Duden leider keine solche Verbform.

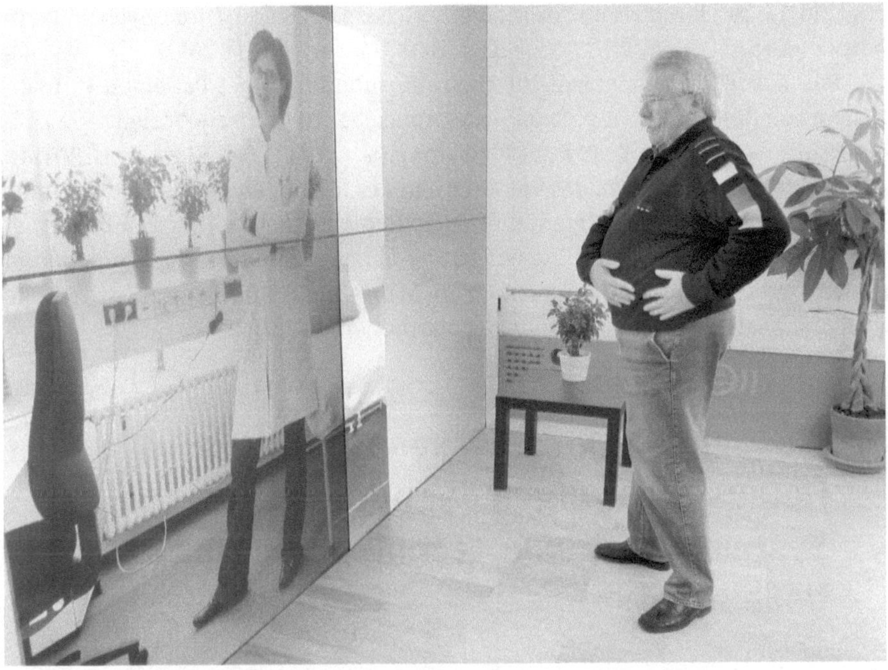

Abb. 3: Arzt-Patienten-Interaktion im Future Care Lab (Forschungsprogramm eHealth – Enhancing Mobility with Ageing, RWTH Aachen University).

Szenario zwei miteinander bekannte Interaktanten, um ein ritualisiertes Gespräch durchzuführen. Der Interaktionstyp ist somit ein Folge- oder Zweitgespräch. Hierunter werden

> „[...] alle Gespräche zusammengefasst, die in einer laufenden Behandlung eines/r Patienten/ Patientin nach dem Erstgespräch stattfinden und nicht Teil der Visite sind bzw. einen spezifischen Aufklärungsfokus haben." (Nowak 2010: 229)

Die zentrale Forschungsfrage dieses Teilprojekts besteht nun darin zu ermitteln, in welchen Aspekten sich die telemedizinische Konsultation von dem Face-to-Face-Gespräch zwischen Arzt und Patientin unterscheidet. Zudem muss geprüft werden, wie störanfällig die Kommunikation ist, ob die verwendete IKT einen Einfluss auf die Konsultation hat und wenn ja, wie dieser zu bewerten ist.

Kommunikations- oder medienwissenschaftliche Forschung muss zudem die Besonderheiten der Interaktionswand, wie beispielsweise ihre Größe, fokussieren. Dieses Medium bietet die Möglichkeit, neue Formate für die lebensgroße Darstellung von Gesprächspartnern in Videokonferenzen zu erproben (vgl. Ziefle et al. 2011). Zu klären ist insbesondere, welches Darstellungformat von Nutzern bevorzugt wird (vgl. Abb. 3) (siehe dazu BEUL/JAKOBS/ZIEFLE 2012).

Das Konzept der telemedizinischen Konsultation bietet Patienten – unabhängig von der Art des eingesetzten elektronischen Mediums – Vorteile wie Zeitersparnis, wegfallende Kosten für die Fahrt zum Arzt etc. (vgl. BEUL et al. 2011a). Als nachteilig erweist sich, dass es aufgrund des fehlenden physischen Kontakts nur für gesprächsbasierte Interaktion zwischen Mediziner und Patient geeignet ist. Der Erfolg einer solchen Dienstleistung hängt unmittelbar vom integrierten System und seinem Leistungsportfolio ab. Maßgeblich dafür ist letztlich aber die Akzeptanz und das Vertrauen seiner (potenziellen) Nutzer.

4. (Kommunikations)wissenschaftliche Herausforderungen der nutzerzentrierten Systemgestaltung: Technikakzeptanz und Usability

Die Gestaltung eines Systems zur Durchführung telemedizinischer Konsultationen bietet hohes Forschungspotenzial. Hervorzuheben sind speziell (kommunikations)wissenschaftliche Fragestellungen der Technikakzeptanz, insbesondere Vertrauensbildung, sowie Usability-Aspekte (vgl. JAKOBS in diesem Band).

In der Entwicklung interaktiver Systeme können beide Bereiche losgelöst voneinander betrachtet werden: Es gibt Produkte auf dem Markt, die nicht als benutzerfreundlich bezeichnet werden können, allerdings akzeptiert und genutzt werden. Dies kann zum Beispiel durch Marktführerschaft entstehen (vgl. WIRTZ/JAKOBS/BEUL 2010). Darüber hinaus kann es Anwendungen geben, die nach sprachlich-kommunikativen wie auch kognitiv-ergonomischen Usability-Kriterien entwickelt und selbst in Nutzertests für gut befunden wurden, aber weder Akzeptanz noch Abnehmer finden. Hier kann es beispielsweise sein, dass Zielgruppenanalysen nicht oder ungenügend durchgeführt wurden, es auf der Kundenseite keinen Bedarf für das spezifische Produkt gibt und der Market Push fehlgeschlagen ist.

Im Fall der telemedizinischen Konsultation scheinen die Dimensionen Akzeptanz und Usability miteinander verquickt: Aufgrund der skizzierten Versorgungslücke in der Medizin besteht Bedarf für die Anwendung. Haben Patienten die Wahl zwischen unterschiedlichen medialen Typen des ärztlichen Gesprächs, bevorzugen sie die Face-to-Face-Konsultation (vgl. BEUL et al. 2011a). Da ihnen auf lange Sicht – außer einem Verzicht auf ärztlichen Beistand – weitgehend die

Alternativen ausgehen werden, wird die Akzeptanz der Nutzer forciert. Usability kann hier einen entscheidenden Beitrag leisten: Der Grad der Usability eines telemedizinischen Konsultationssystems kann den Grad seiner Nutzerakzeptanz mitbestimmen. Ist eine Anwendung beispielsweise gebrauchstauglich gestaltet, kann sie u. a. angenehm in der Handhabung sein, was wiederum die Nutzungshäufigkeit positiv beeinflussen kann. Im (tele)medizinischen Kontext wäre beispielsweise eine hohe Frequentierung von Präventionsangeboten wünschenswert. Eine benutzerfreundliche Gestaltung ist daher obligatorisch.

Vor der Einführung einer solchen Dienstleistung in das Gesundheitssystem müssen Nutzungsbarrieren und Nutzeranforderungen identifiziert werden (vgl. Rogers 1995; Wilkowska/Ziefle 2011). Selbst wenn die Nutzerakzeptanz forciert wird, müssen negative Erfahrungen und Beschwerden zwingend vermieden werden. Die zukünftige prekäre Versorgungslage darf nicht zusätzlich durch eine Verunsicherung der Patienten belastet werden. Vielmehr müssen vertrauensrelevante Systemmerkmale betont werden, um das Nutzervertrauen in telemedizinische Systeme und ihre Anbieter zu gewährleisten (vgl. Katsikas/Lopez/Pernul 2008).

4.1 Akzeptanz telemedizinischer Konsultationssysteme

Maßgeblich für den tatsächlichen Gebrauch einer Technik ist die Nutzerakzeptanz. Der Terminus *Akzeptanz* bezeichnet

> „[...] zumeist die positive Annahme oder Übernahme einer Idee, eines Sachverhalts oder eines Produktes, und zwar im Sinne aktiver Bereitwilligkeit und nicht nur im Sinne reaktiver Duldung." (Dethloff 2004: 18)

Akzeptanz geht Dethloff (2004) zufolge über eine bloße positive Wertschätzung hinaus und zielt auf eine aktive Handlungsbereitschaft ab. Hierbei ist von Interesse, welche Module die Akzeptanz in welchem Maß beeinflussen. Im Zusammenhang mit IKT hat das Technology Acceptance Model (TAM) von Davis einen besonderen Bekanntheitsgrad erlangt (vgl. Davis 1986, 1989; Davis/Bagozzi/Warshaw 1989). Dieses Modell fußt auf der Theorie des Überlegten Handelns („Theories of Reasoned Action"), die menschliches Verhalten als Konsequenz eines durchdachten Handlungsprozesses begreift (vgl. Fishbein/Ajzen 1975; Ajzen/Fishbein 1980). Laut Davis folgt die tatsächliche Nutzung eines Informationssystems („actual system use") aus einer Verhaltensabsicht („behavioral intention to use"), die wiederum von der Einstellung gegenüber der Techniknutzung („attitude toward using") abhängt.

Die Nutzungseinstellung wird von der Einfachheit der Bedienung („perceived ease of use") und der wahrgenommenen Nützlichkeit einer Technologie („perceived usefulness") bestimmt (vgl. DAVIS/BAGOZZI/WARSHAW 1989). *Perceived Usefulness* meint die subjektive Wahrnehmung eines potenziellen Nutzers, dass seine Leistung durch die Verwendung einer bestimmten Technologie gesteigert wird. *Perceived Ease of Use* bezieht sich auf den geschätzten Aufwand, mit dem die Nutzung einer Technologie verbunden ist (vgl. DAVIS/BAGOZZI/WARSHAW 1989). Je höher der antizipierte Nutzen und je niedriger der Nutzungsaufwand sind, desto eher ist der Nutzer einer Technik positiv gegenüber eingestellt, was eine Nutzung wahrscheinlicher macht.

Das TAM wurde für IKT im Arbeitskontext entwickelt. Durch eine fortschreitende Innovation von IKT sowie ihren verstärkten Einzug in Privathaushalte wurde das Modell für andere Nutzungskontexte und Nutzergruppen adaptiert. Das UTAUT-Modell (Unified Theory of Acceptance and Usage of Technology) ist u. a. ein Resultat dieser Weiterentwicklung. Es wurde um die Berücksichtigung demographischer Nutzercharakteristika (Geschlecht, Alter, Erfahrung etc.) sowie die Freiwilligkeit der Nutzung erweitert (vgl. VENKATESH/DAVIS 2000; VENKATESH et al. 2003).

Um Nutzerakzeptanz für telemedizinische Dienste zu modellieren, erweisen sich beide Modelle empirischer Studien zufolge als unzureichend. Laut WILKOWSKA/ZIEFLE (2011), die Akzeptanzbarrieren und Nutzungsmotiven in eHealth behandeln, basiert die Nutzung neuartiger Medizintechnik auf komplexen Mustern, die nicht mit existenten Akzeptanzmodellen erfasst werden können. Die Akzeptanz von Medizintechnik variiert abhängig vom Nutzungskontext sowie von Nutzercharakteristika. Unterschiede hinsichtlich des Nutzungskontexts von Medizintechnik und Freizeit-IKT (Computer, Mobiltelefon etc.) äußern sich beispielsweise darin, dass bei ersterer eine Notwendigkeit der Nutzung vorliegt und letztere freiwillig verwendet wird. Darüber hinaus ist die Nutzung von Freizeit-IKT positiv besetzt, während Medizintechnik eine stigmatisierende Wirkung hat, mit ihr Krankheit assoziiert wird, was wiederum ihre Akzeptanz schmälern kann (vgl. GAUL/ZIEFLE 2009). Bezüglich Nutzungsbarrieren und -motiven wurden alters- und geschlechtsspezifische Unterschiede identifiziert: Beispielsweise misstrauen Ältere IKT mehr als Jüngere. Im Vergleich zu Männern bewerten Frauen speziell die komplizierte Bedienung von IKT als Barriere (vgl. GAUL et al. 2010). Die Ermittlung von Akzeptanzbarrieren liefert erste Hinweise hinsichtlich der Tendenz verschiedener Nutzergruppen für oder gegen eine Medizintechnik. Ferner ist das Nutzervertrauen relevant, was bislang weitgehend vernachlässigt wurde.

Die elektronische Erbringung medizinischer Dienstleistungen verändert die Behandlungsbedingungen für Patient und Mediziner: Die Interaktanten befinden sich nicht mehr am selben Ort. Vertraute organisatorische und zeitliche Prozesse verschwinden. An ihre Stelle tritt eine neue, bisher unbekannte (und unerforschte) Struktur. Die vormals im öffentlichen Bereich abgewickelte Konsultation dringt mittels IKT in die private Wohnumgebung des Patienten ein. Medizinische Daten sowie das Gespräch selbst werden online übertragen, wodurch diese Arzt-Patienten-Kommunikation Datenmissbrauch durch Dritte ausgesetzt ist. Um diese Nutzungsbarrieren abzubauen, muss die telemedizinische Konsultation das Vertrauen potenzieller Nutzer in die Sicherheit und Zuverlässigkeit des Systems sowie in die Qualität der medizinischen Dienstleistung gewinnen.

Vertrauen ist ein schwer fassbares Phänomen, das abhängig von Disziplin, Ansatz und Fokus des spezifischen Forschungskontexts konzeptualisiert und operationalisiert wird (vgl. McKnight/Chervany 1996). Wang/Emurian (2005) haben vier disziplinenübergreifende Eigenschaften ermittelt, die on- wie offline relevant sind: Vertrauen ist ein subjektiver Gegenstand, der verwundbar ist und abhängig von Kontextfaktoren variiert. Die Vertrauensbeziehung besteht aus einem Vertrauensgeber (z. B. Patient) und einem Vertrauensnehmer (z. B. telemedizinischer Konsultationsdienst). Der Vertrauensgeber geht ein solches Verhältnis in risikobehafteten Situationen ein. Sein Vertrauen wird basierend auf der Fähigkeit des Vertrauensnehmers entwickelt, im Interesse des Vertrauensgebers zu handeln. Für den Vertrauensgeber hängt die Beziehungsbildung umgekehrt davon ab, zu welchem Grad er dem Vertrauensnehmer vertraut und wie er dessen Handlungen in seinem Dienst bewertet (vgl. Wang/Emurian 2005).

Bezogen auf die telemedizinische Konsultation befinden sich potenzielle Nutzer in der unsicheren, für sie riskanten Situation, einen Dienst zu nutzen, der ihnen aufgrund seines hohen Innovationsgrads unbekannt ist. Braczyk/Barthel/Fuchs (1998) zufolge erfordert die Nutzung neuartiger IKT das Nutzervertrauen, wofür die Zuverlässigkeit des Systems entscheidend ist. Nutzer schätzen den potenziellen Schaden einer Nutzung abhängig von ihr: Wird er als zu gravierend erachtet, werden bekannte Alternativen bevorzugt. Existieren keine, erscheint eine Vertrauensbildung legitim. Die Zuverlässigkeit eines unbekannten Systems wird in der Regel basierend auf direkten oder indirekten Erfahrungen anderer Nutzer bewertet, was aufgrund der aktuell geringen Verbreitung solcher Konsultationssysteme unmöglich ist. Folglich ist der Nutzer auf Analogien zu ähnlich wirkenden Technologien angewiesen (vgl. Braczyk/Barthel/Fuchs 1998; zudem für den Mobilitätsbereich untersucht von Wirtz et al. 2010). Abgeleitet aus der Vertrauensforschung zu webbasierten Systemen (vgl. u. a. Belanger/Hiller/Smith 2002; Fruhling/Lee 2006) können die Usability der Benutzerschnittstelle, Datensicherheit und der Schutz von Privatheit als zentrale vertrauensrelevante Merkmale telemedizinischer Konsultationssysteme benannt werden. Ferner muss die Qualität der angebotenen medizinischen Dienstleistung Berücksichtigung finden.

In einer szenariobasierten Interviewstudie bezüglich über die Interaktionswand vermittelter telemedizinischer Konsultationen wurden ältere, chronisch kranke Frauen befragt, um vertrauenshemmende Faktoren zu ermitteln (vgl. BEUL/ZIEFLE/JAKOBS 2012). Wie erwartet waren die Usability der Benutzeroberfläche sowie eine garantierte Datensicherheit relevante Merkmale, obwohl die Teilnehmerinnen ihre medizinischen Daten als wenig sensibel einstuften. Ein Datenmissbrauch erschien ihnen unwahrscheinlich, ein daraus resultierender Schaden als geringfügig. Der Eingriff in ihre physische Privatsphäre war die größte Barriere, da Manipulation der IKT und somit ein Eindringen unauthorisierter Dritter in ihr ärztliches Gespräch sowie in ihr Heim befürchtet wurden. Weiterhin wurde die mangelnde Flüchtigkeit mündlicher Kommunikation bemängelt, falls das System über eine Aufnahmefunktion verfügt. Dies wurde nicht von allen Teilnehmerinnen bedauert, da einige diese Dokumentation als nützlich zur Bekräftigung der rechtlichen Verbindlichkeit der Behandlung sowie zur Erinnerung an ärztliche Anweisungen betrachteten. Darüber hinaus wurde die fehlende Möglichkeit zur körperlichen Untersuchung kritisiert und die Übertragungsqualität aus Patientenperspektive notwendiger nonverbaler Kommunikation bezweifelt. Abschließend haben alle befragten Frauen das Face-to-Face-Gespräch gegenüber der telemedizinischen Lösung bevorzugt, da es ihnen persönlicher und authentischer erschien.

Um Nutzeraussagen unmittelbar bezogen auf die Perceived Usefulness und den Perceived Ease of Use der telemedizinischen Konsultation via Interaktionswand zu gewinnen, wie es Akzeptanzexperten für die Erforschung innovativer Technik fordern (vgl. WILKOWSKA/ZIEFLE 2011), reichen szenariobasierte Befragungen nicht aus. Es muss ein weiterer Schritt in Form einer Simulationsstudie erfolgen, in der real existente Arzt-Patienten-Dyaden das System aktiv nutzen. Nur so können nützliche Hinweise für die Vertrauen fördernde Systemgestaltung gewonnen werden, um die Akzeptanz für telemedizinische Anwendungen zu steigern, solange deren Nutzung (noch) freiwillig ist und nicht von äußeren Umständen forciert wird.

4.2 Usability telemedizinischer Konsultationssysteme

Um USABILITY zu beschreiben, wird traditionell die Norm DIN EN ISO 9241-11 herangezogen, die drei zentrale Anforderungen an Usability im Sinne einer Gebrauchstauglichkeit stellt. Sie wird hier begriffen als dasjenige „Ausmaß, in dem das Produkt von einem bestimmten Benutzer verwendet werden kann, um bestimmte Ziele in einem bestimmten Kontext effektiv, effizient und zufriedenstellend zu erreichen“ (vgl. DIN EN ISO 9241-11 1998). Usability wird als Basis einer

Zweck-Mittel-Relation verstanden und misst, in welchem Maß ein Artefakt dazu beiträgt, eine bestimmte Aufgabe zu lösen. Effektivität meint dabei die Genauigkeit und Vollständigkeit, mit der Benutzer ihr Ziel erreichen. Effizienz zielt auf den Aufwand im Verhältnis zu Genauigkeit und Vollständigkeit ab. Zufriedenheit bezieht sich auf die subjektive Bewertung des Anwenders. Die Nutzung sollte frei von Beeinträchtigung verlaufen; der Nutzer sollte eine positive Meinung gegenüber der Nutzung des Produkts haben (vgl. BUCHER 2005).

Jakob NIELSEN, einer der Pioniere der Usabilityforschung, dehnt diesen rudimentär anmutenden Usability-Begriff um weitere Eigenschaften aus. In seinem Verständnis muss ein Produkt leicht erlernbar, effektiv nutzbar, leicht zu merken, subjektiv zufriedenstellend und wenig Fehler provozierend sein (vgl. NIELSEN 1993). Der Medienwissenschaftler BUCHER wiederum erweitert diese instrumentelle Definition speziell für Online-Angebote um vier Dimensionen: Er ergänzt die Dimension des Gegenstands selbst, um internetspezifische Usability-Kriterien zu gewinnen. Die Handlungsdimension betont, dass die Nutzung aktive Handlung bedeutet. Zudem fügt er eine soziale Dimension (z. B. sozialer Kontakt mit Nicht-Anwesenden) sowie eine kulturelle Dimension hinzu (aufgrund von interkulturellen Angebotsmärkten) (vgl. BUCHER 2005).

Die handlungstheoretisch basierte „Kommunikative Usability" von JAKOBS (in diesem Band) erweitert vorhandene Beschreibungsansätze unterschiedlicher Disziplinen und fokussiert vier Aspekte: kommunikative Modi, übergeordnete Handlungszusammenhänge und -interessen, Kontextbedingungen sowie das Zusammenspiel von Content, Interface und Hilfen (vgl. JAKOBS in diesem Band). Wendet man dieses linguistisch geprägte Konzept auf die telemedizinische Konsultation im Future Care Lab an, so ergibt sich folgendes Bild:

Zentrale kommunikative Modalität innerhalb der Anwendung ist die Sprache. Dieses digitale Interaktionsangebot dient der elektronisch vermittelten Mündlichkeit, weshalb der Qualität dieses Modus besondere Bedeutung zukommt. Die Güte der übertragenen audiovisuellen Daten ist entscheidend für ein Gelingen der Kommunikation. Ferner kann Sprache dem Nutzer in Schriftform begegnen. Text, z. B. in Form von Funktionsbenennungen, kann Bestandteil der Benutzeroberfläche sein, über die Arzt und Patient ihr System steuern.

Was die übergeordneten Handlungszusammenhänge betrifft, muss hier berücksichtigt werden, dass zwei Anwender das Konsultationssystem parallel nutzen. Arzt und Patient verfolgen verschiedene Interessen, die in ihren divergierenden Perspektiven begründet sind (vgl. Abschnitt 2.1). Daher muss eine rollenspezifische Betrachtung vorgenommen werden. Die Ziele des Arztes sind in erster Linie pragmatischer Natur. Er bewegt sich in seiner professionellen Arbeitsumgebung, möchte die Erkrankungen seiner Patienten behandeln, wobei oftmals die Empathie auf der Strecke bleibt. Der Mediziner muss allen Patienten in seinem (virtuellen) Wartezimmer gerecht werden und mit seiner Behandlungszeit haushalten. Gleichzeitig möchte er jedem Patienten die Hilfe und Beratung geben, die derjenige jeweils braucht. Seine Aufgabe ist es, diesen Zielkonflikt in eine Zielhierarchie umzuwandeln. Der Patient hingegen kann Wünsche unterschiedlicher Art haben. Praktisch gesehen, möchte er seiner akuten Erkrankung ein Ende setzen bzw. seine chronische mildern. Meint der Patient ein freundschaftliches Verhältnis zum Arzt zu pflegen, können schnell hedonische Aspekte in den Vordergrund treten (z. B. die Ausdehnung der Anamnese durch Integration irrelevanter persönlicher Anekdoten). Der Hang zur Affektivität ist hier institutionell gegeben, da sich Patienten ihren Arzt als Beistand oder gar Seelsorger wünschen, der sie nicht nur physisch, sondern auch psychisch stärken soll.

Die Kontextbedingungen der telemedizinischen Konsultation werden durch Prinzipien der Domäne Medizin sowie der beschriebenen Zukunft der Gesundheitssysteme bestimmt. Grundsätze wie Schweigepflicht und Datenschutz werden in das digitale Zeitalter übernommen und müssen sich in Datensicherheitsbestimmungen des Anbieters einer telemedizinischen Anwendung wiederfinden. Ungeklärt ist, ob Krankenkassen, Zusammenschlüsse von Ärzten als digitale Gemeinschaftspraxen, Krankenhäuser oder gar einzelne Mediziner als solche auftreten. Potenzielle Folgen des demographischen Wandels sind die Rationierung der ärztlichen Behandlungszeit pro Patient, vermehrt durchgeführte Sparmaßnahmen, um Gesundheitsausgaben zu senken, sowie der Einsatz von Technik statt Personal, um Gesundheitsdienstleistungen zu erbringen. Im schlimmsten Fall wird der Nutzungskontext in der Medizin nicht mehr über das Wer, Was, Wann, Wo, Wie, sondern nur noch über das Ob bestimmt.

Das Zusammenspiel von Content, Interface und Hilfen besteht für telemedizinische Konsultationsdienste in der Verknüpfung des virtuellen Kommunikationskanals zwischen Arzt und Patient mit zusätzlichen Systemfunktonalitäten und rollenspezifisch realisierten Nutzerhilfen (Arzt vs. Patient). Zusatzfunktionen können beispielsweise die Aufnahme einer Videokonferenz für Dokumentationszwecke sein oder die Personalisierbarkeit der Benutzeroberfläche (z. B. eine personalisierbare Anordnung von Gestaltungselementen).

Die Orientierung am Ansatz der Kommunikativen Usability liefert Hinweise auf bzw. stiftet Kategorien für ein holistisches Nutzermodell zur Bewertung telemedizinischer Konsultationsdienste. Von besonderer Bedeutung ist eine rollenspezifische Modellierung, weil Arzt und Patient unterschiedliche Nutzungsbedürfnisse haben und konfligierende Ziele verfolgen.

5. Fazit und Ausblick

Die telemedizinische Konsultation bietet (älteren) Nutzern Zugang zu ärztlicher Betreuung unabhängig von Zeit und Raum. Für ihr Gelingen bedarf es einer technikorientierten Gesundheitsreform, in der die Politik die Rolle dieser telemedizinischen Anwendung innerhalb des Gesundheitssystems klärt. Bevor dieses Konzept allerdings Einzug in den medizinischen Alltag hält, müssen vertrauensrelevante Merkmale dieser Dienste identifiziert und Usability-Anforderungen aus Patienten- sowie Arztperspektive formuliert werden.

Neben Fragen der Systemgestaltung muss letztlich geklärt werden, über welche Fähigkeiten ein Arzt für die Durchführung einer telemedizinischen Konsultation verfügen muss. Technikexpertise ist hiermit weniger gemeint. Vielmehr geht es darum zu erforschen, ob eine spezielle Gesprächsführungskompetenz hierfür notwendig ist und wenn ja, welche kommunikativen Strategien Ärzte situations- und gegenstandsabhängig einsetzen. Die Angewandte Linguistik kann hierzu einen bedeutenden Beitrag leisten.

Literatur

AJZEN, I./FISHBEIN M., 1980. *Understanding attitudes and predicting social behaviour.* Englewood Cliffs: Prentice-Hall.

BALTES, P. B./BALTES, M., 1992. Gerontologie: Begriff, Herausforderung und Brennpunkte. In: BALTES, P. B./MITTELSTRASS, J. (Hg.), 1992. *Zukunft des Alterns und gesellschaftliche Entwicklung.* Berlin [u. a.]: de Gruyter, 1–34.

BEGENAU, J./SCHUBERT, C./VOGD, W., 2009. Einleitung: Die Arzt-Patienten-Beziehung aus soziologischer Sicht. In: BEGENAU, J./SCHUBERT, C./VOGD, W. (Hg.), 2009. *Die Arzt-Patient-Beziehung.* Stuttgart: Kohlhammer, 7–16.

BELANGER, F./HILLER, J. S./SMITH, W. J., 2002. Trustworthiness in electronic commerce: the role of privacy, security, and site attributes. In: *Strategic Information Systems* 11, 245–270.

BEUL, S./JAKOBS, E.-M./ZIEFLE, M., 2012. Face-to-face, not face-to-screen. Finding a pertinent and acceptable presentation of doctors in a telemedical consultation service. In: *Proceedings of International Conference on Communication in Healthcare 2012* (Conference Abstract).

BEUL, S./KLACK, L./KASUGAI, K./MÖLLERING, C./RÖCKER, C./WILKOWSKA, W./ZIEFLE, M., 2012. Between Innovation and Daily Practice in the Development of AAL Systems: Learning from the experience with today's systems. In: SZOMZOR, M./KOSTKOVA, P. (eds.), 2012. *Electronic Healthcare. Proccedings of the Third International Conference, eHealth 2010.* 13.–15.12.2010, Casablanca/ Morocco. Heidelberg [u. a.]: Springer (= Springer LNICST 69), 111–118.

BEUL, S./MENNICKEN, S./ZIEFLE, M./JAKOBS, E.-M., 2010. What Happens After Calling the Ambulance: Information, Communication, and Acceptance Issues in a Telemedical Workflow. In: SHONIREGUN, C. A./AKMAYEVA, G. A. (eds.), 2010. *Proceedings of the IEEE International Conference on Information Society (i-Society 2010).* London: Infonomics Society, 111–116.

BEUL, S./ZIEFLE, M./JAKOBS, E.-M., 2011a. Users' Preferences for Telemedical Consultations. Comparing users' attitude towards different media in technology-mediated doctor-patient-communication. In: *Proceedings of the 5th International Conference on Pervasive Computing Technologies for Healthcare*, 614–620.

BEUL, S./ZIEFLE, M./JAKOBS, E.-M., 2011b. It's all about the medium. Identifying patients' medial preferences for telemedical consultations. In: HOLZINGER, H./SIMONIC, K.-M. (eds.), 2011. *Human-Computer Interaction: Information Quality in eHealth*. Berlin [u. a.]: Springer (= Springer LNCS 7058), 321–336.

BEUL, S./ZIEFLE, M./JAKOBS, E.-M. 2012. How to bring your doctor home. Designing a telemedical consultation service in an Ambient Assisted Living Environment. In: *Proceedings of the 2nd International Conference on Human Factors and Ergonomics in Healthcare 2012.*

BLUM, K./LÖFFERT, F., 2009. *Ärztemangel im Krankenhaus – Ausmaß, Ursachen, Gegenmaßnahmen*. Düsseldorf: Deutsches Krankenhaus Institut.

BORCHERS, J./JAKOBS, E.-M./ZIEFLE, M./RUSSELL, P./SCHMITZ-RODE, T., 2010. *Health@home. Technology supporting personal quality of life decisions*. Unveröffentlichtes Manuskript der RWTH Aachen.

BRACZYK, H.- J./BARTHEL, J./FUCHS, G., 1998. Vertrauensbildung aus soziologischer Sicht – das Beispiel Sicherheit in der Kommunikationstechnik. In: MÜLLER, G./STAPF, K.-H. (Hg.), 1998. *Mehrseitige Sicherheit in der Kommunikation, Bd. 2*. Bonn: Addison Wesley Longman Verlag, 119–150.

BRÜNNER, G., 2010. *Gesundheit durchs Fernsehen. Linguistische Untersuchungen zur Vermittlung medizinischen Wissens und Aufklärung in Gesundheitssendungen*. Duisburg: Universitätsverlag Rhein-Ruhr.

BUCHER, H.-J., 2005. Ist das Internet „ready" für seine Nutzer? Online-Angebote zwischen Gebrauchstauglichkeit und Kommunikationsqualität. In: JÄCKEL, M./HAASE, F. (Hg.), 2005. *In medias res. Herausforderungen Informationsgesellschaft*. München: Kopäd, 81–116.

BURCHERT, H., 2003. Medienmanagement im Gesundheitssektor. In: BRÖSEL, G./KEUPER, F. (Hg.), 2003. *Medienmanagement. Aufgaben und Lösungen*. München: Oldenbourg, 479–502.

DAVIS, F.D., 1986. *A technology acceptance model for empirically testing new end-user information systems: theory and results*. Doctoral Thesis. Massachusetts Institute of Technology, Sloan School of Management.

DAVIS, F.D., 1989. Perceived usefulness, perceived ease of use, and user acceptance of information technology. In: *MIS Quarterly* 3, 13, 319–339.

DAVIS, F.D./BAGOZZI, R.P./WARSHAW, P.R., 1989. User Acceptance of Computer Technology: A Comparison of Two Theoretical Models. In: *Management Science* 35, 8, 982–100.

DETER, G., 2011. *Aktueller Begriff Telemedizin*. Berlin: Wissenschaftlicher Dienst des Deutschen Bundestags.

DETHLOFF, C., 2004. *Akzeptanz und Nicht-Akzeptanz von technischen Produktinnovationen*. Lengerich: Pabst Science Publishers.

DGTELEMED e. V., unbekannt. *Telemedizin*. http://www.dgtelemed.de/de/telemedizin/ (Zugriff am 07.01.2012).

DIN EN ISO 9241-11, 1998. *Ergonomische Anforderung für Bürotätigkeit mit Bildschirmgeräten. Teil 11: Anforderungen an die Gebrauchstauglichkeit – Leitsätze*. Berlin [u. a.]: Beuth Verlag.

FERGUSON, J., 2006. How to do a telemedical consultation. In: *Journal of Telemedicine and Telecare* 12, 5, 220–227.

FEUSSNER, H./ETTER, M./SIEWERT, J.R., 1998. Telekonsultation. In: *Der Chirurg* 69, 11, 1129–1133.

FISHBEIN, M./AJZEN, I., 1975. *Belief, attitude, intention, and behaviour: An introduction to theory and research.* Reading, MA: Addison-Wesley.

FRUHLING, A.L./LEE, S.M., 2006. The influence of user interface usability on rural consumers' trust of e-health services. In: *Electronic Healthcare* 2, 4, 305–321.

GAUL, S./ZIEFLE, M., 2009. Smart Home Technologies: Insights into Generation-Specific Acceptance Motives. In: HOLZINGER, A./MIESENBERGER, K. (eds.), 2009. *HCI and Usability for e-Inclusion.* Berlin [u. a.]: Springer (= Springer LNCS 5889), 312–332.

GAUL, S./ZIEFLE, M./WILKOWSKA, W./ARNING, K./KASUGAI, K./RÖCKER, C./JAKOBS, E.-M., 2010. Technikakzeptanz als integraler Bestandteil der Entwicklung medizintechnischer Produkte. In: *Proceedings of the Third Ambient Assisted Living Conference.* Berlin: VDE Verlag.

GRIFKA, J., 2010. Wunsch und Wirklichkeit – wenn junge Mediziner deutschen Krankenhäusern den Rücken kehren. In: DETER, H.-C. (Hg.), 2010. *Die Arzt-Patienten-Beziehung in der modernen Medizin.* Göttingen: Vandenhoeck & Ruprecht, 195–200.

GÜLICH, E., 1999. „Experten" und „Laien": Der Umgang mit Kompetenzunterschieden am Beispiel medizinischer Kommunikation. In: UNION DER DEUTSCHEN AKADEMIEN DER WISSENSCHAFTEN. SÄCHSISCHE AKADEMIE DER WISSENSCHAFTEN ZU LEIPZIG (Hg.), 1999. *„Werkzeug Sprache" – Sprachpolitik, Sprachfähigkeit, Sprache der Macht.* Hildesheim: Georg Olms Verlag, 165–196.

GUNDERMANN, L., 2009. Datenschutz und ärztliche Schweigepflicht. In: TRILL, R. (Hg.), 2009. *Praxisbuch eHealth. Von der Idee zur Umsetzung.* Stuttgart: Kohlhammer, 164–183.

HAHMANN, J./HOFMEISTER, H., 2010. Soziologische Theoriebildung zur Wahrnehmung und Beurteilung medizinischer Untersuchungen mit telemedizinischer Unterstützung aus Patientensicht. Stand und Ausblick. In: GROSS, D./GRÜNDER, G./SIMONOVIC, V. (Hg.), 2010. *Akzeptanz, Nutzungsbarrieren und ethische Implikationen neuer Medizintechnologien.* Kassel: kassel university press [Studien des Aachener Kompetenzzentrums für Wissenschaftsgeschichte], 31–36.

HO, K.K.L./PINSKY, J.L./KANNEL, W.B., 1993. The Epidemiology of Heart Failure: The Framingham Study. In: *American College of Cardiology* 22, 4, 6A–13A.

HÖHNE, A./VONNEILICH, N., 2009. Der Stellenwert der Patientenorientierung in der Arzt-Patienten-Kommunikation in Europa. In: DÖHNER, H./KAUPEN-HAAS, H./KNESEBECK VON DEM, O. (Hg.), 2009. *Medizinsoziologie in Wissenschaft und Praxis. Festschrift für Alf Trojan.* Berlin: LIT Verlag, 75–88.

IGERSKY, S./SCHMACKE, N., 2000. Und wo bleiben die Patienten ...? Eine Analyse von Arzt- und Krankenhausserien. In: JAZBINSEK, D. (Hg.), 2000. *Gesundheitskommunikation.* Wiesbaden: Westdeutscher Verlag, 129–147.

JAKOBS, E.-M./LEHNEN, K./ZIEFLE, M., 2008. *Alter und Technik. Studie zu Technikkonzepten, Techniknutzung und Technikbewertung älterer Menschen.* Aachen: Apprimus.

KATSIKAS, S./LOPEZ, J./PERNUL, G., 2008. The Challenge for Security and Privacy Services in Distributed Health Settings. In: BLOBEL, B./PHAROW, P./NERLICH, M. (eds.), 2008. *eHealth. Combining Health Telematics, Telemedicine, Biomedical Engineering and Bioinformatics to the Edge.* Amsterdam: IOS Press, 113–125.

KEIL-KURI, E., 1996. *Praxisgespräche Gesprächspraxis. Verbale Interventionstechnik im Arzt-Patienten-Gespräch mit psychosomatisch Kranken.* Stuttgart: Gustav Fischer Verlag.

KLACK, L./KASUGAI, K./SCHMITZ-RODE, T./RÖCKER, C./ZIEFLE, M./MÖLLERING, C./JAKOBS, E.-M./RUSSELL, P./BORCHERS, J., 2010. A Personal Assistance System for Older Users with

Chronic Heart Diseases. In: *Proceedings of the Third Ambient Assisted Living Conference (AAL'10)*. 26.–27.01. 2010. Berlin: VDE Verlag.
KLACK, L./SCHMITZ-RODE, T./WILKOWSKA, W./KASUGAI, K./HEIDRICH, F./ZIEFLE, M., 2011. Integrated Home Monitoring and Compliance Optimization for Patients with Mechanical Circulatory Support Devices (MCSDs). In: *Annals of Biomedical Engineering* 39, 12, 2911–2921.
KLEMPERER, D., 2003. *Wie Ärzte und Patienten Entscheidungen treffen. Konzepte der Arzt-Patienten-Kommunikation*. Berlin: Arbeitsgruppe Public Health (= WZB Discussion Paper SP 1 2003-302).
KREPS, G. L., 2003. Trends and Directions in Healthcare Communication Research. In: BLEICHER, J. K./LAMPERT, C. (Hg.), 2003. *Themenheft Gesundheit in den Medien, Medien & Kommunikationswissenschaft* 51, 3–4, 353–365.
KREPS, G.L./ARORA, N.K./NELSON, D.E., 2003. Consumer Provider Communication Research: Directions for Development. In: *Patient Education and Counseling* 50, 1–2.
LASLETT, P., 1991. *A fresh map of life. The Emergence of the Third Age*. Cambridge: Harvard University Press.
LEONHARDT, S., 2006. Personal Healthcare Devices. In: MUKHERJEE, S./AARTS, E./ROOVERS, R./ WIDDERSHOVEN, F./OUWERKERK, M. (eds.), 2006. *Amlware. Hardware Technology Drivers of Ambient Intelligence*. Dordrecht: Springer (= Philipps Research Book Series 5), 349–370.
LEUSMANN, P./MÖLLERING, C./KLACK, L./KASUGAI, K./ZIEFLE, M./RUMPE, B. 2011. Your Floor Knows Where You Are: Sensing and Acquisition of Movement Data. In: *Proceedings of the 12th IEEE International Conference on Mobile Data Management, MDM 2011*. 06.–09.06.2011. Lulea, Schweden, 61–66.
LÖNING, P., 2001. Gespräche in der Medizin. In: BRINKER, K./ANTOS, G./HEINEMANN, W./SAGER, S. (Hg.), 2001. *Text- und Gesprächslinguistik*. Berlin [u. a]: de Gruyter, 1576–1588.
MCKNIGHT, D.H./CHERVANY, N.L., 1996. *The Meanings of Trust*. University of Minnesota: Charlson School of Management. (= Working Paper 96-04) http://misrc.umn.edu/wpaper/WorkingPapers/9604.pdf (Zugriff am 21.05.2012).
MILLER, E. A., 2001. Telemedicine and doctor-patient communication: an analytical survey of the literature. In: *Journal of Telemedicine and Telecare* 7, 1, 1–17.
MYERSCOUGH, P.-R./FORD, M., 2001. *Kommunikation mit Patienten. Die Chancen des ärztlichen Gesprächs nutzen*. Bern [u. a.]: Verlag Hans Huber.
NIELSEN, J., 1993. *Usability Engineering*. Cambridge: Academic Press.
NORRIS, A., 2002. *Essentials of Telemedicine and Telecare*. Chichester: Wiley.
NOWAK, P., 2010. *Eine Systematik der Arzt-Patienten-Interaktion. Systemtheoretische Grundlagen, qualitative Synthesemethodik und diskursanalytische Ergebnisse zum sprachlichen Handeln von Ärztinnen und Ärzten*. Frankfurt a. M.: Peter Lang (= Arbeiten zur Sprachanalyse 51).
ONG, L.M.L./ HAES DE, J.C.J.M./HOOS, A.M./LAMMES, F.B., 1995. Doctor-Patient Communication: A Review of the Literature. In: *Social Science & Medicine* 40, 7, 903–918.
ROGERS, E.M., 1995. *Diffusion of Innovations*. New York: The Free Press.
ROTER, D.L./HALL, J.A., 1989. Studies of Doctor-Patient-Interaction. In: *Annual Reviews Public Health* 10, 163–180.
ROTER, D.L./HALL, J.A., [2]2006. *Doctors talking with Patients/Patients talking with Doctors. Improving Communication in Medical Visits*. Westport: Praeger Publishers.
SATOR, M./SPRANZ-FOGASY, T., [3]2011. Medizinische Kommunikation. In: KNAPP, K./ANTOS, G./BECKER-MROTZEK, M./DEPPERMANN, A./GÖPFERICH, S./GRABOWSKI, J./KLEMM, M./

VILLIGER, C. (Hg.), 2011. *Angewandte Linguistik. Ein Lehrbuch*. Tübingen: Francke (UTB), 376–393.

SCHAEFFER, D., 2001. Patientenorientierung und -beteiligung in der pflegerischen Versorgung. In: REIBNITZ, C. VON/SCHNABEL, P.-E./HURRELMANN, K. (Hg.), 2001. *Der mündige Patient. Konzepte zur Patientenberatung und Konsumentensouveränität im Gesundheitswesen*. Weinheim [u. a.]: Juventa, 49–60.

SCHMIDT, S./KOCH, U., 2003. Telemedizin aus medizinpsychologischer Perspektive – Der Einfluss von Telematikanwendungen auf die Arzt-Patientenbeziehung. In: *Zeitschrift für medizinische Psychologie* 3, 105–117.

SEELOS, H.-J., 2008. *Patientensouveränität und Patientenführung. Medizinmanagement in Theorie und Praxis*. Wiesbaden: Gabler.

SESHAMANI, M./GRAY, A., 2004. Time to death and expenditure: an improved model for the impact of demographic change on health care. In: *Journal of Age and Ageing* 33, 6, 556–561.

STATISTISCHES BUNDESAMT DER BUNDESREPUBLIK DEUTSCHLAND (DESTATIS), 2009. *Animierte Bevölkerungspyramide*. https://www.destatis.de/bevoelkerungspyramide/ (Zugriff am 07.01.2012).

VENKATESH, V./DAVIS, F.D., 2000. A Theoretical Extension of the Technology Acceptance Model: Four Longitudinal Field Studies. In: *Management Science* 2, 46, 186–204.

VENKATESH, V./MORRIS, M.G./DAVIS, G.B./DAVIS, F.D., 2003. User Acceptance of Information Technology: Toward a Unified View. In: *MIS Quarterly* 3, 27, 425–478.

VOELCKER-REHAGE, C., 2005. „Körper und Geist" – Physiologie und Psychologie des Alterns. In: SCHWENDER, C. (Hg.), 2005. *Technische Dokumentation für Senioren*. Lübeck: Schmidt-Römhild (= tekom Hochschulschriften 12), 13–35.

WALLA, W./EGGEN, B./LIPINSKI, H., 2006. *Der demographische Wandel. Herausforderung für Politik und Wirtschaft*. Stuttgart: W. Kohlhammer.

WANG, Y.D./EMURIAN, H.H., 2005. An overview of online trust: Concepts, elements, and implications. In: *Computers In Human Behavior* 21, 105–125.

WILKOWSKA, W./ZIEFLE, M., 2011. Perception of privacy and security for acceptance of E-health technologies: Exploratory analysis for diverse user groups. In: *Proceedings of the 5th International IEE Conference on Pervasive Computing Technologies for Healthcare*, 593–600.

WIRTZ, S./JAKOBS, E.-M./BEUL, S., 2010. Passenger Information Systems in Media Networks – Patterns, Preferences, Prototypes. In: *Proceedings of the IPCC 2010*. 07.–09.07.2010, University of Twente, Netherlands, 131–137.

WORLD HEALTH ORGANISATION (WHO), 1998. *Health Promotion Glossary*. Geneva: World Health Organisation.

ZIEFLE, M./RÖCKER, C./KASUGAI, K./KLACK, L./JAKOBS, E.-M./SCHMITZ-RODE, T./RUSSELL, P./BORCHERS, J., 2009. eHealth – Enhancing Mobility with Aging. In: TSCHELIGI, M./DE RUYTER, B./SOLDATOS, J./MESCHTSCHERJAKOV, A./BUIZA, C./REITBERGER, W./STREITZ, N./MIRLACHER T. (eds.), 2009. *Roots for the Future of Ambient Intelligence. Adjunct Proceedings of the Third European Conference on Ambient Intelligence (AmI'09)*. 18.–21.11.2009, Salzburg, Austria, 25–28.

ZIEFLE, M./RÖCKER, C./WILKOWSKA, W./KASUGAI, K./KLACK, L./MÖLLERING, C./BEUL, S., 2011. A Multi-Disciplinary Approach to Ambient Assisted Living. In: RÖCKER, C./ZIEFLE, M. (eds.), 2011. *E-Health, Assistive Technologies and Applications for Assisted Living: Challenges and Solutions*. Hershey, P.A.: IGI Global, 76–93.

III. Das Internet als kontrollresistenter Kommunikationsraum – Risiken und emotionale Auswirkungen der unbegrenzten Zugänglichkeit von Informationen

Monika Schwarz-Friesel

„Juden sind zum Töten da" (studivz.net, 2008) Hass via Internet – Zugänglichkeit und Verbreitung von Antisemitismen im World Wide Web

"Jews are there for killing" (studivz.net, 2008)
Hatred via the internet – Accessibility and spread of anti-Semitic utterances in the World Wide Web
Long-term studies on current anti-Semitism in Germany indicate that drastic anti-Semitic utterances are increasingly spread through the internet without causing serious protest within the web community. Instead, the inhibition to articulate anti-Jewish utterances continually falls. It is by no means only extremist or fundamentalist websites that spread anti-Semitic stereotypes but also publication media, forums and homepages which appear to be harmless since their political or ideological purpose is not evident at first glance. Radical anti-Semitic utterances are frequently found in social networks such as Facebook and even in fan forums. Platforms which are easily accessible and open to everyone provide rapid and multiple distributions of manifest hateful utterances like "Jews are there for killing!" As a result, such assertions are less likely to be perceived as taboos and more carelessly articulated. Furthermore, it is apparent that 'Israel' is in the focus of traditional anti-Semitic conceptualizations and verbalizations. Verbal anti-Semitic utterances thus become commonly shared elements within the space of public communication.

1. Einleitung

Langzeitstudien zum aktuellen Antisemitismus in Deutschland zeigen, dass drastische Verbal-Antisemitismen in immer größer werdendem Ausmaß auch öffentlich über das Internet verbreitet werden, ohne dass ernsthafter Widerspruch im Netz zu verzeichnen ist. Stattdessen sinkt die Hemmschwelle, judenfeindliche Äußerungen offen zu artikulieren. Dabei sind es keineswegs nur extremistische oder fundamentalistische Webseiten, die antisemitisches Gedankengut verbreiten, sondern auch harmlos anmutende Publikationsorgane, Foren und Homepages, die auf den ersten Blick weder politisch noch ideologisch ausgerichtet sind. Auch in den sozialen Netzwerken wie Facebook und selbst in Fan-Foren sind zunehmend radikale Verbal-Antisemitismen zu verzeichnen. Die unkomplizierte und freie Zugänglichkeit zu Plattformen mit manifesten Hass-Äußerungen wie „Juden sind zum Töten da!" und deren schnelle und multiple Verbreitung haben zu einer Reduktion der Tabuisierung und einer Ausweitung des Sagbarkeitsfeldes geführt. Dabei wird vor allem der Transfer von tradierten antisemitischen Konzeptualisierungen und Sprachgebrauchsmustern auf die aktuelle Projektionsfläche „Israel" deutlich. Verbal-Antisemitismen werden auf diese Weise normaler Bestandteil des öffentlichen Kommunikationsraumes. In diesem Aufsatz werde ich anhand von empirischen Daten einer seit vier Jahren laufenden Langzeitstudie[1] zum aktuellen Antisemitismus in Deutschland und Europa zeigen, welche antisemitischen Inhalte in diversen Bereichen des World Wide Web wie zugänglich gemacht und verbreitet werden. Zunächst wird erörtert, inwiefern die nach 1945 konstituierte Tabuisierung von manifestem, also offen und explizit artikuliertem Antisemitismus in der Öffentlichkeit durch die Internet-Kommunikation in den letzten Jahren beeinflusst wurde und dass sich entsprechend die für den demokratischen Diskurs bislang bestehende Kommunikationslatenz maßgeblich verändert hat. Es werden dann verschiedene Typen der verbal-antisemitischen Hass-Texte anhand authentischer Beispiele beschrieben. Schließlich erfolgt die Diskussion, inwieweit der aktuelle Verbal-Antisemitismus durch spezifische Charakteristika der Internet-Kommunikation nicht nur quantitativ, sondern auch qualitativ neue Dimensionen erhält.

1 In unserem vom Tauber Institut der Brandeis University finanzierten Projekt „Aktueller Antisemitismus in Deutschland" dokumentieren, klassifizieren und analysieren wir antisemitische Äußerungen der letzten zehn Jahre. Das wichtigste Korpus stellt dabei eine Textsammlung von ca. 14 000 E-Mails an den Zentralrat der Juden in Deutschland und die Israelische Botschaft in Berlin dar (vgl. hierzu Schwarz-Friesel 2010 und Schwarz-Friesel/Reinharz im Druck). Ergänzt wird die Analyse der E-Mails durch stichprobenartige Erhebungen zu Texten in Foren, Chats, Weblogs, sozialen Netzwerken wie Facebook, Online-Kommentaren auf YouTube sowie Print- und Online-Zeitungen und mündlichen Äußerungen im massenmedialen Kommunikationsraum (z. B. Talkshows).

2. Die Kommunikationspraxis des Internets als Basis für volksverhetzende Macht- und Gewaltausübung: kommunikatives Verhalten und schwindende Kommunikationslatenz beim aktuellen Antisemitismus

Die freie Zugänglichkeit von Informationen ist einerseits ein Garant für demokratische Meinungsvielfalt und bietet allen die Möglichkeit, an den Prozessen des Wissenstransfers und des Austauschs von Ideen, Meinungen und Diskussionsergebnissen teilzunehmen. Die moderne Netzkommunikation ermöglicht zudem nicht nur die passive, sondern auch die aktive Partizipation in der Kommunikationspraxis des World Wide Web. Prinzipiell kann sich jeder Internetnutzer produktiv mit seinen Äußerungen und Bildern einbringen. Doch die neuen Formen der nahezu unbegrenzten Teilhabe an der Informationsbereitstellung bergen auch Gefahren: Es zeigt sich, dass die wesentlichen Charakteristika der Internetkommunikation – Parallelität, Schnelligkeit und zu einem Großteil Anonymität – für die weltweite Verbreitung rassistischer, fremdenfeindlicher und antisemitischer Inhalte förderlich sind bzw. systematisch genutzt werden. Diffamierende, diskriminierende und volksverhetzende Äußerungen haben durch das Internet einen schwer bis gar nicht kontrollierbaren Verbreitungsraum erhalten, und damit hat sich auch eine Kommunikationspraxis entwickelt, die, losgelöst von den Strafgesetzen zur Volksverhetzung, virulente Hass-Texte zur unkommentierten Rezeption freigibt. Es lässt sich insbesondere ein Anstieg von expliziten und impliziten Verbal-Antisemitismen (also Äußerungen, die judenfeindliche Einstellungen vermitteln und judeophobe Stereotype transportieren) in fast allen Bereichen des Internets (Foren, Homepages, soziale Netzwerke, Kommentarbereiche, Chats etc.) konstatieren.[2] Aus juristischer Perspektive wird dabei der Tatbestand der Volksverhetzung erfüllt:

---

2 Verbal-Antisemitismen basieren maßgeblich auf einer judenfeindlichen Konzeptualisierung, die auf kognitiven Stereotypen beruht. Ein kognitives Stereotyp ist eine geistige Repräsentation, die einen Sachverhalt oder eine Menschengruppe verkürzt, verzerrt und/oder verfälscht mittels weniger Merkmale erfasst. Um Verbal-Antisemitismen als solche erkennen und analysieren zu können, ist die Kenntnis tradierter anti-jüdischer Stereotype wichtig. Die frequentesten Stereotype, die zum Teil seit Jahrhunderten existieren und über Sprache sowie Bilder kodiert werden, sind JUDEN ALS GOTTESMÖRDER, JUDEN ALS FREMDE, JÜDISCHE WELTVERSCHWÖRUNG, JUDEN ALS MINDERWERTIGE WESEN, JUDEN SIND GELDGIERIG, JUDEN SIND KINDERMÖRDER, JÜDISCHE MACHT, JÜDISCHE UNVERSÖHNLICHKEIT und JUDEN SIND SCHULD AM ANTISEMITISMUS. Seit 1945 kursieren zudem vor allem die Stereotype JUDEN ALS STÖRENFRIEDE UND LÄSTIGE

> „Volksverhetzung ist nach deutschem StGB § 130 eine Straftat. Bestraft wird: ..., wer 1. Schriften (§ 11 Abs. 3), die zum Hass gegen Teile der Bevölkerung oder gegen eine nationale, rassische, religiöse oder durch ihr Volkstum bestimmte Gruppe aufstacheln, zu Gewalt- oder Willkürmaßnahmen gegen sie auffordern oder die Menschenwürde anderer dadurch angreifen, dass Teile der Bevölkerung oder eine vorbezeichnete Gruppe beschimpft, böswillig verächtlich gemacht oder verleumdet werden. Bestraft wird, wer diese Schriften (a) verbreitet, (b) öffentlich ausstellt, anschlägt, vorführt oder sonst zugänglich macht, ... oder 2. eine Darbietung des in Nummer 1 bezeichneten Inhalts durch Rundfunk, Medien- oder Teledienste verbreitet. (3) ..., wer eine unter der Herrschaft des Nationalsozialismus begangene Handlung der in § 6 Abs. 1 des Völkerstrafgesetzbuches bezeichneten Art in einer Weise, die geeignet ist, den öffentlichen Frieden zu stören, öffentlich oder in einer Versammlung billigt, leugnet oder verharmlost. (4) ..., wer öffentlich oder in einer Versammlung den öffentlichen Frieden in einer die Würde der Opfer verletzenden Weise dadurch stört, dass er die nationalsozialistische Gewalt- und Willkürherrschaft billigt, verherrlicht oder rechtfertigt." (dejure.org, 03.02.2009)

Der Paragraph der Volksverhetzung wurde nach dem Zusammenbruch des nationalsozialistischen Gewaltregimes in das Grundgesetz der Bundesrepublik Deutschland u. a. aufgenommen, um einen diskriminierenden Sprachgebrauch zu verhindern, der zum einen Menschen in ihrer Würde herabsetzt, beleidigt und verletzt und zum anderen die Basis für Vorurteile, Hass und Gewalt darstellen und schaffen kann.

Aus kommunikations- und kognitionswissenschaftlicher Perspektive ist genau diese Basis in der Kommunikationspraxis des Internets zu erkennen. Einerseits wird tagtäglich und weltweit sprachliche Gewalt direkt und explizit ausgeübt, in Form von Beschimpfungen, Beleidigungen, Diskriminierungen und Drohungen, andererseits zeigt sich die vorurteilsmanifestierende und einstellungsmanipulierende Macht der Sprache auch massiv durch Falschaussagen und derealisierte „Faktendarstellungen", z. B. in Form von assertiven Sprechakten, die meist ungeprüft von den rezipierenden und partizipierenden Usern aufgegriffen werden und nachhaltig meinungsbildend sein können. Hinzu kommt das persuasive Potenzial von pejorativen Implikaturen, also Anspielungen, die über in-

---

MAHNER sowie JUDEN ALS HOLOCAUSTAUSBEUTER UND (MEINUNGSDIKTAT-)ERPRESSER. Vgl. hierzu auch SCHOEPS/SCHLÖR (1999). Vielen jungen Menschen ist nicht bekannt, dass die negativ be- bzw. entwertenden Charakterisierungen von Juden und/oder Israelis seit langem zum Standardrepertoire von Antisemiten gehören. Dementsprechend fehlt auch das kritische Bewusstsein für die Brisanz der Diffamierungen. Im Internet werden tradierte judenfeindliche Stereotype mittlerweile in allen Bereichen so inflationär, unreflektiert und unkommentiert kommuniziert, dass die Gefahr einer Normalisierung besteht, d. h. die Akzeptanz antisemitischer Inhalte und Äußerungen als alltägliches, nicht mehr zu hinterfragendes Phänomen.

direkte Sprechakte vermittelt werden.[3] Diese sprachlichen Formen der Entwertung scheinen auf den ersten Blick weniger aggressiv zu sein, erzielen jedoch die gleiche Wirkung wie explizite Diskriminierungen. Sie sind sogar gefährlicher, da sie aufgrund ihrer formalen Entradikalisierung bei vielen Rezipienten nicht den Abwehrreflex auslösen, wie dies z. B. vulgäre Beschimpfungen und Morddrohungen tun.

Antisemitische Äußerungen zu veröffentlichen und zu verbreiten, ist nicht nur ein strafrechtlicher Tatbestand. Die Aufklärung über die Jahre der Judenvernichtung und die kritische gesellschaftliche Diskussion über die Folgen von Auschwitz, die in den 1960er Jahren einsetzte, führten in Deutschland zudem zur Tabuisierung und Ächtung des expliziten Antisemitismus in der öffentlichen Kommunikation (Bergmann/Erb 1986: 224, 227). Das heißt aber nicht, dass antisemitische Stereotype und Ressentiments auch als mentales Einstellungsphänomen verschwanden. Vielmehr verschob sich die antisemitische Kommunikation von der Massenmedien- und Versammlungsebene auf die private Diskursebene. Diese Verschiebung wird in der Antisemitismusforschung als „Kommunikationslatenz"[4] bezeichnet. Hiermit ist das kommunikative Verhaltensschema gemeint: Tradierte Verbal-Antisemitismen verschwanden nicht, sondern wurden in den Bereich der privaten Kommunikation gedrängt, d. h. der Antisemitismus wurde in Teilen der Bevölkerung als Einstellung bewahrt, aber nicht mehr öffentlich artikuliert (vgl. Bergmann/Erb 1986). Dieses kommunikative Verhaltensschema hat sich in den letzten Jahren, u. a. durch den Einfluss der Internet-Kommunikation, signifikant verändert. Die Anonymität, die im Netz oft gegeben und prinzipiell immer möglich ist, lässt User hemmungslos hetzen, beleidigen, diskriminieren, diffamieren und drohen. Das alte Feindbild JUDE hat in der virtuellen Realität der elektronischen Welt einen festen Platz.

Äußerungen im Internet etablieren und konstruieren zwar eine virtuelle Realität, die aber als objektive Realität akzeptiert werden kann: „There should be no mistake about the apperceived 'realness' of the reality encountered on-line – Internet users have strong emotional attachments to their on-line activities" (Jones 1998: 5). Die virtuelle Wirklichkeit muss nicht kompatibel mit der Realität sein,

3 So kann z. B. das Stereotyp JUDEN ÜBEN ZU VIEL EINFLUSS AUS explizit mittels einer Äußerung wie „Jüdische Banker bestimmen den amerikanischen Wahlkampf" oder „Jüdische Lobby regiert die USA!" kodiert werden oder implizit mittels rhetorischer Fragen wie „Wer beeinflusst denn von der Ostküste aus maßgeblich den Wahlkampf?" und „Gibt Israel in den USA den Ton an?"

4 Der Begriff der Kommunikationslatenz wird heute in der Forschung allerdings uneinheitlich benutzt: Zum Teil wird er im gerade geschilderten Sinn als nicht-öffentliche kommunikative Verhaltensweise verstanden, zum Teil werden darunter implizite Sprechakte subsumiert, und manchmal wird der Terminus auch benutzt, um auf das rein mentale Phänomen der antisemitischen Haltung zu referieren (so z. B. bei Benz 2004).

wird aber dennoch vielfach als real wahrgenommen (vgl. hierzu auch HABSCHEID 2005: 57). Da das Internet in weiten Teilen als Spiegel öffentlicher Kommunikation fungiert und sich als ein massenmedialer Informationsraum etabliert hat, der alle realen Lebensstrukturen determiniert, geht von seinen Informationsverbreitungsprozessen ein nachhaltiger Einfluss auf die Prozesse der Realität aus. Die von BERGMANN/HEITMEYER (2005) prognostizierte Veränderung in Bezug auf die Akzeptanz[5] von Antisemitismen und die Auswirkungen auf Kommunikationslatenz und Tabugrenzen kann heute als gegeben angesehen werden (vgl. SCHWARZ-FRIESEL/FRIESEL/REINHARZ 2010a,b). Judenfeindliche Äußerungen sind wieder integraler Bestandteil der öffentlichen Kommunikation. Dabei zeichnet sich ab, dass, unabhängig von politischer, religiöser oder ideologischer Einstellung, die Formvariante des Anti-Israelismus (als „Israelkritik" deklariert und somit scheinbar legitim) die entscheidende Manifestation des aktuellen Antisemitismus bildet.

3. Extremistischer und fundamentalistischer Antisemitismus: eine homogene Semantik

Dass Rechtsextremisten und Neonazis das Internet gezielt benutzen, um rassistisches, ausländer- und verfassungsfeindliches sowie antisemitisches Gedankengut zu verbreiten, ist seit Jahren bekannt und von der Forschung dokumentiert (vgl. u. a. SCHRÖDER 2000; FROMM/KERNBACH 2001; BUSCH/BIRZER 2004; SCHUPPENER 2008; BUSCH 2010). Die elektronische Kommunikation wird zudem benutzt, um breitflächig Informationen auszutauschen, Verabredungen zu Versammlungen zu vermitteln und auch, um Personen, die sich aktiv gegen rechte Gewalt sowie Gesinnung einsetzen, zu diskreditieren und deren Namen für andere Rechtsradikale öffentlich zu machen sowie diese als „Feinde" zu stigmatisieren.[6] Es lässt sich zudem beobachten, dass Rechte sich in Foren und Chats von

---

5 Die Breitenwirkung wird qualitativ vor allem dadurch erzielt, dass Antisemitismus öffentlich über den Umweg der „Israelkritik" geäußert wird (siehe hierzu BERGMANN/HEITMEYER 2005: 224).

6 „Besonders gefährlich sind Strategien, mit denen durch Online-Kommunikation gezielt physische Offline-Gewalt erleichtert oder gefördert wird. Dazu zählt etwa die Recherche nach potenziellen Opfern im Netz. So nutzen Rechtsextremisten offenbar das Internet, um Informationen über ihre Gegner und Kritiker zu sammeln und diese dann einzeln persönlich zu bedrohen oder zu verfolgen oder kollektiv über entsprechende Online-Plattformen einzuschüchtern" (DÖRING ²2003: 271 f.). Gefährlicher jedoch ist, dass im Netz in scheinbar harmlosen Artikeln, Weblogs und Kommentar-Bereichen antisemitische Einstellungen artikuliert

Jugendlichen begeben,[7] um dort unter falscher Identitätsangabe implizit radikale Einstellungen zu vermitteln. Insbesondere identitätsstiftende Strategien werden hierbei benutzt, die den jugendlichen Usern das Gefühl geben sollen, Mitglied einer Werte- und Gefühlsgemeinschaft zu sein (vgl. hierzu auch PÖRKSEN 2000; DECKER/BRÄHLER 2006). Eine qualitative Veränderung in Bezug auf Antisemitismus ist hierbei signifikant: Offensichtlich verbinden sich zum Teil Rechtsextremisten und Islamisten, um gemeinsam gegen „den Feind Jude" Hass-Propaganda zu betreiben (siehe WETZEL 2003). Dies ist insofern erstaunlich, als Rechtsextremisten aufgrund ihrer prinzipiellen Xenophobie und Fremdenfeindlichkeit eigentlich allen Muslimen ablehnend gegenüberstehen. Die einzige Schnittmenge liegt im Hass gegenüber Juden.

Die Verbal-Antisemitismen, die sich auf rechten Homepages etc. finden, sind explizit rassistisch und knüpfen an die nationalsozialistische Ideologie an. Auf der frei zugänglichen Seite der „Germanischen Weltnetzgemeinschaft" forum.thiazi.net z. B. wird ernsthaft darüber diskutiert, ob und inwiefern ein Deutscher „Rassenschande" mit „minderwertigen Nicht-Ariern" betreiben darf. Dabei wird stets hervorgehoben, wie unwürdig dies sei, und dass nur „nordisches Blut" akzeptabel sei. In diesem Zusammenhang sind diverse judenfeindliche Zitate und Geschichten eingefügt, wie die folgende:

(1) „Der Höllein, der Berger und der Lindner hatten sich insgeheim zusammengetan und besuchten an den Abenden ein Lokal nach dem andern. Sahen sie dann einen Juden mit einem deutschen Mädel sitzen, dann ging einer an den Tisch zum Juden, verbeugte sich liebenswürdig und fragte: „Verzeihen Sie, würden Sie gestatten, daß ich einen Augenblick mit Ihrer Dame spreche?" Das wurde vom Juden in der Regel bedenkenlos gewährt, und die erstaunte Dame ging einige Schritte mit zur Seite, wo sie gefragt wurde, ob die sich nicht schäme, mit einem Juden zu gehen, oder ob sie nicht wisse, daß das ein öffentliches Ärgernis für alle anwesenden Deutschen sei, wie sie sich erniedrige und preisgebe mit dem Judenschwein. Nicht den Juden sondern, sondern sie verachte man, und ob sie das nicht fühle. Wenn sie vorziehe, das Lokal zu verlassen, ständen einige Herren dafür ein, daß sie nicht gewußt hätte, ihr Partner sei ein Jude. Andernfalls wäre ein öffentlicher Skandal unvermeidlich. Ob man ihren Mantel bringen darf? Da sagte das beschämte selten „nein" und ließ den Juden sitzen." *(forum.thiazi.net*; Zugriff am 30.10.11)[8]

werden, die eben nicht sofort als von Rechtsextremen produziert erkannt werden, sondern der Mitte der Gesellschaft zugeordnet werden. Vgl. hierzu die nachfolgenden Erläuterungen.

7 „Holocaust-Leugnung, antisemitische Verschwörungstheorien und antisemitische Stereotypen rezipierende Israelkritik scheinen geradezu Konjunktur zu haben und bilden durch ihre weltweite Verbreitung via Internet einen leicht zugänglichen Bodensatz, den Jugendliche und junge Leute unreflektiert übernehmen, weil sie auf einen kritischen Umgang mit der modernen Cyberwelt nur unzureichend vorbereitet sind" (WETZEL 2007: 32).

8 Schreibfehler in den Beispielen entsprechen den Originaldokumenten.

Häufig wird auf rechtsextremen Seiten der Holocaust geleugnet, werden die Opfer verhöhnt sowie traditionelle antisemitische Stereotype (wie DER JUDE ALS LÜGNER, ALS RAFFGIERIGER GELDMENSCH usw.), die im Nationalsozialismus zur Diffamierung der jüdischen Mitbürger benutzt wurden, verbalisiert. Auf jewwatch.com, betrieben von „Frank Weltner, M.A. English & Certified Librarian Presents His Famous Scholarly Library of Factual Links Known Around the World", der „Keeping a Close Watch on Jewish Communities & Organizations Worldwide" als Programm nennt, finden sich Links wie „Jewish Fraud", „Jewish Criminals", „Jewish Genocides", „Jewish Slavery Industry", „Jewish Power Lords", „Jewish Controlled Press" etc. sowie antisemitische Schriften von Ford, Hitler u. a. Hierbei handelt es sich um ein für alle Internetbenutzer frei zugängliches, komplex strukturiertes „Informationsnetz", in das viel Zeit und Energie gesteckt wird, um der Welt die „vollkommene Bösartigkeit, Verschlagenheit und Minderwertigkeit" des „ewigen Juden" vor Augen zu führen. Die obsessive Komponente, die ein typisches Merkmal von Judenhassern ist, zeigt sich hier besonders deutlich. Ein mit den Charakteristika antisemitischer Hass-Propaganda nicht vertrauter Nutzer jedoch steht dieser Fülle an „Informationen" unvorbereitet gegenüber. Man braucht nur in internationalen Google-Suchmaschinen *Jew* einzugeben und erhält unmittelbar darauf Zugang zu der Webseite. Es gibt keinen Hinweis auf die rassistische und volksverhetzende Dimension.

Eine neue aktuelle Variante des Antisemitismus ist dabei durchgängig die des Anti-Israelismus[9]: Der jüdische Staat wird als „kollektiver Jude" attackiert und diskreditiert (vgl. hierzu u. a. auch KLUG 2004; FABER et al. 2006). Auf dem internationalen Neonazi-Portal AlterMedia International (altermedia.info)[10] werden rassistische, homosexuellenfeindliche und antisemitische Inhalte in Form von Nachrichtenmeldungen so präsentiert, als würden sie seriösen Tatsachen-

9 Die Debatte um den anti-israelischen Text des Literaturnobelpreisträgers Günter Grass im April 2012 zeigte, dass nicht nur erklärte Neonazis und offen antisemitisch auftretende Extremisten den Staat Israel als primäres Hassobjekt in den Fokus ihrer verschwörungstheoretischen und diffamierenden Äußerungen gestellt haben. Ein irreales Bild des jüdischen Staates, das zu düsteren Prophezeiungen und realitätsfernen Mutmaßungen verführt, existiert auch in den Köpfen gebildeter, nicht-rassistisch eingestellter Menschen. Tausende von explizit antisemitischen Kommentaren in Foren, Chats und Social Networks im Internet, die innerhalb weniger Tage als Reaktion auf die Debatte um den klischeebelasteten Grass-Text zu verzeichnen waren, machen deutlich, wie schnell und wie begierig das Thema Israel/Nahostkonflikt zum Anlass genommen wird, um Judenfeindschaft kommunizieren zu können.

10 Während die deutsche Seite mittlerweile nach einem Prozess im Oktober 2011, in dem die Betreiber u. a. wegen Volksverhetzung zu Haftstrafen verurteilt wurden, gesperrt ist, sind die österreichische und die internationale Seite weiter zugänglich.

berichten entsprechen. Die Betreiber legitimieren sich dabei durch das allen Informationen übergeordnete Zitat von George Orwell „In a time of universal deceit, telling the truth is a revolutionary act" als mutige Verfechter von Meinungsfreiheit und -vielfalt. Die „alternativen Medien" präsentieren u. a. anti-israelische Verschwörungstheorien und xenophobische Angstpropaganda. Judenfeindliche „Lösungsvorschläge" werden über die Projektionsfläche Israel u. a. als „Israel muss weg" artikuliert.

Diese Form der Umwegkommunikation[11] findet sich auch auf den Webseiten von fundamentalistischen, islamistischen Betreibern. Die Referenz erfolgt auf Israel; tatsächlich werden implizit oft generell antisemitische Einstellungen bzw. tradierte Stereotype vermittelt. Palästina-Portal (palaestina-portal.eu) und Muslim-Markt (muslim-markt.de) verbreiten extrem anti-israelische Äußerungen, die neben der einseitigen Berichterstattung über den Nahostkonflikt, bei der ausschließlich Israel in der Täter-Rolle fokussiert wird, alle Merkmale der Diskriminierung und Diffamierung aufweisen, die seit langem typisch für die antisemitische Hass-Propaganda sind. Im Palästina-Portal findet sich auf der ersten Seite u. a. eine Ankündigung für ein Buch mit dem Titel „Ist Israel Südafrika?" Durch diese Frage wird die Implikatur aktiviert, es bestünden Gemeinsamkeiten zwischen Israel und dem ehemaligen Apartheidstaat. Die Apartheidlüge[12] gehört mittlerweile weltweit zu den beliebtesten Diskreditierungsstrategien antisemitischer Israel-Gegner (vgl. hierzu WISTRICH 2010). Monoperspektivierte Schilderungen auf der Basis eines klar umgrenzten Feindbildes ISRAEL (in dem u. a. „Gewalt gegen Kinder" verankert ist), bei gleichzeitiger Verharmlosung terroristischer Aktivitäten auf palästinensischer Seite durch euphemistische Umschreibungen

---

11 Teilweise handelt es sich auch nicht um einen „kommunikativen Umweg", sondern um eine Doppel-Referenz-Kommunikation, insofern, als zugleich Juden und der Staat Israel angegriffen werden.

12 Dass mit Sigmar Gabriel ein aktiver Spitzenpolitiker nicht-extremistischer Ausrichtung eine solch de-realisierende, den Staat Israel diffamierende Formulierung benutzt, ist bislang nicht oft zu konstatieren. Es zeigt aber, wie schnell israelfeindliche Sprachfloskeln, die habituell im rechtsextremistischen und fundamentalistischen Diskurs artikuliert werden, Eingang in die alltägliche Sprachgebrauchspraxis finden. Gabriel hatte am Mittwoch, den 14.03.2012, um 14:31 Uhr den folgenden Text auf seine Facebook-Seite gestellt: „Ich war gerade in Hebron. Das ist für Palästinenser ein rechtsfreier Raum. Das ist ein Apartheid-Regime, für das es keinerlei Rechtfertigung gibt." Auch wenn diese Äußerung nicht intentional zur Diskreditierung benutzt wurde: Solche realitätsverzerrenden Phrasen tragen anti-israelisches Gedankengut in die Mitte der Gesellschaft und ihre Artikulation ist daher als besonders verantwortungslos zu beurteilen.

und Auslassungen von Fakten, sind charakteristisch für diese „Informationsportale“. Die aufgrund ihrer antisemitischen Karikaturen heftig umstrittene Kölner Klagemauer wird dort als besonders friedensstiftend und engagiert gelobt. Im Muslim-Markt wird der „Boycott zionistischer Produkte“ befürwortet, u. a. mit der folgenden Begründung:

(2) „Es ist einem nicht erlaubt, Produkte aus einem Land zu kaufen, die sich in einem Zustand des Krieges mit dem Islam und den Muslimen befinden, z. B. Israel.“ (muslimmarkt.de)

De-Realisierungen, d. h. falsche und verdrehte Darstellungen der außersprachlichen Realität, sind also das typischste Kennzeichen von fundamentalistischen Internetportal-Betreibern. Um sich selbst Legitimierung zu verschaffen, wird dabei besonders oft die persuasive Strategie „Jüdische Stimmen“, d. h. das Zitieren von Juden und/oder Israelis, benutzt. So sollen die Leser den Eindruck von Objektivität und Authentizität erhalten. Dass diese „Stimmen“ höchst umstritten sind und am extremen Rand der jüdischen und/oder israelischen Meinungsvielfalt stehen, wird dabei nicht erwähnt. Im Bericht Uri Avnerys auf der Plattform Palästina-Portal über die Freilassung des israelischen Soldaten Gilad Shalit z. B., der fünf Jahre als Geisel-Opfer der Hamas gefangen war, werden die völkerrechtswidrige Entführung durch das Terror-Organ Hamas und die rechtskräftigen Verurteilungen von Mördern und Gewalttätern gleichgesetzt. Eine kühne Analogie zwischen Israel und der Diktatur Nord-Korea folgt (siehe (3)), in der die Information über die Etymologie des hebräischen Namens zwar lächerlich deplatziert ist, aber dennoch die Text-Semantik mit ihrem globalen Sinn ISRAEL IST EIN AGGRESSIVER UNRECHTSSTAAT UND SELBST DIE NAMEN SEINER BÜRGER SPIEGELN DIES WIDER[13] stützt.

(3) „LÄNGER ALS eine Woche war ganz Israel wie in einem Rausch. Gilad Shalit beherrschte das Land (Shalit bedeutet „Herrscher“) Seine Fotos klebten an allen Wänden im Lande, wie die des Genossen Kim in Nord-Korea.“ (Uri Avnery auf palaestina-portal.eu, 22.10.11)

Direkt neben dem Artikel erscheint dann auch erneut die Anzeige für das Buch „Ist Israel Südafrika?“, damit kein Zweifel an der Relevanz des globalen Textsinns aufkommt.

13 In der Kognitionswissenschaft werden konzeptuelle Informationen in Großbuchstaben repräsentiert.

Für den Rezipienten ergibt sich aufgrund der Lektüre der beiden Portale zwangsläufig das Bild eines verbrecherischen Unrechtsstaates Israel. Es wird eine strikt binäre Täter-Opfer-Struktur, eine manichäistische Realität, mittels der Sprache konstruiert und damit über die Schlussfolgerung ISRAEL, DER JÜDISCHE STAAT, IST DAS ÜBEL SCHLECHTHIN die Basis für die Aktivierung und Re-Aktivierung antisemitischer Ressentiments gelegt. Die Hinweise der Betreiber, man setze sich für Frieden ein und lehne Rassismus jeder Art ab, dienen somit ausschließlich der Selbst-Legitimierung.

Manifester Verbal-Antisemitismus, der fast exakt der Hass-Propaganda von Rechtsextremisten entspricht, wird im Internet international auch von christlichen Fundamentalisten artikuliert: Kreuz.net ist eine katholische Organisation, die fundamentalistische und zu einem großen Teil auch frauenfeindliche, homophobe, rassistische und antisemitische Artikel sowie Kommentare anonym im Internet publiziert. Sie selbst bezeichnet sich als „[...] die Initiative einer internationalen privaten Gruppe von Katholiken in Europa und Übersee, die hauptberuflich im kirchlichen Dienst tätig sind. Kreuz.net akzeptiert ohne Namen eingereichte Informationen und betrachtet es als Ehrensache, die strikte Anonymität seiner Informanten zu wahren“ (vgl. www.kreuz.net, Impressum).

Charakteristisch für die auf kreuz.net anzutreffende, virulente Judenfeindschaft ist neben der Diffamierung von Juden vor allem die seit Jahren kontinuierlich geäußerte Holocaustleugnung und -relativierung. Die folgenden, als repräsentativ für diese Initiative zu betrachtenden Beispiele verdeutlichen, wie in kurzen Texten die Faktizität des Holocaust geleugnet oder relativiert wird und dabei zugleich Juden kollektiv negativ bewertet werden.

(4) „Auschwitz: 99 Prozent unbeweisbar
Zwischenzeitlich ist viel geschehen. Am 27. Dezember 2009 gestand der Ausschwitz-Experte Robert Jan van Pelt (54) in der kanadischen Tageszeitung ‘The Star’:
‘99 Prozent dessen, was wir über Auschwitz wissen, können wir naturwissenschaftlich physisch nicht beweisen.’ Damit stellt sich die Frage: Kann es sich angesichts der Masse an Unbeweisbarem überhaupt um ein ‘Wissen’ handeln, insbesondere angesichts der zahlreichen Widersprüche und Lügen? Es ist menschenrechtswidrig, jemandem gesetzlich die Hinnahmen von Aussagen aufzubürden, die untereinander oder in sich mit den Naturgesetzen im Widerspruch stehen. Kein denkender Mensch kann das deutsche Verbotes der Holocaustleugnung hinnehmen.“ (kreuz.net, 11.5.11)

In Beispiel (5) findet sich in zwei Sätzen zusammengefasst, erstens die Verbalisierung tradierter judenfeindlicher Stereotype (*reiche Juden*), zweitens die Leugnung der Existenz von Antisemitismus (*Opfer spielen*), drittens die Diffamierung des Staates Israel (*gehören Rassismus...*) und viertens die Gleichsetzung von Juden und Nationalsozialisten (*Rassengesetze*).

(5) „Araber raus: Während privilegierte und reiche Juden weltweit Antisemitismus-Opfer spielen, gehören Rassismus und Rassentrennung in Israel seit Jahrzehnten zum Alltag. [...] Die Rassismus-Rabbiner empfehlen, Juden zu boykottieren, die sich nicht an ihre Rassengesetze halten." (kreuz.net, 13.5.11)

Von der semantischen Struktur her fast identisch, aber formal in anderer Reihenfolge, vermittelt Beispiel (6) die Entwertung des „Judenstaates" Israel als Kinder mordende Institution, wobei durch das Lexem *wieder* die Implikatur entsteht, es gäbe diesbezüglich eine Tradition unter Juden, Kinder umzubringen (was dem aus dem Mittelalter stammenden Stereotyp von JUDEN ALS KINDERSCHLÄCHTERN entspricht). Das Kompositum *Antisemitismus-Leichenstarre* implikatiert, dass Juden sich mit dem Antisemitismus-Vorwurf gegenüber der Welt unantastbar gegen Kritik machen. Der explizite NS-Vergleich schließlich setzt die Israelis im Nahostkonflikt völlig de-realisiert auf eine Stufe mit den Nationalsozialisten.

(6) „Der Judenstaat mordet wieder Kinder
Die Welt befindet sich in der Antisemitismus-Leichenstarre und schaut teilnahmslos zu, wie Israel im besetzten Palästina einen neuen Holocaust organisieren." (kreuz.net, 9.5.11)

Neben der Verbreitung von judenfeindlichen Stereotypen und geschichtsfälschenden Aussagen ist das Internet auch der primäre Kommunikationsraum für Verschwörungstheorien aller Art geworden. Das linksextreme Publikationsorgan Rote Fahne (rotefahne.eu) spezialisiert sich auf die Diffamierung des Staates Israel und entwirft bei jeder Gelegenheit Szenarien von Verschwörung und Intrige. Rationale Prinzipien, Logik und Faktenorientiertheit bleiben dabei stets auf der Strecke:

(7) „Heute, 23 Jahre später, scheint der Mord an Uwe Barschel, verübt durch den israelischen Geheimdienst, die zionistische Terrororganisation Mossad, eigentlich endgültig aufgeklärt. Allein die NATO-hörigen Behörden des BRD-Regimes versuchen weiterhin den Terrorakt offiziell nicht justiziabel zu machen. [...] Da zwingt sich unweigerlich die Frage auf: Inwieweit ist deutsche Politik und sind deutsche Behörden ggf. in Terror- bzw. Mordoperationen des Mossad verstrickt?" (http://die-rote-fahne.eu/headline57287.html, 18.5.2011)

Auch Aspekte der Kohärenz unterliegen dem Bestreben, Israel zu diskreditieren, widersprüchliche und argumentative Brüche in der „Beweisführung" werden nicht hinterfragt: Wird im ersten Satz von (7) der Mord durch das Lexem *scheint* als Option dargestellt, vermitteln der Assertiv *verübt durch*... und das Modalwort *endgültig* Faktizität. Empirische Belege allerdings werden nicht genannt. Auch die Kampagne gegen Dominique Strauss-Kahn wird von der Roten Fahne als eine von den „Zionisten“ eingeleitete Aktion dargestellt (vgl. http://die-rote-fahne.eu/headline133243.html, 16.05.2011).

4. Soziale Netzwerke, Foren, Plattformen und Verbal-Antisemitismen

Verbal-Antisemitismus expliziter wie impliziter Art findet sich in den verschiedensten Varianten und Ausdrucksformen mittlerweile überall und für jedermann frei einsehbar im World Wide Web, sei es der manifeste Rassismus von Rechtsextremen, sei es der mit einem Hakenkreuz verschlungene Davidstern, der noch bis vor kurzem auf der Internetpräsenz der Duisburger Linken zu sehen war, seien es die Holocaustleugnungen und -relativierungen auf kreuz.net, die anti-israelischen Dämonisierungen und De-Realisierungen auf Muslim-Markt, seien es die bizarren judenfeindlichen Verschwörungstheorien der Roten Fahne oder die monoperspektivierten Israel-Verurteilungen in der Jungen Welt. Es sind keineswegs nur extremistische oder fundamentalistische Webseiten, die antisemitisches Gedankengut verbreiten, sondern auch harmlos anmutende Foren und Homepages, die auf den ersten Blick weder politisch noch ideologisch ausgerichtet sind: Diese Webseiten lauten etwa „Meine Woche“, „Blick vom Schreibtisch“, „Rechtschreibtagebuch“ o. ä. Der folgende Eintrag stammt aus studiVZ (studivz.net), einer Plattform, die es Studenten ermöglicht, Informationen auszutauschen.

(8) „Ich fange langsam an den Jüdischen glauben zu haSSen genauso wie die menschen die diese abscheuliche religion und den zionismus gutheißen. SCHAMT EUCH VERDAMMT NOCHMAL!!!!!!!!!!! IHR SEID ZU BESTIEN muTIERT!!!!!!! IHR SEID VIEL SCHliMMER ALS DER NAZIABSCHAUM DEN IHR SO SEHR HASST!!!!“ (http://svzwatch.files.wordpress.com/2009/05/09-05-09-antisemitismus-juden.jpg, geschrieben am 6.02.2009 um 8.30)

Vgl. auch:

(9) „Ich werde euch im KZ Auschwitz feierlich vergasen! Eure Frauen werde ich zu Tode vergewaltigen. Das wird ein Genuss! Ihr elendiges Pack bekommt genau das, was ihr verdient. Das deutsche Volk wird aus dieser ethnischen Säuberung groß und gereinigt hervorgehen! Ihr jüdisches Pack! Judentum ist Verbrechertum. Juden sind zum töten da.“ (ebenfalls studiVZ; 02.08.2008 um 18:33 Uhr)

Selbst in Fan-Foren, die eigentlich das Raumschiff Enterprise als Thema haben sollten, werden antisemitische, meist als Israel-Kritik getarnte Texte veröffentlicht (vgl. etwa http://www.projektstarwars.de/forum/sonstige-umfragen/

32261-schlussstrich-nazi-vergangenheit-2.html, 9.05.2005). Seit drei Jahren finden sich unter einem YouTube-Video (in dem Charlotte Knobloch ermahnt, mehr gegen Rechtsextremismus zu tun) für jedermann frei einsehbar Einträge wie die folgenden:

(10) „Dich würde ich am liebsten eigenhändig mit der Drahtschlinge erwürgen! Kümmere Dich lieber um Dein eigenes Judenvolk in Israel, das täglich unschuldige Palistinenser tötet. [...] Und man kann nur hoffen, dass eine endgültige Form der 'Endlösung' gefunden wird." (http://www.youtube.com/watch?v=_E6HigNiOOs)

Diverse Internetseiten betiteln Berichterstattungen mit Phrasen wie:

(11) „Micha Brumlik – Noch so ein Unrat aus der jüdischen Ecke." (http://fact-fiction.net/?cat=80&paged=2:, am 03.07.2009)

oder

(12) „ZdJ-Mistkäfer Kramer attackiert schon wieder Papst." (Die gleichnamigen Artikel vom 30.03.2009 und 16.05.2009 waren unter: http://fact-fiction.net/?cat=80&paged=2:, am 03.07.2009 zu finden.)

Aktuelle Konfliktmeldungen zum Nahostkonflikt (aber auch unpolitische Ereignisse wie die Punktevergabe Israels beim Eurovision Song Contest 2009, die eine Flut von antisemitischen Twitter-Meldungen erzeugte) in sozialen Netzwerken lösen regelmäßig massive Beschimpfungen und Mordaufrufe gegen Juden aus, wie die folgenden Beispiele aus den öffentlich sichtbaren Beiträgen des sozialen Netzwerks Facebook[14] 2010 zeigen:

(13) Ahmet B.: „Ein guter Jude ist ein toter jude" (16.06.2010)

(14) Volkan C.: „Ich hab Bock Juden abzuballern" (01.06.2010 um 11:25 Uhr)

(15) Borak G.: „Gib jeden Juden ein Kopfschuss" (01.06.2010 um 17:18 Uhr)

(16) Osman I.: „AGAINST ISRAEL! Jetzt wissen wir wieso Adolf H. die Juden vernichten wollte. Schickt die Israelis in die Gaskammern." (04.06.2010 um 10:35 Uhr)

In Informationsportalen wie politik.de sind immer öfter Beiträge wie (17) zu verzeichnen, die antisemitische Vorurteile zementieren:

14 Laut Auskunft der israelischen Botschaften in Paris und London ist es mittlerweile üblich, dass die Facebook-Seiten der jeweiligen Botschaft regelmäßig mit hasserfüllten Äußerungen angefüllt werden.

(17) „Mit dem feinen Unterschied, daß in dem mächtigsten Land der Welt die Juden das Sagen haben (USA)." (politik.de, 15.08.01; Zugriff 2011)

In der Neuen Rheinischen Zeitung online, die „das alles veröffentlicht, was wir sonst nicht zu lesen bekommen [...]", wird die Stellungnahme der notorischen Israel-Angreiferin Hecht-Galinski vom 23.09.11 von der Redaktion bereits als Bericht zur „Israelischen Unrechtspolitik" (nrhz.de) mit eindeutiger Wertung angekündigt. Es folgen im Text dann de-realisierende Hyperbeln und pejorative Delegitimierungen; Stil und Argumentation folgen einer obsessiven Rhetorik: Der Rezipient wird über sechs Seiten hinweg mit erheblicher Überspezifikation und viel Redundanz mit den „Untaten der israelischen Unrechtspolitik", dem „skrupellosen jüdischen Staat" und seiner „rassistische(n) Unrechtspolitik", seinen „perverse(n) Waffenprogramme(n)" und der „Einschüchterung der Israel-Lobby" sowie der „Israel-Propaganda-Lobby" überflutet. Wem dies noch nicht klargemacht hat, wie die Verfasserin zum israelischen Staat steht, erhält noch einmal die Information „Israel ist ein Apartheidstaat, mit einer Apartheidmauer". Ihren prominentesten Kritiker als virulente Israel-Hasserin, Henryk M. Broder, referenzialisiert sie als „islamophoben Pornoverfasser", den deutschen Medien und der deutschen Politik wird „Unaufrichtigkeit" vorgeworfen, da diese stets nur „über Israel in der Opferrolle" sprächen. Dass das Gegenteil in der Realität der Fall ist und die Presse seit Jahren ein einseitiges, negativ monoperspektiviertes Israel-Bild zeichnet, erfährt der Leser nicht (vgl. hierzu SCHWARZ-FRIESEL 2007: 224 ff. und im Druck, SCHAPIRA/HAFNER 2010; BEYER im Druck). Die Leugnung des eigenen Antisemitismus verbindet Hecht-Galinski u. a. mit einem impliziten NS-Vergleich (siehe (18)), der durch die unangemessene Analogieziehung den Holocaust relativiert, und dem moralischen Appell an das deutsche Pflichtgefühl (siehe (19)).

(18) „Bin ich eine Antisemitin oder jüdische Selbsthasserin, wenn ich darauf hinweise, dass Yad Vaschem, die Holocaust-Gedenkstätte, nur unweit vom Massaker-Ort, nämlich Deir Jassin, steht, wo vor 63 Jahren in Palästina über 100 Palästinenser anlässlich der zionistisch ethnischen Säuberung 1948 ermordet wurden?" (nrhz.de, 23.09.11)

(19) „Ist es nicht unsere Pflicht als deutsche Staatsbürger mit unserem weltweit anerkannten und richtungweisenden Grundgesetz auf dieses Unrecht hinzuweisen, anstatt dieses zu tolerieren?" (nrhz.de, 23.09.11)

Für einen Rezipienten ohne Vorkenntnisse und Hintergrundwissen entsteht so (ein von der Realität komplett abgehobenes) Textweltmodell, in dem der jüdische Staat Israel zum Verbrecher und universellen Übel stilisiert wird. Durch die Vermeidungs- und Rechtfertigungsstrategien (also Leugnung von antisemitischer Gesinnung und Betonung des Verantwortungsgefühls), die die Verfasserin benutzt, um ihre Argumentation zu legitimieren, wird die radikale Semantik verklausuliert. Konzeptuell jedoch basieren die Ausführungen auf dem gleichen manichäistischen Weltbild und emotional auf (den obsessiv artikulierten) Ressentiments, die typisch für fundamentalistische und extremistische User sind. So wird die Basis für Vorurteile und Schwarz-Weiß-Denken gelegt.

Was dagegen User erleben müssen, wenn sie sich pro-israelisch und gegen antisemitische Kampagnen im Netz einsetzen, schildert ein Blogger, der sich mit dem Blog unter http://www.thejc.com/comment-and-debate/comment/52156/blogland-here-be-dragons auf Twitter und Facebook engagierte, bis er emotional verzweifelte, resignierte und seinen Blog aufgab:

(20) "But I also quickly discovered the cruelties of the web. Blogs, discussion forums and other online platforms allow for anonymous comments to be made. People hurl abuse and threats around, with negligible fear of being identified. They never see the faces of those they attack, nor are they aware of the hurt that is caused by their comments – hurt that can spread from the recipient to their loved ones too. Not that some of the attackers would care.
People hurl abuse and threats with negligible fear
Last week, it got too much. With a heavy heart, I decided to stop blogging. Given how committed to Israel's cause I am, and what a success I had made of blogging, people were surprised by my decision. I was a bit surprised myself, actually. But I just want to stop feeling sick when I log on to my computer. I've had enough of going to bed at night with abusive comments ringing in my ears, then waking up to a fresh load of unpleasantness, much of it left by anonymous, shadowy authors.
Even though my blog's comment moderation system prevented their bile going live, I still saw it. When comments are personal or intimidating it is hard to ignore them. The web's anonymity appeals particularly to the resentful, the cowardly and the bored – attributes that are commonplace among antisemites. This is why online discussion about Israel and the Middle East is particularly prone to descent into name-calling and cruelty." (http://www.thejc.com/comment-and-debate/comment/52156/blogland-here-be-dragons, 25.07.2011)

Wer heute über das Internet Informationen zum Nahostkonflikt erhalten will, stößt – neben seriösen Darstellungen und Diskussionen – auf eine Flut von teils expliziten, teils impliziten Verbal-Antisemitismen. Der Realität entsprechende und auf Fakten basierende Berichte verschwinden im Dickicht der Falschaussagen und der Hass-Propaganda. Menschen, die unvorbereitet und ohne Vorwissen diese Informationen rezipieren, haben wenig Chancen, sich objektive Kenntnisse anzueignen und können unter Umständen eine völlig verzerrte, israelfeindliche Perspektive übernehmen, die schnell auch antisemitische Ressentiments weckt bzw. bereits latent vorhandene Vorurteile verstärkt und/oder reaktiviert.

Die Parallelen hinsichtlich feindbildbezogener Argumentation und manipulativer Strategieverwendung zur Stigmatisierung von Israelis und Juden, die sich unabhängig von der politischen oder religiösen Ausrichtung im Netz finden, sind so frappierend, dass man den Eindruck erhält, sie seien kopiert und dann mit den jeweiligen ideologie-spezifischen Elementen geringfügig modifiziert worden. Links- wie rechtsorientiert, christlich-fundamentalistisch, islamistisch oder individuell-obsessiv: Ein geschlossenes konzeptuelles Weltbild wird im Internet-Universum vermittelt, das als Universalfeind den jüdischen Staat Israel präsentiert. Mittlerweile finden sich, wie in Punkt 5 gezeigt wird, diese Muster der Diffamierung und Diskriminierung auch in Bereichen der Mainstream-Kommunikation. Es ist zu vermuten, dass u. a. die globale Vernetzung des Internets, seine schnell und jederzeit zugänglichen Informationen dazu geführt haben, eine homogene Semantik des Hasses zu verbreiten.

5. Die Artikulation judenfeindlicher Stereotype in Online-Kommentar-Bereichen der Mainstream-Presse

Dass der aktuelle Antisemitismus weltweit keineswegs nur ein Randgruppenphänomen von Extremisten und Fundamentalisten ist, wird in der neueren und neuesten Antisemitismusforschung betont (vgl. u. a. Rensmann/Schoeps 2008; Schwarz-Friesel/Friesel/Reinharz 2010a). Es gibt einen „Antisemitismus der Mitte", dessen Brisanz jedoch gesellschaftlich bislang kaum wahrgenommen oder der marginalisiert wird. Trotz aller Aufklärung und gesellschaftlicher Sensibilisierung für antisemitische Vorurteile, artikulieren Menschen heute wieder ganz offen judenfeindliche Stereotype sowohl in den Printmedien (als Leserbriefe)[15] als auch online (als Kommentare).

Eine Skandalisierungstendenz lässt sich nicht erkennen: Ohne Konsequenzen oder Kritik werden anti-jüdische und obsessiv anti-israelische Meinungen veröffentlicht und erhalten somit eine (Schein-)Legitimation, da die meisten Rezipienten aufgrund der jahrzehntelangen Tabuisierung von explizitem Antisemitismus davon ausgehen, dass öffentlich publizierte und nicht zensierte Äußerungen zur Meinungsfreiheit gehören und keineswegs volksverhetzend sein können. Die prinzipielle Zugänglichkeit und Verbreitung dieser Informationen suggerieren also ihre Unbedenklichkeit. Entsprechend werden Verbal-Antisemitismen „der Mitte" auch stets als „nicht-antisemitisch" deklariert. Eine kleine repräsentative

15 Vgl. hierzu Braune 2010 und Schwarz-Friesel im Druck.

Auswahl von antisemitischen Stereotyp-Kodierungen aus Online-Kommentaren[16] zu Artikeln in der Welt, der SZ, im Spiegel und im Focus verdeutlichen, wie normal und alltäglich die Artikulation und Zugänglichkeit solcher Verbal-Antisemitismen ist (vgl. hierzu auch die Analysen von SCHNEIDER 2010 und BLUM 2010).

Ein häufig kodiertes Stereotyp ist JUDEN ALS VERURSACHER VON ANTISEMITISMUS, das meist mit der Diskreditierung des Zentralrats der Juden in Deutschland einhergeht, wie das folgende Beispiel zeigt:

(21) „Wenn doch die ganzen wichtigen Damen und Herren des ZdJD (vor allem die Präsidenten und Vizes!) endlich mal erkennen würden, dass GERADE SIE mit ihrem scheinheilig erhobenen Zeigefinger den Antisemitismus in Deutschland nur fördern können..." (WELT – OeFil – 11.04.2007 (2) – 12.04.2007, 07:41 Uhr/Ed)

Auf Schuldabwehr und Erinnerungsverweigerung basieren die frequentesten Argumentationsmuster judendiskriminierender Kommentare, u. a. gekoppelt an die Konzeptualisierung von der JÜDISCHEN UNVERSÖHNLICHKEIT.

(22) „Der Schrecken ist 70 Jahre her, es stehen genug mahnmale rum, die uns eine kollektivschuld suggerieren sollen. ich hab damit nichts zu tun, aber auch garnichts und hab's satt, von den J. ständig gesagt zu kriegen, was ich zu tun, zu denken, zu lassen und zu fühlen habe. wem es in D nicht paßt, soll gehen, das gilt für Muslime, Hindi, und auch für J." (http://www.sueddeutsche.de/politik/alfred-grosser-und-der-zentralrat-der-juden-der-eklat-faellt-aus-1.1021659)

(23) „[...] Immer wird das eigene Volk mit Dreck beworfen. Wie lange soll denn unsere Schuld noch dauern. Es reicht. [...]" (WELT – OeFil – 13.04.2007 (2) – 15.04.2007, 12:59 Uhr/Peter Pigors)

Dabei findet sich immer wieder in den Kommentarbereichen auch das tradierte Stereotyp JUDEN SIND FREMDE/NICHT-DEUTSCHE:

(24) „Dass sich Frau Knobloch so für ihr Judentum engagiert, ist nicht zu kritisieren. Sie bekennt sich als Jude. Nur wenn eine Deutscher sich so für seine deutsche Identität einsetzen würde, dann würde sie die Nase rümpfen." (WELT – Knobl. – 07.02.2010 (1) – 07.02.2010, 09:24 Uhr/Beobachter).

Vgl. entsprechend:

16 Die Kürzel zur Identifikation der Kommentare zeigen die folgenden Informationen: Publikationsorgan, Ereignis, Datum der Veröffentlichung des Online-Artikels (Nummerierung des Artikels bei Veröffentlichung mehrerer Artikel desselben Datums), Datum des Kommentars, Uhrzeit des Kommentars/Name des Kommentarschreibers.

(25) „es gibt keine deutsche juden. entweder man ist deutsch oder jude. ein jude kann nie deutsch handeln und denken etc...“ (http://www.youtube.com/watch?v=AKDuqFxXayU&feature=related)

Israel – in der Konzeptualisierung „kollektiver Jude“ – dient nahezu allen Schreibern als Projektionsfläche antisemitischer Einstellungsäußerungen, vielfach über direkte Gleichsetzungen von Juden und Israelis sowie mittels de-realisierender NS-Vergleiche artikuliert:

(26) „Die Juden sollten ihre Position im Weltfrieden klären. Ich war für Israel jetzt für die Hamas.“ (http://www.focus.de/politik/deutschland/jugendgewalt/gewaltdebatte_aid_232794.html)

(27) „Gut das endlich dieser Juden-Dreck und ein weiteres Hetz-Festival der Zio-Nazis vor dem Aus stehen.“ (http://www.spiegel.de/kultur/kino/0,1518,676020,00.html)

Das angebliche Meinungsdiktat sowie der „große Einfluss“ von Juden auf die Presse (seit Marrs antisemitischem Pamphlet „Der Sieg des Judenthums über das Germanenthum“ von 1879 ein festsitzendes Vorurteil) wird offen und z. T. in Verbindung mit pejorativen Dehumanisierungslexemen (siehe *Ratten* in (30)) geäußert.

(28) „[...] An dieser ganzen Geschicht läßt sich wieder einmal sehr schön der enorm große Einfluß des Zentralrates der Juden auf die deutsche Presselandschaft und somit auf unsere Gesellschaft verdeutlichen. [...]“ (WELT – OeFil – 14.04.2007 (1) – 14.04.2007, 18:42 Uhr/VoJoBl)

(29) „Wie lange müssen sich deutsche Politiker hierzulande noch von den Zionisten erpressen lassen??? [...]“ WELT – OeFil – 11.04.2007 (2) – 14.04.2007, 12:05 Uhr/Ponjardin)

(30) „Und was hat die ganze Aufregung der vergangen Tage ganz deutlich gezeigt? Es haben sich wieder einmal alle Nestbeschmutzer (um nicht zu sagen Ratten) aus den Löchern getraut. Angefangen beim unerträglichen Zentralrat der Juden über den verlogenen Dramatiker Rolf Hochhut bis hin zur Moralapostin schlechthin, Claudia Roth. [...]“ (SZ – OeFil – 15.04.2007 (2) – 15.04.2007, 23:27:32/VoJoBl)

Manche Kommentatoren benutzen die persuasive Strategie der Intertextualität, indem sie auf Äußerungen von „Autoritäten“ (wie in (31) von Goethe) referieren, um judenfeindliche Inhalte ins Netz stellen zu können, ohne sich selbst kommunikativ bemühen zu müssen:

(31) „[...] Du kennst das Volk, das man die Juden nennt... Sie haben einen Glauben, der sie berechtigt, die Fremden zu berauben... Der Jude liebt das Geld und fürchtet die Gefahr. Er weiß mit leichter Müh' und ohne viel zu wagen, durch Handel und durch Zins Geld aus dem Land zu tragen... Auch finden sie durch Geld den Schlüssel aller Herzen, und

> kein Geheimnis ist vor ihnen wohl verwahrt... Sie wissen jedermann durch Borg und Tausch zu fassen, der kommt nicht los, der sich nur einmal eingelassen [...]" (WELT – Knobl. – 03.02.2010 – 04.02.2010, 01:21 Uhr/Johann Wolfgang von Goethe)

Insgesamt zeigen die Kommentarbereiche, wie wichtig es den Nutzern ist, ihre Einstellung für andere zugänglich zu machen, ihr Ausdruck zu geben und Öffentlichkeit zu verschaffen. Die quantitative und qualitative Analyse solcher unaufgeforderten Äußerungen ist daher wesentlich aufschlussreicher für die Erfassung und Erklärung aktueller Antisemitismustendenzen als Meinungsumfragen, die einerseits durch Überlegungen zur politischen Korrektheit bzw. sozialen Erwünschtheit, andererseits durch die vorformulierten Fragen, bereits eine bestimmte Richtung der Antwort suggerieren, beeinflusst werden.

Die Kommunikationsformen des Internets ermöglichen es den Nutzern ohne Aufwand oder Hürde und ohne Furcht vor Sanktionen, aus der passiven Rezipientenrolle heraus aktiv zum Produzenten zu werden. Die Artikulation der judenfeindlichen Äußerungen bedient dabei das emotionale Bedürfnis, die eigene Einstellung öffentlich zu machen; zudem dient sie auch der Gewinnung von Zustimmung. Die sich gegenseitig bestärkenden Kommentatoren schaffen sich somit ihre eigene Identifikationsbasis und können zusätzlich hoffen, dass ihre „Argumentation" bei anderen Nutzern Überzeugungsarbeit leistet.

6. Erklärungen, Fazit und Ausblick

Dass die Hemmschwelle für die Artikulation antisemitischer Äußerungen sinkt und die Verbreitung juden- und israelfeindlicher Texte im Netz zunimmt, hat mutmaßlich die folgenden Gründe: Die Anonymität, die von vielen Nutzern in Anspruch genommen wird, gibt das Gefühl der Sicherheit, ohne Konsequenzen prinzipiell alles kommunizieren zu können. Es kommt zu einer Ausweitung des Sagbarkeitsfeldes: Selbst vulgäre Beschimpfungen und Diskriminierungen sowie Gewalt- und Mordphantasien werden sprachlich realisiert. Tabugrenzen spielen im kontrollresistenten Raum der Internetkommunikation keine Rolle. Hinzu kommt die spezifische kommunikative Situation bei der Textproduktion: Die heimische PC-Situation simuliert Privatheit und lässt zum Zeitpunkt der Kodierung das Bewusstsein für die breite Zugänglichkeit der Veröffentlichung in den Hintergrund treten. Auch User, die nachweislich ihren wirklichen Namen angeben, lassen sich beim Schreiben ihrer Texte von dieser für die private Kommunikation typischen Komponente beeinflussen. Dass die individuellen Meinungs- und Einstellungsbekundungen durch das Internet in den öffentlichen Kommunikationsraum[17] gelangen und damit potenziell sehr viele Rezipienten erreichen, erhöht gleichzeitig die Attraktivität und die Motivation, sich selbst als jemanden mit einer dezidierten Meinung zu präsentieren. Anreize und Vorbilder für drastische verbale Grenzüberschreitungen erhalten diese Sprachproduzenten zusätzlich durch die prominente Vor-Artikulation von Brachialverbalismen im institutionellen massenmedialen Diskurs[18] (Fernsehen, Printmedien, Radio), in dem extreme anti-israelische Bekundungen und Verbal-Antisemitismen keine Seltenheit sind (vgl. SCHWARZ-FRIESEL 2009 und im Druck).

Die fehlenden Sanktionen[19] verstärken den Eindruck, alles ins Netz stellen zu können, denn es gibt weder ein konsequentes Handeln der Chatmaster, Online-Redakteure usw., noch energischen Widerspruch von anderen Usern. Im Gegenteil: Antisemitische Äußerungen im Netz finden oft Zuspruch von Gleichgesinnten und so erhalten die Produzenten die Quasi-Legitimierung ihrer Äußerungen zum einen durch den Mangel an Resistenz, zum anderen durch die stabilisierende, gruppenindizierende elektronische Gemeinschaft. Das Internet stellt somit einen kontrollresistenten und identitätsstabilisierenden Raum für antisemitische Kommunikation dar. Die Artikulation und Veröffentlichung judenfeindlicher Ressentiments kann über das Internet in die Mitte der Gesellschaft gelangen und zu einem ganz alltäglichen Phänomen werden. Normalisierungseffekte in Bezug auf Zugänglichkeit und Verbreitung von Antisemitismen sind bereits auf allen Ebenen zu konstatieren.

Es gibt noch viel Forschungsbedarf zu den Fragen, die sich in diesem Zusammenhang stellen, von denen einige genannt werden sollen: Welche Gemeinsamkeiten, welche Unterschiede lassen sich mittels kognitionslinguistischer Analysen bezüglich der antisemitischen Argumentation innerhalb der Texte in den verschiedenen Bereichen im Internet feststellen? Bestehen z. B. signifikante Unterschiede bei der Verbalisierung antisemitischer Konzeptualisierungen zwischen Weblogs und Online-Kommentaren, zwischen Kommentaren im Rahmen von Publikationen und solchen innerhalb von sozialen Netzwerken? Welche User

---

17 Öffentlichkeit lässt sich in diesem Zusammenhang als ein „offenes Kommunikationsforum für alle, die etwas sagen oder das, was andere sagen, hören wollen" beschreiben (siehe NEIDHARDT 1994: 7) oder als „ein durch Kommunikation erzeugter sozialer Raum" (siehe GRUNWALD et al. 2006: 70).

18 Die Enttabuisierung von Antisemitismus erfolgt über die öffentliche Kommunizierbarkeit anti-zionistischer und anti-israelischer Äußerungen. Diese erfahren zunehmend eine soziale Verträglichkeit innerhalb der „chattering class" (siehe KLUG 2004: 222).

19 Verbal-Antisemitismen, selbst krimineller und vulgärer Art mit Mord- und Gewaltphantasien stehen oft monatelang im Netz, ohne dass sich Widerstand regt oder Maßnahmen ergriffen werden.

sind maßgeblich wie und mittels welcher Sprechakte initiativ beteiligt, antisemitische Argumentationen in eine Diskussion einzubringen? Welche Rolle spielen bei den nachfolgenden, reaktiven Äußerungen der bereits vorgegebene Ko- und Kontext hinsichtlich der Formulierung von implizitem oder explizitem Verbal-Antisemitismus? In welchen Bereichen finden sich intertextuelle Verweise auf Äußerungen in den Printmedien oder massenmedialen Diskursen, durch die sich Online-Produzenten u. a. legitimieren und persuasiv absichern? Welche aktuellen Tradierungsformen[20] für antisemitische Inhalte sind besonders einflussreich?

Die zukünftige Forschung muss sich diesen Fragen stellen, um das Phänomen des Internet-Hasses nicht nur besser verstehen und erklären zu können, sondern auch um Gegeninitiativen zur Bekämpfung der elektronischen Gewalt zu entwickeln und der Normalisierung der öffentlichen Kommunikation von Antisemitismus in der gesellschaftlichen Mitte entgegenzutreten.

Literatur

Benz, W., 2004. *Was ist Antisemitismus.* München: Beck.

Bergmann, W./Erb, R., 1986. Kommunikationslatenz, Moral und öffentliche Meinung. Theoretische Überlegungen zum Antisemitismus in der Bundesrepublik Deutschland. In: *Kölner Zeitschrift für Soziologie und Sozialpsychologie* 38, 2, 223–246.

Bergmann, W./Heitmeyer, W., 2005. Antisemitismus: Verliert die Vorurteilsrepression ihre Wirkung? In: Heitmeyer, W. (Hg.), 2005. *Deutsche Zustände. Folge 3.* Frankfurt a. M.: Suhrkamp, 224–238.

Beyer, R., im Druck. „Olmert ertrinkt in Blut" – Mediale Israelfeindschaft als aktuelle Formvariante von Antisemitismus? Textlinguistische Analysen antisemitischer und israelfeindlicher Medienbeiträge. In: Nagel, M./Zimmermann, M. (Hg.), im Druck. *Judenfeindschaft und Antisemitismus in der deutschen Presse über fünf Jahrhunderte / Five hundred years of jew-hatred and anti-semitism in the German press.*

Blum, J., 2010. *Explizite und implizite Verbalisierungen antisemitischer Stereotype in Onlinekommentaren. Zur Konstruktion eines feindlichen Judenbildes im aktuellen Diskurs der gesellschaftlichen „Mitte".* Examensarbeit im Fachgebiet Linguistik.

Botsch, G./Kopke, C./Rensmann, L. (Hg.), 2010. *Politik des Hasses: Antisemitismus und radikale Rechte in Europa.* Hildesheim [u. a.]: Georg Olms.

Braune, H., 2010. Expliziter und impliziter Verbal-Antisemitismus in aktuellen Leserbriefen. In: Schwarz-Friesel, M./Friesel, E./Reinharz, J. (Hg.), 2010a, 92–112.

Busch, C. (Hg.), 2010. *Rechtsradikalismus im Internet.* Siegen: Universitätsverlag Siegen (= Reihe Medienwissenschaften 11).

20 Die Untersuchung dieser Fragestellung wird auch im aktuellen Bericht der Expertenkommission des Bundestages als zentral eingestuft. Vgl. die Online-Ausgabe vom November 2011.

Busch, C./Birzer, M., 2004. Rechte im Netz. Gegenmaßnahmen zum Rechtsextremismus im Internet. In: *Tribüne. Zeitschrift zum Verständnis des Judentums* 3, 128–141.

Decker, O./Brähler, E., 2006. *Vom Rand zur Mitte: Rechtsextreme Einstellungen und ihre Einflussfaktoren in Deutschland*. Berlin: Friedrich Ebert Stiftung.

Döring, N., [2]2003. *Sozialpsychologie des Internets. Die Bedeutung des Internets für Kommunikationsprozesse, Identitäten, soziale Beziehungen und Gruppen*. Göttingen [u. a.]: Hogrefe.

Faber, K./Schoeps, J.H./Stawski, S. (Hg.), 2006. *Neu-alter Judenhass. Antisemitismus, arabisch-israelischer Konflikt und europäische Politik*. Berlin: Verlag für Berlin-Brandenburg.

Fromm, R./Kernbach, B., 2001. *Rechtsextremismus im Internet. Die neue Gefahr*. München: Olzog.

Grunwald, A./Banse, G./Coenen,C./Hennen, L., 2006. *Netzöffentlichkeit und digitale Demokratie. Tendenzen politischer Kommunikation im Internet*. Berlin: Edition Sigma (= Studien des Büros für Technikfolgen-Abschätzung beim Deutschen Bundestag 18).

Habscheid, S., 2005. Das Internet – ein Massenmedium? In: Siever, T./Schlobinski, P./ Runkehl, J. (Hg.), 2005. *Websprache.net: Sprache und Kommunikation im Internet*. Berlin [u. a.]: de Gruyter, 46–66.

Johnson, T.J./Kaye, B./Bichard, S./Wong, W., 2007. Every blog has its day: politically-interested internet users' perceptions of blog credibility. In: *Journal of Computer-Mediated Communication* 13, 1, 100–122.

Jones, S.G. (ed.), 1998. *Cybersociety 2.0: Revisiting Computer-Mediated Communication and Community*. Thousand Oaks [u. a.]: Sage Publications.

Klug, B., 2004. The collective Jew. Israel and the new anti-Semitism. In: Braun, C. von/ Ziege, E.-M. (Hg.), 2004. *„Das 'bewegliche' Vorurteil". Aspekte des internationalen Antisemitismus*. Würzburg: Königshausen & Neumann, 221–239.

Neidhardt, F. (Hg.), 1994. *Öffentlichkeit, öffentliche Meinung, soziale Bewegungen*. Opladen: Westdeutscher Verlag (= Kölner Zeitschrift für Soziologie und Sozialpsychologie 34), 7–41.

Pörksen, B., 2000. *Die Konstruktion von Feindbildern. Zum Sprachgebrauch in neonazistischen Medien*. Wiesbaden: Westdeutscher Verlag.

Rensmann, L./Schoeps, J.H. (Hg.), 2008. *Feindbild Judentum. Antisemitismus in Europa*. Berlin: Verlag für Berlin-Brandenburg.

Schapira, E./Hafner, G., 2010. Die Wahrheit unter Beschuss – Der Nahostkonflikt und die Medien. In: Schwarz-Friesel, M./Friesel, E./Reinharz, J. (Hg.), 2010a, 115–131.

Schneider, P., 2010. *„Ich kann mich wehren, wenn Israel eine Politik mit den Holocasust-Opfern betreibt!" – über die abnehmende Kommunikationslatenz antisemitischer und antiisraelischer Meinungsäußerungen in (semi-)öffentlichen Diskursen*. Examensarbeit im Fachgebiet Linguistik.

Schoeps, J./Schlör, J. (Hg.), 1999. *Bilder der Judenfeindschaft. Antisemitismus. Vorurteile und Mythen*. Augsburg: Bechtermünz.

Schröder, B., 2000. Rechtsextremismus im Internet. In: *Aus Politik und Zeitgeschichte* 39, 49–54. http://www.bpb.de/publikationen/U1ARQ2,0,0, Rechtsextremismus_im_Internet.html (Zugriff am 07.05.2012)

Schuppener, G., 2008. *Sprache des Rechtsextremismus. Spezifika der Sprache rechtsextremistischer Publikationen und rechter Musik*. Leipzig: Edition Hamouda.

Schwarz-Friesel, M., 2007. *Sprache und Emotion*. Tübingen, Basel: Francke (= UTB 2939).

SCHWARZ-FRIESEL, M., 2009. Der Tatort Sprache in Deutschland. Antisemitismus im öffentlichen Kommunikationsraum. In: *Tribüne* 189, 178–186.

SCHWARZ-FRIESEL, M., 2010. „Ich habe gar nichts gegen Juden!". Der „legitime" Antisemitismus der Mitte. In: SCHWARZ-FRIESEL, M./FRIESEL, E./REINHARZ, J., (Hg.), 2010a, 27–50.

SCHWARZ-FRIESEL, M., im Druck. Explizite und implizite Formen des Verbal-Antisemitismus in aktuellen Texten der regionalen und überregionalen Presse (2002–2010) und ihr Einfluss auf den alltäglichen Sprachgebrauch. In: NAGEL, M./ZIMMERMANN, M. (Hg.), im Druck. *Judenfeindschaft und Antisemitismus in der deutschen Presse über fünf Jahrhunderte / Five hundred years of jew-hatred and anti-semitism in the German press.*

SCHWARZ-FRIESEL, M./BRAUNE, H., 2007. Geschlossene Textwelten. Konzeptualisierungsmuster in aktuellen antisemitischen Texten. In: *Sprachtheorie und germanistische Linguistik* 17, 1, 1–29.

SCHWARZ-FRIESEL, M./FRIESEL, E./REINHARZ, J. (Hg.), 2010a. *Aktueller Antisemitismus – ein Phänomen der Mitte.* Berlin [u. a.]: de Gruyter.

SCHWARZ-FRIESEL, M./FRIESEL, E./REINHARZ, J., 2010b. Aktueller Antisemitismus als ein Phänomen der Mitte – Zur Brisanz des Themas und der Marginalisierung des Problems. In: SCHWARZ-FRIESEL, M./FRIESEL, E./REINHARZ, J. (Hg.), 2010a, 1–14.

SCHWARZ-FRIESEL, M./REINHARZ, J., im Druck. *Die Sprache der Judenfeindschaft im 21. Jahrhundert.* Berlin [u. a.]: de Gruyter.

WETZEL, J., 2003. Die internationale Rechte und der arabische Antizionismus im World Wide Web. In: BENZ, W. (Hg.), 2003. *Jahrbuch für Antisemitismusforschung 12.* Berlin: Metropol, 121–144.

WETZEL, J., 2007. Antisemitismus im Internet. In: MINISTERIUM DES INNEREN BRANDENBURG (Hg.), 2007. *Tagungsband Antisemitismus – Gleichklang zwischen den Extremen.* 26–34. http://violence-prevention-network.de/index.php?option=com_docman &task=doc_download&gid=40 (Zugriff am 18.12.2011).

WISTRICH, R.S., 2010. *A lethal obsession: Anti-Semitism from Antiquity to the Global Jihad.* New York: Random House.

Konstanze Marx

Virtueller Rufmord – Offene Fragen aus linguistischer Perspektive

Virtual Character Assassination – open questions from a linguistic point of view
Virtual Character Assassination is a complex phenomenon with high societal relevance. In almost all publications we find that cybermobbing (which is the name for the phenomenon in the research literature) can be described as an aggressive act within the context of new media. We already know a lot about frequencies of occurrence, motivations, offender profiles, consequences and causes of cybermobbing. On the one hand, it is the aim of this article to summarize the state of research existing so far in order to detect several connecting factors from a linguistic and communication theoretical point of view. On the other hand, I would like to introduce tentative considerations concerning the interaction between emotional contents and persuasive potentials based on data mainly collected from www.isharegossip.com and social network sites.

1. Einleitung

Beleidigende, diffamierende und selbst für den Unbeteiligten beschämende Äußerungen sind im World Wide Web (WWW) nicht nur in Diskriminierungskontexten zu finden, sondern werden auch gezielt zur Dekonstruktion von privaten Identitäten eingesetzt, in der Forschungsliteratur wird dann von sogenanntem *Cybermobbing* (GRIMM et al. 2008; FAWZI 2009a u. a.) oder *Cyberbullying*[1] (BELSEY 2006; PATCHIN/HINDUJA 2006; WILLARD 2007 u. a.) gesprochen. Personen werden also nicht auf kategorialer Basis[2] (verbal) attackiert, wie es von

1 Die Termini *Cybermobbing* und *Cyberbullying* sind angelehnt an die Termini *Mobbing* und *Bullying*, die von OLWEUS (1997/[5]2008: 282) wie folgt definiert worden sind: „Ein Schüler/eine Schülerin wird gemobbt, wenn er/sie wiederholt und über eine längere Zeit den negativen Handlungen eines oder mehrerer anderer Schüler/Schülerinnen ausgesetzt ist. Eine negative Handlung liegt dann vor, wenn jemand absichtlich einem anderen Schmerz, Verletzung oder Unannehmlichkeiten zufügt oder es versucht [...].“ Die Termini *Mobbing* und *Bullying* werden in der Forschungsliteratur synonym verwendet. FAWZI (2009a: 33) weist darauf hin, dass sich der Ausdruck *Bullying* im Englischen nur auf Kinder und Jugendliche bezieht, im deutschsprachigen Raum wird sowohl bei Jugendlichen als auch bei Erwachsenen von *Mobbing* gesprochen.
2 Beispielsweise aufgrund ihrer Zugehörigkeit zu einer bestimmten Gruppe (vgl. GRAUMANN/WINTERMANTEL 2007 für eine Definition von sozialer Diskriminierung).

SCHWARZ-FRIESEL (in diesem Band) beschrieben worden ist; Cybermobbing-Angriffe sind persönlich motiviert.

Nahezu übereinstimmend wird in allen sozialpsychologisch, pädagogisch oder bildungspolitisch orientierten Studien als Definition für das Phänomen zugrunde gelegt, dass hier aggressive Handlung(en) im Kontext neuer Technologien vorliegen (vgl. SMITH et al. 2006; KATZER/FETCHENHAUER 2007; KOWALSKI/LIMBER 2007; WILLARD 2007). Es wurden Interviews[3] und Fragebogenuntersuchungen, in die pädagogisches Personal und Eltern einbezogen worden sind, durchgeführt. Dank dieser Untersuchungen gibt es inzwischen statistische Daten zu Auftretenshäufigkeit, Motiven, Ursachen und Täterprofilen, zu Folgen, Formen, Kanälen, Messmethoden und Geschlechts- und Altersunterschieden im Zusammenhang mit Cybermobbing.

Bislang gibt es in der Forschung zum Cybermobbing jedoch eine große Lücke, denn das wohl prominenteste Cybermobbing-Mittel, die Sprache, wurde kaum reflektiert. Obwohl in der linguistischen Forschung seit Jahren diskutiert wird, wie mit Sprache Gewalt ausgeübt werden kann (u. a. von LUGINBÜHL 1999; HERRMANN/KRÄMER/KUCH 2007; SCHWARZ-FRIESEL 2007; KRÄMER/KOCH 2010), wurden diese Aspekte noch nicht im Kontext des virtuellen Raums betrachtet.

Ziel dieses Beitrags ist es aufzuzeigen, inwiefern eine linguistische Analyse dazu beitragen kann, das Phänomen in seiner Komplexität interdisziplinär zu erfassen und zu erklären. Es geht also darum, Anknüpfungspunkte innerhalb des (medien)psychologisch geprägten Forschungsfeldes aufzuzeigen und sprachwissenschaftliche Fragen für eine zukünftige Analyse zu formulieren. Dabei gehe ich folgendermaßen vor: In Abschnitt 2 werde ich die wichtigsten (medien)psychologischen Erkenntnisse zusammenfassen, da sie Ausgangspunkt für meine Überlegungen sind. Dieser Schritt dient auch dazu, einen Eindruck von der Breite des Phänomens zu vermitteln. Ich gehe hierbei gesondert auf Zahlen, Aktanten und Formen (Abschnitt 2.1) und Merkmale (Abschnitt 2.3) von Cybermobbing ein. In Abschnitt 2.2 werde ich zeigen, dass eine Beschränkung des Opferkreises auf Jugendliche nicht weiter angenommen werden kann. Vor diesem Hintergrund bedarf es auch einer revidierten Terminologie, von *Cybermobbing* zum *Virtuellen Rufmord.*

Im dritten Abschnitt soll eine Diskussion dazu initiiert werden, wie sich die Wirkungsmacht Virtuellen Rufmords konstituiert. Hierbei gehe ich aus methodischen Gründen zunächst auf die Wirkung auf das Individuum (in der Opferrolle) und anschließend auf die Wirkung auf Andere (in der Rolle des unbeteiligten Publikums) ein. Ich gehe davon aus, dass für die bedrohliche Wirkung auf das Indivi-

3 Experteninterviews und Interviews mit Opfern (FAWZI 2009a).

duum neben der Sprache auch die Besonderheit des virtuellen Kommunikationsraums eine entscheidende Rolle spielt. Interessanterweise kann es aber gerade auch einer besonders derben Sprache und dem diffusen Kommunikationsraum (mit der oft assoziierten Anonymität) geschuldet sein, dass die persuasive Kraft des Täters geschwächt wird.

In meine Ausführungen fließen erste Ergebnisse einer partiellen Auswertung umfangreichen Korpusmaterials[4] ein.[5]

2. Sprachliche Gewalt, aber kein sprachwissenschaftliches Interesse?

2.1 Forschungsstand Cybermobbing: Zahlen, Aktanten, Formen

Etwa ein Drittel aller Jugendlichen (Altersgruppe 8 bis 20) hat bereits Erfahrungen mit Cybermobbing gemacht,[6] uneinheitlich sind die Erkenntnisse darüber, ob Mädchen oder Jungen häufiger Betroffene oder Täter sind (u. a. Kowalski/Limber 2007; Willard 2007; Hinduja/Patchin 2008, 2009). Als Motive für Cybermobbing wurden die Fortsetzung von Offline-Konflikten, Wut, Rache, Eifersucht, Langeweile, Spaß oder sozialer Druck innerhalb der Peergroup ermittelt (Aftab 2008; Cross et al. 2009; Fawzi 2009). Hierzu schlage ich folgende Kategorien vor, die eine Erweiterung und Pointierung der Kategorien von Aftab (2008)[7] darstellen:

4 Es handelt sich hierbei um 8521 Einträge auf der Internetseite www.isharegossip.com, die im Zeitraum März bis Mai 2011 vor Schließung der Internetseite erhoben worden sind. Zusätzlich wurden Datensammlungen mit Einträgen von Privatpersonen in sozialen Netzwerken wie Facebook, Myspace, Google+, Jappy, Spickmich, Schuelercc, SchülerVZ, StudiVZ etc. und mit zwei im WWW umfangreich dokumentierten „Rufmordkampagnen" angelegt. Blog- und Foreneinträge von Cybermobbing-Opfern bilden ein Teilkorpus.

5 Für die kritische Durchsicht dieses Beitrags und für wertvolle Hinweise danke ich Manfred Consten und Monika Schwarz-Friesel.

6 Die entsprechenden Zahlen in den Studien von Ybarra/Mitchell 2004; Smith et al. 2006; Beran/Li 2007; Kowalski/Limber 2007; Ybarra/Diener-West/Leaf 2007; Schmidt/Paus-Hasebrink/Hasebrink 2009 (siehe auch JIM-Studien 2009-2011) weichen nur geringfügig voneinander ab.

7 Aftab (2008) schlägt eine Einteilung in „vengeful angel", „power-hungry", „revenge of the Nerds", „mean girls", „the inadvertent cyberbully" vor. Diese Kategorien sind teilweise zu eng gefasst. So fallen unter „mean girls" nicht nur Mädchen, die aus Langeweile boshaft agieren. Unter den Tätertyp „vengeful angel" fallen bei Aftab (2008) sowohl Personen, die selbst Opfer von Cybermobbing geworden sind, als auch deren Freunde, die sich rächen wollen. Eine Unterscheidung ist hier wichtig, denn Freunde fallen unter die sogenannten Bystander.

1. Robin Hoods (Freunde von Geschädigten, die sich rächen.);
2. Geschädigte (Opfer, die sich rächen. Hierzu gehören auch als Streber Geltende, die unter (Cyber-)Mobbing leiden.);
3. Machtsüchtige (Personen, die Cybermobbing als Instrument zur Demonstration von Autorität und Kontrolle gebrauchen.);
4. Gelangweilte (Personen, deren Netzverhalten durch Langeweile und den Wunsch nach Abwechslung bestimmt ist.);
5. Unbedarfte (Personen, die vollkommen naiv und spielerisch im Netz agieren, ohne sich über die Konsequenzen ihres Verhaltens bewusst zu werden.).

Folgen von Cybermobbing können emotionale Irritation, Verzweiflung, Angst, Leistungsabfall, Schulunlust, Depressionen oder gar Selbstmord(gedanken)[8] sein (vgl. u. a. YBARRA/MITCHELL 2004; KATZER/FETCHENHAUER 2007; BERAN/LI 2007; SMITH et al. 2006, 2008; CROSS et al. 2009; FAWZI 2009a). Die Intensität des Cybermobbings sei allerdings abhängig vom Öffentlichkeitsgrad der benutzten Kanäle (vgl. die Übersichten bei FAWZI 2009: 36, AFTAB 2008 und SPECHT 2010). Cybermobbing über private Kommunikationskanäle habe demnach weniger starke Auswirkungen als Mobbing über Webseiten (vgl. u. a. SMITH et al. 2006, 2008) und soziale Netzwerke (SPECHT 2010).[9]

Dessen ungeachtet führten KATZER/FETCHENHAUER/BELSCHAK (2009) eine quantitative Befragung zu Cybermobbing in Chaträumen durch, um zu untersuchen, ob es einen engen Zusammenhang zwischen der Offline- und der Online-

---

Dadurch, dass sie nicht direkt betroffen sind, ist ihr Handeln anders motiviert. Untersuchungen zum Verhalten der Bystander werden z. B. an der Technischen Universität Berlin von Jan PFETSCH und Angela ITTEL durchgeführt (PFETSCH et al. 2011). BRAEMS (2011) initiierte eine Befragung zum Thema im Rahmen seiner Bachelorarbeit an der Universität Duisburg-Essen (https://www.soscisurvey.de/Cyberbullying2011/?info).

8 In den Medien diskutiert wurden z. B. die Fälle Tyler C., Joel oder Megan, drei Jugendliche, die infolge des Cybermobbings Selbstmord begingen. Der Zimmernachbar von Tyler C. hatte ihn bei einer homosexuellen Handlung gefilmt und die Daten über das WWW verbreitet. Joel hatte auf seinem Facebook-Profil einen Link zu einer Homosexuellenseite und einer dort veröffentlichten Fotomontage, die ihn deutlich als Homosexuellen darstellte, entdeckt. Megan war in Josh, ein von ihrer Freundin und deren Mutter mit Hintergrundwissen erstelltes Profil, verliebt bis dieser begann, sie im Internet zu denunzieren.

9 Die Privacy-Optionen werden inzwischen von 79 % der Mädchen und von 72 % der Jungen genutzt, eine zu begrüßende Entwicklung, denn im Jahre 2009 gaben nur 46 % der Jugendlichen an, ihr Profil vor dem Zugriff Fremder zu schützen (vgl. JIM-Studien 2009 und 2011). In der JIM-Studie 2011 wird allerdings auch darauf hingewiesen, dass Privatheit bei durchschnittlich 200 Online-Freunden relativiert wird (JIM-Studie 2011: 51).

Täterschaft gibt. Mit diesem Forschungsinteresse reiht sich die Studie ein in die sich bislang etablierende Forschungstradition, die Merkmale des Cybermobbings aus Merkmalen des traditionellen Bullyings unter Schüler/inne/n ableitet. Sie soll hier exemplarisch und stellvertretend für ähnliche Studien[10] diskutiert werden. Laut KATZER/FETCHENHAUER/BELSCHAK (2009) sind Jugendliche, die in der Schule Bullying-Verhalten zeigen, deutlich öfter auch Chatbullies. In der Studie blieben jedoch die Spezifika von Chatkommunikation gänzlich unreflektiert. Fragen zu den Unterschieden zwischen realen und virtuellen Identitäten, die gerade in Chaträumen von Bedeutung sind und hier auch spielerisch umgesetzt werden (GALLERY 2000; VOGELSANG 2000; BEISSWENGER 2001 u. a.), blieben ungestellt. Der Aspekt des Wirkungspotenzials von Chatkommunikation außerhalb des virtuellen Raums blieb unberücksichtigt. Wie in vergleichbaren Studien[11] arbeiteten KATZER/FETCHENHAUER/BELSCHAK (2009) mit geschlossenen Items und schränkten damit die Möglichkeit, neue Erkenntnisse über das Phänomen Cyberbullying zu gewinnen, aus forschungspraktischen Zwecken ein (vgl. auch die Diskussion bei GRADINGER 2010). Es kann nun nicht ausgeschlossen werden, dass die Antworten der Schülerinnen und Schüler durch soziale Erwünschtheit in die eine oder andere Richtung beeinflusst waren. Schüler beispielsweise, die in der Offline-Welt niemals oder nur selten sozial inadäquates Verhalten zeigen, könnten im Fragebogen durchaus angeben, dass sie andere off- oder online bedrohen oder beschimpfen, um nicht als Feiglinge zu gelten. Ebenso ist es vorstellbar, dass jemand sein unsoziales On- und/oder Offline-Verhalten verharmlost. Vor diesem Hintergrund ist es auch problematisch, dass das On- und Offline-Verhalten von den Schüler/innen selbst eingeschätzt worden ist, um anschließend gegenübergestellt zu werden. Das Abfragen von Selbsteinschätzungen ist in der Bullying-Forschung eine übliche Methode. Lediglich MENESINI/NOCENTINI/CALUSSI (2011) und GRADINGER/STROHMEIER/SPIEL (2010) überprüften den Zusammenhang zwischen Messinstrument und Studienergebnis systematisch für Täter-und Opfergruppen und konnten den Einfluss der Messmethode auf die Identifikation der jeweiligen Gruppen nachweisen.[12]

---

10 U. a. von KOWALSKI/LIMBER (2007); RIEBEL (2008); FAWZI (2009a,b); JÄGER/RIEBEL/FLUCK (2009); SPECHT (2010).

11 U. a. von KOWALSKI/LIMBER (2007); SLONJE/SMITH (2008) oder SCHULTZE-KRUMBHOLZ/SCHEITHAUER (2009).

12 GRADINGER/STROHMEIER/SPIEL (2010) zeigten, dass Cyberbullying im Vergleich zu Bullying seltener auftritt. Bei der Vorgabe von spezifischen Items (wie beispielsweise „Wie oft hast du in den letzten zwei Monaten jemand anderen durch gemeine SMS beleidigt oder verletzt?" GRADINGER (2010: 34)) im Gegensatz zu globalen Items (wie beispielsweise „Wie oft hast du in den letzten zwei Monaten jemand anderen mit gemeinen SMS, E-Mails, Videos oder Fotos

Wichtigster Kritikpunkt aus sprachwissenschaftlicher Perspektive ist aber, dass oftmals unspezifiziert blieb, welche sprachliche Handlung – und ich setze hier Einigkeit darüber voraus, dass Sprache Handeln ist (vgl. SEARLE 1969) – überhaupt als Cybermobbing eingestuft werden kann. Stattdessen werden schon in den Definitionen sprachliche Handlungen unreflektiert mit Cybermobbing-Modalitäten assoziiert. So werden Drohungen und Verleumdungen in einer Reihe mit dem Verbreiten von Bildern oder Videos aufgeführt (vgl. die Definition von AKTION KINDER UND JUGENDSCHUTZ SCHLESWIG-HOLSTEIN 2009: 16). Solche Ungenauigkeiten zeigen sich auch in der Ausformulierung der Items:

(1) „Wie oft bedrohst Du andere im Chat?" (KATZER/FETCHENHAUER/BELSCHAK 2009: 37)

(2) „Wie oft beschimpfst Du andere im Chat?" (KATZER/FETCHENHAUER/BELSCHAK 2009: 37)

(3) „Wie oft fängst Du im Chat Streit an?" (KATZER/FETCHENHAUER/BELSCHAK 2009: 37)

(4) „Wie oft ist es seit den letzten Sommerferien vorgekommen, dass Du selbst nur in Onlinecommunities (z. B. SchülerVz, MySpace, Facebook oder Lokalisten) a. anderen Drohungen geschickt hast?; b. anderen Beleidigungen oder andere unangenehme Nachrichten geschickt hast?; c. beleidigende Kommentare unter Fotos von anderen oder auf Pinnwänden hinterlassen hast?; d. Gerüchte über andere verbreitet oder schlecht über andere geredet hast?)[...]." (SPECHT 2010: 53, Formatänderungen durch Verf.)

Hier wird mit nur alltagssprachlich und intuitiv gebrauchten Sprechaktverben, wie *bedrohen* (1), *beschimpfen* (2) oder *beleidigen* (4), gearbeitet. Diese können in der linguistischen Pragmatik Sprecherintentionen ebenso wie tatsächliche Wirkungen beschreiben. Linguistisch interessant ist hier ein konventioneller Zusammenhang zwischen diesen Größen und der gewählten sprachlichen Form. Wie lassen sich die Bedeutungen von *beschimpfen* und *beleidigen* beispielsweise präzise voneinander abgrenzen? Welcher der Ausdrücke birgt ein höheres 'Cybermobbing-Potenzial'?[13] Ein breiter Interpretationsspielraum ergibt sich auch in Item 4b. Eine *unangenehme Nachricht* kann auch die Mitteilung darüber sein,

beleidigt oder verletzt?" (GRADINGER 2010: 34)) wurden aber mehr Jugendliche als Cybertäter identifiziert. Auch die Anzahl der reinen Cybertäter steht in Abhängigkeit von der Messmethode und dem gewählten Cut-Off-Wert (locker vs. streng). Unabhängig von Messmethode und Cut-Off-Wert ergaben sich allerdings für kombinierte Täter (Off- und Online-Bullying) die höchsten Werte in offener und relationaler Aggression (siehe GRADINGER 2010: 36).

13 Vgl. auch die Definition von JÄGER/RIEBEL/FLUCK (2009), in der nicht zwischen verletzenden oder beleidigenden Sprechakten, zwischen Drohungen oder dem Verbreiten von Gerüchten unterschieden wird.

dass die Fußballmannschaft der Schule ein wichtiges Spiel verloren hat. *Unangenehm* gilt also nicht per se als charakteristisch für eine 'Spielart' verbaler Aggression. Für das Beginnen eines Streits wird in (3) eine negative Lesart nahegelegt, die dann allerdings in engem inhaltlichen Zusammenhang mit den in (1) und (2) erfragten sprachlichen Handlungen gesehen werden und eher in ein Ursache-Folge-Muster geordnet werden muss. Schließlich können sowohl Drohungen als auch Beschimpfungen Auslöser für einen Streit sein. *Streit* kann aber auch ein 'konstruktiver argumentativer Austausch' sein, der gar keine Cybermobbing-Merkmale aufweist.

(5) „Wie oft ist es seit den letzten Sommerferien vorgekommen, dass Du selbst nur in Onlinecommunities (z.B. SchülerVz, MySpace, Facebook oder Lokalisten) e. ein falsches Profil für eine andere Person angelegt und dort peinliche oder beleidigende Informationen über sie eingestellt hast?; f. dich als jemand anderes ausgegeben und im Namen dieser Person Dinge herumgeschickt und gepostet hast, um ihren Ruf oder ihre Freundschaften zu zerstören?; g. private E-Mails oder Chatnachrichten von anderen an Dritte weitergegeben hast, um den Betreffenden bloßzustellen oder lächerlich zu machen?; h. private Fotos oder Videos von anderen an Dritte weitergegeben hast, um den Betreffenden bloßzustellen oder lächerlich zu machen?; i. andere aus einer Gruppe ausgeschlossen hast?; j. eine Gruppe angelegt hast oder einer Gruppe beigetreten bist, in der jemand anderes beleidigt und Gerüchte über ihn verbreitet werden?" (SPECHT 2010: 53, Formatänderungen durch Verf.)

Die Fragen in (5) greifen Handlungen auf, für die nicht eindeutig bestimmt werden kann, ob sie auch sprachlich sind. So kann das Ausschließen aus einer Gruppe (5i.) sowohl über einen deklarativen Sprechakt als auch über eine technische Funktion realisiert werden. Wählt ein Täter beispielsweise hierfür einen deklarativen Sprechakt, ist es aus pragmatischer Sicht relevant zu prüfen, inwiefern die Gelingensbedingungen hierfür erfüllt oder möglicherweise für den virtuellen Kommunikationsraum modifiziert werden müssen. Das Bedienen einer technischen Funktion, mit Hilfe derer auch Gruppen beigetreten werden kann (vgl. 5j.), wäre für eine sprachwissenschaftliche Betrachtung hingegen uninteressant.

Ebenso wie in den Fragebögen für empirische Untersuchungen sowohl „gemeine" elektronische Nachrichten (GRADINGER/STROHMEIER/SPIEL 2009)[14] als auch das Beginnen eines Streits (KATZER/FETCHENHAUER/BELSCHAK 2009) sowie Drohungen, Beschimpfungen (KATZER/FETCHENHAUER/BELSCHAK 2009; SPECHT 2010 u. a.), das Verbreiten von Fotos oder Gerüchten oder die Erstellung eines Profils unter einer anderen Identität unter Cybermobbing zusammengefasst wer-

14 „I am somebody who often uses the mobile phone or the computer to send mean text messages, e-mails, videos, or photos to others." (GRADINGER/STROHMEIER/SPIEL 2009: 207)

den, finden wir auch in der Literatur undifferenzierte Beschreibungen. Teilweise werden Cybermobbing-Formen mit (sprachlichen) Mitteln zur Umsetzung von kommunikativen Zielen vermengt. Stalking, Flaming, Ausgrenzung und/oder Harassment können beispielsweise jeweils über Beleidigungen (oder auch Verunglimpfungen) realisiert werden, während Verunglimpfung als eigene Kategorie behandelt wird. Passwortdiebstahl kann dazu dienen, im Namen des ursprünglichen Passwortinhabers für diesen rufschädigend zu agieren, ist aber noch kein Cybermobbing. Für eine sprach- und kommunikationswissenschaftliche Betrachtung sind diese Formbeschreibungen unzureichend. Sie müssen im Hinblick auf sprachliche Handlungen und die damit verknüpften Wirkungsabsichten modifiziert und in einen Zusammenhang mit den Kommunikationsmodalitäten (virtueller Raum, keine Face-to-Face-Kommunikation) gebracht werden.

2.2 Cybermobbing: Ein Phänomen unter Jugendlichen?

Alle bisherigen Untersuchungen konzentrieren sich auf einen eingeschränkten Wirkungskreis von Cybermobbing. Die vorliegenden Publikationen zum Offlinemobbing (Leymann 1993; Niedl 1995; Olweus [4]2006 u. a.) vermitteln den Anschein, dass es sich hier um ein Phänomen handelt, das vor allen Dingen die institutionelle Rolle einer Person im professionellen Kontext betrifft und oftmals von gruppendynamischen Prozessen (in der Schule oder am Arbeitsplatz) gekennzeichnet ist. Wie oben beschrieben, wurde Cybermobbing bislang für einen Aktionsraum, der sich aus Schülerinnen und Schülern konstituiert, untersucht. Dafür kann es drei mögliche Gründe geben. Zum einen die Tatsache, dass Cybermobbing theoretisch lediglich als eine Erweiterung des Offlinemobbings oder -bullyings in der Schule betrachtet wird, vgl. Abschnitt 2.3. Zum anderen lassen sich in einer Probandenpopulation, die das Internet mehrmals pro Woche ausgedehnt für kommunikative Zwecke nutzt,[15] leichter Daten erheben als in einer heterogenen Gruppe, deren Internetnutzungsverhalten nicht präzise ermittelt werden kann. Ein weiterer forschungspraktischer Grund ist, dass auf diese Weise eine Basis für Vergleichsstudien zwischen On-und Offlinemobbing etabliert werden kann (vgl. das Forschungsinteresse bei Gradinger/Strohmeier/Spiel 2009; Katzer/Fetchenhauer/Belschak 2009; Specht 2010 u. a.). Lediglich

15 Laut JIM-Studie 2011 nutzen zwei Drittel der 12-bis 19-Jährigen das Internet täglich, jeder Vierte mehrmals pro Woche. Bei 12-bis 13-Jährigen ist eine Nutzungsdauer von 80 Minuten täglich zu verzeichnen. Mit dem steigendem Alter wächst auch die tägliche Nutzungsdauer und liegt bei 18-Jährigen bei 168 Minuten (vgl. auch Veen/Vrakking 2006, die von einer E-Generation sprechen). Die Nutzung sozialer Netzwerke steigt stetig.

Shariff (2008: 32) weist darauf hin, dass Cybermobbing nicht nur Kinder und Jugendliche betrifft.[16]

Meine Daten zeigen, dass sich Cybermobbing nicht auf Jugendliche beschränkt. Cybermobbing findet zwischen Schülern und Lehrern, unter Kollegen, Bekannten, Freunden, Fremden und sogar in Familien statt. Cybermobbing kann eine Fortsetzung von Konflikten, die beispielsweise bereits offline am Arbeitsplatz bestehen, darstellen. So macht der Verfasser einer E-Mail in (6) den Adressaten für seine Kündigung (mit)verantwortlich – eine Problematik, die sich im sogenannten *restricted exchange*[17] (vgl. hierzu Sohn/Leckenby 2007) hätte aushandeln lassen können. Der Verfasser entschied sich jedoch dafür, diese Nachricht nicht nur an den Adressaten, sondern in Kopie an das gesamte Kollegium zu versenden.

(6) „Hallo Herr XYZ, um Sie nicht länger im Unklaren über einen der wesentlichsten Gründe meiner Kündigung zu lassen, schreibe ich Ihnen jetzt, was ich Ihnen schon immer sagen wollte. Um es auf den Punkt zu bringen: Sie sind ein unangenehmer Mensch, mit dem ich nicht mehr zusammenarbeiten will. [Es folgt ein Vergleich des Adressaten mit der literarischen Figur des Barons von Ottringel aus Elisabeth von Arnim: *Die Reisegesellschaft.*] Sie sind genauso ignorant, Herr XYZ. Auch Sie verfügen über keinerlei soziale Kompetenz und Gerechtigkeitsgefühl. Kollegiales Verhalten und faires Handeln sind Ihnen völlig fremd. Kritische Selbstreflexion kennen Sie nicht. [...]" (elektronischer Brief an das Kollegium eines Krankenhauses, anonymisiert durch Verf.)

Bei (7) handelt es sich um einen Eintrag eines Gymnasiasten auf der Seite Isharegossip.com. Die entsprechende Lehrerin wird namentlich genannt und durch Beleidigungen und mutmaßliche Verleumdungen über stark pejorative Äußerungen bloßgestellt.

(7) „Baden-Württemberg -> Freiburg im Breisgau -> Schulen -> Droste-Huelshoff-Gymnasium 27.03.2011 20:04:48 Frau XYZ sie sind einfach eine Schlampe. Sie sind eine Crack-

16 Inzwischen verweisen darauf auch Veranstaltungen wie beispielsweise die im Rahmen der bundesweiten Terres des Femmes-Aktion „Nein! Zu Gewalt an Frauen" durchgeführte Podiumsdiskussion „Mobbing und Stalking im Internet – Gewalt 2.0" am 25. November 2011 an der Humboldt-Universität Berlin.

17 „Restricted exchange" oder „beschränkter Austausch" (Übersetzung K.M.) wird als eine Grundform des sozialen Austausches angesehen, die durch Wechselseitigkeit gekennzeichnet ist (Sohn/Leckenby 2007: 437). Die andere Grundform des sozialen Austausches wird „generalized exchange" genannt (Ekeh 1974; Takahashi 2000) und bezeichnet einen eher indirekten Austausch, d. h. dass Aktanten keine unmittelbare Reaktion auf eine (kommunikative) Handlung erwarten und/oder erhalten.

Hure die immer in Discos durch gevoegelt wird. ALTER SIE SIND SO EINE SCHLAMPE! Ich bin soooo froh sie nicht zu haben. PS: Ficken SIE sich !“ (www.isharegossip.com, anonymisiert durch Verf.)

Die Beispiele (8) und (9) sind einem Opferforum entnommen worden. Die persönlichen Angaben (wie Angabe des Alters oder Nennen der Familiensituation) lassen darauf schließen, dass es sich hier um Opfer im außerschulischen Kontext handelt.

(8) „Mein Name ist Stefanie R aus 54***[18] Ich bin 29 Jahre alt, selbstständige Masseurin, begeisterte Bastlerin [...]. Und ich bin ein Mobbingopfer.“ (Gina B., 17.10.2010, forum.mobbing.net, anonymisiert durch Forumsbetreiber)

(9) „Er verdreht die Tatsachen und Du kannst einfach nichts tun. Er schreibt im Internet Dinge über mein Kind und läßt sich immer neue Lügen einfallen. Er ist sich sicher, dass man ihn nicht bestrafen kann und ich muss zusehen wie mein Leben ruiniert wird.“ (Ichkannnichtmehr, 29.11.2011, forum.mobbing.net)

Beleg (10) ist ein Beispiel dafür, dass Cybermobbing nicht nur im institutionellen Kontext angesiedelt ist, sondern bis in die Familie hineinreichen kann.

(10) „Die Mutter meiner Freundin dort [in einem Forum, in dem es darum geht, dass Kinder den Kontakt zu ihren Eltern abbrechen] auf diffamierende bleidigende Art und Weise kübelweise Dreck über ihre eigenen Kinder gesteckt, sie als undankbare Monster und schlimmeres dargestellt. Sie hat im Rahmen dieses Forums sehr intime Details aus der Kindheit und Jugend meiner Freundin und ihrer Schwester ausgebreitet, daß einem schlecht werden könnte. Weder meine Freundin noch ihre Schwester werden namentlich erwähnt, aber Bekannt und Freunde der Familie könnten sich durchaus einen Reim machen, um wen es sich dort handelt. Alleine die Tatsache, daß wir wissen, daß es dieses Forum gibt stellt eine sehr grosse Belastung für uns dar, wir ertappen uns des öfteren dabei, daß wir doch ab und zu nachschauen, ob ein neuer Erguss dort zu finden ist oder nicht.“ (Kyrulf, 20.12.2011, forum.mobbing.net)

Zwischen dem Terminus *Cybermobbing* und einem auf Jugendliche eingeschränkten Täter- und Opferkreis besteht eine Assoziation, die auch aus der Übertragung des Offline-Phänomens auf das Online-Phänomen resultiert. Ich habe oben gezeigt, dass diese Einschränkung dem Phänomen nicht gerecht werden kann. Ich werde im folgenden Abschnitt erläutern, warum es gleichfalls problematisch ist, Merkmale des Offlinemobbings schlicht auf das Cybermobbing zu übertragen. In

18 Administratoren tilgen Informationen, die Rückschlüsse auf die Offline-Identität von Forenmitgliedern zulassen.

Abgrenzung dazu und um Pöbeleien,[19] die mitunter ebenfalls als Beispiele für Cybermobbing angeführt werden, auszuschließen, verwende ich den Terminus *Virtueller Rufmord* (kurz: *VirtRM*).

2.3 Forschungsstand Cybermobbing: Merkmale

Als Merkmale für Cybermobbing sind in der Forschungsliteratur vielfach lediglich Charakteristika des traditionellen Mobbings über die Komponente der Vermittlungsmodalitäten erweitert worden. Erstmals von OLWEUS ([4]2006) angeführten wesentlichen Merkmalen für traditionelles Bullying – wie das wiederholte Vorkommen einer aggressiven Handlung bei einem Machtungleichgewicht zwischen den Beteiligten – fügen also beispielsweise SMITH et al. (2008) lediglich die Vermittlung über elektronische Hilfsmittel hinzu (vgl. GRADINGER 2010). Hierzu zählen E-Mail-, Instant Messaging-, SMS- oder WWW-Dienste (vgl. auch BELSEY 2006; RASKAUSKAS/STOLTZ 2007; GRIMM et al. 2008; HINDUJA/PATCHIN 2009; JÄGER/RIEBEL/FLUCK 2009). Dass es nicht unproblematisch ist, Merkmale des Offline-Phänomens auf das Online-Phänomen zu projizieren, wird in der Literatur nur vereinzelt erörtert (vgl. WILLARD 2007; SLONJE/SMITH 2008; WACHS 2009: 44 f.; KOWALSKI/LIMBER/AGATSTON [2]2012).

Was aber bedeutet „wiederholtes Vorkommen" auf einer virtuellen Plattform? Die Auffassung, dass hierunter schlichtweg aggressive Handlungen gefasst werden können, die mehr als einmal auftreten, erscheint im Rahmen der neuen Kommunikationsräume, die durch das WWW zur Verfügung gestellt werden, nicht angemessen. Ein Beitrag, der einmal ins Netz gestellt worden ist, kann unzählige Male von derselben oder von anderen Personen wieder angewählt werden. Ebenso kann eine E-Mail an einen Personenkreis versendet werden, der für die betroffene Person nur dann nachvollziehbar ist, wenn weitere Adressaten in Kopie (cc), nicht aber bcc (blind carbon copy) gesetzt werden. Es besteht außerdem die Möglichkeit, Beiträge zu kopieren und auf anderen Seiten in anderen Kontexten erneut einzustellen. Das Merkmal „wiederholtes Vorkommen" ist we-

---

19 Hiermit sind beispielsweise Kommentare (sogenannte *Shitstorms*) wie die folgenden gemeint, die sich in der Facebook-Gruppe „Loch ist Loch" auf das Bild eines Mädchens beziehen, das sich in sommerlicher Bekleidung vor einem Spiegel fotografiert hat und Geld in der Hand hält: Meryem XYZ: ist das ihr gehalt?; Julian XYZ: 15 Euro ? So viel gleich?! Bünyamin XYZ: boah ist dieeee hässsslich; Lucas XYZ: die is doch jetzt schon schön :O; Joke XYZ: (*Gefällt mir 100 mal)*; Manya XYZ: oha 15 euro , hart.; Steven XYZ: nee von mir kriegt die echt keinlike das die schöner wird :D (http://www.facebook.com/lochistloch?ref=ts, 18.01.2012, anonymisiert durch Verf., Hervorhebungen im Original).

der als notwendig noch als hinreichend für eine Definition von Virtuellem Rufmord einzustufen, vgl. auch die Diskussion zu Cybermobbing bei FAWZI (2009a) und GRADINGER (2010). Wesentlich erscheint einerseits, dass derartige Beiträge überhaupt im virtuellen Kommunikationsraum erscheinen, um damit einer nicht zu beziffernden Zahl an Rezipienten zur Verfügung zu stehen, und welche Wirkung ihr Inhalt jeweils vor dem Hintergrund, wie dieser Kommunikationsraum beschaffen ist, auszulösen vermag. Viel wichtiger aber ist die Substanz und Struktur der Nachricht. Somit rückt die Frage nach der Häufigkeit ihres Vorkommens hinter die Frage, was sinnvollerweise unter Virtuellem Rufmord gefasst wird und welche sprachlichen Handlungen als typisch identifiziert werden können. Ich werde unten zeigen, dass Virtueller Rufmord nicht in jedem Fall auf aggressiven Botschaften beruht. Gleichzeitig sollte – unter Berücksichtigung des Persuasionspotenzials – nicht jede aggressive Botschaft per se als Virtueller Rufmord kategorisiert werden.

Auch das Merkmal des Machtungleichgewichts ist im Kontext des Virtuellen Rufmords kritisch zu betrachten. In den meisten Definitionen bleibt undefiniert, wie sich das Konzept MACHT im virtuellen Rahmen beschreiben lässt. Weitestgehende Einigkeit besteht darüber, dass eine Macht, die sich über die körperliche Überlegenheit definiert, im virtuellen Raum keine maßgebliche Rolle spielen kann. So beobachtet WILLARD sogar gegensätzliche Tendenzen: „It appears that sometimes less powerful people or a group of people are using the internet to attack more powerful people or a group of people" (2007: 28), wobei auch hier die Frage offen bleibt, wie das Machtpotenzial einer virtuellen Identität[20] bestimmt werden kann. Als messbare Größen werden deshalb recht undifferenziert[21] die technische Kompetenz des Täters (vgl. HINDUJA/PATCHIN 2007: 91), seine Anonymität und sein sozialer Rang in Online-Communities diskutiert (GRADINGER 2010: 13). Jedoch bedarf es weder absolut gesehen noch in Relation zu den Kompetenzen, die beim Opfer vorausgesetzt werden müssen, damit es Kenntnis vom Mobbing nehmen kann, einer außergewöhnlichen Kompetenz, E-Mails zu verfassen und an mehrere Absender zu versenden, an Chats teilzunehmen, einem sozialen Netzwerk beizutreten oder zu Blogs und Foren beizutragen. Neue technologische Möglichkeiten stehen sowohl Tätern als auch Opfern zur Verfügung; sie können von beiden Seiten für unterschiedliche Zwecke (Angriff und Verteidigung beispielsweise) eingesetzt werden. Eine simple Ableitung des Machtungleichge-

20 Zu differenzierten Beschreibungen des Konzepts der VIRTUELLEN IDENTITÄT siehe u. a. DÖRING (2000), GALLERY (2000) und THIMM (2000).

21 Die technische Kompetenz ist Komponente einer Offline-Identität, Anonymität und sozialer Rang in einer Online-Gemeinschaft aber sind Komponenten einer Online-Identität.

wichts aus dem Offlinemobbing kann jedenfalls nicht vorgenommen werden. Der virtuelle soziale Rang lässt sich schwer ermitteln und ist als Indikator für das Machtpotenzial des Täters wenig aussagekräftig. Insofern ist KOWALSKI/LIMBER/AGATSTON (²2012: 62) zuzustimmen, die zumindest einräumen, dass es sich in der virtuellen Welt um eine andere Macht handelt als in der realen Welt.

Ob Anonymität ein Macht förderndes oder eher ein Macht reduzierendes Instrument ist, möchte ich zunächst nur zu bedenken geben.

Ich gehe hier davon aus, dass Macht nicht auf geistige oder körperliche Eigenschaften der Akteure zurückgeführt werden kann, sondern hauptsächlich aus der sprachlichen Handlung in einem unkontrollierbaren Raum und deren Resultaten erwächst. Diesen sprachlichen Handlungen ist durchaus in vielen Fällen ein Aggressionspotenzial inhärent, das auch Offlinemobbing-Akten zugeschrieben wird[22], aber aufgrund der voneinander abweichenden kommunikativen Rahmenbedingungen (vgl. Abschnitt 3) ebenfalls nicht gleichgesetzt werden kann. Zur Bestimmung des Aggressionspotenzials sprachlicher Ausdrücke kann eine semantische Analyse beitragen. Die Bedeutungsbeschreibung dieser Ausdrücke im konkreten Kontext fällt in den Aufgabenbereich der linguistischen Pragmatik.

Die Eins-zu-Eins-Übertragbarkeit des Offline-Phänomens auf das Online-Phänomen wird auch von CAMPBELL (2005) (sowie JOHANNESSEN und FENAUGHTY[23]) angezweifelt.[24] Laut CAMPBELL (2005) bestehen die Unterschiede zum Face-to-Face-Bullying darin, dass es anders als beim traditionellen Bullying keine Rückzugsmöglichkeit (sowohl zeitlich als auch räumlich) für die Jugendlichen gebe. Die verletzende Kraft des geschriebenen Wortes übersteige die verletzende Kraft des gesprochenen Wortes, die Botschaften seien einem weitaus größeren

---

22 OLWEUS (⁴1996: 22) bezeichnet Bullying-Handlungen vage als „negativ“. Auch ESSER/WOLMERATH (⁶2005) benutzen eine recht weite Terminologie, indem sie von „destruktiven Handlungen unterschiedlicher Art“ sprechen. Hierunter können sowohl „Psychoterror am Arbeitsplatz“ (vgl. KOLODEJ 2005) als auch körperliche Angriffe subsummiert werden, die als Eskalationsform des Mobbings im schulischen Kontext auftreten. LEYMANN, der Mobbing am Arbeitsplatz untersucht hat, spezifiziert die Handlungen als „*Konfrontation, Belästigung* [und] *Nichtachtung der Persönlichkeit*“ (1996: 21 f., Hervorhebung im Original).

23 JOHANNESSEN (zit. bei ORTEGA/MORA-MERCHÁN/JÄGER 2007: 56); FENAUGHTY (zit. im entsprechenden Konferenzbericht SOKRATES-MINERVA 2006)

24 JOHANNESSEN (zit. bei ORTEGA/MORA-MERCHÁN/JÄGER 2007: 56) betreibt die norwegische Internetseite AFAM (Anonyme Foreldre Av Mobbeofre) für Eltern, FENAUGHTY (zit. im entsprechenden Konferenzbericht SOKRATES-MINERVA 2006) ist wissenschaftlicher Berater der neuseeländischen Internetseite netsafe.org.nz, vgl. auch die Ergebnisse von ORTEGA/MORA-MERCHÁN/JÄGER (2007) Blog: http://blog.bullying-in-school.info/index.php?id=152&tx_ttnews[tt_news]=19&tx_tt news%20[backPid.

Publikum zugänglich. Schließlich beständen aufgrund der Anonymität nur beschränkte Möglichkeiten, die Täter zu identifizieren (vgl. CAMPBELL 2005).

GRADINGER (2010: 14) schlägt vor, der Perspektive des Opfers einen zentralen Stellenwert beizumessen. Neben der obligatorischen elektronischen Übermittlung werden demnach die Machtlosigkeit sowie der Schmerz des Opfers als konstitutiv für Virtuellen Rufmord (hier noch: Cybermobbing) angesehen. „Öffentlichkeit der Handlung, Anonymität des Täters, die Intention andere zu verletzen [und] die Wiederholung der Handlung" (GRADINGER 2010: 14) werden als fakultative Faktoren festgehalten. Die hier so genannte Öffentlichkeit der Handlung spielt eine wesentliche Rolle für die Opferperspektive.

Hier fließen also bereits kommunikationswissenschaftliche Überlegungen ein: Das WWW bietet einen Raum, in dem Glaubwürdigkeit (de)konstruiert (je nach Perspektive) werden kann. Diese Glaubwürdigkeit ist von mehreren Faktoren abhängig, muss aber größtenteils über Sprache kommuniziert werden. Hier angewandte Strategien zu identifizieren, sollte Aufschluss für die Beschreibung des Gesamtphänomens bringen. Erste tentative Überlegungen hierzu werden in Abschnitt 3.2 angestellt.

Anliegen dieses Abschnitts war es, die wichtigsten Erkenntnisse der bisherigen Forschung zu referieren und auf mögliche Anknüpfungspunkte für sprach- und kommunikationswissenschaftliche Fragestellungen zu verweisen. Ich habe gezeigt, dass es für eine Definition, die das Phänomen interdisziplinär und damit umfassend erläutert, einer sprach- und kommunikationswissenschaftlichen Komponente bedarf. Es reicht nicht aus, Charakteristika des Offlinemobbings auf das Online-Phänomen zu übertragen. Gleichfalls reicht es aber auch nicht aus, das Phänomen über die Bedingungen, an die es geknüpft ist, aufzuschlüsseln. Das Phänomen selbst muss einer Analyse unterzogen werden; dabei müssen im Sinne der Sprechakttheorie systematische Beziehungen zwischen gewählten Ausdrucksformen (nur diese sind direkt beobachtbar), daraus zu rekonstruierenden Autorintentionen und vermuteten Wirkungen beschrieben werden. Zudem scheint es sinnvoll einen größeren Phänomenbereich als bisher zu berücksichtigen.

3. Ist das Web 2.0 ein Nährboden für Virtuellen Rufmord?

In Abschnitt 2 habe ich gezeigt, dass es hinsichtlich der sprachlichen Realisierungsformen von VirtRM ein Forschungsdesiderat gibt. Was in den (medien)psychologischen/pädagogischen Definitionen pauschal als „aggressive Handlung" bezeichnet wird, sind eigentlich sprachliche Handlungen, die hinsichtlich semantischer und pragmatischer Aspekte präzisiert werden müssen. Wie lässt sich das Aggressionspotenzial einer Äußerung beschreiben? Finden wir jeweils explizit lexikalisierte Aggression, oder resultiert der Eindruck von Aggressivität aus dem hohen Emotionspotenzial[25] von VirtRM-Akten und wie lässt sich dieses beschreiben? In diesem Zusammenhang spielt es auch eine Rolle, ob die Wirkungsmacht von VirtRM tatsächlich einzig auf (sprachliche) Aggression zurückzuführen ist und welchen Einfluss der virtuelle Kommunikationsraum hat. Die Beispiele 6 und 7 illustrieren, dass es erhebliche Unterschiede hinsichtlich der sprachlichen Realisierung Virtuellen Rufmords geben kann. Intuitiv würde man wahrscheinlich der Äußerung in (7) ein deutlich höheres Aggressionspotenzial zuschreiben. Bedeutet das aber auch, dass damit das Persuasionspotenzial der Äußerung höher ist als in Beispiel (6)? Wann ist Virtueller Rufmord wirklich bedrohlich und warum wird VirtRM gerade dann als bedrohlich empfunden? Inwieweit wird die Intensität des Persuasionspotenzials von VirtRM vom Grad an Emotionspotenzial beeinflusst? Diese Fragen müssen auch im Spiegel des virtuellen Kommunikationsraumes reflektiert werden, denn einer der prominentesten Faktoren für die Wirkungsmacht von VirtRM, die Angst, die (Verbal-)Angriffe auf die Persönlichkeit des Opfers evozieren, resultiert u. a. aus der Beschaffenheit dieses Raums. Wer über das WWW attackiert wird, kann oftmals nur vermuten, wer der Urheber der Nachrichten ist, kennt dessen Beweggründe selten oder gar nicht und kann das Ausmaß der Bedrohung schwer einschätzen. Das Opfer hat keine Kontrolle darüber, wer die im WWW verbreiteten Text- (oder Bild-)Botschaften rezipiert, welche Informationen möglicherweise noch im WWW kursieren. Aus dieser Unwissenheit, die also auf einen kaum zu identifizierenden Aktionsradius zurückzuführen ist, resultieren Unsicherheit und Angst. Im ersten Teil dieses Abschnittes werde ich auf die Aspekte eingehen, die den Kommunikationsraum zu einem die Wirkungsmacht Virtuellen Rufmords beeinflussenden Faktor machen. Ich nehme an, dass sich hieraus vorrangig die ausgeprägte Wirkung auf das Individuum (in der Opferrolle) ableiten lässt. Im zweiten Teil dieses Abschnitts möchte ich sprachliche Besonderheiten (auf lexikalischer aber auch textueller Ebene) herausgreifen und diskutieren, welche Indikatoren das Persuasionspotenzial von VirtRM-Akten bedingen.

25 Hier wird mit SCHWARZ-FRIESEL (2007: 212) unterschieden zwischen Emotionspotenzial, das vom Referenz- und Inferenzpotenzial von Texten determiniert ist, und Emotionalisierung, die aus Produzentensicht die gezielte Aktivierung bestimmter Gefühlswerte beim Leser betrifft.

3.1 Konvergenz zwischen realer und virtueller Realität – Die Wirkung auf das Individuum

VirtRM-Daten können nur elektronisch mit Hilfe neuer Technologien (Internetdienste wie E-Mail, WWW etc.) erstellt, verbreitet und rezipiert werden. In der nun folgenden Darstellung werde ich Überlegungen dazu anstellen, inwieweit insbesondere das Web 2.0 als virtuelle 'Bühne' für VirtRM fungiert.

Mit Etablierung des Web 2.0 sind Inhalte im WWW nicht nur jedem zugänglich, sondern es ist auch jedem prinzipiell möglich, dem WWW Inhalte beizufügen.[26] Somit hat jeder Nutzer die Möglichkeit, kompromittierende Informationen über andere Personen über das WWW zu verbreiten. Auf der anderen Seite kann jede Person, über die kompromittierende Informationen verbreitet werden, Gegendarstellungen veröffentlichen, wenn man annimmt, dass die technologischen Zugangsmöglichkeiten sowohl auf Täter- als auch auf Opferseite vergleichbar sind (vgl. Abschnitt 2.3). Gleichzeitig d a r f jeder am Web 2.0 – einem kontrollresistenten virtuellen Raum (vgl. SCHWARZ-FRIESEL in diesem Band) – partizipieren; in der Regel werden diese Möglichkeiten für Kommunikation genutzt (vgl. JIM-Studie 2011).[27]

U. a. ergibt sich daraus eine Verquickung zweier Lebenswelten, wenn beispielsweise das Soziale Netzwerk als Erweiterung der Peergroup betrachtet wird. An der Schnittstelle des Web 2.0 diffundieren die Grenzen zwischen Öffentlichkeit und Privatheit. Mit der Registrierung in einem sozialen Netzwerk übertragen Menschen oftmals einen Teil ihres Privatlebens in die (semi)öffentliche[28] Virtualität; es kommt also zu Überschneidungen zwischen ihrer Offline- und ihrer Online-Identität. Das lässt sich kaum vermeiden, da soziale Beziehungen heute von vielen wie selbstverständlich auch im virtuellen Raum gepflegt werden. Besonders Jugendliche müssen auch im Internet auffind- und ansprechbar sein, anderenfalls würde ihnen ein Teil sozialer Aktivitäten verborgen bleiben, was wiederum Auswirkungen auf ihre soziale Offline-Welt hätte. So haben den Platz des Telefonats nach der Schule beispielsweise Treffen bei SchülerVZ oder Facebook eingenommen (vgl. GYSIN 2011). Während jedoch im Telefonat Informationen zwischen zwei Personen ausgetauscht wurden und allenfalls durch Vertrauensbruch an Dritte gelangten, gibt es heute für anscheinend private Konversationen in

26 Ausnahmen bilden geschlossene Foren, in denen Forenbetreiber über eine Mitgliedschaft bestimmen.

27 Annähernd die Hälfte der Nutzungszeit (44 %) wird auf die Nutzung von Communities, Messengern, Chat und E-Mail verwendet (JIM-Studie 2011).

28 Ich spreche von einer *Semi-Öffentlichkeit*, weil die Daten nicht im eigentlichen Sinne 'veröffentlicht', aber zugänglich und damit potenziell nutzbar sind.

sozialen Netzwerken eine unbekannte Anzahl von potenziellen Kommunikationsteilnehmern und Zeugen. Für die Kommunizierenden scheint das solange nicht relevant, wie die Kommunikation reibungslos verläuft, was auch auf den von SCHWARZ-FRIESEL (in diesem Band) beschriebenen geschützten Produktionsprozess (allein, im eigenen Zimmer, am eigenen Rechner) zurückzuführen sein kann. Dass Privatheit im virtuellen Raum nicht existiert, spüren besonders Jugendliche immer erst, wenn sie zum Opfer von (Verbal-)Attacken werden. Der Effekt der Demütigung ist dann durch das Bewusstsein darüber, dass eine unüberschaubare Menge von Personen Kenntnis davon nehmen kann, erheblich gesteigert und erhält damit eine soziale Dimension.

Opfer von Verbal-Attacken werden zusätzlich zum Objekt einer Form von öffentlicher Berichterstattung – obgleich diese Berichterstattung jeder Objektivität entbehrt und in den meisten Fällen nicht von professionellen Schreibern vorgenommen wird. VirtRM-Opfer sind demnach nicht nur mit der sprachlichen Diskriminierung konfrontiert, sondern auch mit der Wirkung, die das Medium, in dem über sie 'berichtet' wird, ausübt. In ihrer gefühlten öffentlichen Rolle sind VirtRM-Opfer sogenannten *reziproken Effekten* ausgesetzt, die bereits für Politiker belegt und dokumentiert worden sind. Sowohl medienerfahrene als auch medienunerfahrene Personen reagierten hilflos, wütend und mit Verlustängsten, wenn negativ über sie berichtet wurde (vgl. DASCHMANN 2007; KEPPLINGER 2007; KEPPLINGER/GLAAB 2005, 2007; FAWZI 2009a: 14). Personen, die ihre öffentliche Rolle selbst gewählt haben, haben jedoch die Option, diese Rolle – zugegebenermaßen nicht problemlos – 'abzulegen'. Im Kontext Virtuellen Rufmords entsteht Öffentlichkeit jedoch unkontrolliert aus der Privatheit heraus (vgl. auch BELSEY 2006; KOWALSKI/LIMBER 2007; HINDUJA/PATCHIN 2009). Ein Rollenwechsel zwischen realer und virtueller Identität kann nicht in vergleichbarer Weise vollzogen werden, weil gerade im Web 2.0 beide Rollen stark miteinander verwoben sind. Virtueller Rufmord an einer virtuellen Identität betrifft somit immer auch eine real existierende Privatperson, die ihre Privatheit nicht 'ablegen' kann. Zusätzlich kann eine virtuelle Identität so manipuliert werden, dass es nicht nur empfundene, sondern objektiv eruierbare Effekte auf die Offline-Identität hat, wie z. B. in Fällen, in denen sogenannte *Fake-Profile* von real existierenden Personen veröffentlicht werden (vgl. Beispiel 11). Innerhalb dieses Profils haben die Täter die Möglichkeit, quasi im Namen ihres Opfers zu agieren und es durch kompromittierende Äußerungen oder modifizierte Bilder zu diskreditieren. Wenn die Täter hier innerhalb einer gewissen Toleranzgrenze bleiben, entsteht kaum ein Verdacht. Dieser Toleranzbereich konstituiert sich aus mehreren Parametern, wie beispielsweise wahrscheinlicher Wahrheitswert des Inhalts, wahrscheinliche Echtheit der Bilder, aber auch Form und Funktion sprachlicher Äußerungen. Hier könnte eine sprachwissenschaftliche Analyse ansetzen, denn oftmals bleiben diese Profile (zumindest eine Zeitlang) unentdeckt. Lediglich Personen, deren Profil gefälscht wird (die Opfer) oder deren Vertraute können Profilfälschungen erkennen. Bisher ergibt sich ein methodisches Problem: Wer auf Datensuche ist, kann nicht auf eine Liste von Indikatoren zugreifen, die die Identifikation eines Fake-Profils erleichtern und müsste theoretisch – ohne Kenntnis vertraulicher Informationen – jedes Profil als potenzielles Fake-Profil betrachten. Daher greife ich für die Veranschaulichung zunächst auf die Darstellung(en) der Opfer zurück.

(11) „Wie gesagt, hat sie ja mein komplettes Profil gefaket auf einem anderen Forum reingestellt. Auch gepostet damit, stellt euch das Schlimmste vor. Als ich das gesehen hatte, jemand hatte mir das gezeigt und gefragt 'aber das bist du doch nicht wirklich, oder?' [...] Nicht zu vergesen, auch noch mit meinem Foto und msn-messenger nr... etc. Einen Monat hatte sie sich als mich ausgegeben! Wenn ich google, finde ich immer noch die Beiträge (analverkehr ist fast noch mit das harmloseste, der Postsinhalts)... sie hat mich einfach als asozialen Dreck da hingestellt." (http://forum.mobbing.net, 02.03.2011)

Da es in deren Interesse liegt, den Betrug aufzudecken, gibt es im WWW zahlreiche Erfahrungsberichte. Bei der Verwendung dieser Daten muss allerdings immer auch die Vertrauenswürdigkeit der entsprechenden Quelle mit Vorsicht betrachtet werden. So lässt es sich beispielsweise kaum eruieren, ob sich nicht jemand aus Profilierungssucht selbst zum Opfer stilisiert.

3.2 Das Glaubwürdigkeitsproblem – Die Wirkung auf die 'Anderen'

Mit der allen gegebenen Möglichkeit, am Web 2.0 teilzunehmen, herrschen zwar beste Voraussetzungen für VirtRM, paradoxerweise aber auch erschwerte Bedingungen für die von Tätern angestrebte Dekonstruktion einer (virtuellen) Identität. In den letzten Jahren haben sich die Einschätzungen darüber, wie glaubwürdig 'das Internet' ist, drastisch geändert. Während sich das Internet Studien von FLANAGIN/METZGER (2000) zufolge zu Beginn dieses Jahrtausends hinsichtlich der Glaubwürdigkeit nicht von traditionellen Medien wie Fernsehen, Radio oder Zeitschriften unterschied oder sogar als glaubwürdiger eingestuft wurde (vgl. JOHNSON/KAYE 2002), wird heute deutlich zwischen den Internetangeboten differenziert (vgl. KEEL/BERNET 2009). Wie FEUFEL/STAHL/LEE oder auch BUBLITZ (beide in diesem Band) zeigen, äußern sich auch Privatpersonen hinsichtlich der Vertrauenswürdigkeit des Internets zurückhaltend bis skeptisch. Es bedarf also aktiver Überzeugungsarbeit, die über spezifische Strategien und (sprachliche) Mittel umgesetzt werden muss. VirtRM-Täter sehen sich damit einem Problem gegenüber, das ich als *perlokutive Divergenz* bezeichne. Sie haben die Absicht und damit schwierige Aufgabe, mehrere Adressaten, deren Ausgangssituationen sehr voneinander abweichen, von ihrer Auffassung zu überzeugen. Dem VirtRM-Opfer muss dessen Wertlosigkeit glaubhaft versichert werden; auf der anderen Seite dürfen Dritte (Rezipienten des VirtRM-Akts) durch den sprachlichen Akt a) nicht dazu veranlasst werden, die Glaubwürdigkeit des Täters anzuzweifeln und sollten b) den Inhalt des Gesagten nachvollziehen und ggf. übernehmen können. Gelingt das durch derart grobe Beleidigungen und Verleumdungen wie in (12)?

(12) „Berlin -> Pankow -> Kurt-Tucholsky-OS 06.04.2011 16:52:14 1sten das und 2 is für mich ne Bitch eine die sich Täglich von verschieden typen ficken lässt ;D." (www.isharegossip.com, 06.04.2011)

Äußerungen wie in Beispiel (12) dürften hohe Emotionalisierung (vgl. SCHWARZ-FRIESEL 2007) auslösen, weil sie emotionale Reaktionen, wie beispielsweise Angst, Ekel, Ärger oder Scham hervorrufen. Wie aber verhält es sich mit der Überzeugungskraft solcher Texte? Auf welche Weise würde die in Beispiel (12) thematisierte Schülerin durch diesen Beitrag verunsichert werden und gelingt es, Dritte von dessen Wahrheitsgehalt zu überzeugen? In (12) liegen weder logische noch technische argumentative Indikatoren vor (vgl. KIENPOINTNER 1983: 74 f.) – lässt sich hieraus ein geringes Persuasionspotenzial ableiten?

Mit Hilfe eines repräsentativen Sprechakts wird eine Allaussage getroffen, die gleichzeitig expressiv ist, weil eine ganz persönliche Auffassung verbalisiert wird. Aber geht es dem Verfasser dieses Beitrags tatsächlich darum, dass die hier thematisierte Anschuldigung geglaubt wird, oder sendet er eine andere Botschaft? Zur Klärung dieser Frage kann die linguistische Unterscheidung zwischen Ausdrucksbedeutung, Äußerungsbedeutung und kommunikativem Sinn (vgl. BIERWISCH 1979) beitragen. Äußerungsbedeutung und kommunikativer Sinn sind nicht immer aus der Ausdrucksbedeutung zu extrahieren, sondern müssen im Kontext der Äußerung interpretiert und über konversationelle Implikaturen (GRICE 1989) erschlossen werden. Konversationelle Implikaturen sind zusätzliche kontextabhängige Bedeutungen, die dann angenommen werden, wenn ein scheinbarer Verstoß gegen die Konversationsmaximen (GRICE 1989) vorliegt. Die Herausforderung für die qualitative Analyse der Korpusdaten besteht darin, Indikatoren für kontextuelle Informationen zu identifizieren, schließlich liegen objektiv nur Ausdrucksbedeutungen vor. Hierzu sollen vor allem der Kotext (v. a. im Forum IshareGossip.com) und damit insbesondere die Reaktion(en) auf VirtRM-Beiträge, die Erklärungen von Tätern und Opfern (in den Datensammlungen privater Beiträge) und die Besonderheiten des virtuellen Kommunikationsraums betrachtet werden.

In Beispiel (12) ist die Annahme, die Worte des Täters könnten etwas anderes bedeuten als wörtlich ausgedrückt (u. a. Enttäuschung darüber, dass er von der Schülerin zurückgewiesen worden ist[29]), dadurch motiviert, dass mehrere Konversationsmaximen scheinbar verletzt worden sind: die Maxime der Quantität, weil der Beitrag in einer Diskussion darüber, ob erotische Bilder einer Schülerin im Forum hätten veröffentlicht werden dürfen, ein Zuviel an Informationen enthält; die Maxime der Qualität, weil der Wahrheitsgehalt insbesondere des zweiten Teils der Aussage bezweifelt werden darf. Gelingt es ihm nun aber über die indirekte, sehr expressive Form, den Ruf der Schülerin zu gefährden? Aufschluss darüber können die Reaktionen der Forumsmitglieder, die in eine Konversationsanalyse einfließen sollen, geben. Es ist anzunehmen, dass sich der Täter durch seine Vorgehensweise (hier der Gebrauch von Lexik auf niedriger Stilebene wie *Bitch, ficken*) selbst diskreditiert.

Ähnlich verhält es sich beim Gebrauch dehumanisierender Metaphern, wie sie in den Beispielen (13), (14) oder (15) verwendet werden. Bei (13) und (14) handelt es sich um Kommentare zu einem Foto, auf dem ein korpulentes Mädchen abgebildet ist. Der Beitrag unter (15) bezieht sich auf den kürzlich verstorbenen Schulleiter.

(13) „ACH DU SCHEISSE DAS DING SIEHT AUS WIE JABBA BEI STAR WARS xDDD." (http://www.facebook.com/lochistloch?ref=ts, Hervorhebung im Original)

(14) „TÖTET ES BEVOR EIER LEGT." (http://www.facebook.com/lochistloch?ref=ts, Hervorhebung im Original)

(15) „Brandenburg -> Landkreis Teltow-Fläming -> Geschwister-Scholl-Schule Dabendorf 31.03.2011 00:04:58 jaeh.. XXX das miese fette schwein ist tot... der hurensohn hat meine mutter beleidigt... er soll in der hölle schmoren... fette mistsau." (www.isharegossip.com, 31.03.2011, anonymisiert durch Verf.)

Es ist eine besonders grobe Form der Beleidigung, Personen ihr Menschsein in Abrede zu stellen und sie als OBJEKT (*das Ding*, Bsp. 13) oder TIER (*es* [...] *Eier legt*, Bsp. 13; *Schwein, Mistsau*, Bsp. 15) zu konzeptualisieren. Ich nehme an, dass die Äußerungen in (13) und (14) den Prozess gruppenkonstituierender Dynamik widerspiegeln. Die Facebook-Nutzer versuchen sich hier an Originalität zu übertreffen und sind in eine Art verbalen Wettstreit getreten. Dafür spricht eine hohe Anzahl ähnlicher Beiträge zum gleichen Thema. Hier verselbstständigt sich eine

29 Ein Gefühl, das er nicht direkt äußern kann, weil dann möglicherweise der mit der Zurückweisung verbundenen FACE-Verletzung eine weitere folgen würde, vgl. Brown/Levinson (1987) zum Konzept des FACE.

derbe Sprachspielerei, der Auslöser für die Diffamierungen rückt dabei eher in den Hintergrund.

In Beispiel (15) finden wir zusätzlich zu den Beleidigungen eine Delegitimierung, die zwar durch ein argumentatives Muster gestützt wird (vgl. hierzu KIENPOINTNER 1992, 1996; DEPPERMANN [2]2001), aber nur schein-logisch ist: Weil der Schulleiter die Mutter des Verfassers beleidigt hat, soll er „in der hölle schmoren". Ist das ein naheliegender, für alle Rezipienten nachvollziehbarer Schluss? Die hier als logische Konsequenz formulierte Sanktion für eine vom Verfasser so kategorisierte Beleidigung ist unverhältnismäßig – das ist augenscheinlich. Ebenfalls augenscheinlich ist, dass der Verfasser beim Schreiben des Beitrags in einem Zustand emotionaler Erregung war. Darauf deuten nicht nur die Auslassungspunkte, sondern auch das den Beitrag eröffnende „jaeh" sowie die syntaktische Struktur des Beitrags, die eher einem impulsiven mündlichen Ausbruch ähnelt. Wie glaubwürdig ist jemand, der in derartiger Rage argumentiert? Anliegen meiner linguistischen Analyse wird es also sein, nicht nur die Emotionalisierung, sondern auch das den Texten inhärente Emotionspotenzial (SCHWARZ-FRIESEL 2007) zu untersuchen und in Bezug zum Persuasionspotenzial dieser Texte zu setzen. Eine Annahme wäre, dass über das optimale Zusammenwirken aller drei Faktoren perlokutiver Divergenz Rechnung getragen werden könnte. In diesem Zusammenhang sollte ein Kanon sprachlicher Indikatoren identifiziert werden, die durchaus auch die geringe Souveränität der VirtRM-Täter offenlegen können.

Vorstellbar ist, dass Strategien, bei denen beispielsweise eine Dämonisierung des Opfers angestrebt wird, weitaus persuasiver sind. Zu dieser Einschätzung zum Grad des Persuasionspotenzials motivieren erste Rezeptionsanalysen des Korpusmaterials. Ich erhoffe mir Aufschluss aus einer geplanten szenengebundenen Online-Befragung einer repräsentativen Anzahl von Probanden, in die auch die Perspektive Dritter einbezogen werden soll. Ein Beispiel für eine solche Dämonisierungsstrategie ist (16); ein VirtRM-Opfer beschreibt hier, mit welchen Mitteln andere („Die Täter") versuchen es zum Täter umzudeuten.

(16) „[...] Die Täter, eine kl. Gruppe die die Seute **forum.de 'regieren', versuche mir einzureden, dass ich arrogant bin, Rufmord gegen sie betreibe, Lügen über sie erzähle, [...]." (Eintrag auf http://forum.mobbing.net am 17.10.2010, Zugriff am 19.6.2011)

In (17) wird dem Adressaten in einer Antwort auf eine zuvor per E-Mail gestellte sachliche Frage via Facebook-Nachricht gedroht („tomorrow i am going to call your employer") und „Belästigung" sowie „verbal abuse [...]" vorgeworfen.

(17) „leave us alone! tomorrow i am also going to call your employer and complain about Belästigung of me and my family and verbal abuse against my son on the basis of your

messages. this is serious! tell your Opa to explain to you." (Nachricht an ein Facebook-Profil am 05.12.2010)

Die (Be-)Drohung wird hier über zwei Modalitäten realisiert: Zum einen wechselt der Täter den Kommunikationskanal. Er antwortet nicht per E-Mail, also über den Kanal, über den er kontaktiert worden ist, sondern sendet eine Nachricht an das Facebook-Profil. Da der Täter nicht zum Freundeskreis des Profilinhabers zählt, bleibt ihm die Möglichkeit verwehrt, einen Beitrag auf der Pinnwand des Opferprofils zu veröffentlichen. Die Zugänglichkeit der Nachricht ist somit für Dritte erschwert, die Möglichkeit, den Ruf des Opfers zu schädigen, ist eingeschränkt. Dennoch entscheidet sich der Täter dafür seine Antwort als Facebook-Nachricht zu übermitteln; er avisiert dem Opfer so, dass er bereit ist, es in der Netz-Öffentlichkeit bloßzustellen. Zum anderen wird direkt angekündigt, Beschuldigungen gegen das Opfer bei dessen Arbeitgeber anzubringen – eine Möglichkeit, die ihm schon deshalb offensteht, weil er sich im WWW darüber informieren kann, wo das Opfer tätig ist. Die hier vorgebrachten Vorwürfe sind unbegründet, es handelt sich um Verleumdungen. Vom Täter wird eine Täter-Opfer-Umkehr initiiert. Welche Möglichkeiten hat das Opfer nun sich zu rehabilitieren? Es scheint ungleich schwerer aus einer Verteidigungsposition heraus glaubwürdig zu argumentieren. Durch die Dämonisierung des Opfers kreieren sich Täter also eine Basis, auf der ihre Vorgehensweise gerechtfertigt erscheint, weil sie dann lediglich ein Abwehrverhalten darstellt. Tatsächlich aber initiieren sie die VirtRM-Attacke. Hierbei handelt es sich um eine Strategie, die in der Forschung auch für Diskriminierungsdiskurse (z. B. Verbalantisemitismus, vgl. Schwarz-Friesel 2009, 2010a,b) beschrieben worden ist. Die Beurteilung der Glaubwürdigkeit wird auch dann schwierig, wenn Täter explizit vorgeben, exklusives Wissen über die Opfer zu haben, das von Dritten kaum veri- oder falsifiziert werden kann, wie im Beispiel (19). Beispiel (18) wird hier angeführt um zeigen zu können, worauf die Aussagen in (19) Bezug nehmen.

(18) „Die 'Domki'-Mitglieder hatten bei unterschiedlichen Gelegenheiten Spenden gesammelt – etwa auf dem Kirchentag und dem Wildeshauser Gildefest. Sie hatten die 1800 Euro teure Operation des Jungen ermöglicht (*nwz online*, 16.6.2009)
„Am 25.05.09 wurde Yoelmi operiert und die Tumore wurden entfernt. Zur Zeit befindet er sich noch im Krankenhaus von Santiago." (http://www.childrenshelp.com/index.php?id=44&tx_ttnews[pointer]=6&tx_ttnews[tt_news]=22&tx_ttnews[backPid]=10&cHash=f58ffe3cf8, Zugriff am 16.06.2011)

(19) „Wer daran glaubt ist gut beraten einen Arzt aufzusuchen. Wir haben genaue Kenntnisse vom Spital.
Normaler Spitaleintritt erfolgte am 17. Mai 2009. Die Operation einer kleinen harmlosen Zyste erfolgte am 18. Mai, einen Tag danach.

Operation und Rehabilitation sind in diesem Kinderspital GRATIS […].“ (http://www.fumunu.org/glaubwuerdig/yoelmi.htm, Zugriff am 28.05.2012)

Es handelt sich hier um ein recht komplexes Beispiel, das im Rahmen einer Internetrecherche zum Stichwort ‘Rufmord’ mehrfach in der Liste der Suchergebnisse erschien. Ich möchte es deshalb in meine Ausführungen integrieren, weil sich an diesem Beispiel mehrere Aspekte, die in der Auseinandersetzung mit dem Phänomen Virtueller Rufmord immer wieder relevant werden, nachvollziehen lassen. Zum einen zeigt sich hier das methodische Problem des Beobachters, der die Situation nicht kennt und nun die schwierige Aufgabe hat, allein anhand des Datenmaterials abwägen zu müssen, welche Darstellung glaubwürdig(er) ist. Zum anderen wird deutlich, dass allein auf die Wirkung klassischer argumentativer Strategien nicht vertraut werden kann. Es ist zwar sinnvoll sie als solche zu identifizieren, sie müssen dann aber im Kontext des kommunikativen Raums und weiterer Beiträge bewertet werden. Ich erachte es also als notwendig, ein wenig mehr Kontext zu geben.

In (18) und (19) werden zwei Aussagen gegenüber gestellt: die eines Gründers eines gemeinnützigen Vereins zur Kinderhilfe in der Dominikanischen Republik, X, über den kommunikativen Kanal zweier Onlinemedien (hier Online-Ausgabe der Nordwest-Zeitung und die Internetseiten von Childrenshelp, Beispiel 18) und die Aussage des Leiters eines vor Ort ansässigen gemeinnützigen Kinderhilfe-Vereins, Y, verbreitet über zahlreiche deutsch- und spanischsprachige Internetseiten (in Beispiel 18 wird eine dieser Quellen stellvertretend zitiert). Im Einzelnen wird auf den Fall eines kleinen Jungen Bezug genommen, für dessen Operation in Deutschland von X Geld gesammelt worden ist. X wird von Y vorgeworfen, dieses Geld veruntreut zu haben. Dazu nutzt Y klassische Topoi zur Argumentation und führt die exklusive Kenntnis von vor Ort (im entsprechenden Krankenhaus) nachprüfbaren Fakten, wie die Diagnose (*kleine harmlose Zyste* vs. *die Tumore*), das genaue Operationsdatum (*18. Mai* vs. *25. Mai*), die (nicht vorhandenen) Operationskosten (*GRATIS* vs. *1800 Euro teure*) an. Im gleichen Zusammenhang wird ein Polizeibericht zitiert, in dem es um die Überführung eines Ladendiebes geht. Ein Bild von X wurde hier in den Artikel fotomontiert. Handelt es sich um eine Rufmordkampagne oder um die Entlarvung eines Betrügers?

Als Indiz dafür, dass X kein Betrüger ist, könnte zum Beispiel berücksichtigt werden, dass auch die Presse von seinen Hilfsaktionen berichtet (18) oder dass ein gegen ihn eingeleitetes Verfahren gemäß § 170 StPO eingestellt worden ist. Das zumindest ist auf der Internetseite von einem Mitglied des Niedersächsischen Landtags (http://www.kreszentia-flauger.de/230410_klaer.html) zu lesen – warum dort? Ein entsprechender Link führt zum Scan eines Einstellungsschreibens der Staatsanwaltschaft. Weiterhin spielt die Motivation von Y eine Rolle, der ja selbst in einen gemeinnützigen Verein involviert und auf Spendengelder angewiesen ist und einen argumentativen Diskurs nicht stringent aufrecht erhalten kann. So schreibt Y mit Bezug auf X an anderer Stelle: „[...] wenn er nicht gerade verheiratete Frauen mit seiner Helfermasche anmacht" (http://fundacionmundonuevo.com). Kommt Eifersucht als Motiv in Frage? Die Einschätzung darüber, wer glaubwürdig(er) ist, ist also von einer Vielzahl von Faktoren abhängig. Über die sprachlichen Mittel und Strategien hinaus muss auch der Kontext in die linguistische Analyse einbezogen werden. Das bedarf umfangreicher Recherchen, die ein potenzieller Personalchef – sollte sich X einmal um eine Stelle bewerben – beispielsweise nicht leisten kann. Die Internetsuche nach X bringt als erstes Ergebnis eine von Y erstellte Seite hervor, die bereits im Titel zu Vorsicht vor X mahnt. Es ist höchstwahrscheinlich, dass derartige Informationen den Entscheidungsfindungsprozess des oben genannten Personalchefs maßgeblich beeinflussen. Sollte X hier tatsächlich Opfer einer virtuellen Rufmordkampagne geworden sein, werden seine realen Lebensstrukturen unmittelbar affiziert.

Virtueller Rufmord stellt Täter, Opfer und Dritte vor Herausforderungen auf verschiedenen Ebenen. Täter verfolgen das Ziel das Gesicht ihrer Opfer nachhaltig zu schädigen ohne selbst ihr Gesicht zu verlieren (perlokutive Divergenz). Opfer werden nicht nur verletzt, sondern auch in eine strategisch ungünstige Verteidigungsposition gedrängt. Dritte müssen anhand von sprachlichen Daten evaluieren, inwieweit die Aussagen des einen oder des anderen als glaubwürdig eingestuft werden können. Sie haben dabei im Normalfall keinen Zugang zu Hintergrund- oder Primärinformationen, als Indikatoren werden deshalb oftmals für den Kommunikationsraum typische Aspekte herangezogen.

4. Fazit und Ausblick

Virtueller Rufmord ist ein komplexer Forschungsgegenstand mit hoher gesellschaftlicher Relevanz. Im vorliegenden Aufsatz habe ich mehr Fragen aufgeworfen als Antworten gegeben. Dabei stand es für mich im Vordergrund aufzuzeigen, wie die bisher vorliegenden (medien)psychologischen Erkenntnisse im Interesse eines interdisziplinären Forschungsansatzes aus sprach- und kommunikationswissenschaftlicher Perspektive ergänzt werden können.

Ich habe eine Vielzahl von Anknüpfungspunkten genannt, die weitere Untersuchungen motivieren können. Linguistische Ansätze zur Konversationsanalyse, zu Diskurs- und Argumentationstheorie, Textsortenklassifikationen, Theorien zum Zusammenhang zwischen Sprache und Emotion sowie die Sprechakt- und Implikaturentheorie sollten auf das Phänomen des Virtuellen Rufmords angewendet und damit auf einen Kommunikationsraum bezogen werden, in dem Privatheit und Öffentlichkeit konvergieren. Hierbei ist die sprachliche Konstruktion von Online-Identitäten vor dem Hintergrund der (sprachlichen) (Rück-)Wirkung Virtuellen Rufmords auf Offline-Identitäten ein eigenes Thema und sollte immer auch im Hinblick auf den Faktor der Anonymität betrachtet werden. Dabei ist die Frage zentral, inwieweit Emotionalisierung und Emotionspotenzial mit dem Persuasionspotenzial von Texten korrelieren. Am hier vorliegenden Phänomen wird sich nachweisen lassen, dass im Rahmen der Persuasionsforschung nicht nur textinhärente Merkmale, sondern auch kontextuelle Variablen von Bedeutung sein müssen. Die Identifikation argumentativer Strategien zur Handhabung des Problems der perlokutiven Divergenz ist nicht nur theoretisch, z. B. für die Konversationsanalyse, interessant. Sie kann beispielsweise dann Relevanz für Opfer erlangen, wenn eine Kompensation der virtuellen Angriffe nicht mehr aus eigener Kraft bewältigt werden kann. Handlungsanweisungen zum Umgang mit Virtuellem Rufmord, die aus der Analyse abgeleitet werden, werden als didaktisches Ziel formuliert.

Literatur

AFTAB, P., 2008. *Stop Cyberbullying. What is it? How it works? Why cyberbully? Prevention Take action What's the law?* www.stopcyberbullying.org (Zugriff am 12.05.2012).

AKTION KINDER- UND JUGENDSCHUTZBUND SCHLESWIG-HOLSTEIN e. V., 2009. *Mobbing an der Schule: Hinweise für Eltern.* http://www.akjs-sh.de (Zugriff am 12.05.2012).

BEISSWENGER, M., 2001. Das interaktive Lesespiel. Chat-Kommunikation als mediale Inszenierung. In: BEISSWENGER, M. (Hg.), 2001. *Chat-Kommunikation. Sprache, Interaktion, Sozialität und Identität in synchroner computervermittelter Kommunikation.* Stuttgart: ibidem, 79–138.

BELSEY, B., 2006. *Cyberbullying: An Emerging Threat to the "Always On" Generation.* http://www.cyberbullying.ca/pdf/Cyberbullying_Article_by_Bill_Belsey.pdf (Zugriff am 12.05.2012).

BERAN, T./LI, Q., 2007. The Relationship between Cyberbullying and School Bullying. In: *Journal of Student Wellbeing* 1, 2, 15–33.

BIERWISCH, M. 1979. Wörtliche Bedeutung – eine pragmatische Gretchenfrage. In: GREWENDORF, G. (Hg.), 1979. *Sprechakttheorie und Semantik.* Frankfurt a. M. [u.a.]: Suhrkamp, 119–148.

BROWN, P./LEVINSON, S., 1987. *Politeness: some universals in language usage.* Cambridge [u. a.]: Cambridge University Press.

CAMPBELL, M.A., 2005. Cyberbullying: An old problem in a new guise? In: *Australian Journal of Guidance and Counselling* 15, 1, 68–76.

CROSS, E.-J./RICHARDSON, B./DOUGLAS, T./VONKAENEL-FLATT, J., 2009. *Virtual Violence: Protecting Children from Cyberbullying.* London: Beatbullying Rochester House. http://www2.beatbullying.org/pdfs/Virtual%20Violence%20-%20Protecting%20Children%20from%20Cyberbullying.pdf (Zugriff am 02.01.2012).

DASCHMANN, G., 2007. Der Preis der Prominenz. Medienpsychologische Überlegungen zu den Wirkungen von Medienberichterstattung auf die dargestellten Akteure. In: SCHIERL, T. (Hg.), 2007. *Zur Genese und Verwertung von Prominenten in Sport, Wirtschaft und Kultur*. Köln: Halem, 184–211.

DEPPERMANN, A., ^{2}2001. *Gespräche analysieren*. Opladen: Leske und Budrich.

DÖRING, N., 2000. Identität + Internet = Virtuelle Identität? In: *Forum Medienethik* 2, 36–47.

DÖRING, N., ^{2}2003. *Sozialpsychologie des Internets. Die Bedeutung des Internets für Kommunikationsprozesse, Identitäten, soziale Beziehungen und Gruppen*. Göttingen [u. a.]: Hogrefe.

EKEH, P.P., 1974. *Social exchange theory: The two traditions*. Cambridge, MA: Harvard University Press.

ESSER, A./WOLMERATH, M., ^{6}2005. *Mobbing. Der Ratgeber für Betroffene und ihre Interessenvertretung*. Frankfurt a. M.: BUND-Verlag.

FAWZI, N., 2009a. *Cyber-Mobbing. Ursachen und Auswirkungen von Mobbing im Internet*. Baden-Baden: Nomos.

FAWZI, N., 2009b. „Und jeder bekommt es mit..." Cyber-Mobbing – die Veränderungen gegenüber traditionellem Mobbing. In: *Blickpunkt* 1, 8–10.

FLANAGIN, A. J./METZGER, M.J., 2000. Perceptions of Internet Information Credibility. In: *Journalism and Mass Communication Quarterly* 77, 3, 515–540.

GALLERY, H., 2000 „bin-ich-klick-ich" – Variable Anonymität im Chat. In: THIMM, C. (Hg.), 2000, 72–88.

GRADINGER, P., 2010. *Cyberbullying: Mobbing mit neuen Medien*. Dissertation. Universität Wien.

GRADINGER, P./STROHMEIER, D./SPIEL, C., 2010. Definition and Measurement of Cyberbullying. In: *Cyberpsychology. Journal of psychosocial research on cyberspace* 4, 2, article 1. http://cyberpsychology.eu/view.php?cisloclanku=2010112301 &article=1 (Zugriff am 20.12.2011).

GRADINGER, P./STROHMEIER, D./SPIEL, C., 2009. Traditional Bullying and Cyberbullying. Identification of risk groups for adjustment problems. In: *Zeitschrift für Psychologie/ Journal of Psychology* 217, 4, 205–213.

GRAUMANN, C.-F./WINTERMANTEL, M., 2007. Diskriminierende Sprechakte. Ein funktionaler Ansatz. In: HERRMANN, S.K./KRÄMER, S./KUCH, H. (Hg.), 2007, 147–178.

GRICE, P., 1989. Logic and Conversation. In: GRICE, P., 1989. *Studies in the Way of Words*. Cambridge, MA: Harvard University Press, 22–40.

GRIMM, P./RHEIN, S./CLAUSEN-MURADIAN, E./KOCH, E., 2008. *Gewalt im Web 2.0: Der Umgang Jugendlicher mit gewalthaltigen Inhalten und Cyber-Mobbing sowie die rechtliche Einordnung der Problematik*. Berlin: Vistas.

GYSIN, D., 2011. *Treffen wir uns nachher im SchülerVZ? Eine Untersuchung der Online-Kommunikation*. Vortrag auf der Tagung „Personen im Web 2.0." Göttingen, 23.–25.11.2011.

HABSCHEID, S., 2005. Das Internet – ein Massenmedium? In: SIEVER, T./SCHLOBINSKI, P./ RUNKEHL, J. (Hg.), 2005, 46–66.

HERRMANN, S.K./KRÄMER, S./KUCH, H. (Hg.), 2007. *Verletzende Worte. Die Grammatik sprachlicher Missachtung*. Bielefeld: Transcript.

HINDUJA, S./PATCHIN, J.W., 2007. Offline Consequences of Online Victmization. In: *Journal of School Violence* 6, 89–112.

HINDUJA, S./PATCHIN, J.W., 2008. Cyberbullying: an exploratory analysis of factors related to offending and victimization. In: *Deviant Behavior* 29, 129–156.

HINDUJA, S./PATCHIN, J.W., 2009. *Bullying beyond the schoolyard: Preventing and responding to cyberbullying*. Thousand Oaks Calif.: Corwin Press.

JÄGER, R.S./RIEBEL, J./FLUCK, L., 2009. *Mobbing bei Schülerinnen und Schülern in der Bundesrepublik Deutschland: Eine empirische Untersuchung auf der Grundlage einer Online-Befragung im Jahre 2009*. http://www.zepf.uni-landau.de/ fileadmin/downloads/ Mobbing_Schueler.pdf (Zugriff am 01.07.2011).

JOHNSON, T.J./KAYE, B.K., 2002. Webbelievability: A Path Model Examining How Convenience and Reliance Predict Online Credibility. In: *Journalism and Mass Communication Quarterly* 79, 3, 619–642.

JUVONEN, J./GROSS, E.F., 2008. Extending the school grounds? Bullying experiences in cyberspace. In: *Journal of School Health* 78, 496–505.

KATZER, C./FETCHENHAUER, D./BELSCHAK, F., 2009. Cyberbullying in Internet-Chatrooms – Wer sind die Täter? Ein Vergleich von Bullying in Internet-Chatrooms mit Bullying in der Schule aus der Täterperspektive. In: *Zeitschrift für Entwicklungspsychologie und pädagogische Psychologie* 41,1, 33–44.

KATZER, C./FETCHENHAUER, D., 2007. Cyberbullying: Aggression und sexuelle Viktimisierung in Chatrooms. In: GOLLWITZER, M./PFETSCH, J./SCHNEIDER, V./SCHULZ, A./STEFFKE, T./ ULRICH, C. (Hg.), 2007. *Gewaltprävention bei Kindern und Jugendlichen. Band I: Grundlagen zu Aggression und Gewalt in Kindheit und Jugend*. Göttingen: Hogrefe, 123–138.

KEEL, G./BERNET, M., 2009. *IAM-Bernet-Studie Journalisten im Internet 2009. Eine repräsentative Befragung von Schweizer Medienschaffenden zum beruflichen Umgang mit dem Internet*. http://pd.zhaw.ch/publikation/upload/202327.pdf (Zugriff am 06.01.2012).

KEPPLINGER, H.M., 2007. Reciprocal Effects. Towards a Theory of Mass Media Effects on Decision Makers. In: *The Harvard International Journal of Press/Politics* 12, 2, 3–23.

KEPPLINGER, H.M./GLAAB, S., 2005. Folgen ungewollter Öffentlichkeit. Abwertende Beiträge aus Sicht der Betroffenen. In: BEATER, A./ HABERMEIER, S. (Hg.), 2005. *Verletzungen von Persönlichkeitsrechten durch die Medien*. Tübingen: Mohr Siebeck, 117–137.

KEPPLINGER, H.M./GLAAB, S., 2007. Reciprocal Effects of Negative Press Reports. In: *European Journal of Communication* 22, 337–354.

KIENPOINTNER, M., 1983. *Argumentationsanalyse*. Innsbruck: Institut für Sprachwissenschaft (= Innsbrucker Beiträge zur Kulturwissenschaft, Sonderheft 56).

KIENPOINTNER, M., 1992. *Alltagslogik. Struktur und Funktion von Argumentationsmustern*. Stuttgart/Bad Cannstatt: Frommann/Holzboog.

KIENPOINTNER, M., 1996. *Vernünftig argumentieren. Regeln und Techniken der Diskussion*. Reinbek: Rowohlt.

KOLODEJ, C., 2005. *Mobbing, Psychoterror am Arbeitsplatz und seine Bewältigung. Mit zahlreichen Fallbeispielen und Tipps für Betroffene, Führungskräfte und BeraterInnen*. Wien: WUV.

KOWALSKI, R.M./LIMBER, S.P., 2007. Electronic Bullying Among Middle School Students. In: *Journal of Adolescent Health* 41, 22–30.

KOWALSKI, R.M./LIMBER, S.P./AGATSTON, P.W., [2]2012. *Cyberbullying. Bullying in the Digital Age*. Weinheim: John Wiley & Sons.

KRÄMER, S./KOCH, E. (Hg.), 2010. *Gewalt in der Sprache. Rhetoriken verletzenden Sprechens*. München: Fink.

LEYMANN, H., 1993. *Mobbing: Psychoterror am Arbeitsplatz und wie man sich dagegen wehren kann*. Reinbek: Rowohlt.

Li, Q., 2005. New bottle but old wine: A research of cyberbullying in schools. In: *Computers in Human Behavior* 23, 4, 1777–1791.

Li, Q., 2006. Cyberbullying in schools: A research of gender differences. In: *School Psychology International* 27, 2, 157–170.

Li, Q., 2007. Bullying in the New Playground: A Research into Cyberbullying and Cyber Victimization. In: *Australasian Journal of Educational Technology* 23, 4, 435–454. http://www.ascilite.org.au/ajet/ajet23/li.html (Zugriff am 01.07.2011).

Luginbühl, M., 1999. *Gewalt im Gespräch. Verbale Gewalt in politischen Fernsehdiskussionen am Beispiele der „Arena"*. Frankfurt a. M. [u. a.]: Peter Lang.

Mora-Merchan, J.A./Jäger, T., 2010. *Cyberbullying: A cross-national comparison*. Landau: Verlag Empirische Pädagogik.

Medienpädagogischer Forschungsverbund Südwest (Hg.), 2009. *JIM-Studie 2009. Jugend, Information, (Multi-) Media. Basisuntersuchung zum Medienumgang 12- bis 19-Jähriger.* Stuttgart. http://www.mpfs.de/fileadmin/JIM-pdf09/JIM2009.pdf (Zugriff am 31.08.2012).

Medienpädagogischer Forschungsverbund Südwest (Hg.), 2011. *JIM-Studie 2011. Jugend, Information, (Multi-) Media. Basisuntersuchung zum Medienumgang 12- bis 19-Jähriger.* Stuttgart. http://www.mpfs.de/fileadmin/JIM-pdf11/JIM2011.pdf (Zugriff am 02.01.2012).

Menesini, E./Nocentini, A./Calussi, P., 2011. The Measurement of Cyberbullying. Dimensional Structure and Relative Item Severity and Discrimination. In: *Cyberpsychology, Behavior, and Social Networking* 14, 5, 267–274.

Niedl, K., 1995. *Mobbing/Bullying am Arbeitsplatz. Eine empirische Analyse zum Phänomen sowie personalwirtschaftlich relevanten Effekten von systematischen Feindseligkeiten.* Mering: Rainer Hampp Verlag.

Olweus, D.,1997. Täter-Opfer-Probleme in der Schule: Erkenntnisstand und Interventionsprogramm. In: Holtappels,H.G./Heitmeyer, W./Melzer, W./ Tillmann, K.-J. (Hg.), [5]2008. *Forschung über Gewalt an Schulen. Erscheinungsformen und Ursachen, Konzepte und Prävention.* Weinheim/ München: Beltz Juventa, 281–298.

Olweus, D., [4]2006. *Gewalt in der Schule: Was Lehrer und Eltern wissen sollten – und tun können*. Bern: Huber.

Ortega, R./Mora-Merchán, J.A./Jäger, T. (Hg.), 2007. Gewalt, Mobbing und Bullying in der Schule. Die Rolle der Medien, Kommunen und des Internet. Landau: Empirische Pädagogik e.V. http://www.bullying-in-school.info/uploads/media/ E-Book_German_01.pdf (Zugriff am 27.12.2011).

Patchin, J.W./Hinduja, S., 2006. Bullies move beyond the schoolyard: A preliminary look at cyberbullying. In: *Youth violence and juvenile justice* 4, 2, 148–169.

Pfetsch, J./Steffgen, G./Gollwitzer, M./Ittel, A., 2011. Prevention of aggression in schools through Bystander Intervention Training. In: *International Journal of Developmental Science* 5, 1–2, 139–149.

Raskauskas, J./Stoltz, A.D., 2007. Involvement in traditional and electronic bullying among adolescents. In: *Developmental Psychology* 43, 564–575.

Riebel, J., 2008. *Spotten, Schimpfen, Schlagen... Gewalt unter Schülern – Bullying und Cyberbullying*. Landau: Verlag Empirische Pädagogik.

Runkehl, J./Siever, T./Schlobinski, P., 1998. *Sprache und Kommunikation im Internet: Überblick und Analysen*. Opladen: Westdeutscher Verlag.

Schmidt, J.-H./Paus-Hasebrink, I./Hasebrink, U. (Hg.), 2009. *Heranwachsen mit dem Social Web. Zur Rolle von Web 2.0-Angeboten im Alltag von Jugendlichen und jungen Erwachsenen.* http://www.hans-bredow-institut.de/webfm_send/367 (Zugriff am 27.12.2011).

SCHULTZE-KRUMBHOLZ, A./SCHEITHAUER, H., 2009. Social-behavioral correlates of cyberbullying in a German student sample. In: *Zeitschrift für Psychologie/Journal of Psychology* 217, 224–226.

SCHWARZ-FRIESEL, M., 2007. *Sprache und Emotion*. Tübingen, Basel: Francke (= UTB 2939).

SCHWARZ-FRIESEL, M., 2009. Der Tatort Sprache in Deutschland. Antisemitismus im öffentlichen Kommunikationsraum. In: *Tribüne* 189, 178–186.

SCHWARZ-FRIESEL, M., 2010a. „Ich habe gar nichts gegen Juden!“. Der „legitime“ Antisemitismus der Mitte. In: SCHWARZ-FRIESEL, M./FRIESEL, E./REINHARZ, J., (Hg.), 2010. *Aktueller Antisemitismus – ein Phänomen der Mitte*. Berlin [u. a.]: de Gruyter, 27–50.

SCHWARZ-FRIESEL, M., 2010b. Tatort Sprache: Aktueller Antisemitismus in Deutschland als verbale Strategie. In: NEEF, M./ NOACK, C. (Hg.), 2010. *Sprachgeschichten: Eine Braunschweiger Vorlesung*. Bielefeld: Verlag für Regionalgeschichte, 193–213.

SEARLE, J.R., 1969. *Speech acts. An essay in the philosophy of language*. Cambridge: Cambridge University Press.

SHARIFF, S., 2008. *Cyber-Bullying: Issues and Solutions for the School, the Classroom and the Home*. London [u. a.]: Routledge.

SLONJE, R./SMITH, P.K., 2008. Cyberbullying: Another main type of bullying? In: *Scandinavian Journal of Psychology* 49, 147–154.

SMITH, P.K./MAHDAVI,J./CARVALHO, M./TIPPETT, N., 2006. An investigation into cyberbullying, its forms, awareness and impact, and the relationship between age and gender in cyberbullying. http://www.staffsscb.org.uk/NR/rdonlyres/B1B38C8 4-C008-4CE3-8762-973F26465B14/46165/CyberBullyingFinalReport.pdf (Zugriff am 27.12.2011).

SMITH, P.K./MAHDAVI, J./CARVALHO, M./FISHER, S./RUSSELL, S./TIPPETT, N., 2008. Cyber-bullying: Its nature and impact in secondary school pupils. In: *Journal of Child Psychology and Psychiatry* 49, 376–385.

SMITH, P.K., 2009. Cyberbullying: Abusive Relationships in Cyberspace. Editorial. In: *Zeitschrift für Psychology* 217, 4, 180–181.

SOHN, D./LECKENBY, J.D., 2007. A structural solution to communication dilemmas in a virtual community. In: *Journal of Communication* 57, 435–449.

SOKRATES-MINERVA, 2006. *New Forms of school bullying and violence. Cyberbullying, Happy Slapping and other new trends. International Online Conference, 24. April– 19. Mai 2006. Conference Report*. http://www.bullying-in-school.info/uploads/media/Conference_3_-_full_Report.pdf (Zugriff am 27.12.2011).

SPECHT, T., 2010. *Vernetzt, verletzt? Cyberbullying unter Jugendlichen in Deutschland*. Masterarbeit. Universität Augsburg.

TAKAHASHI, N., 2000. The emergence of generalized exchange. In: *American Journal of Sociology* 105, 1105–1134.

THIMM, C. (Hg.), 2000. *Soziales im Netz. Sprache, soziale Beziehungen und Kommunikationskulturen im Internet*. Wiesbaden: Opladen.

VEEN, W./VRAKKING, B., 2006. *Homo Zappiens.Growing up in a digital age*. London: MPG Books.

VOGELSANG, W., 2000. „Ich bin, wen ich spiele.“ Ludische Identitäten im Netz. In: THIMM, C. (Hg.), 2000, 241–260.

WACHS, S., 2009. *Bullying unter Schülern: Eine empirisch-quantitative Untersuchung unter besonderer Berücksichtigung des Cyberbullyings*. Saarbrücken: VDM-Verlag Müller.

WILLARD, N.E., 2007. *Cyberbullying and Cyberthreats: Responding to the Challenge of Online Social Aggression, Threats, and Distress*. Champaign, Ill: Research Press.

Ybarra, M.L./Mitchell, K.J., 2004. Online aggressor/targets, aggressors, and targets: a comparison of associated youth characteristics. In: *Journal of Child Psychology and Psychiatry* 45, 7, 1308–1316.

Ybarra, M.L./Diener-West, M./Leaf, P.J., 2007. Examining the Overlap in internet harassment and school bullying: implications for school intervention. In: *Journal of Adolescent Health* 6, 41, 42–50.

Noam Eliaz und Antje Rozinger

Einsichten in die Kunst der Filterumgehungen – Eine Feldstudie

Insights into the arts of filter evasions

During the exchange of textual messages in the virtual world, many new forms of language can be seen, however several key variations are overlooked. Online messages contain a wide range of textual manipulations and vocabulary that render the text invisible to monitoring services which do not account for keyword permutations such as, intentional filter evasions, personal writing styles and slang. The current report, based on PureSight's extensive experience in providing a safe environment for children, aims at providing a short overview of the basic principles underlying some of the typical filter bypasses seen online today. In terms of commercial monitoring, acknowledging these possibilities allows for a more protective net; with regards to communication research, they provide an unexplored perspective.

1. Einleitung

Die Entstehung und die schnelle Verbreitung der Online-Kommunikation verschafften Internet- und Kommunikationswissenschaftlern ein völlig neues Studienfeld, nämlich die Erforschung der Auswirkungen des Mediums auf Form und Stil der neuen Online-Sprache. Die beinahe einzigartige Popularität, die die Online-Kommunikation in nur kürzester Zeit weltweit erreichte, führte auch dazu, dass der Wunsch nach Kontrolle über bestimmte Internetinhalte größer und beinahe zwingend wurde. Die Einführung erster Online-Filter- und Monitoringtechnologien und das Bestreben von Internetnutzern, diese zu unterwandern, erschuf eine gänzlich neue Form der Kommunikation, auf die in dieser Studie gezielt eingegangen werden soll.

Die Firma PureSight Technologies Ltd. sammelte über Jahre signifikantes Datenmaterial aus einer Vielzahl unterschiedlichster Quellen[1], mit dem Ziel, eine sichere Online-Umgebung für Kinder und Jugendliche zu schaffen.

1 PureSight zeichnet Online-Gespräche und Kommentare auf, die beispielsweise in öffentlichen Chat-Räumen, Foren, Diskussionsgruppen oder Blogs geführt werden.

Als ständige und wachsame Beobachter von Phänomenen der neuen virtuellen Welt gehen wir davon aus, dass die neue Cybersprache eine tiefere Betrachtung seitens der heutigen Kommunikations- und Medienwissenschaft verdient. Rückblickend auf unsere Analysen haben wir diese Feldstudie zusammengestellt, die Licht auf die Herausforderungen werfen soll, vor denen effektive Kinder- und Jugendschutzprogramme täglich stehen.

Ungeachtet der Vorteile, die alle technologischen Innovationen haben, gibt es durchaus auch immer Schattenseiten. Meist resultieren diese aus dem absichtlichen Missbrauch der Innovation. In dieser Hinsicht machen auch Erneuerungen auf dem Gebiet der Online-Kommunikation keine Ausnahme. Das Internet hat das moderne Zusammenleben von Menschen grundlegend revolutioniert. Der einfache Zugang zu einer unbeschreiblichen Vielzahl von Informationen und das leichte Sich-Kennenlernen von anderen Online-Nutzern, sei es über soziale Netzwerkseiten oder öffentliche Chat-Räume, birgt jedoch eine Vielzahl neuer und bisher unabsehbarer Gefahren, vor allem für die jüngsten Internetnutzer, die Kinder und Jugendlichen. Zu den akutesten Bedrohungen zählen heute Online-Pädophilie, Sexting, Cybermobbing und das Aufrufen pornographischer oder Gewalt verherrlichender Webseiten. Im Rahmen dieser Ausarbeitung werden diese Bedrohungen genauer beschrieben, mögliche Lösungsansätze in Form von Filter- und Internetmonitoringprodukten diskutiert, und es wird auch auf Versuche eingegangen, diese Filtertechnologien zu umgehen.

Gegenwärtig gibt es eine Vielzahl von Strategien zum Kinder- und Jugendschutz im Internet.[2] Jedes einzelne Modell hat seine Vor- und Nachteile. Gewiss ist jedoch, dass jedes effektive Kinder- und Jugendschutzprogramm zumindest eine einfache Worterkennungstechnologie integriert haben sollte. In diesem Zusammenhang behaupten wir, dass viele Nachrichten von Filter- und Monitoringprodukten übersehen werden und damit unerkannt bleiben. Auch die neuesten Technologien sind nur halbwegs in der Lage, eine gezielte Filterumgehung aufzudecken. Die heutige Tiefenanalyse der im Internet verbreiteten textlichen Daten lässt Manipulierungen von Worten und Wortverbindungen unberücksichtigt. Im besten Falle führt dies zu einer lückenhaften Aufzeichnung und Interpretation der Online-Kommunikation, im schlimmsten Falle ist sie fehlleitend.

Ziel dieser Studie ist es, auf die bekanntesten Gefahren des Internets einzugehen, um anschließend technische Möglichkeiten zur Schaffung eines sicheren Online-Raumes vorzustellen. Darüber hinaus werden die Herausforderungen,

2 Manche Jugendschutzprogramme befassen sich nur mit Facebook, andere sperren lediglich den Zugang zu pornographischen Webseiten, komplexere Lösungen versuchen das gesamte Online-Verhalten zu analysieren.

vor denen heutige Internetfilterprodukte stehen, angeführt, denn trotz der akuten Gefahren versuchen Kinder und Jugendliche die Kontrollmechanismen der Filterprodukte effizient zu umgehen.

2. Die akutesten Online-Bedrohungen im Überblick

Im Folgenden werden die akutesten Bedrohungen, denen junge Internetnutzer gegenüberstehen, für ein besseres Verständnis der Materie kurz definiert.

Online-Pädophilie: Von Online-Pädophilie wird hauptsächlich gesprochen, wenn erwachsene Straftäter nach jüngeren Opfern im Internet suchen, diese umwerben, um im Anschluss physische Treffen mit den Kindern oder Teenagern zu arrangieren. Online-Pädophilie stellt heutzutage eine der größten Gefahren für Kinder und Jugendliche dar (vgl. WOLAK et al. 2008).

Sexting: Dieses Phänomen begann ursprünglich mit dem Schreiben und Versenden sexueller Kurznachrichten (SMS) zwischen befreundeten Jugendlichen. Heute definiert sich Sexting allgemein als sexuelle Kommunikation durch Nutzung elektronischer Geräte (vgl. WOLAK/FINKELHOR 2011; MITCHELL et al. 2012; RINGROSE et al. 2012). Jugendliche tauschen sexuelle Nachrichten in Text, Bild und Videoformat aus, sowohl in privaten als auch in öffentlichen Chats, über soziale Netzwerkseiten oder als MMS über ihre Mobiltelefone. Der Austausch sexueller Erlebnisse in Bild und Text zwischen Bekannten und Freunden erfolgt anfangs meist im gegenseitigen Einverständnis. Zu einem späteren Zeitpunkt jedoch, wenn die Emotionen der Teenager füreinander abkühlen oder sogar in (vorübergehende) Hassgefühle übergehen, kann die Existenz dieser Bilder schwerwiegende Folgen nach sich ziehen. Nicht selten veröffentlicht der verlassene Freund sexuelle Bilder seiner Ex-Freundin in sozialen Netzwerkseiten, so dass nicht nur die Klassenkameraden, sondern die gesamte Schule – einschließlich des Lehrpersonals – Zugang zu den Bildern gewinnen. Finden solche Bilder einmal ihren Weg in das Netz, können darüber hinaus Pornographen weltweit diese Bilder sammeln und sowohl kommerziell als auch privat ausnutzen.

Cybermobbing: Das Mobben im Internet wird heutzutage als die größte und am weitesten verbreitete Online-Bedrohung für Kinder und Jugendliche betrachtet (I-SAFE 2004; HINDUJA/PATCHIN 2005; SMITH et al. 2005; CALVETE et al. 2010; KITE/GABLE/FILIPPELLI 2010). Definiert wird Cybermobbing als eine ernsthafte Form der Beleidigung und Belästigung (KIRIAKIDIS/KAVOURA 2010; TOKUNAGA 2010). Durch das Internet wird Cybermobbing in kürzester Zeit für jeden zugänglich und unwiderruflich verbreitet. Im Unterschied zu dem traditionellen Mobbing können die Online-Mobber anonym bleiben, das Publikum ist unbegrenzt, und die Opfer haben nicht die geringste Möglichkeit, dem Angriff zu entgehen (vgl. auch MARX in diesem Band).

Zusätzlich besteht die Möglichkeit, dass Phänomene wie Sexting und Cybermobbing zusammen auftreten. Beispielsweise kann eine Freundin intime Bilder an ihren Freund schicken. Dieser veröffentlicht die Bilder, und das Mädchen wird in Folge dessen im Internet von Schulkameraden gemobbt. Trotz Intervention von Schulaufsicht oder Polizei, die dem öffentlichen Mobbing Einhalt gebieten können, bleiben die anzüglichen Aufnahmen des Mädchens im Internet weiter auffindbar.

Pornographische oder Gewalt verherrlichende Webseiten: Erste Untersuchungen auf diesem Gebiet zeigen, dass sich Webseiten mit expliziten sexuellen, gewaltsamen oder anderen gefährdenden Inhalten negativ auf die Persönlichkeitsentwicklung der Kinder und Jugendlichen auswirken (FLOOD 2009). Dabei gibt es in der modernen Welt kaum jugendliche Internetnutzer, die nicht absichtlich oder zufällig auf Webseiten pornographischen Inhalts gestoßen sind (vgl. MITCHELL/WOLAK/FINKELHOR 2007; WOLAK et al. 2008; OWENS et al. 2012).

Einem Großteil dieser Gefahren kann durch die Anwendung von hochentwickelten Filterprodukten Einhalt geboten werden.

3. Die Bedeutung von Filter- und Monitoringprodukten

In Anbetracht der zahlreichen Gefahren, deren möglichen Interaktionen und den folgenschweren Auswirkungen, die die oben beschriebenen Bedrohungen auf Kinder haben, besteht derzeit ein gesellschaftlicher Konsens darüber, dass ernsthafte und rückhaltige Massnahmen ergriffen werden müssen, um die Online-Welt der Kinder sicher zu machen. Der Einsatz von Filter- und Monitoringprodukten ist eine mögliche Lösung. So kann vermieden werden, dass Kindern und Jugendlichen die Nutzung des Internets gänzlich verboten werden muss.

Smarte Filter- und Monitoringprodukte erlauben Erziehungsberechtigten am Online-Leben der Kinder teilzunehmen und einzuschreiten, wenn beispielsweise die eigenen Kinder im Internet gemobbt werden oder sich als Mobber entpuppen sollten.

Führende Filter- und Monitoringdienste bieten heute mehr Möglichkeiten an als das passive Überwachen und eine im Nachhinein gestaltete Textanalyse. Die Herausforderung besteht nicht mehr in dem Auffangen der Nachrichten und Texte, sondern vielmehr in der Identifikation sachbezogener Inhalte in Echtzeit und dem Anwenden vordefinierter Aktionen, wie beispielsweise dem Blockieren einer Nachricht oder eines Kontakts und dem Senden von Warnhinweisen an die Erziehungsberechtigten. Demzufolge muss eine klare Unterscheidung gemacht werden zwischen passivem und aktivem Schutz. Passiver Schutz hilft lediglich, die 'Wunden' ausfindig zu machen, aktiver Schutz dagegen wendet Maßnahmen an, um das Entstehen von 'Wunden' vorab zu vermeiden.

Mit der Anwendung erster Filter- und Monitoringlösungen entwickelte sich gleichzeitig ein wahrer Wettstreit zwischen den Beobachtern einerseits und den Beobachteten andererseits. Wenngleich es sich in diesem Falle nicht um Erziehungsberechtigte und Kinder handelte, sondern vielmehr um das Bestreben, einerseits Gefahren für die nationale Sicherheit aufzudecken und andererseits die neuen Überwachungstechnologien zu unterwandern, brachte das Ringen um Anonymität eine Vielzahl verschiedenster Filterumgehungsmöglichkeiten auf den Markt, die gerade heute von Kindern und Jugendlichen benutzt werden.

4. Formen der unbewussten und bewussten Filterumgehung

Bewusste und unbewusste Filterumgehungen bilden den Grundstein der neuen Cybersprache. Gezielte Versuche, Filterprodukte zu unterwandern, brachten eine neue Sprache und Form der Online-Kommunikation hervor, die vor allem auf verschiedenen Arten von Kodierung und Chiffrierung basieren und auch andere einfachere oder komplexere Umgehungsmöglichkeiten einschließen.

Unbeabsichtigte Filterumgehung findet meist dann statt, wenn die Filter- oder Monitoringprodukte nicht alle Permutationen eines Wortes oder einer Nachricht auffangen. Auch in diesem Falle bleiben Informationen 'im Dunkeln'. Ein Beispiel für unbeabsichtigte Filterumgehung ist der persönliche Schreibstil jedes Internetnutzers oder das Auftreten orthographischer Fehler. Filtertechnologien, die auf Wortvergleichen basieren, stehen in diesem Fall vor einer beinahe unüberwindbaren Herausforderung, denn sie können kaum alle potenziellen Fehler eines Wortes oder einer Wortverbindung voraussehen.

Orthographische Fehler, beabsichtigt oder unbeabsichtigt, Slang und weitere Arten der 'versteckten' Kommunikation bleiben von den meisten kommerziellen Filter- und Monitoringprodukten unerkannt.

4.1 Unbewusste Filterumgehung

Die häufigsten Gründe, die zu einer unbeabsichtigten Filterumgehung führen, sind zum einen der persönliche Schreibstil des Internetnutzers und zum anderen das Auftreten orthographischer Fehler. Die meisten herkömmlichen Filterprodukte lassen außerdem Übertreibungen durch Buchstabenmultiplikation (wie *soooooo seeeehr*) unerkannt passieren. Buchstabenmultiplikation ist in der Online-Kommunikation besonders beliebt, da sie lediglich ein etwas längeres Drücken der entsprechenden Taste auf der Tastatur erfordern.[3] Obwohl der Schreibstil eines jeden einzelnen Internetnutzers individuelle Züge aufweist, gibt es dennoch bestimmte demographische Faktoren, denen Filterprodukte Rechnung tragen sollten, wie beispielsweise dem Alter, dem Geschlecht oder der nationalen Sprache des Nutzers.

In der Online-Kommunikation ist die Geschwindigkeit, mit der die Nachrichten über Sofortnachrichtendienste (Instant Messaging), Chat-Applikationen oder SMS-Technologie übertragen werden, meist wichtiger als die Fehlerfreiheit der Nachricht selbst. Kurzformen und Abkürzungen werden häufiger benutzt als konventionelle oder grammatisch korrekte Sprache. Manche Abkürzungen der Online-Kommunikation haben sogar ihren Weg in die Offline-Kommunikation geschafft. Einige der bekanntesten sind *bff* (best friends forever) und *lol* (laughing out loud). Andere Abkürzungen bleiben allein der Online-Kommunikation vorbehalten wie *brb* (be right back) und *afk* (away from keyboard) oder *gtg* (got to go). Ähnliche Beispiele können in anderen Sprachen gefunden werden. Im Deutschen lautet beispielsweise die populäre englische Abkürzung *lol bsvl* für 'biegt sich vor lachen'. Andere bekannte deutsche Beispiele für die Nutzung von Abkürzungen in der Online-Kommunikation sind *BbH, bdb?, Dn!* und *bs* stehend für 'Blond, brauche Hilfe', 'bist du bescheuert', 'Du nervst' und 'bis später'. Filterprodukte können diesen informellen Sprachgebrauch nicht leicht nachvollziehen.

4.2 Bewusste Filterumgehung

Die Geschichte der Menschheit kennt tausende Fälle, in denen Kommunikation auf die eine oder andere Weise chiffriert wurde, um sicherzustellen, dass der Inhalt der Nachricht geheim bleibt (KAHN 1996; SINGH 1999). Filterumgehung ist auf eine gewisse Weise die moderne Manifestation derselben Prinzipien jedoch

3 Buchstabenmultiplikation wird einerseits bewusst angewandt, um Filterprodukte zu umgehen, andererseits ist die Multiplikation von Buchstaben eine gängige Art in der Online-Kommunikation Emotionen auszudrücken, wie beispielsweise *Ich habe dich soooooo lieeeb.*

nach völlig anderen Prämissen. Chiffrierung zielt darauf hin, dass allein der Empfänger die Nachricht entschlüsseln kann. Filterumgehung dagegen beabsichtigt, das Auffangen der Nachricht zu verhindern, nicht aber die Geheimhaltung des Nachrichteninhalts. Obwohl beide Konzepte Gemeinsamkeiten aufweisen, gibt es dennoch erhebliche Unterschiede zwischen ihnen. Eine verschlüsselte Nachricht kann aufgefangen und gelesen, wenngleich ohne den entsprechenden Schlüssel nicht verstanden werden. Filterumgehungen führen dazu, dass die Existenz der Nachricht unerkannt bleibt. In diesem Falle wissen Erziehungsberechtigte nichts über den Austausch der Nachrichten.

Es gibt zahlreiche Möglichkeiten Filter zu umgehen. Meist treten diese in Kombination auf. Eine recht einfache, aber dennoch effektive Methode, einfache Filterprodukte zu umgehen, ist die Einführung von Symbolen oder Leerzeichen zwischen den Buchstaben der Nachricht, zum Beispiel H.E.L.L.O. oder HE L LO. Trotz der Buchstabenveränderung erkennt das menschliche Wahrnehmungsvermögen unschwer die Bedeutung beider Nachrichten. Filterprodukte hingegen können diese Wortmanipulation nicht erkennen oder falsch analysieren. Graphologie ist eine weitere auf visuellen Ähnlichkeiten basierende Methode, die herkömmliche Filter relativ leicht außer Kraft setzt. In diesem Falle verwenden Kinder und Jugendliche Ziffern oder Zeichen anstelle von Buchstaben. Die Ziffern und Zeichen sind jedoch den Buchstaben ähnlich genug, so dass der Empfänger der Nachricht den Inhalt relativ problemlos lesen kann. Beispielsweise wird der Buchstabe *l* mit der Ziffer 1 oder der Buchstabe *E* mit der Ziffer 3 vertauscht (siehe auch SIEVER in diesem Band).

4.2.1 Tippfehler, Rechtschreibfehler und alternative Schreibweisen

Das Beispiel *got to go* soll aufzeigen, welche textlichen Herausforderungen an Filterprodukte gestellt werden, um diese eigentlich einfache Nachricht in ihrer gesamten Komplexität aufzufangen. Die ursprüngliche Nachricht von *got to go* ist *I have to go*. Filterprodukte müssen in der Lage sein, alle Formen dieses Ausdrucks zu erkennen, einschließlich der Realisierungen *got to go* und *gotta go* und der möglichen Abkürzungen wie *gtg* oder *g2g*. Die Zahl der Permutationen wächst beinahe ins Unermessliche, sollten noch Worte ähnlicher Bedeutung eingesetzt werden, wie *leave* für *go* in *I have to leave* oder Slang-Ausdrücke wie *bail* in *gotta bail*.

Abgesehen von der allgemeinen Chat-Meta-Charakteristik, wie Länge, Dauer oder Intervalle zwischen den gesendeten Nachrichten, ist speziell das Vokabular von besonderer Bedeutung. Wörter sind die Grundeinheit jeder effizienten Textanalyse. Das Fehlen entscheidender Wörter oder Wortverbindungen muss nicht unbedingt die Stabilität der Gesamtstruktur gefährden, kann jedoch ihre Erscheinung wesentlich verändern. Komplexe, mehrschichtige Filter- und Monitoringprodukte, die entscheidende Schlüsselworte verfehlen, können unter keinen Umständen einen effizienten Schutz vor Cybermobbing oder anderen Gefahren des Internets bieten.

Multilinguale Filterprodukte müssen sich weiteren Herausforderungen stellen. Abgesehen von den speziellen Merkmalen mancher Ausdrücke, die deshalb nur schwer ausfindig zu machen sind, enthält jede Sprache eine unzählbare Menge an Wörtern und Wortverbindungen. Darüber hinaus hat jede Sprache ihren Volksmund, speziellen Slang sowie verschiedenartig umgangssprachliche Ausdrücke. Einige dieser Wörter bleiben in ihrer ursprünglichen Form erhalten, andere werden durch die Online-Kommunikation transformiert. Filterprodukte, die einerseits vorgeben, persönliche Angaben ihrer Nutzer vor unbewusster Weitergabe an Dritte im Netz zu schützen und andererseits darauf abzielen, physische Treffen zwischen Online-Pädophilen und jüngsten Internetnutzern aktiv zu melden, müssen in der Lage sein, Nachrichten wie beispielsweise „wats ur fon #?“ anstelle von „what’s your phone number?“ aufzufangen. Des Weiteren gibt es die unterschiedlichsten Formen der Interaktion zwischen verschiedenen Sprachen. Beispielsweise könnten deutsch sprechende Jugendliche englische Schimpfwörter entsprechend ihrer Aussprache mit deutschen Buchstaben schreiben, russische Jugendliche könnten englische Flüche oder Obszönitäten mit kyrillischen Buchstaben, israelische Teenager mit hebräischen Buchstaben wiedergeben. Das Beherrschen aller möglichen Sprachkombinationen ist auch für die höchstentwickelten Filterprodukte kaum zu bewältigen.

Der Gebrauch von kategoriespezifischer Terminologie richtet sich nach denselben logischen Ansätzen. Beispielsweise kann in der Kategorie „Drogen“ dieselbe illegale Substanz die verschiedensten Namen haben, welche dann auch noch regional unterschiedlich sein können. Marihuana-Zigaretten sind in Berlin unter dem Ausdruck *Tüte* geläufig, in Wien dagegen heißen sie *Ofen*. Viele sprachliche Ausdrücke der Online-Kommunikation erscheinen Erziehungsberechtigten harmlos, da sie entweder ihre wahre Bedeutung nicht erkennen oder aber ihnen der Ausdruck völlig unbekannt ist. Die Zahl 420 ist heutzutage unter Jugendlichen ein gängiges Äquivalent für Marihuana-Rauchen. Nur wenige Jugendliche kennen den Ursprung dieser Zahl, hingegen wissen beinahe alle, was die Ziffer 420 abgesehen von ihrem nummerischen Wert im übertragenen Sinne bedeutet.[4] Die meisten Erziehungsberechtigten können hingegen mit dem Ausdruck *420* nur wenig anfangen und würden ihn kaum mit Marihuana-Rauchen in Verbindung bringen.

4 420, 4:20 oder 4/20 ist die vereinbarte Zeit, zu der sich regelmäßig eine Gruppe Schüler traf, um wildwachsendes Cannabis zu suchen.

Die Herausforderung, die das Vokabular an Filterprodukte stellt, hat zwei weitere markante Parameter: Slang und Jargon. Zum einen ist es äußerst schwierig, sich mit allen oder auch nur den gängigsten Slang-Formen einer Sprache bekannt zu machen. Zum anderen müssen die Datenbanken, die herkömmlichen Filterprodukten zum Wortvergleich dienen, permanent aktualisiert und gepflegt werden, damit neue Trends und Slangwörter erfasst werden können.

Verfehlen Filterprodukte bestimmte Wörter, dann kann dies auch dazu führen, dass sich Jugendliche Zugang zu Webseiten mit gefährdenden Inhalten verschaffen. Beispielsweise wird das Wort *Porn* von den meisten Filterprodukten und sicheren Suchmaschinen erkannt. Geben Jugendliche aber das Wort *prOn* ein, eine unter Jugendlichen gängige Abwandlung des Lexems *Porn*, dann bleibt die Suche meist unerkannt. Mittlerweile gibt es mit *nOrp* eine dritte recht gängige Version des Wortes.

Neben dem Vokabular stellen auch Tippfehler und uneinheitliche Leerzeichen Herausforderungen für Filter- und Monitoringprodukte dar. Der gefahrenspezifische Ausdruck *illkillya!*, der *ya* anstelle von *you* nutzt und außerdem alle erforderlichen Leerzeichen ignoriert, wird von manchen einfachen Filterprodukten nicht erkannt. Die Konsequenzen können verheerend sein. Der Ausdruck kann natürlich beliebig weiter abgewandelt werden, wenn beispielsweise *you* mit *u* ausgetauscht wird. Entwickler von Filterprodukten dürfen solchen Abwandlungen und Formen der modernen Online-Kommunikation nicht blind gegenüberstehen, sondern müssen Konzepte ausarbeiten, die den zahllosen Möglichkeiten des Filterumgehens Rechnung tragen.

Wie bereits anhand von verschiedenen Beispielen demonstriert, sollten Filterprodukte gängige Fehler und ihre Permutationen erkennen können. In vielen Fällen geschehen Tipp- und Rechtschreibfehler unbeabsichtigt. In manchen Fällen werden diese absichtlich eingefügt, um Filterprodukte zu unterwandern. Es kann sich dabei um das einfache Auslassen eines Buchstabens handeln, wie beispielsweise in *pnis*, oder um eine neue alternative Schreibweise wie zum Beispiel in *newd* anstelle von *nude*. Letzteres Beispiel macht deutlich, wie die phonetische Realisierung anstelle der korrekten Schreibweise genutzt wird. In beiden Fällen kann das menschliche Wahrnehmungsvermögen beide Wörter erkennen und verstehen, Filter- und Monitoringprodukte sind dazu jedoch nicht in der Lage. Dieser Nachteil wird besonders kritisch, wenn beispielsweise Obszönitäten beginnend mit *f* durch *ph* ausgetauscht werden.

Eine weiterentwickelte Methode des phonetischen Ansatzes ist die Nutzung einer Zahl entsprechend ihres Klanges, wie in *CUL8er* oder *6E* anstelle von 'see you later' oder 'sexy'. Beispiele dieser Art können auch in anderen Sprachen gefunden werden. Werden beispielsweise arabische Wörter mit lateinischen Buchstaben geschrieben, dann ist es üblich, manche Buchstaben durch Ziffern zu ersetzen, da die arabische Sprache einen eigenen und sehr besonderen Klang hat, der durch lateinische Buchstaben nicht immer genau ausgedrückt werden kann.

4.2.2 Graphologie

Graphologie ist heutzutage die gängigste Form der Filterumgehung. Die Nutzung von Homoglyphen wird sehr anschaulich in der Filterumgehungssprache Leet oder auch Eleet dargestellt. Einige Quellen behaupten, dass Leet von Hackern entwickelt wurde, um den Internetüberwachungen der amerikanischen Bundespolizei zu entgehen (SHERBLOM-WOODWARD 2002). Die Leet-Sprachform tauscht Buchstaben mit einer Reihe von Zeichen und Charakteren aus, die die Buchstaben visuell ersetzen. Das Konzept ist leicht zu verstehen und braucht keine besonderen Voraussetzungen, abgesehen von menschlicher Vorstellungskraft, einer Fähigkeit, die den Filterprodukten nicht gegeben ist.

Ein klassisches Beispiel ist der Austausch des Buchstabens *e* mit der Ziffer 3 wie in dem Namen einer berühmten amerikanischen Fernsehshow, genannt *Numb3rs*. Ein anderes interessantes Beispiel ist die Nutzung der Ziffer 1 anstelle des Buchstaben *l* oder des Großbuchstaben *I*. Die Ähnlichkeit zwischen den drei Symbolen ist unverkennbar, so wie auch in dem nächsten Fall, in dem der Buchstabe *T* mit der Ziffer 7 ausgetauscht wird. Basierend auf den oben genannten Beispielen ergeben *1337* und *I33t* das Wort *Leet*, eben die Bezeichnung der Sprache, die den Austausch von Buchstaben mit Ziffern und Zeichen nutzt.

Die oben genannten Beispiele sind sehr einfacher Natur. Leet bietet weitaus kompliziertere Umschreibungen an. Diese nehmen in manchen Fällen solche Ausmaße an, dass der Empfänger der Leet-Nachricht einen Online-Konverter nutzen muss, um die gesendete Nachricht wieder zurück zu transformieren.[5] Leet-Ausdrücke treten heutzutage nicht nur in Hackerkreisen auf. Leet wird von Kindern und Jugendlichen verwendet, um Filterprodukte gezielt zu umgehen.

5. Fazit

Neben Leet, Tipp- und Rechtschreibfehlern oder dem absichtlichen Auslassen oder Ersetzen von Buchstaben existieren noch weitere Methoden, um herkömmli-

5 Leet-Online-Konverter funktionieren wie Online-Übersetzungsdienste, wobei der reguläre Text nach Eingabe automatisch in Leet-Sprache gewandelt wird. Der Empfänger der Nachricht gibt dann den Leet-Text in einen Konverter ein und erhält den ursprünglichen Text.

che Filter zu unterwandern, die hier nicht erwähnt wurden. Die Hauptsache liegt jedoch in der Feststellung, dass mit einem gewissen Grad an Einfallsreichtum und Raffinesse Nachrichten unerkannt durch den Cyberraum gesendet werden können.

Während Wissenschaftler und Software-Entwickler erhebliche Anstrengungen unternehmen, um Aspekte der maschinellen Sprachverarbeitungen zu optimieren, dürfen die eigentlichen Hürden, vor denen Filterprodukte stehen, nicht außer Acht gelassen werden. Industrie und Wissenschaft müssen sicherstellen, dass Filterumgehungsversuche auf vernünftige Weise untersucht und gelöst werden. Andernfalls können Online-Nachrichten unerkannt bleiben oder falsch interpretiert werden.

Zukünftige Filterprodukte sollten der Sprachenvielfalt der Online-Kommunikation vollständig Rechnung tragen. Trotz der zahlreichen Herausforderungen bieten führende Filterprodukte bereits heute einen relativ effektiven Schutz vor Cybermobbing und Online-Übergriffen. Natürlich können auch diese Produkte manipuliert oder umgangen werden, allerdings wird dieses Vorhaben immer schwieriger. Der Wettstreit zwischen Beobachtern und Beobachteten geht unermüdlich weiter und wird zur Entstehung neuer Sprachelemente der Online-Kommunikation führen. Trotz der in diesem Artikel erwähnten Herausforderungen, vor denen herkömmliche Filterprodukte stehen, gelang es uns, nicht nur die Herausforderungen zu erkennen, sondern einen Großteil der Umgehungsversuche einzuschränken. In diesem Sinne trägt PureSight täglich dazu bei, eine sichere Online-Umgebung für Kinder und Jugendliche zu schaffen, damit diese die Vorteile des Internets uneingeschränkt nutzen können.

Literatur

Calvete, E./Orue, I./Estevez, A./Villardon, L./Padilla, P., 2010. Cyberbullying in adolescents: Modalities and aggressors' profile. In: *Computers in Human Behavior* 26, 1128–1135.

Flood, M., 2009. The harms of pornography exposure among children and young people. In: *Child Abuse Review* 18, 384–400.

Hinduja, S./Patchin, J.W., 2005. *Research summary: Cyberbullying victimization. Preliminary findings from an online survey of internet using adolescents.* http://www.cyberbullying.us (Zugriff am 25.05.2012).

I-Safe, 2004. *National i-Safe survey finds over half of students are being harassed online.* http://www.isafe.org (Zugriff am 25.05.2012)

Kahn, D., 1996. *The Codebreakers. The Story of Secret Writing.* New York: Scribner.

Kiriakidis, S.P./Kavoura, A., 2010. Cyberbullying: A Review of the Literature on Harassment Through the Internet and Other Electronic Means. In: *Family & Community Health* 33, 2, 82–93.

Kite, S.L./Gable, R.K./Filippelli, L. 2010. Assessment of students' knowledge of Internet risk and Internet behaviors: Potential threat to bullying and contact by Internet predators. *Paper presented at the Annual Meeting of the Northeastern Educational Research Association*. October 2010, Rocky Hill, CT.

Le Grand, B./ Guillaume, J.-L./Latapy, M./Magnien, C., 2009. *Technical report on Dynamics of Paedophile Keywords in eDonkey Queries. Measurement and Analysis of P2P Activity Against Paedophile Content Project.* http://antipaedo.lip6.fr/T24/TR/kw-dynamics.pdf (Zugriff am 25.05.2012)

Mitchell, K.J./Finkelhor, D./Jones, L.M./Wolak, J., 2012. Prevalence and characteristics of youth sexting: A national study. In: *Pediatrics* 129, 1, 13–20.

Mitchell, K.J./Wolak, J.,/Finkelhor, D., 2007. Trends in youth reports of sexual solicitations, harrassment and unwanted exposure to pornography on the Internet. In: *Journal of Adolescent Health* 40, 116–126.

Owens, E.W./Behun, R.J./Manning, J.C./Reid, R.C. 2012. The Impact of Internet Pornography on Adolescents: A Review of the Research, Sexual Addiction & Compulsivity. *In: The Journal of Treatment & Prevention* 19, 1–2, 99–122.

Ringrose, J./Rosalind, J./Livingstone, S./Harvey, L., 2012. A qualitative study of children, young people and 'sexting' In: Ringrose, J./Gill, R./ Livingstone, S./Harvey, L. (eds.), 2012. *A report prepared for the NSPCC.* London: NSPCC. http://www.nspcc.org.uk/Inform/resourcesforprofessionals/sexualabuse/sexting-research-report_wdf89269.pdf (Zugriff am 25.05.2012).

Sherblom-Woodward, B., 2002. *Hackers, Gamers and Lamers; The Use of l33t in the Computer Sub-Culture.* http://www.modestolan.com/xwred1/sherblom-woodward.pdf (Zugriff am 25.05.2012)

Singh, S., 1999. *The Code Book: The Evolution of Secrecy from Mary, Queen of Scots, to Quantum Cryptography.* New York: Doubleday.

Smith, P./Mahdavi, J./Carvalho, M./Tippett, N., 2005. *An investigation into cyberbullying, its forms, awareness and impact, and the relationship between age and gender in cyberbullying.* London: University of London.

Tokunaga, R.S., 2010. Following you home from school: A critical review and synthesis of research on cyberbullying victimization. In: *Computers in Human Behavior* 26, 3, 277–287.

Wolak, J./Finkelhor, D., 2011. *Sexting: A typology.* http://www.unh.edu/ccrc/pdf/CV231_Sexting%20Typology%20Bulletin_4-6-11_revised.pdf (Zugriff am 03.06.2012)

Wolak, J./Finkelhor, D./Mitchell, K.J./Ybarra, M.L., 2008. Online "predators" and their victims: Myths, realities and implications for prevention and treatment. In: *American Psychologist* 63, 2, 111–128.

Wolak, J./Mitchell, K./Finkelhor, D., 2007. Unwanted and wanted exposure to online pornography in a national sample of youth Internet users. In: *Pediatrics* 119, 247–257.

Sandra Pöschl und Nicola Döring

Access anytime, anywhere, with anyone? Determinanten mobiler Erreichbarkeit in der Handykommmunikation – Ein Review

Access anytime, anywhere, with anyone? Determinants of mobile availability in mobile phone communication – a review
Mobile communication is an integrated part of our everyday life. It has led to new communication situations that are discussed in a controversial way. The central vision of the mobile communication industry is "anytime anywhere anyone communication". However, this vision has limitations: on the one hand, we don't want to be available anytime and anywhere. On the other hand, existing social norms like a mobile etiquette regulate mobile phone use in certain places, like cinemas or theaters. The possibility for ubiquitous availability has to be transferred into social actions. Therefore technological availability is not to be put on a level with social availability. This chapter gives a review of the state of research, focusing on determinants of mobile availability for a psychological perspective. Context, relevance, reasons for handling mobile availability and its consequences are discussed.

1. Einleitung

Mobilkommunikation und insbesondere Handykommunikation sind mittlerweile zu einem festen Bestandteil unseres Alltagslebens geworden. Dadurch, dass heutzutage beinahe jeder ein Mobiltelefon besitzt, ist Handykommunikation mit allen Personen, deren Handynummer wir kennen, denkbar. Entsprechend hat der Gebrauch des Handys in unserem Leben zu mehr raum-zeitlicher Unabhängigkeit und Flexibilität in der mediatisierten interpersonalen Kommunikation geführt. Wenn wir unterwegs sind, können wir jederzeit mittels unseres Handys mit Freunden, unserer Familie oder auch unseren Kollegen Kontakt aufnehmen, sofern wir das wollen (HADDON 2004).

Die zentrale Vision der Mobilkommunikationsindustrie ist eine örtliche, zeitliche und personale Entgrenzung der Kommunikationsmöglichkeiten, auch als „anytime anywhere anyone communication" bezeichnet (SADLER/ROBERTSON/KAN 2006; DÖRING 2008). Die technisch vermittelte Möglichkeit, jemanden auf dem Handy zu erreichen, bedeutet aber nicht automatisch, dass dieser Kontaktversuch auch erfolgreich ist. Insofern stößt die genannte Vision in der Praxis nicht nur an infrastrukturelle (beispielsweise eine unzureichende Netzabdeckung), sondern vor allem an soziale Grenzen (zum Beispiel Widerstand gegen die eigene ständige Erreichbarkeit oder soziale Normen, die an bestimmten Orten Handykommunikation tabuisieren, wie z. B. in einem Gottesdienst). Denn die Möglichkeit zu nahezu allgegenwärtiger Erreichbarkeit muss erst in sozialem Handeln umgesetzt werden. Somit ist technologische Erreichbarkeit nicht mit sozialer Erreichbarkeit gleichzusetzen (LICOPPE 2004). Aus letzterer Sichtweise gelten Personen erst dann als erreichbar, wenn sie das Handy bei sich tragen, es eingeschaltet ist, sie Anrufe entgegennehmen und auf erhaltene Kurzmitteilungen reagieren (DÖRING/DIETMAR 2003). Außerdem bedeutet eine soziale Erreichbarkeit nicht unbedingt auch Verfügbarkeit für eine längere Interaktion bzw. effektive Erreichbarkeit für mobile Telefonate. Handykommunikation unterliegt selbst bei sozialer Erreichbarkeit sehr wohl Beschränkungen, die von unterschiedlichen Aktivitäten, Orten und Zeitrahmen abhängen. So können sich die Angerufenen in einer Situation befinden, in der sich ein Handytelefonat aufgrund von Umgebungsbedingungen (wie laute Hintergrundgeräusche, schlechte Netzabdeckung) schwierig gestaltet. Außerdem kann es sich um eine sozial unangemessene Situation handeln (beispielsweise wenn sich die Angerufenen in einem wichtigen Face-to-Face-Gespräch befinden oder die Angerufenen keine Zeit für ein Gespräch haben). Die effektive Erreichbarkeit für mobile Telefonate wird somit erst in der jeweiligen Situation und bei der Annahme eines Anrufs ausgehandelt (LICOPPE 2004).

In diesem Beitrag wird ein Überblick über den aktuellen Forschungsstand gegeben, um Determinanten mobiler Erreichbarkeit zu beleuchten. Neben dem Kontextbezug werden die Bedeutung mobiler Erreichbarkeit für die Kommunikationspartner und -partnerinnen, Gründe für die Handhabung mobiler Erreichbarkeit, Einflussfaktoren und Auswirkungen diskutiert. Aufgrund der Fülle der vorliegenden Befunde wird der hier dargestellte Forschungsstand auf den Umgang mit mobiler Erreichbarkeit, der durch Handytelefonate ausgelöst wird, eingegrenzt. Studien zur SMS-Kommunikation werden nicht weiter berücksichtigt, da diese Kommunikationsform in der Regel als weniger störend empfunden wird und daher die Handhabung der eigenen Erreichbarkeit entsprechend weniger stark berührt.

Im Folgenden werden zunächst Kontextfaktoren mobiler Erreichbarkeit betrachtet, dann deren Organisation, die Bedeutung mobiler Erreichbarkeit für die Kommunikationspartner und -partnerinnen, die Gründe für die Handhabung mobiler Erreichbarkeit und die Einflussfaktoren der Handhabung. Im Anschluss daran wird im Einzelnen dargestellt, wie sich die allgegenwärtige Erreichbarkeit und eine auftretende Nicht-Erreichbarkeit auf die beteiligten Interaktionspartner/innen auswirken können. Dabei werden die Perspektiven der Anrufenden, der Angerufenen und die der anwesenden Dritten betrachtet. Die verschiedenen Aspekte der mobilen Erreichbarkeit und deren Handhabung werden auf einer allgemeinen Ebene dargelegt; für eine detaillierte Darstellung des Forschungsstands zur Handhabung mobiler Erreichbarkeit innerhalb unterschiedlicher sozialer Beziehungstypen (Familienleben, Freundeskreis und Arbeitsleben) siehe PÖSCHL (2010).

2. Kontextbezug mobiler Erreichbarkeit

Bei Handytelefonaten spielt eine mittlerweile etablierte Norm der Reziprozität eine Rolle: Anrufen wird generell eine hohe Priorität eingeräumt (siehe auch COOPER 2002; GESER 2005b). Ein Versagen eines solchen Kontaktversuches kann zu Spannungen führen (HADDON 2004), vor allem dann, wenn Menschen glauben, das Recht zu haben, mit einer bestimmten Person zu kommunizieren. Insbesondere die effektive Erreichbarkeit für Telefonate wird allerdings dennoch in Bezug auf die einzelnen Situationen verhandelt. Dies liegt unter anderem daran, dass physische und räumliche Gegebenheiten, die einen Einfluss auf die Handhabung der Kommunikation haben können, nicht gleich verteilt sind (HARPER/HAMILL 2005): Es besteht eine asymmetrische Beziehung zwischen den beteiligten Kommunikationspartnern, die auch als *Anrufer-Hegemonie* bezeichnet wird (BERGVIK 2004). Der Anrufer agiert, die angerufene Person kann zunächst lediglich auf den Anruf reagieren. Auch wenn sie durch die Rufnummernerkennung eventuell weiß, wer mit ihr in Kontakt treten möchte, ist ihr zunächst der Grund für den Anruf unbekannt. Die Anrufer haben gleichzeitig keine fundierte Kenntnis über die Situation, in der sich der Angerufene in diesem Moment befindet, beispielsweise ob er oder sie tatsächlich in einer Situation ist, in der ein Handytelefonat unangemessen wäre (HARPER/HAMILL 2005).

Die unterschiedliche Kenntnis der Situation kann für die Angerufenen eine Ressource darstellen, die Kommunikation zu handhaben (z. B. das Telefonat mit einer Person zu unterbrechen, mit der man im Moment nicht reden möchte). Gleichzeitig birgt sie aber auch das Potenzial, durch unvorhergesehene Anrufe in eine unangenehme Situation zu geraten. Für die Anrufenden wiederum folgt daraus, dass die Verfügbarkeit der Zielperson für Telefonate mittels Handy eben nicht garantiert ist. Folglich müssen Anrufende antizipieren, kalkulieren und einschätzen, wie sie die Wahrscheinlichkeit einer Erreichbarkeit maximieren können (LICOPPE 2004). Dies führt dazu, dass die beteiligten Interaktionspartner eine explizite oder implizite Handhabung von Interaktionskontexten versuchen,

z. B. indem die Anrufenden den Zeitplan eines Interaktionspartners vorherzusehen versuchen, indem Anrufende selbst Pausenzeiten zwischen zwei Aktivitäten nutzen oder sich die Angerufenen für ein Telefonat aus einer kollektiven Situation in der Öffentlichkeit in einen privaten Rahmen zurückziehen (Licoppe 2004).

Handykommunikation unterliegt also sehr wohl Beschränkungen der Erreichbarkeit. Insbesondere die Verfügbarkeit für mobile Telefonate ist äußerst kontextbezogen (Barkhuus 2003; Avrahami et al. 2007; Turner/Love/Howell 2008) und hängt von unterschiedlichen Aktivitäten, Orten, Zeiten und Interaktionspartnern ab. Diese Beschränkungen mobiler Erreichbarkeit werden in den nächsten Abschnitten genauer betrachtet.

2.1 Zeit

Obwohl das Handy in der Theorie unabhängig von Raum und Zeit genutzt werden könnte, kann nicht von einer völlig zeitunabhängigen Nutzung gesprochen werden (für einen Überblick siehe Ling/Campbell 2009). Handytelefonate werden stattdessen sehr wohl von der Tageszeit beeinflusst (Barkhuus 2003): So finden lange Gespräche (die mehr als 15 Minuten dauern) in der Regel abends statt, weil dann (außerhalb der Arbeitszeit) am ehesten effektive Erreichbarkeit gegeben ist. Die Angerufenen werden mit deutlich geringerer Wahrscheinlichkeit bei wichtigen Aktivitäten unterbrochen und befinden sich in der Regel in einem privaten Umfeld. Entsprechend werden solche Telefonate nicht durch Bedingungen eines öffentlichen Kontexts oder fremde anwesende Personen gestört (Licoppe 2004). Treten Anrufe in einer unpassenden Situation auf, signalisieren die Angerufenen dies in der Regel durch ihren Tonfall bzw. durch eine direkte Erklärung, dass es gerade ungünstig ist zu telefonieren, so dass die Konversation auf höfliche Weise verschoben werden kann. Das führt dazu, dass ein großer Teil der Handytelefonate kürzer als 45 Sekunden ist (Licoppe 2003).

2.2 Orte und Situationen

Insbesondere der Ortsbezug spielt bei der Verfügbarkeit für mobile Telefonate eine wichtige Rolle. Die Anrufenden möchten sichergehen, dass der angerufene Gesprächspartner wirklich für ein längeres Gespräch verfügbar ist (Arminen 2006). Die Ortsangabe, welche die interaktionale Verfügbarkeit oder Nicht-Verfügbarkeit signalisiert, wird dabei direkt am Anfang des Gesprächs abgeklärt, bevor es zu den eigentlichen Inhalten kommt. So ist die Frage „Wo bist du?“ eine häufig geäußerte Eröffnung einer Handykonversation (Laurier 2001). Der Ort, an dem sich die angerufene Person befindet, beeinflusst die interaktionale Verfügbarkeit durch audio-physikalische und soziale Gegebenheiten: Hintergrundgeräusche oder eine mangelnde Netzwerkabdeckung können ein Handytelefonat stören. Die Hintergrundgeräusche (Verkehrslärm, Stimmen im Hintergrund, das Läuten einer Schulglocke) stellen dabei eine bestimmte Information für die Anrufenden dar, die eine effektive Erreichbarkeit bzw. Nicht-Erreichbarkeit signalisieren können. Dennoch obliegt es den Angerufenen zu sagen, wo sie sind und was sie gerade machen (Harper/Hamill 2005). Eine solche Aussage muss nicht unbedingt der Wahrheit entsprechen (wobei eine offensichtliche Lüge durchaus auffallen kann; siehe Levinson 2004).

Ist die angerufene Person bereits in einer Face-to-Face-Interaktion mit einer oder mehreren anderen Personen oder stellt sich die Situation als eine sehr intime dar, kann ein Telefonat sehr unangemessen scheinen (Arminen 2006). Insbesondere die Beeinflussung der mobilen Verfügbarkeit durch andere anwesende Personen (Barkhuus 2003) spiegelt sich in einer Taxonomie von Situationen wider, an denen mit dem Handy telefoniert werden kann oder nicht. Denn ob ein Handytelefonat störend wirkt, hängt nicht nur vom Ort ab, an dem es stattfindet, sondern auch von der Art der Situation, in der sich die Kommunikationspartner gerade befinden. In diesem Zusammenhang meint soziale Situation ein raum-zeitlich gebundenes (oder lokalisiertes und temporäres) Zusammentreffen von Menschen mit spezifischen Kommunikationsmöglichkeiten, die sich in erster Linie aus ihrer sozialen Funktion ergeben (Burkart 2000a).

Levinson (2004) bezeichnet die Kategorien, in die Situationen bezüglich einer Handynutzung eingeteilt werden können, als „never wrong", „always wrong" und „sometimes wrong". Bei der ersten Kategorie handelt es sich um Orte, an denen man immer telefonieren kann, solange niemand in unmittelbarer Hörweite ist, beispielsweise zu Hause oder an öffentlichen Plätzen wie an einem Strand, in Kaufhäusern oder in öffentlichen Verkehrsmitteln (Wei/Leung 1999; Esbjörnsson/Weilenmann 2005; Campbell 2007). Solche Situationen zeichnen sich dadurch aus, dass deren soziale Funktion diffus und polyvalent, sozial unstrukturiert oder unspezifisch strukturiert ist. Hier stören Mobiltelefonate wenig oder gar nicht. In der Regel handelt es sich um räumlich und sozial offene Situationen, in denen eine starke soziale Durchmischung möglich ist (wie beispielsweise an öffentlichen Plätzen; vgl. Burkart 2000a).

Situationen, die für Telefonate immer unangemessen sind, sind ebenfalls einfach zu identifizieren: Bei ihnen handelt es sich in der Regel um sehr klare Situationen mit deutlichen Verhaltensnormen (Ling 2004b). Solche Normen bedingen teilweise sogar ein Verbot der Handynutzung, wie in Krankenhäusern, in Theatern, zum Teil auch in Bibliotheken (Lever/Katz 2007) oder auch während Unterrichtsstunden (Caporael/Xie 2003; Campbell 2006). Dabei stört das Handy umso mehr, je stärker die jeweilige Situation formalisiert und ritualisiert ist (BURKART 2000a).

Die 'manchmal falschen' Situationen stellen das größte Dilemma dar, weil Verhaltensnormen nicht unbedingt eindeutig sind. Häufig handelt es sich dabei um Orte, die öffentlich sind, in denen aber vorübergehend ein privater Raum eingenommen wird (LING 2004b). Eine Handynutzung ist nicht explizit verboten, jedoch unter Umständen unerwünscht, wie beispielsweise in einem teuren Restaurant (LING 1998).

Eine Handynutzung ist in solchen Situationen für anwesende Dritte umso störender, je näher die Konversation stattfindet, weil sie deren Interaktion unmittelbar stört oder weil sie beispielsweise dem erwarteten Verhalten widerspricht. Der Besuch eines gehobenen Restaurants hat den Charakter, dass man sich etwas gönnt, wofür man einen vergleichsweise hohen Preis bezahlt. Der Restaurantbesuch ist dabei in gewisser Weise inszeniert, indem klare Verhaltensskripte vorgegeben sind, an die man sich in der Regel hält.

2.3 Kommunikationspartner

Laut der vorliegenden Studien besteht der Zweck des Handys nicht darin, für jeden erreichbar zu sein, sondern nur für diejenigen, mit denen wir kommunizieren und von denen wir kontaktiert werden wollen (FORTUNATI 2002). Dabei handelt es sich in der Regel um Lebensgefährten, Familienmitglieder, gute Freunde und Verwandte (LICOPPE/HEURTIN 2001; AOKI/DOWNES 2003; HÖFLICH 2005). Das Handy wird also hauptsächlich genutzt, um bestehende Beziehungen zu festigen (GESER 2005b).

3. Organisation von mobiler Erreichbarkeit

Obwohl es natürlich erscheint, jeden Anruf anzunehmen, ist dies nicht der Fall (LICOPPE/HEURTIN 2001): Wer nicht erreichbar sein will, kann sein Handy ausschalten oder die extremste Form wählen: kein Handy besitzen. Der Nachteil dabei ist, dass man so auch für erwünschte Kontaktpartner schwerer erreichbar sein kann (LEVINSON 2004). Stattdessen wird die soziale und effektive Erreichbarkeit beispielsweise häufig dadurch reguliert, dass ausgewählt wird, wem man seine Handynummer mitteilt. Diese Personen sind in der Regel Bestandteil unserer Privatsphäre, zudem liegt Reziprozität vor: Die Nummern werden ausgetauscht, was in der Literatur auch als *gift-giving* (LICOPPE/HEURTIN 2001) bezeichnet wird. Diese etablierte und erwartete Reziprozität hat aber auch eine Schattenseite: Es ist sozial unerwünscht, auf Anfrage die Handynummer nicht mitzuteilen. Wer eine solche Strategie verfolgt, um seine Erreichbarkeit für bestimmte Personen zu organisieren, läuft Gefahr, die Beziehung zum Fragenden zu gefährden (LEVINSON 2004).

Dennoch kann mobile (Nicht-)Erreichbarkeit für unerwünschte Kommunikationspartner organisiert werden, denn effektive Erreichbarkeit wird letztlich durch Entscheidungen gehandhabt (LICOPPE 2004). Das in den Mobiltelefonen gespeicherte Adressbuch mit Kontaktdaten in Verbindung mit der Anzeige des Anrufenden gibt den Angerufenen folgende Entscheidungsmöglichkeiten: ob sie einen Anruf annehmen wollen, das Handy klingeln lassen oder den Anruf ablehnen (siehe auch PALEN/SALZMAN/YOUNGS 2001; HADDON 2004; RIVIERE/LICOPPE 2005).

4. Bedeutung mobiler Erreichbarkeit

Die Bedeutung der mobilen Erreichbarkeit kann unter zwei Gesichtspunkten betrachtet werden. Zum einen verändern sich durch ständige Verfügbarkeit alltägliche Koordinationsprozesse. Dieser Aspekt wird im Folgenden als praktische Bedeutung mobiler Erreichbarkeit bezeichnet. Zum anderen hat mobile Erreichbarkeit eine eindeutige soziale Bedeutung. Sie ermöglicht es uns, immer und überall Kontakt zu unserem sozialen Netzwerk aufzunehmen, es aufrechtzuerhalten und zu pflegen. Im folgenden Abschnitt werden Befunde zur praktischen Bedeutung mobiler Erreichbarkeit vorgestellt, anschließend wird auf die soziale Bedeutung eingegangen.

4.1 Praktische Bedeutung

Ein wichtiger Aspekt der ständigen mobilen Erreichbarkeit ist die damit einhergehende Erleichterung des Alltags. So wird das Telefon als ein Organisationsmedium betrachtet, das die Echtzeitintegration von komplexen Organisationsprozessen ermöglicht (GESER 2005c). Der Gebrauch des Mobiltelefons dient häufig zur Abwicklung der täglichen Interaktions- und Koordinationsprozesse (AAKHUS 2003), die als „micro coordination" (LING/YTTRI 2002) umschrieben wird. Das Handy wird dazu genutzt, konkrete Absprachen zu treffen, praktische Aufgaben zu erledigen (LING/YTTRI 2002) und spontan Verabredungen zu koordinieren (HADDON et al. 2001; AOKI/DOWNES 2003; COLBERT 2005; LASÉN 2005).

Es ermöglicht eine effiziente Zeitplanung, indem Leerzeiten besser genutzt oder mehrere Dinge zugleich erledigt werden können (beispielsweise Anrufe, wenn man sich auf dem Weg zu einer Verabredung befindet, vgl. AOKI/DOWNES 2003). Dies führt allerdings auch zu neuen Schwierigkeiten: Durch das ständige Erreichbarsein kann man selbst ständig kontaktiert werden, wodurch aktuelle Tätigkeiten unterbrochen werden. Der Alltag und das Berufsleben sind durch ständige Erreichbarkeit und Spontaneität unvorhersehbar geworden (GESER 2005a,b). So wird das Handy auch als „medium of disorganization" (GESER 2005a) bezeichnet.

4.2 Soziale Bedeutung

Wie bereits bei der Darstellung der häufigsten Kommunikationspartner deutlich wurde, findet Handykommunikation in erster Linie zwischen Personen aus dem nahen sozialen Umfeld statt (Partner, Familie, gute Freunde und berufliche Kontakte; DÖRING 2005).

Kommunikation, die über das Handy stattfindet, dient dazu, das soziale Netzwerk aufrechtzuerhalten und den Nutzern zu bestätigen, dass sie ein Teil desselben sind (JOHNSEN 2003). Viele junge Erwachsene beispielsweise erklären, dass sie ihr Handy immer angeschaltet haben, zu einem großen Teil sogar über Nacht (GESER 2006). Damit erlauben sie, dass diese Kommunikationstechnologie sogar in die intimsten Momente und Orte des Privatlebens eintritt. Das Handy ermöglicht es, Probleme zu lösen, die daraus resultieren würden, nicht mit anderen in Kontakt zu stehen. PURO (2002) geht sogar so weit zu postulieren, dass das Mobiltelefon soziale Effizienz im Sinne kontrollierter sozialer Beziehungen ermöglicht. Handynutzer können sich diejenige Person aussuchen, die zu einem bestimmten Zeitpunkt am ehesten ihre momentanen Präferenzen trifft (so möchte man nach einem Beziehungsstreit wohl eher mit einer nahestehenden Person als mit entfernten Bekannten sprechen). Die potenziell ständige Verbindung mit dem sozialen Netzwerk durch Mobiltelefone hat allerdings auch Schattenseiten: Da insbesondere auch Treffen spontan und teilweise unterwegs mittels Handy verabredet werden, kann eine Nicht-Nutzung, sei sie gewollt oder unfreiwillig, dazu führen, entsprechende Informationen nicht zu erhalten (LOGEMANN/FELDHAUS 2002), was auf den ersten Blick die praktische Bedeutung mobiler Erreichbarkeit tangiert. Dadurch kann es darüber hinaus zu Gefühlen des Abgekoppeltseins vom sozialen Netzwerk kommen, wenn man nicht in der Lage ist, ein Handy zu benutzen (beispielsweise weil es defekt ist) oder wenn keine Kontaktversuche mittels Handy stattfinden (WALSH/WHITE/YOUNG 2008). Somit hat eine Nicht-Nutzung des Handys auch eine soziale Bedeutung.

Licoppe (2003, 2004) postuliert in Bezug auf die soziale Bedeutung, dass die häufig sehr kurzen Telefonate (vor allem im Vergleich zur Gesprächsdauer beim Festnetztelefon) ein Nutzungsmuster repräsentieren, dass eben nicht nur der Koordination, der Kostenersparnis oder auch dem Risiko, den Gesprächspartner in einer unangemessenen Situation zu stören, Rechnung trägt. Stattdessen werden enge Beziehungen wie Partnerschaften oder enge Freundschaften nicht nur durch Face-to-Face-Treffen bestärkt, sondern auch durch Handytelefonate (Döring 2004). Starke Bindungen werden bestätigt und erfahren, indem man durch eine Serie von Interaktionen eine 'kontinuierliche Konversation' hat. Denn mit kurzen Telefonaten, die keine 'sinnvolle' oder praktisch relevante funktionale Information bergen, wird Interesse an der Beziehung gezeigt. Dieses Phänomen wird auch als *phatic calls* (Licoppe 2004) bezeichnet. Die Tatsache anzurufen kann mehr zählen als das, was gesagt wird. Der Erfolg einer solchen kontinuierlichen Konversation bestätigt die Wichtigkeit und den Status der Beziehung für die Beteiligten.

Sie bietet aber auch einen Nachteil: Durch die angenommene konstante Erreichbarkeit bedeutet jeder fehlgeschlagene Kontaktversuch Nicht-Erreichbarkeit. Eine solche Begebenheit kann zu Interpretationen führen, dass der nicht zu erreichende Partner zu beschäftigt für seinen Gegenpart ist und die Beziehung möglicherweise als nicht wichtig genug erachtet, um sich aus der gegenwärtigen Situation zu lösen und sich dem Beziehungspartner zu widmen (Licoppe 2004).

Durch das Ablehnen einer solchen Kontaktaufnahme kann es beispielsweise zu Verunsicherung und einem Gefühl der Abweisung kommen (Döring 2005). Sie kann aber auch Frustration, Sorge und Angst auf Seiten der Sender auslösen, da wir mittlerweile gewohnt sind, unsere Kommunikationspartner mobil zu erreichen bzw. eine Antwort zu erhalten (Laursen 2005; Ferraris 2006).

Dadurch kommt es bei Nicht-Erreichbarkeit zu einem Rechtfertigungsdruck, weil man mit Nicht-Erreichbarkeit potenziell die soziale Beziehung in Frage stellt (Licoppe 2004), denn man verweigert sich einem Beziehungsritual. Die Kontaktaufnahme mittels Mobiltelefon zielt unter diesem Beziehungsaspekt eindeutig auf eine bi-direktionale Kommunikation ab (Licoppe/Heurtin 2001).

Neben dem Legitimationsdruck sind aufgrund des Mobilitätsgewinns durch das Handy verstärkte Kontroll- und Überwachungsmöglichkeiten in sozialen Beziehungen und fehlende Rückzugsmöglichkeiten als nachteilig anzusehen (Burkart 2000a,b; Glotz/Bertschi 2006). So müssen Ausreden, warum man im Moment nicht telefonieren kann, erfunden werden, denn ein Ausschalten des Handys kann Misstrauen und Erklärungsbedarf erzeugen. So zeigt sich die Kehrseite der phatic calls (Licoppe 2004): Häufige Anrufe, die eigentlich der Pflege der Beziehung dienen sollen, können als Kontrolle und damit negativ empfunden werden, selbst wenn derartiges gar nicht in der Intention des Anrufenden lag

(LING 2001; LASÉN 2002; LICOPPE 2003; RICE/KATZ 2003; GLOTZ/BERTSCHI 2006). Schließlich können solche Anrufe außerdem gezielt eingesetzt werden, um sich über den Verbleib des anderen zu informieren (SRIVASTAVA 2005a).

Zusammenfassend kann festgehalten werden, dass der ständige mobile Kontakt als Chance und als Anforderung zu sehen ist (COOPER 2002). Denn sich in ein Netzwerk zu begeben, was durch Mobiltechnologien leichter gemacht wird, führt zu sozialen Erwartungen der Erreichbarkeit für andere (GREEN/SINGLETON 2007).

Die Ausführungen zur sozialen Bedeutung der mobilen Erreichbarkeit mit ihren positiven und negativen Auswirkungen weisen auf Folgendes hin: Jenseits von Kontextfaktoren kann es verschiedene individuelle und soziale Gründe für die Handhabung mobiler (Nicht-)Erreichbarkeit geben. Diese werden aus diesem speziellen Gesichtspunkt im anschließenden Abschnitt nochmals anhand vorliegender Studienergebnisse vertieft.

5. Gründe für die Handhabung mobiler Erreichbarkeit

Nach KATZ/AAKHUS (2002a) wird Mobiltelefonen die Schuld daran gegeben, die Ursache oder der Katalysator dafür zu sein, dass Menschen die Kontrolle über ihr Leben verlieren. Solche Vorwürfe basieren vor allem auf der Frage, ob Menschen es schaffen, den Zugriff zu regeln, den andere auf sie haben und thematisieren damit unmittelbar die Handhabung mobiler Erreichbarkeit. Die Gründe, die zu einer solchen Handhabung führen, sind auf zwei Ebenen angesiedelt. Es handelt sich zum einen um individuelle Gründe, die in erster Linie auf die eigene Person bezogen sind. Zum anderen handelt es sich jedoch um soziale Gründe, die insbesondere die Anwesenheit anderer Personen bei der Handykommunikation einbeziehen. Im folgenden Abschnitt werden anhand des Forschungsstandes die individuellen Gründe dargestellt, bevor auf die sozialen eingegangen wird.

5.1 Individuelle Gründe

Dass wir nicht alle per Handy eingehenden Anrufe und Kurzmitteilungen sofort beantworten können, liegt auf der Hand, denn das würde unsere Aktivitäten ständig unterbrechen (GESER 2005a,b). So können Handys zwar das Zeitmanagement hinsichtlich praktischer Funktionen (z. B. Koordinationsprozesse) erhöhen, sie schaffen aber auch neue Gelegenheiten für Interaktion, so dass mehr Zeit mit Kommunikation verbracht wird (RETTIE 2005). Anstatt einen Zeitgewinn zu bescheren oder beispielsweise einen besseren Gebrauch der Freizeit zu ermöglichen, kann das Handy durchaus zu einem schnelleren und hektischeren Leben führen (KATZ/AAKHUS 2002a). Durch die Erhöhung der Flexibilität im sozialen Leben verkürzt sich die Zeitplanung von Tagen auf Stunden oder gar Minuten (GLOTZ/BERTSCHI 2006). GREEN (2002) vermutet, dass die ständige Erreichbarkeit durch Handys den Ablauf von Aufgaben, Arbeitszyklen, Freizeit und Familienleben beeinflusst. Beispielsweise führt die ständige Erreichbarkeit zu Arbeitsunterbrechungen, zur Störung der Konzentration und der Privatsphäre und kann damit die Vorteile mobiler Erreichbarkeit überwiegen (SHERRY/SALVADOR 2001).

So geben Handynutzer an, dass sie es als negativ erleben, immer verfügbar sein zu müssen (AOKI/DOWNES 2003). Tief verwurzelte Normen und Gewohnheiten verlangen normalerweise, dass auch unvorhergesehene Anrufe in dem Moment angenommen werden, in dem sie ankommen. Dem gegenüber steht das Bedürfnis, auch ab und zu seine Ruhe zu haben (WALSH/WHITE/YOUNG 2008). Zudem möchten wir mit bestimmten Personen manchmal ausdrücklich nicht kommunizieren.

Neben einem Bedürfnis nach eigener Nicht-Erreichbarkeit wird ein weiterer Aspekt thematisiert, der zu Stress durch unvorhergesehene Handytelefonate führen kann. Diese treten häufig in Gegenwart anderer Personen auf. Aufgrund der bereits angesprochenen Norm, Anrufe gleich anzunehmen, führt das dazu, dass man aktuelle Face-to-Face-Interaktionen unterbricht und schnell seine Aufmerksamkeit umstellen muss, um zwischen verschiedenen Rollen zu wechseln (GESER 2005c). Neben einem solchen sehr individuellen Stress führt die Anwesenheit Dritter allerdings auch zu Gefühlen der Peinlichkeit, wenn das Handy in unangemessenen Situationen klingelt (WALSH/WHITE/YOUNG 2008). Dies stellt gleichzeitig einen individuellen und einen sozialen Grund dafür dar, die eigene mobile Erreichbarkeit zu organisieren.

5.2 Soziale Gründe

Häufig wird allgegenwärtige mobile Erreichbarkeit mit einer beschleunigten Erosion der Grenze zwischen Öffentlichkeit und Privatsphäre in Verbindung gebracht (vgl. LICOPPE/HEURTIN 2001; KATZ/AAKHUS 2002a; SRIVASTAVA 2005b; MECKEL et al. 2006). So bezeichnet beispielsweise COOPER (2002) das Handy als indiskrete Technologie. Es lässt bislang diskrete, also voneinander getrennte Domänen oder Kategorien (des Öffentlichen und des Privaten) fließender ineinander übergehen. Was bisher nach GOFFMAN (1959) auf der Hinterbühne ablief, nämlich das Privatleben, wird nun teilweise auf der Vorderbühne, in der Öffentlichkeit ausgetragen (GESER 2005a).

Dennoch ist und bleibt das Handy ein privates Medium, denn die wechselseitige Erreichbarkeit besteht nur innerhalb eines besonders begrenzten sozialen Netzwerks, dessen Mitglieder die Erlaubnis haben uns zu kontaktieren (FORTUNATI 2002). Öffentliche Handygespräche führen zu einer gewissen sozialen Abwesenheit: Obwohl die Telefonierenden physisch anwesend sind, ist ihre mentale Orientierung bei einem physisch nicht anwesenden Partner (PURO 2002). Wird mit dem Handy in der Öffentlichkeit telefoniert, ziehen sich die Akteure in der Regel aus der gegebenen Situation in eine Art kommunikative Insel zurück, eine improvisierte 'Freiluft-Handy-Telefonzelle' (LASÉN 2002). Sie suchen sich eine Nische, in der sie ungestört reden können. Damit drücken sie aus, dass mit ihnen im Hier und Jetzt der gegenwärtigen Situation nicht zu rechnen ist (für detaillierte Ausführungen siehe den Abschnitt zu Auswirkungen auf Angerufene).

Aber auch wenn die Telefonierenden ihr Umfeld ignorieren können, werden anwesende Dritte oft zu unfreiwilligen Mithörern ihres Telefonats (HÖFLICH 2005; HÖFLICH/GEBHARDT 2005). Dies kann eine massive Störung der öffentlichen Kommunikationsordnung darstellen (für einen Überblick siehe LING 2005): Ein Handytelefonat ist aufdringlich und bereits das Klingeln ist störend (MONK et al. 2004).

Zu einem Problem wird es außerdem, wenn bisher vertraute Nähe-Distanz-Arrangements durcheinander kommen. Durch das Mobiltelefon werden Teile der Persönlichkeit anderen zugänglich gemacht, die ansonsten verborgen geblieben wären. Intime und private Details werden in Gegenwart anderer und gegen deren Willen in der Öffentlichkeit diskutiert (GORDON 2002). Dies stellt ein unzivilisiertes Verhalten dar, was durchaus für die anwesenden Dritten sehr störend sein kann (CAMPBELL 2007; HÖFLICH 2005; HÖFLICH/GEBHARDT 2005a). Das Handy löst einen Schub zwischenmenschlicher Nähe zwischen Telefonierenden und anwesenden Dritten aus; entsprechend müssen die Arrangements von Nähe und Distanz bzw. Privatsphäre und Öffentlichkeit neu kalibriert werden (LING 2005).

Viele Autoren thematisieren die Notwendigkeit, eine mobile Etikette zu etablieren (LING 2004b; SRIVASTAVA 2005a). Dabei handelt es sich um neue soziale Normen, die entweder spontan oder durch die Bemühungen von Providern, Gesetzgebern oder Privatpersonen entstehen (CASTELLS et al. 2007). Es gibt zwar bereits Handbücher über Regeln bezüglich des Handygebrauchs in der Öffentlichkeit, generell handelt es sich aber eher um ungeschriebene Regeln, die sich noch in der (sozialen) Konstruktion befinden. Sie spiegeln einen sozialen Lernprozess bezüglich des Umgangs mit ständiger Erreichbarkeit wider. Dieser Lernprozess hat zwei Seiten: Zum einen lernen Menschen, wie und wann ein Mobiltelefon gebraucht werden sollte, obwohl einige Unannehmlichkeiten dank der Verbreitung von technischen Features wie dem Vibrationsalarm nicht mehr auftreten. Zum anderen handelt es sich um Gewohnheiten, die insbesondere Gesellschaften betreffen, in denen die Penetrationsrate mehr als 70 % beträgt. In solchen Gesellschaften hat man sich daran gewöhnt, in fast jeder Situation ein Handy klingeln zu hören. Die Störung der Kommunikationsordnung durch mobile Telefonate wird mittlerweile geduldet und ist teilweise sogar schon üblich geworden (SRIVASTAVA 2005b). Jede Gesellschaft beschließt jedoch, was gute und schlechte Manieren hinsichtlich der Handynutzung sind. Manche dieser Normen sind selbstregulierende Effekte, während andere durch soziale Institutionen initiiert werden. Solche Normen wandeln sich ständig. So sind Handys in der Schule mittlerweile in Pausen erlaubt, in manchen Kulturen hat sich auch die Strategie etabliert, vor einem Anruf mittels einer SMS die Erreichbarkeit des Gesprächspartners festzustellen (ITO 2005; ITO et al. 2006; CASTELLS et al. 2007). Auch aus Sicht der Angerufenen werden bestimmte Verhaltensmuster deutlich, wie das oben genannte Aufsuchen einer 'Freiluft-Telefonzelle' oder das Schaffen eines privaten Raums durch die eigene Körpersprache (MURTAGH 2002) um Privatheit sicherzustellen. Obwohl es mehrere Versuche gab, die Nutzung von Handys an öffentlichen Orten gesetzlich zu regeln, wie das Verbot von Handys in New Yorker Theatern oder in öffentlichen Verkehrsmitteln wie in Japan (LEVINSON 2004; ITO 2005; SRIVASTAVA 2005a), wird im Allgemeinen die Verantwortung der Nutzer, Rücksicht auf anwesende Dritte zu nehmen, als Lösungsstrategie betont (WEI/LEUNG 1999; FALLMAN/YTTERGREN 2005; SRIVASTAVA 2006).

Zudem führt das Handy nicht nur zu einer Privatisierung des öffentlichen Raums, auch das öffentliche Leben dringt in die Privatsphäre ein, zum Beispiel durch den Verlust von Freizeit, wenn man im Urlaub dennoch für sein Arbeitsumfeld erreichbar sein möchte (für einen Überblick siehe PÖSCHL 2010). Der Aspekt der Störung durch Handytelefonate – sei es die der eigenen Person oder die anwesender Dritter – ist ein wichtiger Beweggrund für die Handhabung mobiler Erreichbarkeit. Im nächsten Abschnitt wird dargelegt, unter welchen Bedingungen ein Handyanruf als störend empfunden wird. Sie stellen gleichzeitig Einflussfaktoren hinsichtlich des Umgangs mit mobiler Erreichbarkeit dar.

6. Einflussfaktoren der Handhabung mobiler Erreichbarkeit

Ein Grund für die Notwendigkeit, mobile Erreichbarkeit zu handhaben, ist, dass das Mobiltelefon als eine Störung der öffentlichen Sphäre empfunden wird (für einen Überblick siehe LING 2004c). Ob ein Handytelefonat als störend empfunden wird oder nicht, hängt nach BERGVIK (2004) von mehreren Faktoren ab. Dabei handelt es sich um situative und individuelle Aspekte, die nachfolgend behandelt werden.

6.1 Situative Aspekte

Ein Telefonat kann einen selbst stören, die Umgebung kann das Gespräch 'behindern' oder anwesende Dritte können verärgert werden. Dem Angerufenen obliegt die Entscheidung, einen Anruf anzunehmen oder abzulehnen, ohne genau über die Relevanz des Telefonats Bescheid zu wissen. Dabei muss zunächst die Störung des kontaktierten Individuums betrachtet werden. Ein Handytelefonat kann eine Unterbrechung der aktuellen Aktivität bedeuten (HADDON 2004). Entsprechend kann die Störung des Angerufenen durch eine kognitive Überlastung desselben bedingt sein. Zwei Aufgaben gleichzeitig zu erfüllen – seien es Gespräche mit Face-to-Face-Partnern oder eine Arbeitstätigkeit, die Konzentration erfordert – ist sehr schwierig. Meist wird einer Aufgabe, in der Regel dem Telefonat, der Vorzug gegeben, nicht zuletzt wegen der bestehenden Norm, Anrufe sofort zu beantworten. Gerade die Unterbrechung bei der Bearbeitung einer Aufgabe wird jedoch als störend empfunden (BERGVIK 2004). Dies steht in direktem Zusammenhang mit der Relevanz des Anrufs. Ist der Inhalt des Telefonates beispielsweise für die Erfüllung einer Arbeitsaufgabe wichtig, wird das Telefonat als aufgabenbezogen, informativ und nützlich angesehen, so dass es die Kosten der Unterbrechung überwiegen kann.

Außerdem muss abgewogen werden, inwiefern örtliche Faktoren der Situation störend auf das Telefonat einwirken können. Laute Hintergrundgeräusche oder eine schlechte Verbindung können ein Handytelefonat sehr anstrengend werden lassen (ARMINEN 2006). In der Regel ist es aber so, dass das Mobiltelefon eine Situation mehr stört als umgekehrt (BERGVIK 2004). Dies kann durch die Charakteristiken der Technologie und des Umgangs mit Handys erklärt werden. So sind mobile Telefonate mit unangemessenen Geräuschen verbunden. Die Klingeltöne erregen Aufmerksamkeit und die Gespräche sind häufig laut, um Hintergrundgeräusche zu übertönen (SRIVASTAVA 2005b). Außerdem ist es für anwesende Dritte irritierend, nur eine Hälfte eines Gesprächs mitzubekommen (HADDON 1998; LING 1998; 2002a; MONK/FELLAS/LEY 2004). Ein weiterer Grund liegt darin, dass bisher übliche Kommunikationsmuster gestört werden (NYÍRI 2005a). Durch Mobilkommunikation kann die Interferenz zweier Kommunikationsformen entstehen (BURKART 2000a): Es kommt zu einer Kollision zwischen der lokal gebundenen kommunikativen Situation der körperlichen Kopräsenz (die Face-to-Face abläuft) und der Situation der Telekommunikation mittels Handy. Individuelle Telekommunikation kann also in Kommunikationssituationen unter physisch Anwesenden eindringen und zu einer Vermischung von privatem und öffentlichem Kontext führen. Diese Inkongruenz zwischen der Öffentlichkeit und privaten Telefongesprächen (FORTUNATI 2002; MURTAGH 2002) wird verstärkt, wenn intime Details aus dem Privatleben der Telefonierenden Gegenstand des Gesprächs sind

(BURKART 2000b; HADDON 2000; KATZ 2003a; HÖFLICH/GEBHARDT 2005a) und sich die anwesenden Dritten einem Zwang des Mithörens ausgesetzt sehen (wenn sie sich zum Beispiel nicht oder nur schwer aus der Situation zurückziehen können, siehe TURNER/LOVE/HOWELL 2008). Neben solchen Faktoren, die mehr oder minder in direktem Zusammenhang mit mobiler Telefonie stehen, spielen auch konkret auf die jeweilige Situation bezogene Aspekte eine Rolle.

So kommt der Organisation von Nähe und Distanz zwischen den Kommunizierenden und anwesenden Dritten eine große Bedeutung zu (HÖFLICH/GEBHARDT 2005a). Das Management von Nähe und Distanz hängt von den spezifischen raum-zeitlichen Charakteristika der jeweiligen Situation ab (der räumlichen Distanz zu anderen, Größe und räumliche Anordnung der Gesprächs- und Umgebungslautstärke und der Dauer des Gesprächs; siehe auch BURKART 2000b).

Außerdem ist die Organisation eng mit der Existenz spezifisch wirksamer sozialer und kommunikativer Regeln verbunden, z. B. der Frage, ob ein Handytelefonat oder auch ein Face-to-Face-Gespräch überhaupt zulässig ist. In manchen Situationen wird die Nutzung von Handys durch bestimmte Normen reguliert (BERGVIK 2004), die ein bestimmtes soziales Verhalten festlegen. So können Normen der Stille beispielsweise in einer Bibliothek oder in einem Hörsaal (CAMPBELL 2006; LEVER/KATZ 2007) sehr funktional sein, denn ein Handytelefonat kann unter Umständen anwesende Dritte von ihrer aktuellen Tätigkeit ablenken oder ihre Erfahrung der gegebenen Situation stören (beispielsweise bei einem Konzert oder in einem teuren Restaurant, vgl. BURKART 2000a).

Bedeutend ist in diesem Zusammenhang auch, inwiefern die Nutzung eines Handys das in sozialen Situationen eingeforderte Engagement reduziert (BURKART 2000a). Situative Gegebenheiten lassen sich nach dem Grad ihres jeweils erforderlichen Engagements unterscheiden. Inwiefern die Nutzung eines Handys als störend wahrgenommen wird, ist davon abhängig, wie stark dessen Nutzung von den Mitanwesenden als ein Verstoß gegen eine solche Einforderung angesehen wird. Denn Handynutzung kann durchaus eine Verletzung beispielsweise von Höflichkeitsregeln bedeuten: Sie postulieren Aufmerksamkeit und Priorität für die physisch Anwesenden (BURKART 2000b), die im Falle eines Handytelefonats häufig vom Gespräch ausgeschlossen werden. In diesem Zusammenhang sind soziale Ränge von Bedeutung. Ranghöhere Personen wie Vorgesetzte können einen Anruf leichter annehmen und ein Face-to-Face-Gespräch unterbrechen, als das für Rangniedrigere wie Untergebene der Fall ist (BURKART 2000b).

Wie eine Person aber in einer bestimmten Situation auf ein störendes Handytelefonat reagiert, hängt auch von individuellen Faktoren ab. So können die eigene Erfahrung im Umgang und Einstellungen zur Mobiltelefonie (PALEN/SALZMAN/YOUNGS 2001), Erwartungen in der Situation, die Persönlichkeit (LOVE/KEWLEY 2005) und auch soziodemografische Aspekte wie Alter oder Geschlecht von

Nutzern und anwesenden Dritten eine Rolle spielen. Sie sollen an dieser Stelle auf einer allgemeinen Ebene betrachtet werden, bevor sie für die Rolle der Anrufenden, Angerufenen und anwesenden Dritten anhand vorhandener Studien konkretisiert werden.

6.2 Individuelle Aspekte

Im Folgenden werden individuelle Faktoren dargestellt, die beeinflussen, ob ein Handyanruf als störend empfunden wird oder nicht, nämlich Einstellungen, Erwartungen, Persönlichkeit und Soziodemografie.

6.2.1 Einstellungen

Die Möglichkeit der ständigen Erreichbarkeit stellt einen der Gründe für die Anschaffung eines Handys oder auch eines PDAs dar (Peters/Ben Allouch 2005; Green/Singleton 2007). Die Wichtigkeit des Potenzials für erweiterte Kontaktmöglichkeiten wird dabei durch die Handynutzer und -nutzerinnen betont (Ling 2001). Gerade die unmittelbare orts- und zeitunabhängige Erreichbarkeit mittels Mobiltelefon (insbesondere für Familienmitglieder) wurde bereits in frühen Studien zu Gratifikationen der Handynutzung als verhaltensrelevanter Prädiktor identifiziert. Dies galt für die Nutzung des Handys in Durchgangssituationen wie unterwegs oder auch in Kaufhäusern (Leung/Wei 2000), oder das Annehmen und Tätigen von Anrufen mit Familienmitgliedern und die Annahme von sonstigen sozialen Anrufen (Wei/Lo 2006).

Dennoch können solche Feststellungen nicht als unveränderlich angesehen werden. So zeigt sich beispielsweise, dass sich die Einstellung gegenüber ubiquitärer Verfügbarkeit häufig über die Zeit verändert: Mit steigender Nutzungsdauer nimmt die Haltung ab, das Handy sei dazu da, immer und überall zu kommunizieren (Mante/Heres 2003; Peters/Ben Allouch 2005). Es gibt Anzeichen dafür, dass eine angemessene Handykommunikation erst gelernt werden muss. Harper/Hamill (2005) konstatieren, dass Nutzer, die das Handy erst seit kurzer Zeit besitzen, erst lernen müssen, ihre Kommunikation zu organisieren. Das führt häufig dazu, dass sie in der Anfangszeit das Handy exzessiv benutzen, um die ganze Zeit zu telefonieren und Textnachrichten zu verschicken. Erst mit der Zeit verfeinern sich die Kommunikationsfertigkeiten. Entsprechende Fertigkeiten nehmen viele Formen an und ihre Entwicklung ist an sich bereits ein Maß für generelle soziale Kompetenzen des betroffenen Individuums. Sobald sich die Anfangseuphorie über die neue Technologie gelegt hat, nutzen beispielsweise

Jugendliche das Handy laut KASESNIEMI (2003) in bewussterem und angemessenem statt exzessivem und beliebigem Maße.

Außerdem werden Erreichbarkeit und öffentliche Handynutzung nicht generell nur positiv gesehen. Manche Handynutzer fühlen sich hilflos gegenüber der ständigen Intrusion von Handyanrufen, selbst wenn es sich um Anrufe auf ihrem eigenen Handy handelt: Ständige Erreichbarkeit gegen den eigenen Willen wird durchaus als negativer Aspekt des Handybesitzes bezeichnet (AOKI/DOWNES 2003; CUMISKEY 2005a).

Insbesondere hinsichtlich der Bewertung der öffentlichen Handynutzung spielen Ort und aktuelle soziale Situation eine Rolle – und zwar sowohl was eigene Telefonate als auch die Nutzung durch andere anwesende Personen betrifft. Interessant ist auch, dass das Handy von manchen Personen nicht nur zum Schutz der eigenen Privatsphäre, sondern auch im Sinne des Gemeinwohls, insbesondere bei sozialen Events wie im Kino, in Theatern oder Meetings aus- oder stummgeschaltet wird (WEI/LEUNG 1999; CAPORAEL/XIE 2003). Sorge über eine Störung persönlicher Beziehungen mit Freunden und Familienmitgliedern durch die Handynutzung wurde jedoch nicht erwähnt (CAPORAEL/XIE 2003). Dies könnte ein Hinweis darauf sein, dass es sich beim Schutz der Privatsphäre hinsichtlich öffentlicher Telefonate nicht in erster Linie darum dreht, andere nicht zu stören, sondern selbst nicht exponiert sein zu wollen – nicht zuletzt aufgrund der Intimität diverser Gesprächsthemen. Sich in Gegenwart enger Bekannter zu äußern, die selbst einen Einblick in unser Privatleben haben, scheint weniger unangenehm zu sein, als es vor komplett fremden Personen zu tun.

6.2.2 Erwartungen

Die Erwartungen an eine Situation und die wahrgenommene Vorhersagbarkeit der potenziell auftretenden Ereignisse kann beeinflussen, wie Situationen und Geschehnisse wahrgenommen und erfahren werden (BERGVIK 2004). Wenn ein Handyanruf nicht erwartet wird, kann das zu negativeren Reaktionen führen, als wenn er erwartet wird. Anrufe werden beispielsweise dann nicht erwartet, wenn die situationsinternen Normen solche Störungen nicht nahe legen. In Situationen, in denen eine Norm der Stille vorliegt, sind deshalb die Angerufenen selbst oft überrascht und verlegen. Wenn sie einen Anruf erwarten, versuchen sie die Peinlichkeit der Störung abzumildern, indem sie dies beispielsweise ankündigen oder den Vibrationsalarm verwenden. Auch Diskussionen innerhalb sozialer Beziehungen über störende Handytelefonate treten häufig auf, wenn die Erwartungen anderer anwesender Personen hinsichtlich einer angemessenen Mobiltelefonnutzung in der Öffentlichkeit verletzt werden (CAMPBELL/RUSSO 2003).

6.2.3 Persönlichkeit

Neben Einstellungen und Erwartungen bestimmen auch individuelle Persönlichkeitsfaktoren, wie mit störenden Handytelefonaten umgegangen wird (BERGVIK 2004). So spielen soziale Bewusstheit und Self-Monitoring eine Rolle: Soziales Bewusstsein adressiert individuelle Variationen in der Fähigkeit der Menschen und/oder ihrer Bereitschaft, die Perspektive der anderen einzunehmen, den Bedürfnissen anderer Aufmerksamkeit zu schenken und in Relation zu den eigenen Bedürfnissen zu beachten. Liegt der Fokus auf den eigenen Bedürfnissen und weniger auf denen anderer Personen, kann es eher zu störendem Verhalten kommen. Genauso kann Self-Monitoring (also eine Beobachtung, Regulierung und Kontrolle des eigenen Verhaltens) dazu führen, unterschiedliche Strategien zur Organisation der eigenen Erreichbarkeit einzusetzen, sei es, um explizit die eigene Verfügbarkeit für andere zu kontrollieren oder auf anwesende Dritte hinsichtlich öffentlicher Handytelefonate einen guten Eindruck zu hinterlassen.

Auch explizit persönlichkeitspsychologische Modelle wurden zur Erklärung des Umgangs mit mobiler Erreichbarkeit herangezogen. BUTT/PHILLIPS (2008) konnten nachweisen, dass die Persönlichkeitsfaktoren Extraversion und niedrige soziale Verträglichkeit aus dem Big-Five-Modell signifikante Prädiktoren für die Dauer von ausgehenden und eingehenden geführten Telefonaten darstellen. Außerdem gaben extrovertierte und sozial weniger verträgliche Personen eine höhere Anzahl von angenommenen Gesprächen an. Interessanterweise konnte eine hohe Extraversion zur Voraussage herangezogen werden, dass Handytelefonate auch als ungewollt angesehen werden, im Sinne einer negativen Sichtweise von allgegenwärtiger Erreichbarkeit.

Im Hinblick auf den Umgang mit mobiler Erreichbarkeit führte LOVE (2001) ein Experiment durch, um zu überprüfen, ob Persönlichkeitsfaktoren von anwesenden Dritten eines Handytelefonats einen Einfluss auf die Bewertung der Situation haben (siehe auch LOVE/PERRY 2004). In diesem Experiment ging es vordergründig um die Evaluation von Websites, jedoch wurden in den Sitzungen bewusst Reaktionen auf störende Handyanrufe provoziert. Sobald der Versuch starten sollte, wurde ein Schauspieler, der den zweiten Probanden in dem Partnerexperiment spielen sollte, auf dem Handy angerufen. Es zeigte sich, dass Extravertierte sich relativ wohl fühlen, wenn jemand in ihrer Gegenwart mit dem Handy telefoniert. Außerdem hörten sie dem Gespräch zu und konnten in der Regel richtige Hypothesen darüber formulieren, wer angerufen hatte und worum es in dem Gespräch ging. Introvertierte dagegen fühlten sich sehr unwohl dabei, einem privaten Gespräch zuhören zu müssen, und waren ärgerlich auf die Angerufenen, weil jene sie in eine unangenehme Situation gebracht hatten. Außerdem konnten LOVE/KEWLEY (2005) mittels eines Vignettenexperiments zeigen, dass Extraversion und emotionale Labilität einen Einfluss auf die Einstellung zu öffentlicher Handynutzung während einer Zugfahrt hatten. Introvertierte fühlten sich als anwesende Dritte direkt neben telefonierenden Personen deutlich unwohler als Extravertierte. Emotional labile Personen hatten mehr Probleme, in direkter Nachbarschaft zu anderen zu telefonieren, als emotional stabile Personen.

TURNER/LOVE/HOWELL (2008) fanden weitere Hinweise zur Wirkung von Persönlichkeitsfaktoren auf Einstellungen gegenüber öffentlicher Handynutzung. Die Autoren postulieren, dass unterschiedliche Komponenten der Persönlichkeit diese Einstellungen auf eine kumulative, jedoch diskrete Art beeinflussen. Neben einer Beziehung zwischen Psychotizismus (allgemein charakterisiert durch größere Rücksichtslosigkeit und weniger Berücksichtigung der Gefühle anderer) und einer reduzierten Inhibition der Handynutzung in sozialen Kontexten, bestanden auch Zusammenhänge zwischen emotionaler Labilität, Extraversion und der Handynutzung. Extraversion stand in Verbindung mit höherer Nutzungsfrequenz, aber nicht explizit in sozialen Kontexten oder mit dem Wohlbefinden beim Tätigen und Annehmen von Anrufen an öffentlichen Orten. Extravertierte nutzen ihr Handy also vermutlich wegen ihres größeren sozialen Netzwerks häufiger, aber nicht unbedingt, wenn sie von anderen beobachtet werden können. Neurotischere Individuen zeigten ein höheres Bedürfnis für größere persönliche Erreichbarkeit durch Mobiltelefonie, was sich aber nicht direkt durch eine tatsächliche regelmäßige Handynutzung äußerte, und schon gar nicht durch die Nutzung in öffentlichen Kontexten. Personen mit einer hohen Ausprägung von emotionaler Labilität zeigten zudem auch einen höheren negativen Affekt, wenn sie mit öffentlichen Telefonaten anderer konfrontiert waren.

6.2.4 Soziodemografie

Hinsichtlich soziodemografischer Variablen, die den Umgang mit mobiler Erreichbarkeit beeinflussen, wurden bislang vor allem Studien zu Alter und Geschlecht durchgeführt. TURNER/LOVE/HOWELL (2008) deckten auf, dass Anstiege im negativen Affekt durch in nächster Nähe geführte Telefonate von fremden Menschen mit dem Alter der untersuchten Personen zunahmen, was auf einen Generationeneffekt hinweisen könnte. Jüngere Altersgruppen sind dafür bekannt, dass sie sich das Handy leichter aneignen und es als ein wichtiges Medium für soziale Kommunikation und für die Aufrechterhaltung von Freundschaften betrachten. Mobile Kommunikation oder ihre Abwesenheit zeigte sich auch als wichtiger Faktor in der Entwicklung der eigenen Identität und des Selbst-Werts bei Teenagern. Jüngere Teilnehmer, die das Handy häufig nutzten, zeigten auch Einstellungen, die eine höhere persönliche Erreichbarkeit unterstützten und gleichzeitig weniger

Verärgerung über öffentliche Handynutzung (CAMPBELL 2006; CAMPBELL/PARK 2008).

TURNER/LOVE/HOWELL (2008) zeigten darüber hinaus geschlechterdifferente Reaktionen auf öffentlich geführte Telefonate: Männer zeigten einen stärkeren negativen Affekt gegenüber öffentlicher Handynutzung als Frauen (im Gegensatz zu den Effekten hinsichtlich der Toleranz gegenüber einer Handynutzung in Hörsälen, die CAMPBELL (2006) finden konnte, bei denen Männer toleranter waren). Die Autoren erklären dies zum einen dadurch, dass Männer empfindlicher und aggressiver auf das Eindringen in den persönlichen Raum reagieren, was bei erzwungenem Belauschen der Fall sein kann. Zum anderen führen sie funktionale Differenzen in der Telefonnutzung an. Männer äußerten mehr Wohlbefinden beim Tätigen von Anrufen an öffentlichen Orten, Frauen aber eine größere Regelmäßigkeit der tatsächlichen Nutzung. Außerdem weisen andere Studienergebnisse darauf hin, dass Frauen das Handy zur sozialen Kommunikation (insbesondere mit Familienmitgliedern) und zum Ausdruck ihres eigenen Befindens nutzen, während Männer eher funktionale Anrufe tätigen, teilweise häufiger beruflicher Art (vgl. CASTELLS et al. 2004; LING 2004b; MATSUDA 2005; WEI/LO 2006). In diesem Sinne könnten die Telefonate anderer Personen unangemessen erscheinen oder im Konflikt mit ihren eigenen Erwartungen bezüglich akzeptabler Standards der Handynutzung und der Dialog-Etikette stehen.

Hinsichtlich der individuellen mobilen Erreichbarkeit lassen sich bestehende Studien (für einen Überblick siehe CASTELLS et al. 2004; LEMISH/COHEN 2005) folgendermaßen zusammenfassen: Männer interpretieren ihre eigene Erreichbarkeit eher aktiv, in dem Sinne, dass sie selbst jederzeit jemanden erreichen können, während Frauen ihre eigene Erreichbarkeit für andere betonen. Für Frauen geht das teilweise so weit, dass nach einer anfänglichen Wertschätzung der befreienden Effekte des Handys ihre ständige Erreichbarkeit eine negative Konnotation erhält. Frauen aus südasiatischen Familien in den USA und in Indien ließen beispielsweise das Handy absichtlich zu Hause, wenn sie ausgingen (LEMISH/COHEN 2005).

Interessant sind auch vereinzelte Befunde, die den Beziehungsstatus von Handynutzern in den Mittelpunkt stellen. So konnte MATSUDA (2005) zeigen, dass Singles häufiger ein Screening-Verhalten mittels Rufnummernerkennung anwenden als verheiratete Personen, um ihre Erreichbarkeit zu handhaben. Erstere nutzen das Handy vor allem, um Kontakte zu knüpfen. Eine solche Nutzung erfordert unter Umständen das Ausfiltern von Personen, mit denen aktuell kein Gespräch gewünscht wird. Verheiratete dagegen kontaktieren relativ wenige Leute per Handy und sind selektiver bei der Nummernweitergabe. Außerdem nutzen sie hauptsächlich das Festnetztelefon und telefonieren v. a. dann per Handy, wenn jemand mit dem Festnetz nicht erreichbar ist. Das kann daran liegen, dass Verheiratete über ein anderes soziales Netzwerk als Singles verfügen. Alleinstehende unterhalten v. a. Freundschaften, verheiratete Personen dagegen treffen sich und kommunizieren in erster Linie mit Familienmitgliedern und Nachbarn (MATSUDA 2005). Dadurch haben sie keine Wahl, sie sind gezwungen, diese Beziehungen aufrecht zu erhalten. Ein vermehrtes Ablehnen von Kommunikationsangeboten kann sie gefährden.

Einige Experten sind der Meinung, dass die Irritation, die Menschen im Zusammenhang mit öffentlicher Handynutzung erfahren, eine Frage der Akklimatisierung und somit vorübergehend ist: Durch die ständige Konfrontation mit öffentlichen Handytelefonaten entstehe mit der Zeit Gleichmut (KATZ 2003a). Dennoch führen die bisher angesprochenen Aspekte der Störung und des Umgangs mit mobiler Erreichbarkeit vermutlich zu negativen Auswirkungen auf die Betroffenen. Diese muss differenziert betrachtet werden. Bei der Handykommunikation ergibt sich eine triadische Relation von Angerufenem, Anrufer und anwesenden Dritten (HÖFLICH/GEBHARDT 2005a), die reguliert werden muss. Die Ergebnisse der Studien, die sich mit dem Forschungsgegenstand aus Sicht der verschiedenen Rollen innerhalb der triadischen Relation befassen, werden in den folgenden Abschnitten dargestellt.

7. Auswirkungen mobiler Erreichbarkeit

In den nun folgenden Abschnitten werden die Auswirkungen von mobilen Telefonaten für die Rollen der Personen beleuchtet, die von öffentlichen Handytelefonaten, die am ehesten reguliert werden müssen, betroffen sind: für die Anrufenden, die Angerufenen und die anwesenden Dritten.

7.1 Anrufende

Bisher gibt es wenig Forschung zum Umgang mit mobiler Erreichbarkeit aus der Sichtweise der Anrufenden. Das mag darin begründet liegen, dass die Tatsache, einen Anruf zu tätigen, auf den ersten Blick einen für die anrufenden Personen sozial weniger störenden Prozess darstellt. Wenn man selbst anruft, hat man die Chance, mit den anderen anwesenden Personen zu interagieren. Man kann sich über die Notwendigkeit anzurufen, die Inhalte des Anrufs und vielleicht über die angewandte Strategie einigen. In dieser Hinsicht kann der Anruf eine Art kollektive Interaktion der Anwesenden sein, die im Telefonat ihren Höhepunkt findet (LING 2004b). Dennoch gibt es Hinweise darauf, dass gerade das Initiieren von mobilen Telefonaten in Gegenwart anderer Personen keine Selbstverständlichkeit ist. So wird eine solche Situation gerne von den Anrufenden vermieden (CUMISKEY 2005b; LOVE/KEWLEY 2005), zudem ist es Anrufenden teilweise lieber, Anrufe in der Öffentlichkeit anzunehmen, statt selbst jemanden anzurufen (TURNER/LOVE/HOWELL 2008).

Negative Auswirkungen entstehen vermutlich erst dann, wenn auf Seiten der angerufenen Person eine eingehende Nachricht nicht beantwortet wird. Dadurch kann bei den Anrufenden Frustration, Sorge und auch Angst ausgelöst werden, da man mittlerweile gewohnt ist, den Kommunikationspartner mobil zu erreichen bzw. eine Antwort zu erhalten (LAURSEN 2005; FERRARIS 2006). Da durch die Nicht-Erreichbarkeit die Erwartung einer bi-direktionalen sozialen Bindung (LICOPPE/HEURTIN 2001) verletzt wird, die potenziell die soziale Beziehung der beteiligten Interaktionspartner in Frage stellt, kann es zu Verunsicherung und einem Gefühl der Abweisung auf Seiten der Anrufenden kommen (DÖRING 2005).

7.2 Angerufene

Im Gegensatz zu den Anrufenden kann es sich im Falle der Angerufenen bei einem eingehenden Handytelefonat um eine potenziell unmittelbare Störung handeln (LING 2004b). Da Handyanrufe in der Regel unvorhergesehen sind, stehen die Angerufenen vor der Aufgabe, sehr schnell zwischen ihren Rollen zu wechseln und ihre Aufmerksamkeit umzustellen (GESER 2005b). Durch die Unvorhersehbarkeit der Anrufe können sie nicht erwartet und somit auch nicht in die Interaktion integriert werden, denn andere anwesende Personen hören den Wortlaut der Anrufer nicht. Durch die Norm, Anrufe in der Regel sofort zu beantworten, haben diese eine destabilisierende Wirkung auf Face-to-Face-Interaktionen, indem sie diese unterbrechen. Hiermit ergibt sich für die Angerufenen eine erhebliche Herausforderung: Sie müssen in einem bilateralen Kommunikationsprozess zwei unterschiedliche soziale Umfelder und Kontexte gleichzeitig bewältigen und steuern, nämlich einerseits mit dem Anrufer, andererseits mit anwesenden dritten Personen interagieren (vgl. GESER 2005a; SRIVASTAVA 2005b). Die Heraus- und teilweise Überforderung kann auf unterschiedliche Arten gelöst werden: Zum einen kann man die Aufmerksamkeit auf den Anruf richten und in der Situation verbleiben. Das bedeutet aber auch, dass man gleichzeitig zwei Rollen einnehmen muss, die potenziell konfligieren und unterschiedliche Selbstdarstellungsstrategien beinhalten, beispielsweise wenn der Vorgesetzte anruft, während man sich gerade in einer Bar aufhält (GESER 2005b). Weitere Möglichkeiten bestehen darin, die aktuelle Tätigkeit zu unterbrechen und sich für die Zeit des Telefonats aus der sozialen Situation zurückzuziehen. Die meisten Angerufenen nutzen diese Strategie, um in eine soziale Interaktion mit dem entfernten Anrufer einzutreten (vgl. SRIVASTAVA 2005a), denn sie sind sich des Störpotenzials speziell für anwesende Dritte oft bewusst (HADDON 2000). Die Anwesenheit Dritter ist keine Marginalie, sondern stellt häufig einen integralen Bestandteil der Kommunikationssituation dar (HÖFLICH 2005; HÖFLICH/GEBHARDT 2005a). Oft wird der Rückzug beispielsweise in eine ruhige Ecke gewählt (vgl. COOPER et al. 2002; HÖFLICH 2006). Angerufene fühlen sich teilweise sehr unwohl, in Gegenwart anderer zu telefonieren und versuchen, solche Situationen zu meiden (HÖFLICH/GEBHARDT 2005a). Das betrifft insbesondere emotional labile bzw. neurotische Personen (LOVE/KEWLEY 2005). CUMISKEY (2005b) dagegen beobachtete, dass Menschen, die in der Öffentlichkeit mit dem Handy telefonierten, sehr unterschiedliche Reaktionen zeigten, von selbstbewusster Gelassenheit bis zu starker Nervosität. Das Wohlbefinden beim Führen von öffentlichen Telefonaten ist jedoch stark kontextabhängig. TURNER/LOVE/HOWELL (2008) stellten fest, dass die Teilnehmer ihrer Untersuchung Telefonate in der Öffentlichkeit lieber annahmen als selbst initiierten. Zudem telefonierten sie am liebsten an relativ offen gehaltenen öffentlichen Orten wie Geschäften und auf der Straße. Das stellt einen Hinweis darauf dar, dass Menschen in dieser Hinsicht Orte bevorzugen, an denen sie sich auch physisch von anderen zurückziehen können. Zudem konnte die Studie zeigen, dass die Sensibilität der Telefonierenden gegenüber der Gegenwart von anwesenden Dritten die öffentliche Handynutzung in verschiedenen sozialen Settings dahingehend bestimmte, dass Störungen anwesender Dritter weitestgehend vermieden werden sollten.

Verbleiben die Angerufenen in der Situation, wird durch die Körpersprache eine Art von privatem Raum geschaffen (COOPER et al. 2002). So spielt die Blickrichtung eine entscheidende Rolle (LING 2004b). Der Blick wird in der Regel gesenkt und von anderen Anwesenden abgewandt, häufig in Verbindung mit einem Wegdrehen des Kopfes oder Oberkörpers (vgl. auch MURTAGH 2002). DÖRING (2005) konnte darüber hinaus zeigen, dass Telefonieren in einer Face-to-Face-Situation gerade auch Freunden und Bekannten gegenüber zu bestimmten Verhaltensweisen führt, um die Situation zu bewältigen: Beispielsweise wurden die anwesenden Dritten in das Gespräch einbezogen oder das Telefonat wurde sehr kurz gehalten (vgl. auch HUMPHREYS 2005; HÖFLICH 2006). Darüber hinaus konnte DÖRING (2005) beobachten, dass sich die angerufenen Personen bei ihren Begleitern entschuldigten, bevor sie den Anruf annahmen. Häufig wurde auch während des Gesprächs nonverbal mit den anwesenden Dritten mittels Gesten und Blicken kommuniziert, um den Kontakt zu ihnen nicht abbrechen zu lassen.

Egal, ob man in der Situation verbleibt oder sich zurückzieht, es bedeutet, dass sowohl von den Angerufenen als auch von den anwesenden Dritten Prozesse der lokalen Loslösung (disengagement) gefordert sind. Mittlerweile haben sich bereits Normen etabliert, wie sich Angerufene insbesondere aus einer gegenwärtigen Face-to-Face-Interaktion lösen sollten. Es wird als höflich angesehen zu erwähnen, wer anruft, per Körpersprache einen privaten Raum zu schaffen und wenn möglich die Situation ganz zu verlassen (vgl. LING 2002b; GESER 2005c).

7.3 Anwesende Dritte

Obwohl einerseits eine gewisse Gewöhnung an öffentliche Handytelefonate stattgefunden hat (HÖFLICH 2006) und die Angerufenen zu bestimmten Strategien greifen, um ihre Erreichbarkeit gerade im Beisein anderer zu organisieren (HADDON 2000), können diese Telefonate unter bestimmten Umständen zu negativen Emotionen auf Seiten der anwesenden Dritten führen (für einen Überblick siehe LING 2004b). Dabei geht es einerseits um die Lärmbelästigung (Klingeltöne, lautes Sprechen), andererseits aber auch um soziale Exklusion oder Irritation, denn anwesende Dritte bekommen nur eine Hälfte des Handytelefonats mit und sind teilweise mit intimen Gesprächsinhalten konfrontiert (HADDON 1998; LING 2004b; HÖFLICH 2006; SRIVASTAVA 2006).

Das erzwungene Mithören von fremden Privatgesprächen scheint ein wichtiger Störfaktor für die anwesenden Dritten zu sein (LING 2004b). Das Mithören von Gesprächsthemen, die einen selbst nichts angehen, führt zu Gefühlen der Peinlichkeit, des Unbehagens und teilweise der Entrüstung (siehe auch LOVE 2001; LOVE/PERRY 2004; SRIVASTAVA 2005a), insbesondere dann, wenn die Situation ein Ausweichen nicht erlaubt (das ist beispielsweise in überfüllten öffentlichen Verkehrsmitteln oder am Arbeitsplatz der Fall; TURNER/LOVE/HOWELL 2008). Diese erzwungene Form des Mithörens kann jedoch auch als eine Form der Beziehung zu Fremden betrachtet werden (SRIVASTAVA 2005b). Durch die Möglichkeit, durch Handygespräche etwas über eine – einem selbst eigentlich fremde Person – zu erfahren, kann sich eine Art von unsichtbarem Verständnis zwischen den am gleichen Ort anwesenden Personen entwickeln. So kommt es auch auf die Situation und die aktuellen Tätigkeiten des Publikums an. Beispielsweise fühlen sich Freunde, die sich unterhalten, durch ein Handytelefonat einer fremden Person mehr gestört, als Personen, die nichts miteinander zu tun haben und sich langweilen, z. B. in einer Wartesituation am Bahnhof (LEVINSON 2004). Auch der Ort, an dem telefoniert wird, spielt eine Rolle: Anwesende Dritte fühlen sich durch Handytelefonate weniger gestört, wenn sie am selben Ort selbst telefonieren würden (TURNER/LOVE/HOWELL 2008). Manche Personen hören einem Handygespräch auch bewusst zu (vgl. LOVE 2001; LOVE/PERRY 2004). So konnten TURNER/LOVE/HOWELL (2008) beispielsweise zeigen, dass eine höhere Irritation durch die öffentliche Handynutzung anderer Personen nicht notwendigerweise mit einem Verlust des Interesses an deren Anrufen zusammenhängt. Öffentliche Telefonate könnten demnach gleichzeitig eine stark störende und dennoch faszinierende Art der persönlichen Intrusion darstellen. Mehrere Befragte erwähnten das Phänomen, dass anwesende Dritte automatisch und ungewollt die Telefonate anderer Personen in ihrer Umgebung mithören. In dieser Studie wurden die stärksten positiven Affekte im Zusammenhang mit sozialen Orten gefunden, wie Bars und Restaurants und am wenigsten an Orten wie dem Arbeitsplatz, die nicht primär dem Zweck der sozialen Interaktion dienen. Ein vergleichbares Phänomen konnten MONK/FELLAS/LEY (2004) feststellen: Sie wiesen mittels eines Feldexperiments nach, dass das Mithören eines Zwiegespräches (bei dem beide Gesprächspartner anwesend sind) weniger störend wirkt als das Mithören eines Handygesprächs. Interessanterweise zeigte sich dieser Effekt auch für das unfreiwillige Belauschen eines 'normalen' Gesprächs, dass allerdings nur von einer Person geführt wird. Das bedeutete, dass eine verdeckte Person ihren Turn aussprach, der Gesprächspartner jedoch nicht existierte und dessen Antworten im Gesprächsverlauf fehlten. Die Autoren bezeichnen dieses Phänomen als „need-to-listen"-Effekt und argumentieren, dass die Irritation über diese einseitigen Gespräche daher rührt, dass die Anwesenden lediglich eine Hälfte der Unterhaltung mitbekommen. Diese Irritation lässt ein solch einseitiges Gespräch (also auch ein Handytelefonat) besonders aufdringlich erscheinen.

Jenseits der Faszination oder Störung durch das erzwungene Belauschen kann sich auch ein weiterer Aspekt allgegenwärtiger mobiler Telefonie negativ auf anwesende Dritte auswirken: In der Regel richten Angerufene ihre volle Aufmerksamkeit auf das Telefonat und unterbrechen eine gegenwärtige Face-to-Face-Interaktion (HÖFLICH 2005, 2006). Dies stellt für die anwesenden Dritten eine soziale Zurückweisung dar. Ein störender Handyanruf führt dazu, dass die anwesenden Dritten genauso wie die Angerufenen Prozesse der lokalen Loslösung durchlaufen müssen (vgl. GESER 2005c), um der kontaktierten Person den Raum für ein privates Telefonat einzuräumen (LING 2004a). Aus Sicht der anwesenden Dritten werden sie 'links liegen gelassen' (LING 2004b). Ihren Status als Interaktionspartner in der Face-to-Face-Begegnung erlangen sie meist erst nach Beendigung des Gesprächs zurück, auch wenn sie in Ausnahmefällen durchaus in die Konversation einbezogen werden, beispielsweise wenn ein gemeinsamer Bekannter bzw. ein Mitglied der In-Group anruft (KATZ 2003; LING 2004b; HUMPHREYS 2005). In einem solchen Fall fühlen sich die anwesenden Dritten auch weniger gestört, als wenn eine ihnen fremde Person oder jemand aus der Out-Group mittels eines Anrufs die Interaktion unterbricht (KATZ 2003a). Geht das Handygespräch seinem Ende zu, wird das deutlich, weil durch bestimmte Floskeln das Ende der telefonischen Interaktion verhandelt wird. Gleichzeitig ist es auch ein Signal für anwesende Dritte, sich für eine weitere Interaktion mit dem Telefonierer vorzubereiten (LING 2004b).

Humphreys (2005) fand heraus, dass anwesende Dritte Anzeichen von Verärgerung darüber zeigten, ausgeschlossen und 'allein gelassen' zu werden, wenn ihr Begleiter einen Handy-Anruf entgegen nahm (vgl. auch Gergen 2002; Cumiskey 2005a). Häufig suchten sie sich für die Dauer des Gesprächs eine Nebenbeschäftigung, um sich die Zeit zu vertreiben. Andere Reaktionen reichen von höflicher 'Gleichgültigkeit', gelerntem 'Nicht-zur-Kenntnis-Nehmen' (einem nonverbalen Verdeutlichen, dass über das Vergehen hinweggesehen wird; Ling 1998), bis hin zu Sanktionen wie wütenden Blicken oder verbalen Kommentaren (Cooper et al. 2002; Döring 2005; Geser 2005c; Ling 1998, 2005) oder auch einer Abwertung des Telefonierenden, beispielsweise als *Angeber* (Ling 1998).

Die unterschiedlichen Reaktionen von Angerufenen und anwesenden Dritten können auch aus der Perspektive der Beziehung zwischen diesen beiden Rollen betrachtet werden: Bestehende Face-to-Face-Gruppen werden nach Plant (2002) in „innies“ und „outies“ unterschieden. „Innies“ tolerieren Störungen durch Handytelefonate seltener, weil sie sich als Gruppe ganz auf sich selbst konzentrieren. Tritt dennoch der Fall ein, dass ein Anruf ein Face-to-Face-Treffen stört, entfernen sich die Angerufenen möglichst unauffällig von der Gruppe. „Outies“ dahingegen sind gegenüber eingehenden mobilen Anrufen offen. Erhält jemand einen Anruf, wird er in Gegenwart der Gruppe angenommen, und niemand ist durch Nebensprechen, auch *cross talk* genannt, irritiert.

8. Fazit

Die dargestellten Befunde zeigen, dass mobile Erreichbarkeit nicht mit dem Konzept ACCESS ANYTIME, ANYWHERE, WITH ANYBODY gleichzusetzen ist. Technologische Erreichbarkeit muss erst als soziale Erreichbarkeit umgesetzt werden. Insbesondere die effektive Erreichbarkeit, also die Verfügbarkeit für mobile Telefonate ist zudem äußerst kontextbezogen, und zwar in zeitlicher und örtlicher Hinsicht und in Bezug auf die beteiligten Kommunikationspartner.

Effektive Erreichbarkeit wird in den entsprechenden Situationen verhandelt. Dabei spielen der Ortsbezug bzw. die konkrete Situation, in der sich die Angerufenen befinden, eine besondere Rolle, denn diese kann unterschiedlich angemessen für ein Telefonat sein. Die Kenntnis der Situation ist ungleich verteilt: Die Anrufer können nicht beurteilen, ob sich die Kontaktperson in einer Situation befindet, die ein Telefonat erlaubt. Das hat zweierlei Konsequenzen: Die Anrufenden müssen antizipieren, wie sie die Wahrscheinlichkeit einer effektiven Erreichbarkeit maximieren können. Den Angerufenen obliegt es, in der Situation zu entscheiden, ob sie einen Anruf annehmen wollen oder können – oder auch nicht. Sie können ihre eigene Erreichbarkeit mittels mehrerer Strategien handhaben, sei es, einen Anruf abzulehnen oder ein erneutes Gespräch zu vereinbaren.

Generell nicht mobil erreichbar zu sein, ist häufig keine erstrebenswerte Option, denn mobile Erreichbarkeit hat eine praktische Bedeutung hinsichtlich von Koordinationsprozessen im Alltag. Darüber hinaus wohnt der mobilen Erreichbarkeit auch eine soziale Bedeutung inne: Handykommunikation findet in der Regel zwischen Personen des nahen sozialen Umfelds statt. Insbesondere die so genannten phatic calls dienen der Aufrechterhaltung und Festigung der sozialen Beziehung durch eine kontinuierliche Konversation. Deswegen führt Nicht-Erreichbarkeit für soziale Beziehungspartner häufig zu negativen Konsequenzen; nicht nur in emotionaler Hinsicht für die Anrufenden, sondern auch in Form von Rechtfertigungsdruck für die nicht erreichbaren Angerufenen.

Gründe für Nicht-Erreichbarkeit können aus Sicht der Angerufenen eine empfundene Kontrolle durch die Anrufe, das Bedürfnis nach Ruhe und eine eventuelle Störung anwesender Dritter sein. Denn durch das Handy lösen sich die Grenzen zwischen Öffentlichkeit und Privatleben teilweise auf, persönliche und intime Details können in Gegenwart Fremder diskutiert werden. Zudem stört ein eingehender Anruf häufig eine bestehende Face-to-Face-Interaktion. Ob und unter welchen Umständen ein Handytelefonat als störend empfunden wird, hängt von situativen und individuellen Einflussfaktoren ab.

Die Auswirkungen der mobilen Erreichbarkeit bzw. Nicht-Erreichbarkeit sind vielfältig und müssen für die beteiligten Personen mit ihren jeweiligen Kommunikationsrollen (Anrufende, Angerufene und anwesende Dritte) in der gegebenen Situation unterschieden werden. Für die Anrufenden liegen bisher eher wenig empirische Befunde in Bezug auf Verhaltensweisen und emotionale Reaktionen beim Umgang mit Nicht-Erreichbarkeit der Kontaktpersonen vor. Die Befunde für die Angerufenen und die anwesenden Dritten zeigen unterschiedliche emotionale Reaktionen. Es scheinen sich aber für beide genannten Rollen gewisse Verhaltensstrategien heraus zu kristallisieren, mittels derer ein Handyanruf in Gegenwart anderer Personen gehandhabt wird.

Literatur

AAKHUS, M., 2003. Understanding Information and Communication Technology and Infrastructure in Everyday Life. In: KATZ, J.E. (ed.), 2003b, 27–42.

AOKI, K./DOWNES, E. J., 2003. An analysis of young people's use of and attitudes toward cell phones. In: *Telematics & Informatics* 20, 4, 349–364.

ARMINEN, I., 2006. *Social functions of location in mobile telephony.* In: *Personal and Ubiquitous Computing* 10, 5, 319–323.

AVRAHAMI, D./GERGLE, D./HUDSON, S. E./KIESLER, S., 2007. Improving the match between callers and receivers: A study on the effect of contextual information on cell phone interruptions. In: *Behaviour & Information Technology* 26, 3, 247–259.

BARKHUUS, L., 2003. *How to Define the Communication Situation: Context Measures in Present Mobile Telephony*. http://www.itu.dk/people/barkhuus/barkhuuscontext03.pdf (Zugriff am 01.06.2012).

BERGVIK, S., 2004. Disturbing cell phone behavior – a psychological perspective. Implications for mobile technology in tourism. In: *Telenor R&D Report* 29, 04. http://telenor.com/rd/pub/rep04/R_29_2004.pdf (Zugriff am 24.05.2012).

BROWN, B./GREEN, N./HARPER, R. (eds.), 2002. *Wireless World. Social and Interactional Aspects of the Mobile Age*. London [u. a.]: Springer.

BURKART, G., 2000a. Das Mobiltelefon und die Veränderung der Kommunikation im sozialen Raum. In: *Soziale Welt – Zeitschrift für sozialwissenschaftliche Forschung und Praxis* 51, 2, 209–227.

BURKART, G., 2000b. Mobile Kommunikation: Zur Kulturbedeutung des „Handy". In: *Soziale Welt – Zeitschrift für sozialwissenschaftliche Forschung und Praxis* 51, 2, 1–4.

BUTT, S./PHILLIPS, J.G., 2008. Personality and self reported mobile phone use. In: *Computers in Human Behavior* 24, 2, 346–360.

CAMPBELL, S.W., 2006. Perceptions of Mobile Phones in College Classrooms: Ringing, Cheating, and Classroom Policies. In: *Communication Education* 55, 3, 280–294.

CAMPBELL, S.W., 2007. A cross-cultural comparison of perceptions and uses of mobile telephony. In: *New Media Society* 9, 2, 343–363.

CAMPBELL, S.W./PARK, Y.J., 2008. Social Implications of Mobile Telephony: The Rise of Personal Communication Society. In: *Sociology Compass* 2, 2, 371–387.

CAMPBELL, S.W./RUSSO, T.C., 2003. The Social Construction of Mobile Technology: An Application of the Social Influence Model to Perceptions and Uses of Mobile Phones within Personal Communication Networks. In: *Communication Monographs* 70, 4, 317–334.

CAPORAEL, L. R./XIE, B., 2003. Breaking Time and Place: Mobile Technologies and Reconstituted Identities. In: KATZ, J.E. (ed.), 2003b, 219–231.

CASTELLS, M./ FERNÁNDEZ-ARDÈVOL, M./QIU, J.L./SEY, A., 2004. *The Mobile Communication Society. A Cross-Cultural Analysis of Available Evidence on the Social Uses of Wireless Communication Technology Annenberg School for Communication*. http://hack.tion.free.fr/textes/MobileCommunicationSociety.pdf (Zugriff am 01.06.2012)

CASTELLS, M./FERNÁNDEZ-ARDÈVOL, M./QIU, J.L./SEY, A., 2007. *Mobile Communication and Society: A Global Perspective*. Cambridge, Mass.: MIT Press.

COLBERT, M., 2005. Usage and user experience of communication before and during rendezvous. In: *Behaviour & Information Technology* 24, 6, 449–469.

COOPER, G., 2002. The Mutable Mobile: Social Theory in the Wireless World. In: BROWN, B./GREEN, N./HARPER, R. (eds.), 2002, 19–31.

COOPER, G./GREEN, N./MURTAGH, G.M./HARPER, R., 2002. Mobile Society? Technology, Distance and Presence. In: WOOLGAR, S. (ed.), 2002. *Virtual Society? Technology, Cyperbole, Reality*. Oxford: Oxford University Press, 286–301.

CUMISKEY, K. M., 2005a. "Can you hear me now?" Paradoxes of Techno-Intimacy Resulting from the Public Use of Mobile Communication Technology. In: NYÍRI, K. (ed.), 2005b, 151–158.

CUMISKEY, K. M., 2005b. "Surprisingly, Nobody Tried to Caution Her": Perceptions of Intentionality and the Role of Social Responsibility in the Public Use of Mobile Phones. In: LING, R./PEDERSEN, P. (eds.), 2005, 225–236.

DÖRING, N., 2004. Wie verändern sich soziale Beziehungen durch Mobilkommunikation? Eine Analyse von Paar-, Familien- und Freundschaftsbeziehungen. In: THIEDEKE, U. (Hg.), 2004. *Soziologie des Cyberspace. Medien, Strukturen und Semantiken*. Wiesbaden: VS Verlag für Sozialwissenschaften, 240–280.

DÖRING, N., 2005. *Just you and me – and your mobile*. http://www.vodafone.com/flash/receiver/15/articles/indexcenter09.html (Zugriff am 21.07.2009).

DÖRING, N., 2008. Mobilkommunikation: Psychologische Nutzungs- und Wirkungsdimensionen. In: BATINIC, B./APPEL, M. (Hg.), 2008. *Medienpsychologie*. Heidelberg [u. a.]: Springer, 219–240.

DÖRING, N./DIETMAR, C., 2003. *Mediated Communication in Couple Relationships: Approaches for Theoretical Modelling and Initial Qualitative Findings*. http://www.qualitative-research.net/index.php/fqs/article/view/676/1463 (Zugriff am 01.06.2012).

ESBJÖRNSSON, M./WEILENMANN, A., 2005. Mobile Phone Talk in Context. In: DEY, A. K./KOKINOV, B.N./LEAKE, D.B./TURNER, R.M. (eds.), 2005. *Modeling and Using Context, 5th International and Interdisciplinary Conference, CONTEXT 2005. Proceedings. Lecture Notes in Computer Science 3554*. 05.–08.07.2005, Paris, France. Heidelberg [u. a.]: Springer, 140–154.

FALLMAN, D./YTTERGREN, B., 2005. Meeting in Quiet: Choosing Suitable Notification Modalities for Mobile Phones. In: *Proceedings of DUX 2005, Conference on Designing for User Experience*. 03.–05.11.2005. San Francisco, CA: ACM.

FERRARIS, M., 2006. Where Are You? Mobile Ontology. In: NYÍRI, K. (ed.), 2006. *Mobile Understanding – The Epistemology of Ubiquitous Communication*. Wien: Passagen-Verlag, 41–52.

FORTUNATI, L., 2002. The mobile phone: Towards new categories and social relations. In: *Information, Communication & Society* 5, 4, 513–528.

GERGEN, K.J., 2002. The challenge of absent presence. In: KATZ, J.E./AAKHUS, M. (eds.), 2002. *Perpetual Contact: Mobile Communication, Private Talk, Public Performance*. Cambridge: Cambridge University Press, 227–241.

GESER, H., 2005a. Is the cell phone undermining the social order? Understanding mobile technology from a sociological perspective. In: GLOTZ, P./BERTSCHI, S./LOCKE, C. (eds.), 2005, 23–36.

GESER, H., 2005b. Soziologische Aspekte mobiler Kommunikation – Über den Niedergang orts- und raumbezogener Sozialstrukturen. In: HÖFLICH, J.R./GEBHARDT, J. (Hg.), 2005, 43–59.

GESER, H., 2005c. Towards a Sociological Theory of the Mobile Phone. In: ZERDICK, A./PICOT, A./SCHRAPE, K./BURGLEMAN, J./SILVERSTONE, R./FELDMANN, V./WERNICK, C./WOLFF, C. (eds.), 2005. *E-Merging Media: Communication and the Media Economy of the Future*. Berlin [u. a.]: Springer, 235–260.

GESER, H., 2006. *Are girls (even) more addicted? Some gender patterns of cell phone usage*. http://socio.ch/mobile/t_geser3.pdf (Zugriff am 01.06.2012).

GLOTZ, P./BERTSCHI, S./LOCKE, C. (eds.), 2005. *Thumb Culture. The Meaning of Mobile Phones for Society*. Bielefeld: transcript.

GLOTZ, P./BERTSCHI, S., 2006. People, Mobiles and Society: Concluding Insights from an International Expert Survey. In: *Knowledge, Technology, & Policy* 19, 2, 69–92.

GOFFMAN, E., 1959. *The presentation of self in everyday life*. New York: Doubleday.

GORDON, J., 2002. The Mobile Phone: An Artefact of Popular Culture and a Tool of the Public Sphere. In: *Convergence* 8, 3, 15–26.

Green, N., 2002. On the Move: Technology, Mobility, and the Mediation of Social Time and Space. In: *The Information Society* 18, 4, 281–292.

Green, E./Singleton, C., 2007. Mobile selves: Gender, ethnicity and mobile phones in the everyday lives of young Pakistani-British women and men. In: *Information, Communication & Society* 10, 4, 506–526.

Haddon, L., 1998. The Experience of the Mobile Phone. *Konferenzbeitrag XIV World Congress of Sociology, "Social Knowledge: Heritage, Challenges, Prospects."* 26.07–01.08.1998, Montreal.

Haddon, L., 2000. The Social Consequences of Mobile Telephony: Framing Questions. *Konferenzbeitrag Sosiale Konsekvenser av Mobiltelefoni*. 26.06.2000, Oslo.

Haddon, L., 2004. Cultural Differences in Communications: Examining Patterns of Daily Life. *Konferenzbeitrag Mobile Communication and Social Change*. 18.–19.10.2004, Seoul, Korea.

Haddon, L./Gournay de, C./Lohan, M./Östlund, B./Palombini, I./Sapio, B./Kilegran, M., 2001. From Mobile to Mobility: the Consumption of ICTs and Mobility in Everyday Life. Report of the Cost 269 Mobility Group Cost 269 Mobility Group.http://www2.lse.ac.uk/media@lse/whosWho/AcademicStaff/LeslieHaddon/Mobility%20and%20ICTs.pdf (Zugriff am 24.05.2012).

Harper, R./Hamill, L., 2005. Kids will be Kids. The Role of Mobiles in Teenage Life. In: Hamill, L./Lasen, A. (eds.), 2005. *Mobile World. Past, Present and Future*. New York [u. a.]: Springer, 61–74.

Harper, R./Palen, L./Taylor, A. (eds.), 2005. *The inside text. Social, cultural, and Design perspectives on SMS*. Dordrecht [u. a.]: Springer.

Höflich, J. R., 2005. The mobile phone and the dynamic between private and public communication: Results of an international exploratory study. In: Glotz, P./Bertschi, S./Locke, C. (eds.), 2005, 123–135.

Höflich, J.R., 2006. The Mobile Phone and the Dynamic between Private and Public Communication: Results of an International Exploratory Study. In: *Knowledge, Technology, & Policy* 19, 2, 58–68.

Höflich, J.R./Gebhardt, J., 2005a. Mobile Kommunikation und die Privatisierung des öffentlichen Raums – Ergebnisse einer explorativen Studie. In: Höflich, J.R./Gebhardt, J. (Hg.), 2005b, 135–157.

Höflich, J.R./Gebhardt, J. (Hg.), 2005b. *Mobile Kommunikation – Perspektiven und Forschungsfelder*. Frankfurt a. M. [u. a.]: Peter Lang.

Humphreys, L., 2005. Cellphones in public: social interactions in a wireless era. In: *New Media & Society* 7, 6, 810–833.

Ito, M., 2005. Mobile Phones, Japanese Youth, and the Re-Placement of Social Contact. In: Ling, R./Pedersen, P. (eds.), 2005, 131–148.

Ito, M./Okabe, D./Kraut, R./Brynin, M./Kiesler, S., 2006. Intimate connections: Contextualizing Japanese youth and mobile messaging. In: Kraut, R./Brynin, M./Kiesler, S. (eds.), 2006. *Computers, phones, and the Internet: Domesticating information technology*. New York: Oxford University Press, 235–247.

Johnsen, T.E., 2003. The Social Context of the Mobile Phone Use of Norwegian Teens. In: Katz, J.E. (ed.), 2003, 161–169.

Kasesniemi, E.-L., 2003. *Mobile Messages. Young People and a New Communication Culture*. Tampere: Tampere University Press.

Katz, J.E., 2003a. A Nation of Ghosts? Choreography of Mobile Communication in Public Spaces. In: Nyíri, K. (ed.), 2003, 21–32.

KATZ, J.E. (ed.), 2003b. *Machines that Become Us. The Social Context of Personal Communication Technology.* New Brunswick: Transaction Publishers.

KATZ, J.E./AAKHUS, M., 2002a. Introduction: framing the issues. In: KATZ, J.E./AAKHUS, M. (eds.), 2002b, 1–13.

KATZ, J.E./AAKHUS, M. (eds.), 2002b. *Perpetual Contact: Mobile Communication, Private Talk, Public Performance.* Cambridge: Cambridge University Press.

LASÉN, A., 2002. *The Social Shaping of Fixed and Mobile Networks: A Historical Comparison.* http://www.kiwanja.net/database/document/report_mobile_history.pdf (Zugriff am 01.06.2012).

LASÉN, A., 2005. History Repeating? A Comparison of the Launch and Uses of Fixed and Mobile Phones. In: HAMILL, L./LASEN, A. (eds.), 2005. *Mobile World. Past, Present and Future.* London [u. a.]: Springer, 29–60.

LAURIER, E., 2001. The region as a socio-technical accomplishment of mobile workers. In: BROWN, B./GREEN, N./HARPER, R. (eds.), 2002, 46–61.

LAURSEN, D., 2005. Please reply! The replying norm in adolescent SMS communication. In: HARPER, R./PALEN, L./TAYLOR, A. (eds.), 2005, 53–74.

LEMISH, D./COHEN, A., 2005. Mobiles in the Family. Parents, Children and the Third Person Effect. *Konferenzbeitrag Seeing, Understanding and Learning in the Mobile Age.* 28.–30.04.2005, Budapest.

LEUNG, L./WEI, R., 2000. More than Just Talk on the Move: Uses and Gratifications of the Cellular Phone. In: *Journalism & Mass Communication Quarterly* 77, 2, 308–320.

LEVER, K.M./KATZ, J.E., 2007. Cell phones in campus libraries: An analysis of policy responses to an invasive mobile technology In: *Information Processing and Management: an International Journal* 43, 4, 1133–1139.

LEVINSON, P., 2004. *Cellphone: the story of the world's most mobile medium and how it has transformed everything!* New York: Palgrave Macmillan.

LICOPPE, C., 2003. Two Modes of Maintaining Interpersonal Relations Through Telephone: From the Domestic to the Mobile Phone. In: KATZ, J.E. (ed.), 2003b, 171–185.

LICOPPE, C., 2004. 'Connected' presence: the emergence of a new repertoire for managing social relationships in a changing communication technoscape. In: *Environment and Planning D: Society and Space* 22, 1, 135–156.

LICOPPE, C./HEURTIN, J. P., 2001. Managing One's Availability to Telephone Communication Through Mobile Phones: A French Case Study of the Development Dynamics of Mobile Phone Use. In: *Personal and Ubiquitous Computing* 5, 2, 99–108.

LING, R., 1998. 'One can talk about common manners!': The use of mobile telephones in inappropriate situations. In: *Telektronikk* 94, 65–76.

LING, R., 2001. "We Release Them Little by Little": Maturation and Gender Identity as Seen in the Use of Mobile Telephony. In: *Personal and Ubiquitous Computing* 5, 2, 123–136.

LING, R., 2002a. The Social and Cultural Consequences of Mobile Telephony as Seen in the Norwegian Context Telenor R&D Report. 9/02. http://www.richardling.com/papers/2002_The_social_and_cultural_consequences.pdf (Zugriff am 24.05.2012).

LING, R., 2002b. The Social Juxtaposition of Mobile Telephone Conversations and Public Spaces. *Konferenzbeitrag auf der Conference on the Social Consequences of Mobile Telephones.* July 2002, Chunchon, Korea.

LING, R., 2004a. The adoption, use and social consequences of mobile communication. In: *Telektronikk* 100, 3, 69–81.

LING, R., 2004b. The Intrusive Nature of Mobile Telephony. In: LING, R. (ed.), 2004. *The Mobile Connection. The Cell Phone's Impact on Society*. Amsterdam [u. a.]: Elsevier, 123–143.

LING, R., 2005. Das Mobiltelefon und die Störung des öffentlichen Raums. In: HÖFLICH, J. R./ GEBHARDT, J. (Hg.), 2005, 7–18.

LING, R./CAMPBELL, S.W. (eds.), 2009. *The Reconstruction of Space and Time. Mobile Communication Practices*. New Brunswick: Transaction Publishers

LING, R./PEDERSEN, P. (eds.), 2005. *Mobile Communications: Re-negotiating of the Social Sphere*. London [u. a.]: Springer.

LING, R./YTTRI, B., 2002. Hyper-coordination via Mobile Phones in Norway. In: KATZ, J.E./ AAKHUS, M. (eds.), 2002, 139–169.

LOGEMANN, N./FELDHAUS, M., 2002. *Zwischen SMS und download – Erste Ergebnisse zur Untersuchung der neuen Medien Mobiltelefon und Internet in der Familie*. http://www.uni-frankfurt.de/fb03/K.G/B2_2002_Logemann_Feldhaus.pdf (Zugriff am 24.05.2012).

LOVE, S., 2001. Space invaders: do mobile phone conversations invade people's personal space? In: *Proceedings of the 18th International Human Factors in Telecommunications Symposium*. Bergen, 125–131.

LOVE, S./KEWLEY, J., 2005. Does Personality Affect Peoples' Attittude towards Mobile Phone Use in Public Places? In: LING, R./PEDERSEN, P. (eds.), 2005, 273–284.

LOVE, S./PERRY, M., 2004. Dealing with Mobile Conversations in Public Places: some implications for the design of socially intrusive technologies. *Konferenzbeitrag auf der Conference on Human Factors in Computing Systems*. Vienna, Austria, 24.–29.04.2004.

MANTE, E./HERES, J., 2003. Face and Place: The Mobile Phone and Internet in the Netherlands. In: KATZ, J.E. (ed.), 2003b, 127–146.

MATSUDA, M., 2005. Discourses of Keitai in Japan. In: ITO, M./OKABE, D./MATSUDA, M. (eds.), 2005. *Personal, Portable, Pedestrian. Mobile Phones in Japanese Life*. Cambridge [u. a.]: MIT Press, 19–39.

MECKEL, M./GROEBEL, J./NOAM, E.M./FELDMANN, V., 2006. Always-On Demand-The Digital Future of Communication. In: FELDMANN, V./GROEBEL, J./NOAM, E.M. (eds.), 2006. *Mobile media: Content and services for wireless communications*. Mahwah, NJ: Lawrence Erlbaum, 21–32.

MONK, A./CARROLL, J./PARKER, S./BLYTHE, M., 2004. Why are mobile phones annoying? In: *Behaviour & Information Technology* 23, 1, 33–41.

MONK, A./FELLAS, E./LEY, E., 2004. Hearing only one side of normal and mobile phone conversations. In: *Behaviour & Information Technology* 23, 5, 301–305.

MURTAGH, G.M., 2002. Seeing the "Rules": Preliminary Observations of Action, Interaction and Mobile Phone Use. In: BROWN, B. /GREEN, N./HARPER, R. (eds.), 2002, 81–91.

NYÍRI, K. (ed.), 2003. *Mobile Democracy: Essays on Society, Self, and Politics*. Wien: Passagen-Verlag.

NYÍRI, K., 2005a. Images of Home. In: NYÍRI, K. (ed.), 2005b, 375–381.

NYÍRI, K. (ed.), 2005b. *A Sense of Place. The Global and the Local in Mobile Communication*. Wien: Passagen-Verlag.

PALEN, L./SALZMAN, M./YOUNGS, E., 2001. Discovery and Integration of Mobile Communications in Everyday Life. In: *Personal and Ubiquitous Computing* 5, 2, 109–122.

PETERS, O./BEN ALLOUCH, S., 2005. Always connected: a longitudinal field study of mobile communication. In: *Telematics & Informatics* 22, 3, 239–256.

PLANT, S., 2002. On the Mobile: The Effects of Mobile Telephones on Social and Individual Life. http://web.archive.org/web/20080625013404/http://www.motorola.com/mot/doc/0/234_MotDoc.pdf (Zugriff am 24.05.2012).

PÖSCHL, S., 2010. *Die Handhabung mobiler Erreichbarkeit. Experimentelle Überprüfung eines interdependenz- und persönlichkeitstheoretischen Modells.* Stuttgart: W. Kohlhammer.

PURO, J.-P., 2002. Finland: a mobile culture. In: KATZ, J.E./AAKHUS, M. (eds.), 2002, 19–29.

RETTIE, R.M., 2005. Presence and Embodiment in Mobile Phone Communication. In: *Psychology Journal* 3, 1, 16–34.

RICE, R.E./KATZ, J.E., 2003. Mobile Discourtesy. National Survey Results on Episodes of Convergent Public and Private Spheres. In: NYÍRI, K. (ed.), 2003, 53–64.

RIVIERE, C.A./LICOPPE, C., 2005. From Voice to Text: continuity and change in the use of mobile phones in France and Japan. In: HARPER, R./PALEN, L./TAYLOR, A. (eds.), 2005, 103–126.

SADLER, K./ROBERTSON, T./KAN, M., 2006. “It's Always There, It's Always On”: Australian Freelancer's Management of Availability Using Mobile Technologies. In: *Proceedings of the Mobile HCI.* Helsinki, Finland: ACM, 49–52.

SHERRY, J./SALVADOR, T., 2001. Running and grimacing: the struggle for balance in mobile work. In: BROWN, B./GREEN, N./HARPER, R. (eds.), 2002, 108–120.

SRIVASTAVA, L., 2005a. Mobile mania, mobile manners. In: GLOTZ, P./BERTSCHI, S./LOCKE, C. (eds.), 2005, 199–211.

SRIVASTAVA, L., 2005b. Mobile phones and the evolution of social behaviour. In: *Behaviour & Information Technology* 24, 111–129.

SRIVASTAVA, L., 2006. Mobile Mania, Mobile Manners. In: *Knowledge, Technology, & Policy* 19, 2, 7–16.

TURNER, M./LOVE, S./HOWELL, M., 2008. Understanding emotions experienced when using a mobile phone in public: The social usability of mobile (cellular) telephones. In: *Telematics & Informatics* 25, 3, 201–215.

WALSH, S. P./WHITE, K.M./YOUNG, R.M., 2008. Over-connected? A qualitative exploration of the relationship between Australian youth and their mobile phones. In: *Journal of Adolescence* 31, 1, 77–92.

WEI, R./LEUNG, L., 1999. Blurring public and private behaviors in public space: policy challenges in the use and improper use of the cell phone. In: *Telematics and Informatics* 16, 1, 11–26.

WEI, R./LO, V.-H., 2006. Staying connected while on the move: Cell phone use and social connectedness. In: *New Media & Society* 8, 1, 53–72.

Michael Häfner, Markus Denzler und Jens Förster

Die Wirkung aggressiver (Online-) Computerspiele auf die Verfügbarkeit aggressiver Gedanken

The effects of aggressive (online-)computer games on the accessibility of aggressive thoughts

A growing social psychological literature on the effects of aggressive media consumption paints a clear, yet sad picture: the more and the earlier aggressive media are consumed the stronger their negative influence on their consumers' aggressive behavior. Though these long-term effects are well documented, not much is known about the acute, short-term dynamics of aggressive media consumption. Does, for instance, playing violent video games always lead to increased aggressiveness or might playing such games under certain circumstances even help to vent one's anger? Based on a motivational framework, we argue in the present chapter that goals play an – up to now largely neglected – important moderating role in this process. In line with this hypothesis, we discuss our own findings showing that the actual effects of aggressive media are much less negative when media consumption aims at venting ones anger than when aggressive content is consumed without any specific goal.

1. Einleitung

Aus einer immer größer werdenden medien- und sozialpsychologischen Literatur zu den Effekten aggressiven Medienkonsums zeichnet sich ein negativer Effekt ab: Je früher und je mehr aggressive Inhalte konsumiert werden, desto aggressiver droht sich die Persönlichkeit und das Verhalten des (regelmäßigen) Konsumenten zu entwickeln.

Wie aber sehen die kurzfristigen Effekte medialen Konsums aggressiver Inhalte aus? Geht bspw. das Spielen aggressiver Computerspiele auch kurzfristig mit einem Anstieg von Aggressivität einher oder lassen sich Randbedingungen festlegen, unter denen sogar ein Aggressionsabbau vorstellbar ist?

Im vorliegenden Aufsatz wird auf der Basis allgemeinpsychologischer Mechanismen argumentiert, dass, abhängig von den mit aggressivem Medienkonsum verbundenen Zielen, entweder mit einer erhöhten oder sogar mit einer verringerten Aggressivität zu rechnen ist. Diese Argumentation wird durch eigene experimentelle Befunde untermauert und abschließend in ihrer erzieherischen Relevanz diskutiert.

2. Aggressive Medien und ihre Folgen: zwei psychologische Untersuchungsstrategien

In Zeiten, in denen Terroranschläge, öffentliche Übergriffe auf wehrlose Passanten und Schul-Massaker keine Seltenheit mehr zu sein scheinen, stellt sich immer dringlicher die Frage, wo die Ursachen scheinbar stetig steigender Aggression zu suchen sind. Auf der Suche nach Antworten lässt sich schnell ein Zusammenhang mit der ebenfalls steigenden Zugänglichkeit aggressiver medialer Inhalte vermuten. Die Frage ist jedoch, ob sich ein solcher Zusammenhang auch empirisch dergestalt erhärten lässt, dass mit einiger Sicherheit geschlussfolgert werden kann, dass der Konsum aggressiver Medieninhalte kausal zu einem Anstieg aggressiven Verhaltens führt, bzw. wann dies der Fall ist.

In der Psychologie bieten sich im Wesentlichen zwei Strategien an, um diese Fragestellung zu untersuchen (siehe auch Bushman/Huesmann 2006). Zum einen kann der Einfluss medialen Konsums auf aggressives Verhalten und Denken über einen längeren Zeitraum hinweg beobachtet werden. Solche sogenannten längsschnittlichen Studien haben den Vorteil, dass sie die Entwicklung ihrer Probanden über eine lange Zeit in ihrer natürlichen Umgebung verfolgen und sehr realitätsnahe Ergebnisse beschreiben können. D. h., die zentralen Aussagen solcher Studien beziehen sich zumeist auf tatsächlich aggressives Verhalten. Aufgrund der beschreibenden Methode ist es allerdings oft nicht möglich kausale Schlussfolgerungen aus den Daten zu ziehen, da keine experimentelle Kontrolle erfolgen kann und somit zahlreiche Einflussfaktoren neben den untersuchten eine Rolle spielen (könnten).

Zum anderen sind kontrollierte Bedingungen der große Vorteil experimenteller Wirkungsforschung, der zweiten Untersuchungsstrategie: Hier werden unter kontrollierten Bedingungen Daten erhoben, die daher auch kausal interpretiert werden können. Allerdings – und das ist als größter Nachteil dieser Methode zu werten – geben diese Daten oftmals lediglich eine Momentaufnahme des Verhaltens wieder, was ihre Verallgemeinerbarkeit in Frage stellt.

Wie aus unserem folgenden kurzen Überblick über die zentralen Ergebnisse beider Forschungsstrategien im Kontext aggressiven Medienkonsums hoffentlich deutlich wird, unterscheiden sich beide Untersuchungsstrategien jedoch nicht nur methodisch, sondern auch in ihrer psychologischen Perspektive: Während längsschnittliche Daten ‘nur’ die Frage beantworten können, ob sich über einen längeren Zeitraum ein additiver Effekt einstellt oder nicht – von einer Verminderung der Aggressivität mit steigendem Konsum aggressiver Inhalte ist logisch nicht auszugehen – können querschnittliche Daten ein wesentlich dynamischeres Bild auch und gerade der zugrundeliegenden Prozesse zeichnen.

2.1 Langzeiteffekte aggressiven Medienkonsums

Wie aus zahlreichen Überblicksartikeln deutlich hervorgeht, wirkt sich der Konsum aggressiver Medieninhalte negativ auf die Entwicklung aggressiven Verhaltens aus. So können HUESMANN und seine Kollegen (HUESMANN et al. 2003) in einer groß angelegten Längsschnittstudie belegen, dass, je mehr aggressive Medieninhalte die Probanden in jungen Jahren konsumieren (im Alter zwischen sechs und zehn Jahren), desto aggressiveres Verhalten zeigen sie in den kommenden 15 Jahren (und zwar sowohl Frauen als auch Männer).

Auch wenn diese Befunde auf den ersten Blick nicht sonderlich verwundern mögen (für eine kritische Auseinandersetzung mit den Befunden siehe auch SMALL/MILLETT 2010), ist es wichtig, sich über deren zugrundeliegendes Erklärungsmodell klar zu werden: Wie genau führt wiederholter Konsum aggressiver Inhalte zu einer Art aggressiven Persönlichkeit bzw. zu akutem aggressiven Verhalten?

Allgemein gesprochen können diese Befunde zum einen durch ein sogenanntes Priming-Modell erklärt werden, welches davon ausgeht, dass die wiederholte Wahrnehmung aggressiven Verhaltens, vor allem wenn dieses auch noch belohnt wird, d. h. zum Erfolg führt, zu einer erhöhten Zugänglichkeit aggressiver Verhaltensmuster bzw. aggressiver Gedanken führt (z. B. ANDERSON/BUSHMAN 2002; siehe auch ANDERSON 1983). Zum anderen könnten Personen, die regelmäßig aggressive Medieninhalte konsumieren, sich über Lernprozesse, insbesondere Beobachtungslernen (BANDURA 1973), ein aggressives Verhaltensrepertoire aufbauen, welches leicht abgerufen werden kann: Je stärker gelernt wird, dass Aggression zielführend ist, und je häufiger tatsächliche Aggression belohnt wird, d. h. zum Erfolg führt, desto verfügbarer wird das Verhalten und desto schneller kann es abgerufen werden. So unterschiedlich beide Erklärungen auf der Prozessebene auch sein mögen (Priming versus (Beobachtungs)lernen), in der Quintessenz gehen beide Erklärungsmodelle aggressiven Verhaltens davon aus, dass aggressive Inhalte eine Art mentale „Aggressivitätsbatterie" stetig aufladen (für eine detaillierte Beschreibung siehe FÖRSTER/LIBERMAN 2007). Entsprechend sollte verminderter Konsum zu einem langsamen Entladen dieser Batterie führen.

Zusammenfassend kann also zu den längerfristigen Auswirkungen aggressiven Medienkonsums, die in ihrer Gesamtheit als relativ gesichert betrachtet werden können, die These aufgestellt werden: Auf lange Sicht säht Aggressivität weitere Aggressivität!

Wie eingangs schon erwähnt, sprechen wir hier allerdings von relativ langfristigen, additiven Effekten, die entsprechend langsam zum Tragen kommen. Was aber ist mit kurzfristigeren Effekten, wie sie etwa durch das Spielen aggressiver (Online-)Computerspiele entstehen können? Ist auch bei diesen Effekten der „Ladestatus der Batterie" der beste Prädiktor des Verhaltens und Denkens oder unterliegen diese Effekte auch noch anderen Einflüssen?

2.2 Kurzfristige Effekte aggressiven Medienkonsums

Auch wenn die kurzfristigen Effekte aggressiven Medienkonsums oft anders untersucht werden als obige langfristige Effekte, so sind die zugrundeliegenden psychologischen Erklärungsmodelle dieselben. Auch die kurzfristigen Effekte sollten sich aus der Verfügbarkeit aggressiver Gedanken – entsprechend unserer Metapher also dem Ladestand der Aggressionsbatterie – erklären lassen (siehe auch BARGH/CHEN/BURROWS 1996; FÖRSTER/LIBERMAN 2007). Steigt dieser etwa durch das Spielen eines Computerspiels an, so sollte in der Folge aggressives Verhalten wahrscheinlicher werden. Die entscheidende Frage ist daher, wann der Ladestand der Batterie kurzfristigen Schwankungen unterliegt und wie die Höhe dieser Schwankungen vorhergesagt werden kann; aus dem chronischen Ladestand lässt sich dies nämlich nur schwer vorhersagen – dieser reflektiert eher die Verfügbarkeit von bestimmten Verhaltensweisen, nicht aber den Aktivationsstatus (HIGGINS 1996).

Wie bereits angedeutet, lässt das chronische Zugänglichkeitsniveau zwar eine grobe Schätzung der momentanen aggressiven Neigung zu, doch unterliegt das momentane, akute Verhalten starken Schwankungen, die die Vorhersage auf den Moment erschweren. Interessanterweise lässt sich ein Teil dieser Dynamik akuten Verhaltens aber sehr wohl erklären, nämlich aus den der Aggression zugrundeliegenden Zielen.

Um diese Dynamik besser deuten zu können, bedienen wir uns eines klassischen Beispiels aus der Allgemeinen Psychologie: Stellen Sie sich vor, Sie suchen Ihre Brille und können diese nicht finden. Obwohl Sie die Suche für den Moment aufgeben, lässt Sie der Gedanke an Ihre Brille nicht mehr los bis just zu dem Moment, an dem Sie Ihre Brille gefunden haben. So lange Sie an Ihre Brille denken, so lange werden Sie suchen (ACH 1935). Wenn aber die Brille wieder gefunden ist, müssen Ihre Gedanken wieder flexibel werden um Sie in Ihrer Suche nach der Fernbedienung zu unterstützen. Um dies leisten zu können, werden Gedanken an eine Brille kurzfristig gehemmt (FÖRSTER/LIBERMAN/HIGGINS 2005; FÖRSTER/

LIBERMAN/FRIEDMAN 2007), und so wird Raum für Gedanken an die Fernbedienung geschaffen. Diese Dynamik, die unter dem Namen ihrer Entdeckerin als *Zeigarnik-Effekt* (ZEIGARNIK 1927) einen Klassiker der Allgemeinen Psychologie darstellt, hat vor allem eine funktionale Grundlage: Sie macht den 'Kopf frei' für die Verfolgung neuer Ziele.

Was aber haben diese Befunde mit unseren Überlegungen zu den Effekten aggressiven Medienkonsums gemein? Im Prinzip sollte diese allgemeine Dynamik zielbezogener Gedanken auch für aggressive Gedanken gelten und damit eine wichtige Implikation haben: In dem Moment, in dem der Konsum aggressiver Medien mit einem spezifischen aggressionsbezogenen Ziel verknüpft wird, sollte dieses Verhalten – zumindest bei Erfüllung dieses Ziels – nicht unbedingt zu einer erhöhten Verfügbarkeit aggressiver Gedanken führen. Wird also z. B. ein aggressives Computerspiel mit dem expliziten Ziel Aggression abzubauen gespielt, und kann dieses Ziel erreicht werden, so könnte eine Hemmung aggressiver Gedanken nach Zielerreichung erwartet werden.

Diesen Gedanken haben wir versucht in einer Reihe experimenteller Studien zu untersuchen (DENZLER/HÄFNER/FÖRSTER 2011). Dazu haben wir in einer ersten Studie unsere Versuchspersonen gebeten sich vorzustellen, ihren Partner 'in flagranti' zu überraschen. Nach dieser Ärger-Induktion (um ein gewisses Maß an Aggressivität experimentell zu ermöglichen) sahen sich alle Versuchspersonen den Trailer eines aggressiven Computerspiels an. Eine Hälfte der Versuchspersonen sah sich den Trailer allerdings unter der Prämisse an, dass sie – in ihrer Vorstellung – durch das Spielen des beworbenen Spieles erfolgreich ihren Ärger abbauen könnten. Die andere Hälfte der Versuchspersonen stellte sich dagegen vor dies ohne Erfolg zu tun. Entsprechend obiger Logik hatten wir erwartet, dass der (vorgestellte) erfolgreiche (und damit zielführende) Aggressionsabbau auch tatsächlich zu einer verminderten Zugänglichkeit aggressiver Gedanken führt. Genau dieser Effekt stellte sich durch Messung der Zugänglichkeit mit einer sogenannten Lexikalischen Entscheidungsaufgabe[1] auch ein: Probanden, die sich eine erfolgreiche Aggressionsabfuhr vorstellten, reagierten ungefähr gleich schnell auf aggressive wie auf nicht aggressive Wörter. Anders die Versuchspersonen, die sich keinen Erfolg vorstellten: Diese Versuchspersonen reagierten schneller auf aggressive Wörter als auf nicht aggressive Kontrollwörter.

Auch wenn diese Befunde eine wesentliche Weiterentwicklung bisheriger Forschung auf dem Gebiet der Medienwirkung darstellen, ist der rein simulative

---

1 Dies ist ein gängiges Maß für die Zugänglichkeit von Gedanken, bei dem die Probanden so schnell und akkurat wie möglich entscheiden müssen, ob es sich bei einem auf dem Bildschirm dargebotenen Stimulus um ein Wort handelt oder nicht (siehe auch MARSH/HICKS/BINK 1998).

Charakter der Studie problematisch. Daher ließen wir in einer weiteren Studie unsere Probanden auch tatsächlich ein aggressives Computerspiel spielen. Auch hier manipulierten wir wieder das mit dem Spiel assoziierte Ziel durch die Instruktion an unsere Probanden. Während die Hälfte der Probanden versuchen sollte ihren Ärger – den wir zuvor über die idiosynkratische Erinnerung an eine großen Ärger induzierende Episode manipulierten – über das Computerspiel abzubauen, erhielt die andere Hälfte der Probanden außer der Aufforderung das Spiel zu spielen keine weitere Instruktion. Entsprechend unseren Vorhersagen fanden wir auch hier keinen Anstieg der Aggression in der Bedingung, in der die Aggression instrumentell abgebaut werden sollte. Tatsächlich zeigten die Probanden in dieser Bedingung selbst eine leichte Unterdrückung aggressiver Gedanken, da sie sogar etwas langsamer auf aggressionsbezogene Wörter reagierten als auf die nicht-aggressionsbezogenen Kontrollwörter. Demgegenüber steht die signifikante Zunahme aggressiver Gedanken unter den Probanden, die das aggressive Computerspiel ohne weitere Instruktion (und daher auch ohne Ziel) spielten. Probanden in dieser Gruppe reagierten schneller sowohl auf aggressive als auch nicht-aggressive Wörter.

Auch wenn beide Studien unsere Hypothesen bestätigten, ist ihre Alltagsrelevanz noch nicht ausreichend bestätigt; wann werden Menschen schon von außen instruiert, ihren Ärger zu instrumentalisieren? Vor diesem Hintergrund führten wir eine weitere Studie durch, in der wir auf eine explizite Instruktion, wie wir sie in Studie 2 verwendeten, verzichtet haben. Anstelle dessen haben wir anhand eines Fragebogens gemessen, wie regelmäßig unsere Probanden versuchen 'ihrem Ärger Luft zu machen', indem sie bestimmte Aktionen zur Ärgerreduktion instrumentalisieren (wie bspw. laut zu schreien oder gegen die Wand zu treten) und auch davon ausgehen, dass sie dies erfolgreich tun. Die Idee, die dieser Messung zugrunde liegt, ist, dass Menschen, die ihrem Ärger regelmäßig Luft machen, in einer ärgerlichen Situation aggressive Handlungen auch schneller als zielführend erfahren sollten (siehe auch BUSHMAN/BAUMEISTER/PHILIPS 2001). Entsprechend gingen wir davon aus, dass diese Probanden nach der Verärgerung durch ihre Erinnerung (siehe Studie 2) dann auch ohne Anweisung das Computerspiel als instrumentell zum Aggressionsabbau nutzen und so auch tatsächlich ihre Aggression abbauen, d. h. aggressive Gedanken nach dem Spiel weniger verfügbar sind.

Entsprechend dieser Vorhersagen fanden wir in unserer dritten Studie auch tatsächlich diese Ergebnisse: Je größer die chronische Tendenz Ärger 'abzulassen', desto stärker verschwinden aggressive Gedanken nach der Ärgerabfuhr bzw. durch das Spielen eines gewalttätigen Computerspiels (i. e. es tritt ein starker Zeigarnik-Effekt auf). Interessanterweise zeigte sich in dieser Studie auch, dass über alle Messungen hinweg (also vor und nach der Ärgerinduktion) eine starke chronische Tendenz zum 'Ärger ablassen' mit einer erhöhten Zugänglichkeit aggressiver Gedanken einhergeht. Da diese Probanden aber auch gleichzeitig den deutlichsten Zeigarnik-Effekt zeigen, bedeutet dies wahrscheinlich, dass diese Probanden besonders verärgert reagierten. Dieser Befund schließt damit nahtlos an die eingangs erwähnten längsschnittlichen Befunde an, da er deutlich macht, dass chronisch aggressives Verhalten zu chronischer Verfügbarkeit aggressiver Gedanken führt; Aggression säht Aggression. Allerdings – und das ist wichtig – kann dieses unter bestimmten Bedingungen akut reduziert werden, nämlich dann, wenn eine Aktion erfolgreich instrumentalisiert werden kann, um dem Ärger Luft zu machen.

3. Diskussion und Fazit

Bevor wir abschließend die (pädagogische) Alltagsrelevanz unserer Befunde diskutieren, versuchen wir zunächst eine kritische wissenschaftliche Betrachtung.

3.1 Katharsis: Fluch oder Segen?

Auf den ersten Blick mögen unsere Befunde in direktem Widerspruch zu früheren Befunden stehen, die deutlich zu zeigen scheinen, dass Katharsis und Rache mehr negative (emotionale und verhaltensmäßige) als positive Konsequenzen nach sich ziehen (siehe bspw. Bushman 2002; Carlsmith/Wilson/Gilbert 2008). So findet Bushman (2002) in seinen Untersuchungen etwa, dass das kathartische Schlagen eines Boxsacks unter der Vorstellung, einen Aggressor zu bestrafen, zu einem signifikanten Anstieg der Aggression führte, sogar mehr als wenn nur geboxt, nicht aber über den Aggressor nachgedacht wurde. Man könnte also vermuten, dass hier ein direkter Widerspruch zu unseren Daten vorliegt, da das vermeintliche Fassen eines Zieles zu einem stärkeren Anstieg der Aggressivität führt, als wenn kein Ziel gefasst wird (nur schlagen).

Genau hier liegt aber wahrscheinlich der entscheidende Unterschied: Während die Versuchspersonen in unseren Experimenten angehalten waren ein sehr spezifisches Ziel zu formulieren (i. e. zu spielen um den Ärger abzubauen), führt das Nachdenken über einen Aggressor während des Schlagens nicht notwendigerweise zu einer Repräsentation des Handelns als Ziel. Im Gegenteil, auf der Basis rezenter Arbeiten zur Entstehung bzw. Blockierung von unbewussten Zielen (z. B. Aarts/Custers/Holland 2007) ist davon auszugehen, dass die Aktivierung negativen Affekts (i. e. das Denken an einen Aggressor) während des

Ausführens einer Handlung (z. B. das Abbauen von Aggression) diese Handlung gar nicht erst zum Ziel werden lässt bzw. dieses Ziel durch einen negativen Konditionierungseffekt selbst unattraktiver erscheinen lässt und letztlich sogar zu dessen Blockierung führen kann. Insofern ist es auch nicht verwunderlich, dass das bloße Denken an den Aggressor während des „kathartischen" Boxens nicht den gewünschten Zeigarnik-Effekt hat.

Wissenschaftlich gesehen scheinen sich unsere Befunde also erklären zu lassen, auch nicht zuletzt deshalb, da sie konzeptuell eine Replikation des klassischen Zeigarnik-Effekts darstellen (siehe auch DENZLER/FÖRSTER/LIBERMAN 2009). Was aber bedeuten diese Befunde für den Alltag?

3.2 Alltagsrelevanz und pädagogische Implikationen

Relativ konkret lässt sich aus unseren Befunden ableiten, dass es bestimmte Randbedingungen gibt, unter denen der Konsum aggressiver Medien – zumindest kurzfristig – keine negativen Konsequenzen nach sich zieht. Rein additive Primingmodelle zur Erklärung aggressiver Medieneffekte greifen zu kurz, da sie der Dynamik dieser Effekte nicht gerecht werden können.

Keinesfalls bedeutet dies aber, dass Katharsis immer wirkt! In der Zusammenschau mit früheren Befunden zur Katharsishypothese (z. B. BUSHMAN 2002; CARLSMITH/WILSON/GILBERT 2008) lässt sich aber konkretisieren, wann Katharsis wahrscheinlich wirkt. Dies ist erstens der Fall, wenn die kathartische Handlung zum Ziel erklärt wird, welches – und das ist entscheidend – auch erreicht werden kann. Nur wenn Letzteres der Fall ist, kann Katharsis überhaupt zu einem Abbau an Aggression beitragen (siehe DENZLER/FÖRSTER/LIBERMAN 2009; GOLLWITZER/DENZLER 2009). Dies sollte zweitens umso besser gelingen, je spezifischer und einfacher diese Ziele sind bzw. formuliert werden (z. B. GOLLWITZER 1999). Komplexe Rachepläne scheinen vor diesem Hintergrund zum Scheitern verdammt. Stärker noch, wer komplexe Rachepläne schmiedet, setzt sich und gegebenenfalls auch andere der Gefahr aus nur noch ärgerlicher und aggressiver zu werden.

Auch wenn diese konkreten 'Handlungsanweisungen' zur erfolgreichen Aggressionsabfuhr mit hoher Wahrscheinlichkeit einen dynamischen Effekt in Gang setzen, der letztendlich zu einem tatsächlichen Abbau von Aggression führt, können zu diesem Zeitpunkt keinerlei Aussagen über die Langzeiteffekte dieser Dynamik gemacht werden. Trotz des kurzfristig positiven Effekts könnte es auf lange Sicht sein (und die Daten unserer dritten Studie deuten in diese Richtung; siehe oben), dass wiederholte Aggressionsabfuhr langfristig nichts anderes ist als ein leichter Aggression-Prime, und somit auf lange Sicht zu einer erhöhten Verfügbarkeit aggressiver Gedanken und Verhaltensweisen führt.

Entsprechend vorsichtig gestaltet sich auch unsere abschließende Einschätzung der aus unserer Forschung folgenden pädagogischen Hinweise: Was tun, wenn mein Kind am heimischen Computer aggressive Computerspiele spielen möchte oder spielt?

Ganz im Sinne BUSHMANs Empfehlungen auf seiner Homepage (http://www.comm.ohio-state.edu/people/faculty/userprofile/67.html) würden auch wir empfehlen, den Konsum aggressiver Medien auf ein Minimum zu beschränken. Wenn möglich, sollte dieser minimale Konsum dann zielgerichtet erfolgen, d. h. dem Kind sollte vermittelt werden, dass ein Konsum zum konkreten Aggressionsabbau verwendet und dann auch beendet werden sollte. Denn das Spielen aggressiver Computerspiele sollte auf keinen Fall zum schlichten Zeitvertreib und damit zum konstanten Aggressions-Prime ohne jedwede Abfuhr werden.

Literatur

AARTS, H./CUSTERS, R./HOLLAND, R.W., 2007. The nonconscious cessation of goal pursuit: When goals and negative affect are coactivated. In: *Journal of Personality and Social Psychology* 92, 165–178.

ACH, N., 1935. Analyse des Willens. In: ABDERHALDEN, E. (Hg.), 1935. *Handbuch der biologischen Arbeitsmethoden. Band VI.* Berlin: Urban & Schwarzenberg, 196–203.

ANDERSON, J.R., 1983. *The architecture of cognition.* Cambridge, MA: Harvard University Press.

ANDERSON, C.A./BUSHMAN, B.J., 2002. Human aggression. In: *Annual Review of Psychology* 53, 27–51.

BANDURA, A., 1973. *Aggression: A social learning theory analysis.* Englewood Cliffs, NJ: Prentice Hall.

BARGH, J./CHEN, M./BURROWS, L., 1996. Automaticity of social behavior: Direct effects of trait construct and stereotype activation on action. In: *Journal of Personality and Social Psychology* 71, 230–244.

BUSHMAN, B.J., 2002. Does venting anger feed or extinguish the flame? Catharsis, rumination, distraction, anger, and aggressive responding. In: *Personality and Social Psychology Bulletin* 28, 724–731.

BUSHMAN, B.J./BAUMEISTER, R.F./PHILLIPS, C.M., 2001. Do people aggress to improve their mood? Catharsis beliefs, affect regulation opportunity, and aggressive responding. In: *Journal of Personality and Social Psychology* 81, 17–32.

BUSHMAN, B.J./HUESMANN, L.R., 2006. Short-term and long-term effects of violent media on aggression in children and adults. In: *Archives of Pediatrics & Adolescent Medicine* 160, 348–352.

CARLSMITH, K.M./WILSON, T.D./GILBERT, D.T., 2008. The paradoxical consequences of revenge. In: *Journal of Personality and Social Psychology* 95, 1316–1324.

DENZLER, M./FÖRSTER, J./LIBERMAN, N., 2009. How goal-fulfillment decreases aggression. In: *Journal of Experimental Social Psychology* 45, 90–100.

DENZLER, M./HÄFNER, M./FÖRSTER, J., 2011. He just wants to play: How goals determine the influence of violent computer games on aggression. In: *Personality and Social Psychology Bulletin* 37, 1644–1654.

FÖRSTER, J./LIBERMAN, N., 2007. Knowledge activation. In: KRUGLANSKI, A.W./HIGGINS, E.T. (eds.), [2]2007. *Social Psychology: Handbook of basic principles*. New York: Guilford, 201–231.

FÖRSTER, J./LIBERMAN, N./FRIEDMAN, R., 2007. Seven principles of goal activation: A systematic approach to distinguishing goal priming from priming of non-goal constructs . In: *Personality and Social Psychology Review* 11, 211–233.

FÖRSTER, J./LIBERMAN, N./HIGGINS, E.T., 2005. Accessibility from active and fulfilled goals. In: *Journal of Experimental Social Psychology* 41, 220–239.

GOLLWITZER, P.M., 1999. Implementation intentions: Strong effects of simple plans. *American Psychologist* 54, 493–503.

GOLLWITZER, M./DENZLER, M., 2009. What makes revenge so sweet? Seeing the offender suffer or delivering a message? In: *Journal of Experimental Social Psychology* 45, 840–844.

HIGGINS, E.T., 1996. Knowledge activation: Accessibility, applicability, and salience. In HIGGINS, E.T./KRUGLANSKI, A.W. (eds.), 1996. *Social psychology: Handbook of basic principles*. New York: The Guilford Press, 133–168.

HUESMANN, L.R./MOISE-TITUS, J., PODOLSKI, C.P./ERON, L.D., 2003. Longitudinal relations between childhood exposure to media violence and adult aggression and violence: 1977–1992. In: *Developmental Psychology* 39, 201–221.

MARSH, R.L./HICKS, J.L./BINK, M.L., 1998. Activation of completed, uncompleted, and partially completed intentions. In: *Journal of Experimental Psychology: Learning, Memory, and Cognition* 24, 350–361.

SMALL, M.C./MILLET, P.A., 2010. *Brief of social scientists, medical scientists, and media effects scholars as amici curiae in support of respondents. Brief to the governor of the state of California*. http://www.wired.com/images_blogs/wiredscience/2011/06/Millett_brief.pdf (Zugriff am 01.05.2012).

ZEIGARNIK, B., 1927. Das Behalten erledigter und unerledigter Handlungen. In: *Psychologische Forschung* 9, 1–85.

Über die Autoren dieses Bandes

Shirley Beul studierte Kommunikationswissenschaft, Volkswirtschaftslehre und Politische Wissenschaft an der RWTH Aachen University. Seit 2009 ist sie dort wissenschaftliche Mitarbeiterin der Professur für Textlinguistik und Technikkommunikation, wo sie die sprachlich-kommunikative, nutzerzentrierte Gestaltung telemedizinischer Anwendungen und mobiler Fahrgastinformationssysteme erforscht. Parallel arbeitete sie von 2009 bis 2011 im interdisziplinären Forschungsprogramm „eHealth – Enhancing Mobility with Ageing" am Human Technology Centre der RWTH Aachen. Anschließend nahm sie eine Lehrtätigkeit am Lehrstuhl für Kommunikationswissenschaft auf. In ihrem Dissertationsprojekt untersucht sie Neue Medien für die elektronisch vermittelte Arzt-Patienten-Interaktion.

Wolfram Bublitz hat seit 1994 den Lehrstuhl für Englische Sprachwissenschaft an der Universität Augsburg inne. Er war Lehrstuhlinhaber an der TU Braunschweig sowie Gast- und Vertretungsprofessor an mehreren Universitäten in den USA und Deutschland. Forschungsschwerpunkte sind Semantik, Pragmatik, Phraseologie, Textanalyse und Computervermittelte Kommunikation. Zusammen mit Andreas Jucker und Klaus Schneider gibt er die neunbändige Serie der *Handbooks of Pragmatics* bei de Gruyter heraus. Zu den neueren Publikationen gehören *Englische Pragmatik* (2. Auflage, Schmidt 2009), *Metapragmatics in Use* (hg. mit Axel Hübler, Benjamins 2007) und *Foundations of Pragmatics* (hg. mit Neal Norrick, de Gruyter 2011).

Mark Dang-Anh hat an der RWTH Aachen Germanistische Sprachwissenschaft, Politische Wissenschaft und Psychologie studiert. Seit 2010 ist er wissenschaftlicher Mitarbeiter in der Abteilung Medienwissenschaft der Universität Bonn. Dort arbeitet er in dem DFG-Projekt „Deliberation im Netz: Formen und Funktionen des digitalen Diskurses am Beispiel des Microbloggingsystems Twitter". Seine Forschungsgebiete sind Medienlinguistik, Kulturwissenschaftliche Medialitätsforschung und Politische Kommunikation. Er bloggt für das „Netzwerk Medienethik" (www.netzwerk-medienethik).

Markus Denzler studierte Psychologie an der Universität Würzburg und der University of Wales in Bangor. Seine Doktorwürde erhielt er von der International University Bremen. In der Folge arbeitete er als Post-Doc an der Universität Amsterdam und vertrat die Professur für Sozialpsychologie an der Universität Dortmund. Heute ist er als Wissenschaftlicher Mitarbeiter an der Technischen Universität Chemnitz tätig. In seiner Forschung beschäftigt er sich mit der ganzen Bandbreite der Aggression zugrunde liegenden psychologischen Prozesse. Diese Arbeiten reichen von Umweltvariablen (z. B. Temperatur) bis hin zu motivationalen Faktoren beim Spielen aggressiver Computerspiele.

Claas Digmayer studierte an der RWTH Aachen University Technik-Kommunikation mit technischem Hauptfach Informatik. Seit 2010 ist er als wissenschaftlicher Mitarbeiter im Projekt OpenISA für die Professur Textlinguistik und Technikkommunikation (Leitung: Prof. Dr. phil. Jakobs) tätig, in dem er Gestaltungsanforderungen an webbasierte Innovations-Plattformen für Senior-Experten untersucht. Im Projekt SISE E-Learning beschäftigt er sich seit 2011 zusätzlich mit der Entwicklung von E-Learning-Plattformen für die Automobilbranche. Sein Dissertationsvorhaben fokussiert den adressatengerechten Einsatz multimodaler Nutzerhilfen in komplexen Web-Applikationen.

Nicola Döring ist seit 2004 Professorin für Medienpsychologie und Medienkonzeption sowie Leiterin des Fachgebiets Medienpsychologie und Medienkonzeption am Institut für Medien und Kommunikationswissenschaft (IfMK) an der Technischen Universität Ilmenau. Sie studierte Psychologie an der Technischen Universität Berlin und erwarb ihren Doktortitel an der Freien Universität Berlin, wo sie später auch habilitierte. Ihre Forschungen liegen im Bereich der Medien- und Technikpsychologie, wobei vor allem der Umgang mit den Neuen Medien in der Kommunikation, in der Lehre und beim Lernen sowie Geschlechterforschung und Methodenlehre den Schwerpunkt ihrer Arbeit bilden.

Jessica Einspänner hat in Bonn und Singapur Medienwissenschaft studiert und ist seit 2009 wissenschaftliche Mitarbeiterin in der Abteilung Medienwissenschaft der Universität Bonn. Seit 2010 arbeitet sie im Projekt „Deliberation im Netz. Formen und Funktionen des digitalen Diskurses am Beispiel des Microbloggingsystems Twitter" des DFG-Schwerpunktprogramms „Mediatisierte Welten". Ihre Forschungsschwerpunkte sind Politische Kommunikation, Social Media und Online-Journalismus. Julia Einspänner ist verantwortlich für das Internet-Magazin „Medienblick Bonn". Sie fertigt ihre Dissertation zum Thema „User Generated Privacy – Zur Theorie und Praxis von Online-Privatheit in der mediatisierten Gesellschaft" an.

Noam Eliaz ist Verhaltenswissenschaftler und Mitarbeiter der Firma PureSight (Kfar Saba, IL). Er ist im Entwicklungs- und Managementbereich der Firma tätig. Noam Eliaz studierte Verhaltenswissenschaften (B.A.) sowie Mediation und Konfliktlösung (M.A.) in Tel Aviv. Derzeit komplettiert er sein Studium der Kognitiven Psychologie in Tel Aviv. PureSight Technologies Ltd. wurde 1998 mit dem Ziel gegründet, eine sichere Online-Umgebung für Kinder zu schaffen. PureSight nutzt hierfür die beiden Technologien Active Content Recognition (ACR) und Active Chat Inspector (ACI).

Markus A. Feufel hat zunächst Medientechnik studiert. Dank eines Fulbright Stipendiums konnte er seine Studien in den USA fortsetzen, wo er 2009 in Arbeitspsychologie und Ergonomie (Human Factors) promovierte. Momentan ist Markus Feufel Forschungsstipendiat im Harding Zentrum für Risikokompetenz am Max-Planck-Institut für Bildungsforschung. Dort forscht er zur Entscheidungsfindung bei Unsicherheit, Risikokommunikation und dem Einfluss von digitaler Technik auf Denk- und Entscheidungsprozesse. Ziel seiner Forschung ist es, die Voraussetzungen für informiertes Entscheiden zu identifizieren und deren Umsetzung durch geeignete Interventionen zu unterstützen.

Jens Förster arbeitet seit 2008 als Professor für Psychologie an der Universität Amsterdam; er ist zudem Direktor des Kurt-Lewin-Instituts. Försters Forschung umfasst sozialpsychologische, motivationspsychologische und kognitionspsychologische Fragestellungen. Er ist vor allem für seine Studien zur Kreativität, zum Embodiment, zur Selbstregulation und zu unbewussten Zielen bekannt. Er wurde mit vielen Preisen ausgezeichnet. Seine Bücher *Kleine Einführung in das Schubladendenken. Über Nutzen und Nachteil des Vorurteils?* (2007) und *Unser Autopilot. Wie wir Wünsche verwirklichen und Ziele erreichen können. Von der Motivationspsychologie lernen?* (2012) fanden eine breite Leserschaft.

Michael Häfner ist Sozialpsychologe und als Senior Assistant Professor an der Universität Utrecht (Niederlande) tätig. Er studierte Psychologie in Würzburg, Eichstätt, Oulu (Finnland) und Camden (Rutgers University, USA) und promovierte 2002 in Würzburg. Von 2004 bis 2006 arbeitete er gefördert durch ein DFG-Postdoc-Stipendium an der Rijksuniversiteit Groningen (NL). Seit 2007 lebt und arbeitet er in Utrecht. Seine Forschungsschwerpunkte sind soziale Vergleichsprozesse (vorwiegend im medialen Kontext), Emotionsregulation und experientielle Prozesse (insbesondere das Gefühl der Verarbeitungsflüssigkeit).

Eva-Maria Jakobs ist Linguistin und Professorin für Sprach- und Kommunikationswissenschaft an der RWTH Aachen University. Seit 1999 leitet sie das hier angesiedelte Lehr- und Forschungsgebiet Textlinguistik und koordiniert den interdisziplinären Studiengang Technik-Kommunikation. Ihre Forschungsschwerpunkte liegen in den Bereichen Textlinguistik, Technik-Kommunikation, Alter und Technik, Textproduktion, Textverständlichkeit und Usability, elektronische Medien sowie der Nachwuchsförderung in den Ingenieurwissenschaften. 1993 gründete sie zusammen mit Dagmar Knorr und Sylvie Molitor-Lübbert die Arbeitsgruppe Prowitec (Produktion wissenschaftlicher Texte mit und ohne Computer), die unter anderem die Buchreihen „Textproduktion und Medium" sowie „Schreiben – Medien – Beruf" anbietet.

Soo-Youn Lee studierte Kultursoziologie, Teilgebiete des Rechts und Englische Literatur und Linguistik an der Freien Universität Berlin. Seit dieser Zeit arbeitet sie als Forschungsassistentin im Bereich Adaptives Verhalten und Kognition am Max-Planck-Institut für Bildungsforschung. Ihre Arbeitsschwerpunkte liegen in den Bereichen Soziale Rationalität, interkulturelle Höflichkeitsforschung und Entscheidungsfindung in der Medizin und den Neuen Medien.

Konstanze Marx ist als Sprach- und Kommunikationswissenschaftlerin an der Technischen Universität Berlin tätig. Sie studierte Germanistik, Sprechwissenschaft/Phonetik, Medienwissenschaft und Pädagogik an der Friedrich-Schiller-Universität Jena. Als Stipendiatin der Studienstiftung des deutschen Volkes absolvierte sie Forschungsaufenthalte in Saarbrücken, Groningen (NL) und am MPI für Kognitions- und Neurowissenschaften, Leipzig. 2007 wurde sie zum Thema „Die Verarbeitung von Komplex-Anaphern" promoviert. Anschließend war sie zwei Jahre als Projektmanagerin in der Energiebranche tätig. Ihre Forschungsschwerpunkte liegen nun in textproduktiven und textverarbeitenden Prozessen in Interaktion mit Emotionen insbesondere im Kontext Neuer Medien.

Sandra Pöschl ist akademische Rätin am Fachgebiet Medienpsychologie und Medienkonzeption am Institut für Medien und Kommunikationswissenschaft der Technischen Universität Ilmenau. Sie studierte Psychologie in Freiburg im Breisgau und wurde 2009 zum Thema „Die Handhabung mobiler Erreichbarkeit. Experimentelle Überprüfung eines interdependenz- und persönlichkeitstheoretischen Modells" an der Technischen Universität Ilmenau promoviert. Ihr fachliches Interesse gilt psychologischen Aspekten in der Mensch-Maschine-Kommunikation, insbesondere in virtuellen Umgebungen, der Mobilkommunikation, der forensischen Medienpsychologie, der Technikpsychologie und sozialwissenschaftlichen Forschungsmethoden.

Antje Rozinger studierte Kommunikations- und Israelwissenschaften (M.A.) in Berlin und Politik- und Kommunikationswissenschaften (M.A.) in Tel Aviv. Ihre Abschlussarbeit fertigte sie zum Thema „The Conflict of Reform, Conservative and Orthodox Judaism in Israel and Its Implications on the Jewish-Democratic State of Israel" an. Antje Rozinger ist derzeit im Bereich Produktmanagement der Firma PureSight (Kfar Saba, IL) tätig. Sie arbeitet an neuen

Produktmerkmalen zur Analyse der Cyber-Sprache von Kindern und Jugendlichen. PureSight entwickelt Filter- und Monitor-Lösungen für PC, smarte Mobilgeräte, Server und Router, um Familien eine sichere Online-Umgebung zu bieten.

Jens Runkehl ist Linguist und wissenschaftlicher Mitarbeiter am Institut für deutsche Sprache und Literatur der Technischen Universität Darmstadt. Er studierte Germanistik und Philosophie an der Universität Hannover. 2009 wurde er zum Thema „Werbesprache im Internet" promoviert. Jens Runkehl ist Preisträger der Christian-Kuhlemann-Stiftung Hannover. Gemeinsam mit Torsten Siever und Peter Schlobinski rief er 1998 das Projekt sprache@web ins Leben. Im Rahmen dieses Projekts ist er insbesondere für die Bereiche Werbesprache, Medienanalyse und Online-Publishing verantwortlich. Seine Forschungsschwerpunkte liegen in der Web-, Werbe- und Handysprache, der Medienanalyse und dem Online-Publishing.

Monika Schwarz-Friesel ist Sprach- und Kognitionswissenschaftlerin und leitet seit 2010 als Professorin das Fachgebiet Allgemeine Linguistik an der Technischen Universität Berlin. Von 2000-2010 lehrte sie als Universitätsprofessorin an der FSU Jena. Ihre Forschungsschwerpunkte sind Kognitive Linguistik, insbesondere die Interaktion von Sprache, Kognition und Emotion, Metapherntheorie und Verbaler Antisemitismus. Sie leitet zur Zeit zwei DFG-Forschungsprojekte zu „Konzeptualisierungen von Terrorismus im massenmedialen Diskurs nach 9/11" und „Affektive Rhetorik der Verunsicherung" sowie in Kooperation mit der Brandeis University seit 2007 das Forschungsprojekt „Aktueller Verbal-Antisemitismus in Deutschland".

Torsten Siever ist Linguist und als wissenschaftlicher Mitarbeiter am Deutschen Seminar an der Leibniz Universität Hannover tätig. Er studierte Germanistische Linguistik und Sozialpsychologie in Hannover und promovierte hier im Jahre 2008 zum Thema Sprachökonomie. Torsten Siever ist Preisträger der Christian-Kuhlemann-Stiftung Hannover und seit 2010 Betreuer des Forums „Computer und Internet" in der Fachzeitschrift „Der Deutschunterricht". Gemeinsam mit Jens Runkehl und Peter Schlobinski rief er 1998 das Projekt sprache@web ins Leben. Seine Forschungsschwerpunkte sind u. a. computervermittelte Kommunikation, Sprachökonomie, Morphologie, Werbesprache, E-Learning und Online-Publishing.

S. Frederica Stahl studierte Wissenschaftsgeschichte und Neuropsychologie an der Harvard Universität. Nach Abschluss ihres Studiums war sie als Forschungsassistentin an der Columbia Universität in New York tätig, wo sie sich mit potenziellen Interessenskonflikten im US-amerikanischen Gesundheitswesen beschäftigte. Zurzeit ist sie Gates Scholar an der Cambridge Universität und arbeitet an ihrem Master in Evolutionärbiologie. Im Jahr 2011 verbrachte sie einige Monate am Harding-Zentrum für Risikokompetenz und Max Planck Institut für Bildungsforschung, wo sie mit Markus Feufel Prozesse der Informationssuche im Internet untersuchte.

Caja Thimm ist Sprach- und Medienwissenschaftlerin und Professorin für Medienwissenschaft und Intermedialität am Institut für Sprache, Medien und Musik der Rheinischen Friedrich-Wilhelms-Universität Bonn. Sie studierte Linguistik, Politikwissenschaft und „Communication Studies" in München, Heidelberg, San Francisco und Berkeley (USA). Sie promovierte und habilitierte in Heidelberg. Ihre Forschungsschwerpunkte sind Online-Kommunikation,

Politische Kommunikation und Social Media. Sie ist stellvertretende Vorsitzende der SK Stiftung „Jugend und Medien“. Seit 2010 leitet sie das DFG-Forschungsprojekt „Deliberation im Netz: Formen und Funktionen des digitalen Diskurses am Beispiel des Microbloggingsystems Twitter“ im DFG-Schwerpunktprogramm „Mediatisierung der Gesellschaft“.

Martina Ziefle hat einen Lehrstuhl für Communication Science an der RWTH Aachen University mit dem Schwerpunkt Interaktion und Kommunikation zwischen Mensch und Technik. Ein spezifischer Forschungsschwerpunkt richtet sich auf den Umgang mit mobilen Technologien und ihrer Anwendung in den Bereichen Interaktion und Kommunikation. Das Thema Alter und altersgerechte Technikgestaltung ist dabei ein zentraler Analyseschwerpunkt. Die Arbeiten der Arbeitsgruppe wurden mehrfach mit Forschungspreisen ausgezeichnet. Martina Ziefle ist Gutachterin in einer Vielzahl einschlägiger internationaler Fachzeitschriften und Mitglied in diversen Programmkommitees internationaler Konferenzen zum Thema Mensch-Technik-Interaktion.

www.ingramcontent.com/pod-product-compliance
Lightning Source LLC
LaVergne TN
LVHW091725021026
849161LV00003BB/320

9783110282160